霸拥天下

嬴政

寒山 编

秦始皇

西苑出版社

图书在版编目（CIP）数据

霸拥天下——秦始皇嬴政/寒山编．—北京：西苑出版社，2009.12

ISBN 978-7-80210-629-1

Ⅰ．霸…　Ⅱ．寒…　Ⅲ．秦始皇（前259~前210）—传记　Ⅳ．K827=33

中国版本图书馆CIP数据核字（2009）第214442号

霸拥天下——秦始皇嬴政

编　　著　寒山
出版发行　西苑出版社
通讯地址　北京市海淀区阜石路15号　邮政编码：100143
　　　　　电　　话：010-88624971　传　　真：010-88637120
网　　址　www.xycbs.com　E-mail：xycbs8@126.com
印　　刷　北京中印联印务有限公司
经　　销　全国新华书店
开　　本　787mm×1092mm　1/16
字　　数　300千字
印　　张　23
版　　次　2010年1月第1版
印　　次　2010年1月第1次印刷
书　　号　ISBN 978-7-80210-629-1
定　　价　29.80元

前　言

秦始皇是我国历史上第一个大一统王朝——秦王朝的开国皇帝。姓嬴，名政，秦庄襄王之子。公元前259年出生于赵国首都邯郸，公元前247年，秦王政13岁时即王位，公元前221年统一中国，建立起一个以汉族为主体、多民族统一的中央集权的强大国家——秦朝。公元前210年，秦始皇东巡途中驾崩于沙丘。秦始皇是中国历史上第一个使用“皇帝”称号的君主，对中国和世界的历史均产生了深远而重大的影响，被明代思想家李贽誉为“千古一帝”。

少年时期的嬴政是在赵国都城邯郸作为人质的儿子艰难度过的，此时异人经吕不韦从中斡旋已然回到秦国，并认华阳夫人为母，经过多次政治斗争终于获得了华阳信任，吕不韦又花费大量精力与金钱将赵姬母子接回秦国，从此赵政开始了他在秦王宫里的政治生涯。秦庄襄王三年（前247），秦庄襄王驾崩，赵政即位为秦王，并尊吕不韦为仲父。公元前238年，秦始皇在雍城蕲年宫举行冠礼。随后铲除嫪毐叛乱，免除吕不韦的相职，任用尉缭、李斯等人。

秦始皇亲政后，听取李斯进献的灭六国的建议，着手规划统一六国的大业。自前230年至前221年，秦始皇采取远交近攻、分化离间、合纵连横的策略，发动秦灭六国之战。先后于秦始皇十七年灭韩、十九年（前228）灭赵、二十二年（前225）灭魏、二十四年（前223）灭楚、二十五年（前222）灭燕、二十六年（前221）灭齐。终于建立起中国封建社会第一个多民族的中央集权的统一国家，成为中国第一位皇帝。

为了有效地管理国家，也为了替子孙万代奠定基业，秦始皇采取了一系列措施：统一文字，使其成为一个民族的基础；废分封，立郡县；统一货币和度量衡，在商业上大大便利国内交流；车同轨，道同距，修建秦直道大大便利国内交通；焚六国史书，客观来讲统一了思想，避免因为历史问题而导致国家分裂；修建灵渠，加强了对珠江流域的控制，并使该地

区永远成为中国的版图；修建长城，使其成为农业民族与游牧民族的天然分界，长城长期成为国界；北击匈奴，夺回河套地区，并使该地区永远成为中国的版图。由于这些措施，使得秦始皇成为历史上最有争议的人物。

始皇三十七年（前210），被称为“千古一帝”的秦始皇死于他第五次东巡途中，终年五十岁。或许秦始皇注定是一名历史上的争议颇多的人物，他的死如他的身世以及此雄才大略，同样引起了后人的争议。目前史学界有两种截然不同的观点，一说死于疾病，一说死于非命。不管怎样，秦始皇都是一位开天辟地、顶天立地、惊天动地的大英雄。他用自己全部的生命能量建立了一个矗立于天地间的多民族统一的帝国，他的生命是一首史诗！自秦始皇，有了亘古不衰的一统华夏，有了自强不息的的泱泱中国，秦始皇为大中华奠下了一个辉煌的根基。

本书利用大量翔实的历史资料，多视角、多角度地再现了一个有“个性”的秦始皇；客观介绍秦始皇的一生，品评他的功过得失时。图文并茂，资料翔实，生动感人，引人入胜。

编　者

2010年

目　　录

第一章 横空出世

公元前259年正月，远方传来阵阵清脆的儿啼，这哭声流经影子老人的耳畔又荡漾于浩渺太空，与霏霏皑雪相融，天地一片静美。影子老人抚捋花白长须，仰天长叹，也许他感觉到了某种神灵的启迪。

凝思，长久地凝思，然后解下行囊，疾笔书道："……生始皇，以秦昭王四十八年正月生于邯郸。"

一个新生命的诞生，尤其是在异国他乡充做人质的秦王子嬴子楚之家，其滋味倒颇值咀嚼，因为在我们这个浓郁大男人至上的传统国度里，有了儿子，就等于有了生命的延续，有了兑现理想的希冀，有了通向未来的锁钥。起码说，它可以唤起理想之梦的热力与摆脱困境的信念。

这是一个令人兴奋的时刻，兴奋得足以让嬴子楚忘却所有烦恼。以前，他"车乘进用不饶，居处困，不得意"，饱尝寄人篱下的白眼；如今他似乎可以堂堂正正地做男子汉，不必再相伴青灯排遣人生苦涩感伤，不必再从那些怀有敌意的赵国人眼前丧犬般地走过。好像他落难悲苦的光阴即将流逝，一颗璀璨的星辰划破夜幕，绽放耀眼光彩。生命变得厚实，心灵糅进活力。

又传出一阵轻盈的啼声，惊扰了正憧憬未来的嬴子楚。我想他一定忍不住去瞥一眼襁褓中嗷嗷待哺的儿子。儿子确实可爱。圆润的脸蛋，炯炯有神的眼睛，特别是向外四溢着股股逼人的英气，与貌似平常的父亲截然迥异。

儿子的身边是母亲赵姬，一位才貌出众能歌善舞的艺妓。她看上去太富于水性杨花，一双撩人的双眸常使男人们驻足品赏，甚或溢出一缕贪婪的淫光。但赵姬毕竟是温柔可爱的妻子，一句体贴入耳的娇嗔，一曲娓娓动人的弦歌，曾多少次使心灰意懒的秦王子从怅惘的泥潭中拔出，又扬起自信的风帆。

温柔的女人再加上可爱的儿子，落难王子那茕茕孑立的生活顿时五彩斑斓。这时，如果他再想起那位经常到这里走动的濮阳大商贾吕不韦，会

打心眼里升起一股奔放的热流。真该特别感谢吕不韦呀，是他允诺要竭力帮助嬴子楚摆脱目前的困境，当然还有那个远在千里之外秦国国君的宝座。

该给儿子起个名字了，公子嬴子楚虽出身于显贵家族，但遗憾的是，他却不怎么识字，儿子是正月里出生的，那就叫“政”吧，至于姓，他本应该姓嬴——那是当年舜帝赐封的姓，高贵而典雅。然而或许是身处异域，为谄媚赵国的缘故，所以嬴姓改称赵姓。好在嬴、赵两氏有过同宗共祖的血亲，无损先祖列宗的体面。再至于后来大史家班彪口口声声“吕政”，则纯粹处于一时的泄忿，嘲弄、揶揄自不待言。

跟妻子相识是在赵国大富商吕不韦的生日宴会上。吕不韦广撒请帖，所请的宾客包括了赵国所有政要、学者名流、富商巨绅，还有各国的外交使节。当然各国质子是外交使节中最主要最尊贵的客人。

秦国是强国，而且是现存燕、赵、韩、魏、齐、楚、秦七国中最强的国家，但由于近年来六国联合的结果，他每到一个国家，看到的都是充满悲愤的脸孔。很多人见他来，更是老远就躲开，连同样在赵当质子的其他国家的王孙公子，对他也都是内心疑惧，外表冷漠，如今赵秦数十万大军在长期对峙，战争随时一触即发，他这个质子更是难当。

所以，他在这里没有朋友，虽然他是强国派来的质子。另外，他比哪个在赵各国的质子都穷，就是别人不排斥他，他也无法参加他们之间的交际活动。

因此，他在这里是孤单寂寞的，不但没有知已之交，连酒肉朋友也没有一个。

吕不韦宏伟的巨宅，占了几乎半条东正街，庭院星罗棋布，亭台楼榭争奇斗巧，僮仆婢女有数百人之多。

在嬴子楚车子抵达时，门前早已挤满了车马，人声沸腾，有如闹市，忙碌的人们进进出出，和周围的寒冷死寂相比，形成另一个世界。

整个大宅院到处张灯结彩，进门处更是搭了一座数丈高的大牌楼，显得气势雄伟。

嬴子楚下了车，早有迎宾上来接待，得知是秦国王孙后，赶快带向大厅。

丝竹乐队吹弹出悠扬的迎宾曲，吕不韦也亲自到大厅门前迎接。吕不韦不断上下打量着嬴子楚，眼中露出异彩，迎着吕不韦逼视的目光，嬴子楚不自禁的想起身上的狐裘早已显得陈旧，忍不住低了低头。

他也打量了一下吕不韦。今天是他三十五岁的寿辰，但似乎是因保养得法，显得比实际年龄要年轻，白里透红的脸，带着几分俊秀，虽然留着三绺清发，但还看得出年轻时是个美男子。

他身穿一件白狐裘袍，头戴黑色貂皮暖帽，飘逸潇洒，有如玉树临风，与嬴子楚想象中的大富贾形象，一点都沾不上边，他不像商人，反而像一介儒生。

嬴子楚要行礼拜寿，吕不韦连忙阻止，口里连声说道：

“小人贱辰，本不敢劳动世子，只是想藉此机会瞻仰一下世子玉颜，并欢聚一下，里面请！”

吕不韦将他引进一间精致小客厅，只见厅内设有八个席位，分成东西向，中间没有主位，这是吕不韦表示不敢僭越，因为这处小厅的客人包括赵国太子和其他六国质子，他只能在主人席位末位相陪。

小客厅和外面大客厅相连，不过要登阶而上，而将前面的锦绣帷幕一拉，则完全隔绝。

小厅布置精巧，周围都是各种姿态的玉石美女雕像，手中执着小儿手臂粗的蜡烛，将室内照亮得和白昼一样，四壁都嵌着多宝格，上面各色各样的珍奇珠宝，在烛光下晶莹夺目，闪闪发亮。

数千人的宴会，处理得井井有条，嬴子楚看了，不禁暗暗在心中佩服，吕不韦不但有经商才能，在御众的事上，更显出超人的本领。

吕不韦在门客的拥卫下，先到各设筵处，敬了一杯酒，接受了无数声恭贺欢呼，接着又到大厅内一一敬酒，接受寒暄道贺。这时他已饮下数十杯酒，可是脸色反而由红转青，一根由眉心直通额上发际、平时看不太出的青筋，此时微微凸起，不断跳动。

最后他独自回到小客厅，要两名俏丽婢女将帷幕拉上，厚厚的锦绣帷幕缓缓向中间相合，将外面的嘈杂和歌舞丝竹乐声全关在帷幕外。

嬴子楚和其他公子不自觉的视线都射向帷幕外，似乎有点可惜看不到大厅内的精彩节目。

“各位公子，”吕不韦笑着说道：“外面的粗俗音乐，庸脂俗粉，不配各位欣赏，为了表示对各位公子的敬意，不韦将把最好的呈献出来。”

果然，八个席位，分由十六名绝色美女侍候，斟酒布菜，剔刺去骨，莫不伺候周到，体贴入微。更难得的是，十六名美女高矮纤肥几乎完全相似，看得出是精挑细选，刻意选出来的。面目虽相异，但各有各的特色和个性美，审美观再强的人也难分出高低。

嬴子楚不时打量四周，目光总是被这些美女所吸引，厅内的匠心设计和那些奇珍异宝摆设，在这些美女的艳丽光辉映照下，全都显得黯然失色，银爵玉盘精致，更是微不足道了。

屏风后面的暗间里，传出轻柔的乐音，声音不大，但嬴子楚听得出乐器众多，是个大编制的乐队，而且奏的正是秦国宫廷用餐时的膳乐。

嬴子楚先是一惊，一介商人怎敢僭用宫乐，这是抄家灭门之罪，但再一想，这是赵国而不是秦国，他不禁哑然失笑。

乐声停止，室内一片沉静，众人的视线都转向屏风口，过得片刻，两名俊妾抬着一张雕镂精致、碧玉桌面的几案出来。

众人在失望之余，一阵哄笑声起，目光全都转到吕不韦的身上，似乎都在问，这镶金嵌玉的沉香木几案，也许是价值不菲，但能算是你吕不韦最珍贵的宝藏?

据传说，吕不韦有次为了和一个齐国盐商斗富，五尺高、完美无缺、价值百万的珊瑚树，都像敲糖人一样，三下两下敲得粉碎，脸上连一点惜意都没有，这张几案会有什么奥妙?

接着，又有两名艳妾小心翼翼的抬出一张古琴，其中一人用衣袖擦拭原已光洁如镜的案面，然后再轻巧地放好。

众人中赵太子精通音律，也最识货，他又是坐在西席首位，看得也最为清楚，他忍不住大声惊呼：

“焦尾琴!”

在场都是王孙公子，当然都听过这个名字，也都恍然大悟，焦尾琴的确称得上是无价之宝。

“的确，这项绝世珍宝当得吕先生宝藏之最了!”赵太子极口称赞，带头站起来到中央几案前，抚摸审视名琴。

其他人也跟着围上来观看，七嘴八舌批评赞赏和触摩。

只有嬴子楚坐在席位上不动。

吕不韦稍露惊诧的看了嬴子楚一眼。嬴子楚装着没看见，仍是一副若无其事的神情。

各位公子在赞叹声中回到自己的席位以后，吕不韦轻描淡写地问嬴子楚说：

“难道此琴就不值公子一观吗?”

“我的看法是这琴还谈不上是吕先生珍藏之最。”嬴子楚笑着说。

“公子的理由呢?”

“琴的功用在发出美妙的乐音，不然只是一段死木头而已，所以依在下的判断，吕先生最宝贵的应该是能使此琴发挥极致的人!”嬴子楚徐徐说道。

吕不韦先是一怔，随即仰首放声大笑。

“高明！高明！不愧是上国公子!”

一位丽人在两名俏妾的扶持下，走出屏风，室内仿佛又突然一亮，众人的眼睛也跟着发亮起来。

她身材硕长，体态丰盈，却有着一束只能盈握的细腰。她脸上未施一点脂粉，肤色在灯光下却比玉还光润白皙。除了挺鼻、殷红小嘴外，最奇特美妙的是两道长眉直插入鬓，未经描尽，自然漆黑闪亮。

她丰满，却长着一副瓜子脸；她硕长，却步履轻盈得像猫一样；她神情严肃，但举手投足之间，却会勾起男人最基本的欲念。她发髻上只有一根玉簪，却比满头发饰更引人注目。

然后，她在几案前坐下来，先是挑捻几下，调整了一下琴弦，就只这几声，精通音律的赵太子就不自觉地惊叹了一声："好！"

接着她不急不缓的弹奏起来。抑扬起伏，琴声铿锵，将整个客厅笼罩在美妙的琴音中。

嬴子楚不懂音律，对音乐一向只是直觉欣赏。在秦国，王孙公子自小受的是法家教育，讲求的是如何治国齐天下以及穷研兵法，学习行军布阵，以备异日统兵作战。

秦国宗室没有特权，不立军功，就会在宗室簿上除籍，因此，音乐只是他们酒酣耳热助兴发泄的工具，连带乐工歌女和舞伎，莫不如此，听音乐的时候，他们耳中根本就没有音乐，更别说用音乐来调剂心灵了。

开始时，他看到燕世子喜正襟危坐，凝神而听，以及赵太子闭目击节，一副悠然神往的姿态，不禁有点好笑，但逐渐，玉姬那双在琴弦上轻挑慢捻或急促移动的手，吸引了他的注意。多白皙的手！柔软似若无骨，润滑晶莹美得找不出一点瑕疵，但抚在琴弦上时，却是那样有力，每一个琴音似乎都扣动着他的心弦。

又逐渐，他不知不觉竟已沉醉在她的眼波之中。

虽然她灵活的眼睛似乎照亮到室中每一个人，但他发觉到，大半的时间，她的目光是停留在他身上的。眼中带着妩媚，也含着几许的笑意。

她在注意他对琴音的反应，仿佛也发觉到他根本不懂音乐，她对他是另一种酒，他醉的是她本人，而不是琴声。

不错，她对他是种美酒，神奇的美酒，他看她弹琴，可以无所顾忌的直瞪着她看。此刻，他觉得自己是个真正的男人，忘掉所有漂泊在异国的寂寞和苦闷，他是秦孝公的子孙，虽然不是嫡系，但他的血管里流有他的血液，秦孝公可以将秦国从一个边疆小国，变成天下舞台的主角，他为什么要一直为是庶出而自卑？

怎么说他的父亲安国君是太子，秦国国君的位置，对他来说，并不是完全不可及的！酒能使人做平时不敢做的，想清醒时不敢想的，而美女是男人最醇最烈的酒。

时时注意着他的那双妩媚大眼，突然闪起异样光彩，他自己也发觉到，他的精神振奋，外表也一定变得不再畏缩颓唐，而使她刮目相看。

就在他胡乱遐思中，琴声戛然而止，众人都击案喝采，只有他茫然未动。

吕不韦微笑地看着他，他才觉察到自己失态，随便鼓了几下掌。玉姬在此时开口说：

“秦公子也许对贱妾所奏靡靡之音听不入耳，现在我弹一段楚大夫屈原所作的《国殇》，这套曲和辞，据说在秦国很受欢迎，不知是否？”

玉姬人美，声音更美，莺啭似的声音听得嬴子楚失神，不知如何作答。

琴弹到此，琴弦忽断，歌唱完时，声也呜咽，玉姬忍不住以袖遮脸拭泪。

嬴子楚感动得满脸泪痕而不自觉。

世子喜则在一旁带点解围的口气说：

“按照赵国的风俗，歌者指明为某人献歌，受歌者理当给点采头，公子却连掌都未鼓一下。”

嬴子楚哦了一声，摸摸浑身上下，实在没有一样珍贵物品，给钱未免太俗气，唐突了这样的美人，最后他摸到腰带上的那块玉珮，这是他父亲安国君送给他生母夏姬初夜定情之物。在他首次出外当质子时，夏姬将这块玉珮郑重地为他挂在腰带上，叮嘱着说：

“儿子，历代秦国出外当质子的，不是被杀，就是长年滞留在外，很少能安全回到国内定居，假若你在外遇到适当中意的女子，就用作品礼好了。”

那年他只有十二岁，母亲言犹在耳，转眼间十多年过去，他却越来越不得意。

他茫然的取下那真玉珮向身后的侍妾示意，侍妾取来一只玉盘，盛着玉珮送给玉姬：

“这是秦公子赏的。”

玉姬来到他席前下跪，叩头道谢，嬴子楚连忙扶起，手触及到她的柔荑时，不禁全身都颤抖了一下。

其他公子也在一旁鼓掌哄笑凑趣，纷纷摸出珠宝要身旁侍妾拿到玉盘里。

玉姬一一叩谢，最后告辞入内。

接下去另有歌舞节目上场，吕不韦也一再劝酒，但歌者自歌，舞者自舞，嬴子楚全不知道场内在进行些什么。

他只不时将双手轮流放在鼻前深深地闻着，因为手指还留下玉姬的余香。

三个月来，嬴子楚都处于失魂落魄状态。

他耳畔始终萦绕着那晚的琴声，有事无事都是如此。

他眼前不断出现玉姬那双白皙春笋般的手，日间、夜间、梦中、清醒，只要他闭上眼睛，那双手就会在他面前摇动，还有那对明媚的大眼。

尤其是那眼神所流露出的神情，怜惜中带着鼓励，这是多年来他从未见过的。

直到有一天吕不韦求见，吕不韦盘膝坐在客厅，今天穿的是一件灰色夹衫，更显出他的飘逸潇洒。

嬴子楚走进客厅，吕不韦起身想行平民见贵族的跪拜之礼，却一把被嬴子楚拉住，最后行宾主之礼，吕不韦坐在上位。

赵升献茶后退出，两人寒暄后，一时找不出话说，沉默了很久。嬴子楚想问他今天的来意，也想顺便问候一下玉姬，却开不了口。最后吕不韦抚弄了一下他的三绺青须，毅然地说道：

"刚才我进门的时候，看不到什么僮仆，这么大的宅第，是否嫌冷落了一点？"

嬴子楚苦笑不语。

"假若公子不嫌唐突的话，在下想开门见山直言。"吕不韦一面观察嬴子楚的脸色试探着说。

"先生尽管道明来意，直说无妨。"嬴子楚仍然苦笑。

"公子对在下也许了解不多，但在下对公子的处境却是打听得非常清楚。"

"啊！"嬴子楚虽早已料到，但听到他这样直言不讳，仍然激动得全身一震。

"这次造府拜访，一来是感谢上次贱辰能得到公子移玉亲临，再则是为公子感到不平，想助公子一臂之力。"

嬴子楚注视着吕不韦，在他眼神中也看到了那股怜惜，但不知为什么，玉姬眼神中的怜惜使他感到温馨，而出现在吕不韦眼中，却令他觉得是无比的侮辱。

他语气僵硬地问：

"助我什么一臂之力？"

"光大公子之门。"吕不韦微笑着说。

"先生为什么不将这番心力用在光大自己的门楣上？"

"公子知道，商人绝不做没有利润的生意，光大公子之门，也就是光大在下之门。在下财富已足，就等着门楣了。"

"我原先还以为先生要的是巴蜀的盐、铁、铜、矿和秦国的兵器市场，"嬴子楚仍带讥讽地说："想不到先生的雄心比这还大。"

"也许在下是越界了，"吕不韦又回复冷静地说："但平时思富，富后思贵，是在下心情，也是人之常情。"

"这件事非同儿戏，我得考虑一下是否接受先生的好意。"嬴子楚心中

虽然一万个愿意和感激，但只要接触到吕不韦的眼神，就自然而然起了反感。

"这样也好，"吕不韦起身告辞说："此事虽然得郑重考虑，但也是事不宜迟。据在下日前得到的消息，秦王近来年老体弱，在病榻上时间居多，一旦……"底下的话吕不韦没有说下去。

不过，嬴子楚明白他要说什么，一旦有所缓急，安国君顺理成章继承大位。接下来就是要册立太子，他人远在赵国，宫内又没有奥援，当然没法和其他弟兄们争！

最使他感到震惊的是，这个消息吕不韦都已得到，而本国派驻赵国的使节却一点都未向他提起过，他一直以为祖父还健朗得很。

嬴子楚心念急转，表面却装得不动声色，他告诉自己，和吕不韦这种大奸巨滑的商人打交道，他得步步为营，小心谨慎，否则就会落入他设好的圈套。

吕不韦看他不说话，自作结论，语气坚决地说：

"这样好了，明天酉时在下派车来接公子，并不一定要谈今天的事，只是小酌一番而已。"

"明天……"嬴子楚沉吟不语。

"哦，这也是玉姬贤妹的意思，自贱辰那晚分别以后，玉姬时常提到公子，今天在下到府拜访，临行她还一再交代，务必将公子请到。"

"玉姬？贤妹？我还认为称'姬'应该是……"嬴子楚虽然力作镇定，但突然发亮的眼睛和激动的语气早将他内心的狂喜泄漏无遗。

"玉姬是楚人，从小父母双亡，卖到寒舍，五岁习歌舞，今年也二十岁了，十五岁那年在下才发现她的琴艺，欣赏她的才华，也可怜她的身世，因此一直是以弱妹看待的。玉姬是她歌舞班的名字，她原姓屈，据推算，应该和大诗人屈原大夫有点家族关系。"

"难怪唱《国殇》唱得那样动人。"

他们一边说话，不知不觉已到大门口，吕不韦临上车还问了一句：

"明天酉时，考虑的时间够吗？"

"一天一夜的考虑时间我想是应该够了！"嬴子楚喃喃地说。

在知道玉姬怀孕后，吕不韦决定把她送给嬴子楚。"秦公子到！"声音从大门、院子，一层层的由远而近，由轻微模糊到越来越清晰大声，男声女声，像层层波浪逐渐转递过来。

"贤妹，你出去迎接公子进来。记住，贤妹，这就是今后我们之间的称呼。"他推着怀抱中的玉姬说。

"是，兄长。"玉姬摇摇头，狠狠地瞪了他一眼。

琴声悠扬，香烟袅袅。

玉姬那双令他神荡的凝脂玉手，或快或慢的在琴弦上移动，挑动的每根琴弦、跳出的每一个乐音，都会引起他心灵深处的共鸣，人间怎么会有这样美丽神奇的手?

偶尔，他将视线移转到烟雾围绕中她的秀脸时，他总会有种迷幻的感觉，他眼前坐的是人还是神仙?

她聚精会神的抚琴，偶尔也会有意无意的看他一眼，每逢目光相触，他全身都会一震，似乎遭到电击，而且是屡试不爽。

美酒、佳人，再加仙乐似的琴艺，这只应天上才有!

刚才，吕不韦和他推心置腹的畅谈秦国内部政情：秦王年迈体弱，性情逐渐变得乖张，积极向外侵略，是他不服老的象征，也是因他想在临死前看到更广大的秦国疆域。目前秦赵两国百万大军在长期对峙，迟早会突发战争。

他们讨论的结果，得出一个概要的行动计划。

第一步，嬴子楚先在赵国造成声势，在吕不韦及燕太子的协助下，广结赵国政要及各国质子使节，形成他在赵国及秦国都有举足轻重的形象。然后再多纳门客，周贫济急，让这些江湖清客将嬴子楚的贤名，由民间自然而然的传到秦王和安国君的耳中去。

第二步，由吕不韦买通华阳夫人左右，设法见到华阳夫人，动之以温情，使她能求安国君立嬴子楚为嫡嗣，能够立为嫡嗣，则未来当太子的大势已定。另外以财货及恐吓双管齐下的方式，说动阳泉君在秦王夫妇面前说嬴子楚的好话，因为太子立嫡，还得征求父王的核备。

第三步也是目前最紧急的一步——有鉴于秦赵两国的紧张情势，狡兔三窟，嬴子楚不能不有应变的准备。虽然因为他要发动交际攻势，必须留在邯郸，但同时也要在邻近乡间营造一处紧急避难所，一旦秦赵发生战争，赵国想杀质子时，可以到那里隐匿。

一番深谈后，嬴子楚对吕不韦可说是佩服得五体投地。他设想周到，处处进逼，却步步都留有退路。他侃侃而论的时候，不像一个卑躬屈膝、唯利是图的商人，却像一个气吞山岳的天下宰割者。

假若他能就秦王位，吕不韦将是他的贤相能将，辅助他称霸天下，达成他维护天下和气的愿望。

不过现在，这些定国立君、治国齐天下的事，对他似乎那样飘渺遥远，微不足道，他眼中只有那一双让人心跳的手，以及偶尔相遇使他醉上加醉的妩媚眼波。

他忘掉了王孙应有的矜持，不知哪来的勇气，他站起来，蹒跚的走到吕不韦席位前，他举杯干了说：

“吕先生，这杯敬你!”

吕不韦赶快站起举杯回敬。

子楚自己将酒斟满，又举杯说：

“这杯对先生有所求，答应后我再干！”

“公子尽管说，不韦已将身家性命交托给公子，还有什么不能答应的！”吕不韦微笑地说。

“请将先生弱妹赐给嬴子楚！”他很困难地挣扎出这句话。

“这件事在下不能完全作主，还得看玉姬本人的意思。”吕不韦装出拂然不悦的神色，看了玉姬一眼。

“铿”的一声，琴声突然停止，琴弦断了两三根。玉姬怒冲冲的走向屏风后门外。

嬴子楚震惊得酒醒了大半，僵立在原处，不知该如何是好，口里不断喃喃说：

“她生气了，真的生气了！”

吕不韦反过来安慰他说：

“她虽然只是一名歌伎，但自小我就将她宠坏了，公子请先回座，我去看看她生的什么气。”

“都是我不好，失态失言。”嬴子楚懊恼地说。

“窈窕淑女，君子好逑，这不是件坏事，我去问问。”吕不韦将嬴子楚扶回席位上，他走出门外。

很久，他才带着微笑回来，在嬴子楚身旁坐下说：

“没事了，玉姬刚才气的是公子不尊重她。”

“不尊重她？我怎么敢！我一直将她视如夫人。”嬴子楚嗫嚅地说。

“她说她对公子自始就有好感，但公子应尊重她，不应有今晚这样轻率表示。”

“不错，不错，应该明媒正娶，按照规矩来，可是……”嬴子楚想到正娶需待父亲批准，这要等到何年何月，而且要是知道她只是商人家中的一名歌伎，那更绝无希望。

“玉姬说，她也知道以公子的身份，明媒正娶困难重重，但她也不愿对自己委屈，她平生志愿就是嫁一个平民，过着一夫一妻白首到老的生活，而绝不委身为妾，所以算是和公子没有缘份，从此不要再见面了。”

“吕先生，你说没事了，竟是这样的没事了？”嬴子楚急得站了起来。

“公子别慌，还有下文，经过我一番劝说，她同意为了助公子图大业，不要因这件事感到挫折，她答应对外你以纳姬的名义接她过去，但对内要行正娶之礼，而且一生儿子，就要将她扶正，在此以前不得更娶正夫人。”

“当然，当然，只要她生了儿子，理所当然的能扶正。”嬴子楚只要能得到她，此刻什么都会答应。

“那好，现在我们是一家人了，玉姬自小孤苦，但我早就看出她与众不同，却未想到她将来要母仪天下，哈哈!”吕不韦得意的笑出惯有的爽朗笑声：“在下将以长兄为父的身份，陪一副丰富的嫁妆。”

“长兄为父，请上坐受妹婿一拜。”嬴子楚将吕不韦推坐在席位，真的纳头要拜。

“公子，这个玩笑开不得，虽然是一家人，君臣之礼不可失。”吕不韦说着拦住嬴子楚，自己反而纳头拜了下去：“今后玉姬还需公子多照顾，生长在商人家，不识大体，公子得海涵并加以教育。”

嬴子楚连忙扶起他来，只见他真的脸上挂满了眼泪，这使得他无限感动，暗暗发誓，他绝不负玉姬，更要善待吕不韦。

一切按照计划进行。

吕不韦以嫁妹的名义，广撒喜帖，商人女能作王孙妾，乃是一件高攀光荣的事，何况是唯一的姬妾，终有一天会扶正，所以接到喜帖的人也视同明媒正娶一样隆重，只是少了一些文定迎娶等繁文缛节。

赵国大臣宗室、各国使节，以及邯郸富绅大商全都到齐。

最尊贵的客人群，当然还是以赵太子为首的公子团，他并且带来一份赵王的贺书，算是所有礼物中最贵重的。

也许是由于秦赵两国百万大军正在长平对峙，赵王在贺书中还特别提及这次的秦赵联婚，应该是两国和气的象征，言下暗示嬴子楚应为这方面努力。

吕不韦买下嬴子楚原来的住宅，加以装修一新，并送了童仆女婢数十名，作为玉姬的陪嫁。

他并暗中在离城三里的地方买下一处农庄，作为狡兔的第二窟。原来这处名为赵庄的地方，住着一位赵国地下势力领袖赵悦，他和吕不韦是生死之交。

赵悦交游广阔，上至朝中显要，下至市井英雄，他都一律同等看待。他为人重义气，轻钱财，急人之急，奋不顾己，受到赵国上上下下的尊敬。

在吕不韦的安排要求下，他收了玉姬为义女，承诺嬴子楚和她有难时，他会全力帮助。

同时，吕不韦以嬴子楚的名义到处送礼，结纳显贵、市井英雄和名流隐士。并且以大量钱财周老济贫，特别是各国因战祸逃到邯郸而生活无依的难民，他设粥厂，送棺木，请名医施诊送药，活人无数，可说惠及生死。

在这些人的心目中，嬴子楚虽是暴秦王孙，本人却是仁德才智兼备、一诺千金的英雄，假若能由他在秦国执政，绝对会消弭战祸，天下太平。

另外，吕不韦也为他招纳了一些门客谋士，养在宅邸之中，专为他出计策，作宣传。如此一来，嬴子楚变得交游广阔，每日宾客盈门，车水马龙，门庭若市，他不再是昔日的落魄王孙，俨然是住在赵地的秦国小孟尝君。

传言没有翅膀，却飞得比有翅膀的更快。他的贤名逐渐传到各国，当然也传到了秦国，时间一久，辗转传到秦昭王和安国君的耳中。他们才猛然想起还有一个这样的孙子和儿子丢在赵国，而且是如此贤德，连敌国上下都尊敬。

更可笑的是，秦昭王还下令查嬴子楚是哪个公子的儿子；而安国君才查到执事者所拨的用度根本不够质子基本开销，他能如此仗义疏财是因为新纳了一个姬妾，乃是巨贾吕不韦的弱妹和赵国地下领袖赵悦的义女。

安国君想了很久，才想起十年前嬴子楚初次到楚国当质子的样子，瘦瘦小小的，上车的时候只敢偷泣，拉着他生母夏姬，哭得一把鼻涕一把眼泪，还是他叱喝才肯驱车而去。

真想不到，这样一个孩子如今竟会变得贤名满天下，而且一切都靠自己的努力。

安国君内心深处升起一种做父亲的特有的愧疚。

另外，最使安国君和华阳夫人感动的一项传言是：嬴子楚每天都会在庭院中设立香案，向西哭泣，祈祷上天保祐秦王、王后、安国君、华阳夫人身体健康，而生母夏姬则排在最后。他并祈祷能早日结束质子生活，回到秦国承欢膝下，尤其是感念华阳夫人无子，空虚寂寞，每一提及就泪下不止，恨不能飞回秦国侍奉。

华阳夫人听到这个传言，更是欢喜得泪流满面地向安国君说：

“夫君，难得这孩子这样真心，虽然他能干，全靠自己创下如此贤名，但我们终要为他做点什么。”

“不错，孤也作如此想法。”

但安国君还未来得及采取行动，秦赵之间的“长平之战”爆发了。

在长平战役发生以后，嬴子楚的生活发生了很大的变化，周围仇恨的目光增多，府第外面充满了赵国派来的监视密探。当然，门客散了，宾客也裹足不前，又恢复到以前门可罗雀的冷清局面。

赵王几次想采取行动，杀他泄恨，都为赵太子劝阻下来，当然期间得力于燕太子的帮助不少。

玉姬怀孕的征象越来越明显了，奇怪的是不像别的女人，怀孕时会变得皮肤粗糙，面黄肌瘦。她依然脸色红润，容光焕发，而且眼神中多了一种孕妇所特有的喜悦光辉。怀孕是女人失去男人欢心的危险时期，但嬴子楚却缠得她更紧。他们之间又多了一个话题，儿子将来会如何如何。

十一月，邯郸又开始下雪，秦国使者来到邯郸，带来安国君的一封信。信很简单，只说听到嬴子楚的贤名在外，做父亲的很高兴，同时他已下令执事者增加他的用度，不够用，可以先向吕不韦借，以后一起归还，但使者本身就带来不少黄金，再加上华阳夫人赏赐的很多礼物，生母夏姬反而没带信来，信上也完全未提到她。

当他将这封信拿给吕不韦时，吕不韦看了以后，兴奋得离座跳了起来，但很快就又控制住自己的情绪，他冷静地向嬴子楚说：

“时机成熟了，我们应该实行计划的第二步。”

嬴子楚不解的问：

“安国君的信上并没说什么，只是有关增加用度而已，先生为什么高兴?”

“不是安国君的信，而是华阳夫人的赏赐；可见你每日西向流涕思念她的传言，已经发生了效果。”

“那下一步应该怎么做呢?”

“赵国有关方面希望我以商人的身份去秦国，一半是观察秦国的情势，一半也是要我乘机游说，看是否能说动一些大臣，对将来的和议有所帮助。刚才我还在担心，安国君那方面这样久还没有动静，现在已开始动了，我们就得因势利导，照计划做。”

“先生准备什么时候动身?”

“我还得准备一下，当然越快越好，”吕不韦沉吟一下说：“等我走后再告诉玉姬，不想行前麻烦她。”

嬴子楚只惊诧地看了他一眼，没有说什么，吕不韦老谋深算，凡事都有他的用意，他一切信任他。

“儿子，儿子，我的儿子!”子楚从回忆中醒来。

子楚看了抱在奶妈手上的初生婴儿一眼，在心内狂呼。但再看第二眼时，他不禁感觉有点失望。

这个皮肤打皱，头发湿湿，浑身上下通红，像一只开水烫过的老鼠的东西，会是他的儿子？会是秦国可能的统治者？

他出生时是否如此？目前横行天下，东征南讨，每天都忙着侵占别国土地，攻城掠地的他的祖父秦昭王，出生时是否也是这种模样？

两眼紧闭，紧绑在襁褓里，一副软弱无助的样子。

婴儿没有哭，他也没有听到婴儿出世的第一声哭声，那是为邯郸城内喧天的锣鼓声和爆竹声所掩盖。依赵国特有的风俗，迎新年时，会以竹筒丢在火里，烧出劈劈啦啦的声音，以象征来年的兴旺。

这孩子出生时，正好是正月正（朔）日正（子）时正（初）。

普天下这时候都在热烈庆祝，迎接一个新的年、新的希望，连带也是

庆祝他这个儿子的诞生。

“看上去好小。”他顺口说了一句。

“不足月生的，已经算是很大了。”奶妈也顺口答。

“不足月？”他对生孩子养孩子这类女人的事是从不过问的，也就是说对这方面的事一窍不通。

“一般孩子都是十个月生，小公子只有八个月，他恐怕是要抢这个好时辰。”

“哦！”他没有再问下去，正月正日正时正，真是个好得不能再好的日子和时辰，儿子是抢对了。

第二章 少年君主

秦昭王四十五年（前262），即嬴政出生的前三年，秦昭王派武安君白起率军20万进攻韩国的上党，首先把韩国外围的野王等地征服了，断绝了上党（在今山西长治北）与其本国的通道。上党的郡守冯亭，深知以上党弹丸之地，势难力敌秦国乘胜来犯的骄兵悍将，但又决不愿沦为秦国的降民。于是派信使急赴邯郸，向赵国表示，愿意把上党郡献上。赵孝成王不听平阳君的劝阻，唾手而得上党。这样果然激怒了秦王，转而攻赵。

赵将老廉颇采取以守御攻、以静制动的战略，坚守达三年之久。秦国施离间计，使赵国以赵括替下了廉颇。赵括被白起打得落花流水，赵军惨败。赵国又反用离间计，使秦国调回白起。秦昭王采纳了丞相范雎的建议，接受赵国献六座城池，双方签订了和约。

秦昭王五十年（前257），这位“老当益壮”的国王又野心勃发，撕毁了盟约，命大将王龁统军20万进攻赵国，而且还要御驾亲征，带领一支精锐部队督战。

秦军刚过洛河，邯郸便已闻讯了。赵孝成王十分惊恐！急忙调集军队，充实防务，加固城堞，在秦军抵城下时，抵挡住了最初几次攻势，接着召集文武群臣，共议抵御秦军的长期作战方案。

赵王想处死秦公子嬴子楚，可惜的是嬴子楚在吕不韦的帮助下逃走了，赵姬母子在他叔叔家的帮助下，躲在留春园里面，或领些针凿洗补的活计，或四处作零星的卖唱，勉强维持生计。因此，赵姬母子就只得生活在这样的群体里，靠佣工或教唱糊口。在亲戚、邻居和同伴们的保护下，度过了六年的漫漫岁月。赵孝成王虽曾多次派人继续搜索，但终无所获；燕太子丹和相国平原君也屡屡劝说，原来的王孙嬴子楚，尚且被弃于不顾，今王孙已逃回国去，便会另外娶妻生子，赵国对赵姬母子穷追不舍，已没什么实际意义了。赵王就放弃了追索，这也是赵姬母子能够幸存下来的原因，所以她们对于燕太子丹所给予的救助和照顾非常感激。

几年后秦赵两国的关系又有所缓和，秦孝文王来信相恳，赵孝成王也

赵姬，吕不韦，秦始皇

就乐得送了这份顺水人情，便派人通知赵叔，找着赵姬母子，发给通关文牒，乘车返回秦国。母子俩怀着对赵叔全家和多年来患难相处的邻居和朋友们的感激与留恋——赵政则更有对歧视、欺侮过自己的人们的仇恨心理——匆匆上路。

秦昭襄王五十年，也就是公元前257年，阳翟大商吕不韦和秦公子嬴子楚仓皇逃出赵都邯郸，吕不韦才决定只带嬴子楚归秦。到了秦国，吕不韦仍不能松懈，为了帮助嬴子楚夺取秦国的大业，最终让这个大帝国落入赵国那个女人所生的婴儿手中，吕不韦的大脑仍需要高速运转。吕不韦很清楚，这时的嬴子楚已到了和父母相见的关键时刻，若掉以轻心，安国君和华阳夫人不认这个儿子，就等于前功尽弃。

为了能使嬴子楚与父母的相见达到预定效果，吕不韦费了不少心机。终于赢得了华阳夫人和安国君的好感。公元前250年，也是嬴子楚回国的第六年，秦昭襄王崩驾，安国君继承王位，公元前251年，安国君立华阳夫人为王后，立子楚为太子。同年10月安国君正式即位，即为秦孝文王，这时，赵国为了表示与秦和解之意，也派人送来了赵姬和嬴政，这年。嬴政已经9岁了。此时，由吕不韦出钱、出力、出谋的千金买国计划仍在暗中向前发展，然而接下来的事情似乎要比吕不韦想象的更顺利。

吕不韦和嬴子楚还没来得及扶正赵姬和嬴政，嬴政的爷爷，也就是子楚的父亲安国君嬴柱，在孝文王的位子上还没暖热，仅即位一年，便莫名其妙地去世。

刚被立为太子的子楚还是很快继了位，他就是历史上的秦庄襄王。庄襄王嬴子楚仁厚慈祥，登基后果然不忘落魄时对吕不韦的许愿，让商人出身的吕不韦从卑贱的商人一跃成为秦国的宰相，并封他为文信侯，赐给他洛阳十万户食邑，家僮万人。而赵国商女赵姬则被封为王后，嬴政被封为太子。庄襄王又尊养母华阳夫人为华阳太后，尊生母夏姬为夏太后。

从此，吕不韦终于一步登天，开始在政坛上显露他非同寻常的才能，并且开始从根本上为嬴政，也就是为流着他血液的儿子执政打下扎实、深厚、不可轻易动摇的政治基础的工作。

从遇见秦国王孙嬴子楚一直到扶助嬴子楚成为国君，吕不韦也由年轻气盛的青年时代走到了稳重成熟的中年时代，由一个角逐于商场的商人成为一个运筹帷幄的政治家。

但嬴子楚当上秦国国君之后，朝野上下对此都有所议论，他们鄙视由一个商人支撑起来的帝王，尤其是秦昭襄王的长子子傒，竟在秦国老丞相的支持下，发动了叛乱。

初登政治舞台的吕不韦，显示出他并非只是一个斤斤计较的奸商，在一切都毫无准备的情况之下，果断地帮助庄襄王镇压了这场叛乱，并毫不手软地让子傒在残酷的政治竞技中消失，为庄襄王地位的稳定立下大功。作为一个出身卑贱的铁腕人物，第一次在秦国政坛上亮相，吕不韦就表现出不同于一般商人的从容和大气，这自然让朝中上下对他心存畏惧，不得不刮目相看，而更让人不能小觑的事情还在后面。东周国君派使节与诸侯国联系筹划联合讨秦的事情，耳目遍地的吕不韦很快得到这个消息。吕不韦决定亲自征战东周，庄襄王自然了解并支持吕不韦，他听了吕不韦的请求，虽然有些吃惊，但仍拜他为大将军，让他领兵讨伐东周。吕不韦不伤一兵一卒便割掉了这个拖在各诸侯国之后架子大势力小的周朝遗支。从此，中国真正进入了一个天下无主群雄对峙的战国时代。

看来，这场战役胜利的意义不小，它不仅为吕不韦赢得了声誉，并使那个可有可无却仍然尴尬存在着的周朝彻底灭亡，宣告了武力和强权时代的来临，更是为秦国的向东挺进打通了道路。这样一来，秦国就可以无所顾忌地以霸主地位收服众诸侯国了，而吕不韦也为嬴政真正铺下了直达始皇帝的辉煌大道。无论是主观谋划还是客观造就而言，吕不韦的这一场战役真可以说起到了一石三鸟的功效。

在吕不韦积极地为自己地位的稳固做出种种努力时，归秦后的嬴政此时在吕不韦的安排下，正努力地学习诗书典籍，为未来登上帝位打基础。吕不韦鉴于自己辅导嬴子楚时疏于对他进行诗书教育的缺漏，对嬴政在这方面要求得很严格。吕不韦清楚地懂得，要做一个千古留名的伟大君主，

若没有足够的文武知识武装自己，根本不可能成功，那么，自己为儿子所付出的全部心血也自然便是白费了。

年少的嬴政自然不明白自己与吕不韦具有某种血缘关系，但他并没有辜负吕不韦的教诲，不仅在很短的时间内便适应了宫廷生活，在众多老师的教育之下，他那些还处于潜伏状态的智能便一下子喷发出来，学业进步很快。

看到嬴政已经能正常地生活和学习了，吕不韦开始帮助庄襄王进攻各诸侯国，以使秦的国势再来一个前所未有的飞跃，为嬴政将来从容为政做好基础工作。软塌塌的地面自然建不起大厦，吕不韦似乎比谁都更明白这个道理，于是便一次又一次地东进讨伐诸侯国。

庄襄王元年（前209），吕不韦派蒙骜伐韩，攻取成皋、荥阳，设置三川郡；

庄襄王二年（前248），吕不韦又让蒙骜伐赵，攻取榆次、狼孟等三十七城；

庄襄王三年（前247），吕不韦派王齮攻取上党，设置太原郡……

这一系列的胜利使秦国的国界扩展到了黄河以东接近魏国的大梁，如果再一举灭魏，那么统一六国的战鼓声就会更快地擂响。在吕不韦大建军功的同时，一系列的胜利也给正处少年时期的嬴政留下了深刻的印象，他非常欣赏父王这个富有才识的朋友和属臣、秦国的掌国之相。

当时，嬴政仅有十岁，正处于易受感染、塑造个性的重要时期。这些胜利无疑会让他感觉秦国的强大和战无不胜。在他看来，秦国原本就应在诸侯国中位居第一，并且在不远的将来成为中华大地上唯一的国家。也许正是有了这样胜利的熏陶和刺激，以及儿时受辱的对比，少年嬴政在心底埋下了一颗雄霸天下的野心。

嬴政即位的前一年，秦国已在吕不韦的指挥下，由蒙骜带重兵直逼魏国国都大梁。少年嬴政已有些懂事，在吕不韦的辅导下初谙国事，国家的繁荣与衰落在他心里已有了基本的概念，尤其是战争更让嬴政强烈地感受到了胜利与失败的天壤之别。在这个少年心目中，只有胜利才是理所当然，正是在这种强烈的荣辱感刺激下，在学习诗书国务的间隙里，嬴政怀着一种企盼之心，等待着战场讯息的传来。

庄襄王三年（前247），久经沙场的秦国老将率军连连夺取了高都、汲等地，大梁此时已危在旦夕。身处秦国相位的吕不韦不禁有些得意忘形。有道是“骄兵必败”，正由于骄而虑事欠周，使一向缜密做事的他忘记了一个人，这个人便是魏王的弟弟信陵君魏无忌。

早在十年前，秦军围攻邯郸时，就是信陵君魏无忌窃取哥哥安釐王的虎符并杀了大将晋鄙，从而领兵解了赵国之围。由此信陵君在诸侯间的声誉鹊起，他与哥哥的关系也因此而闹僵，只好滞留在赵国。

故国这时已危在旦夕，信陵君岂有不救之礼呢？事实果真是这样发生了。安釐王在没有任何办法自救时，只好派人去求信陵君，以让他联合诸侯，共同抗秦。

但是安釐王派出使节赴赵请信陵君回国时，信陵君连见都不见。正在这时，他的两个门客来找信陵君辞行，他们说："某等追随公子多年，原以为公子乃当今一大丈夫也！今日之事，倒使我们认清以前的看法错了，故而来向公子辞行！"信陵君听了此话大吃一惊，起身挽留两人，说："二位先生务必说清楚，无忌有怠慢之处，请先生指正。"这两个人即毛公和薛公，这时才说："公子所以能誉满天下，就因为十年前率兵力克强秦，救了赵国。而如今，眼看魏国万千生灵就要涂炭，而公子却因个人恩怨而置故国于不顾，公子这样做，实在是无面再见祖上……"

毛公和薛公话未完，魏公子马上动身飞车回魏。这个消息传到咸阳，让吕不韦和庄襄王也有些惊慌，当年吕不韦和庄襄王都曾经历邯郸之战，他们不能不对魏公子有所顾忌。果然，信陵君一归国，各个诸侯国纷纷响应，赵、韩、楚、燕四国接连发兵驰援，面对强大的五国联军攻势，庄襄王嬴子楚立即下令已接近大梁的蒙骜退兵。然而，由信陵君魏无忌率领的五国联军对秦发动反击，截断了秦军后路，接连取得胜利。秦军只好退至函谷关坚守关口，五国联军又和秦军在此对峙了一个多月才班师回朝。

安釐王亲率文武大臣去迎接胜利归来的信陵君，整个魏国沉浸在凯旋的欢呼声中。安釐王特拜信陵君为国相，并封给他五座城池，信陵君又一次名扬天下。各诸侯国的宾客都纷纷来向魏公子贡献兵法，信陵君便将这些兵法汇集而成《魏公子兵法》一书。

和魏国的喜悦气氛相比，秦国此时正被失败的阴云所笼罩。秦自商鞅变法以来打仗从来都是胜利，从未吃过这样的大败仗，这场败仗惊醒了沉醉在一统六国美梦中的吕不韦。使他清楚地意识到，此时要一统天下仍不是时机，这样做是事倍功半之举，不但没有为嬴政即位扫清障碍，还给秦国臣民留下了负面的影响，这是他所始料未及。

当然，这次战败对于少年嬴政也是一个难得的教训，得意昂扬战无不胜的大秦受到挫折，也就是让嬴政在即位之前受到挫折。然而凡事总有两面，久未经挫，并非是好事，经过挫折的人会更加懂得该怎样处事，怎样免予不再受挫。从长远意义上来讲，这次战败对于嬴政心理的健康成长有益无害，因为从失败中学习得到的教训才是最深刻的，失败的经历有助于

人看清将来的路该如何走。

秦军这次失败与嬴政所看到的前一次的胜利相隔并不远，先胜利后失败对于吕不韦和庄襄王的打击已经够大了，何况对于初懂世事的嬴政呢？当失败的消息传进宫中之时，年少的嬴政难免很失望，他感觉到了为政之难，也认识到打仗并不是像他先前想象的那样容易。在经过一段消极和担心的日子之后，从小就经受苦难磨砺的嬴政更快地成熟了。

秦军虽然吃了败仗，但是颇有大家风度的吕不韦为了让嬴政学习治国为政，还是以身垂范地宽容了打败仗的蒙骜，继续委以重任。蒙骜自然感激吕不韦的不斩之恩，发誓下次攻魏一定要取得胜利。用这样生动的教材来教育嬴政，他怎能不深刻牢记呢？

嬴政回秦国的最初几年中，正值秦国同东方各诸侯国激战之时，生活在战争氛围中，这对于他确是一种不凡的熏陶，使他懂得了许多书本之外的道理和经验教训，这无异对他以后的成长有巨大的影响。然而，吕不韦和父亲对他进行的历史教育和荣辱教育更使他受益匪浅。我们已经知道，嬴政的父亲庄襄王早年流落异乡，没有老师教他学习咏诵诗文典籍，在吕不韦千金助他争做秦太子之时，差点因他知书不多而难过父亲那一关。现在庄襄王身在盛世之中的秦国，又有吕不韦尽心地辅政，这使他对吕不韦所施于嬴政的教育非常重视。

吕不韦经过前一次伐魏失败，仍不甘心，认为信陵君不除，对于秦国地位的稳固和雄霸六国的计划无疑是障碍。对于伐魏失败，吕不韦耿耿于怀。他不能忍受这种失败对他的打击，他要把失败变成不折不扣的胜利，让嬴政顺顺利利地登上皇位。

聪明的吕不韦巧妙地利用离间手法，使大梁又一次危在旦夕。

早在信陵君没有离魏之前，一次他和安釐王下棋，突然有人来报说是赵军入侵，即要进入魏境。安釐王马上停止下棋，准备召集大臣商议，而信陵君却说那只是赵王在游猎，不会侵犯魏国。过了一会儿，又有人报说赵王确实在游猎。安釐王听后，心里存了芥蒂，他担心信陵君会替代自己，私谋君位。而吕不韦恰就抓住了安釐王与信陵君有隙这一点，要用离间计除掉信陵君。

吕不韦先派人带着金银和重礼到魏国游说，接着又写信给信陵君，恭维他的贤能，并故意写上魏王有意让贤于他的话。信中是这样写的：语云“百世一人，千载一时”，此诚殿下之谓也。两败秦军，连救赵魏，盖世实无第二人。是以功存魏室而名满天下，令诸侯宾客引领翘首为望。近闻上国大王已有让贤之意，此实天下人之公愿也。今奉上不腆之礼，卿以预布贺忱并专候登位佳音之到来。

信陵君何等聪明，他马上识破吕不韦的阴谋，将信和礼品送到安釐王面前。但此举无奈是聪明反被聪明误，信陵君的坦荡却引来相反的效果。对此事，安釐王表面上没说什么，心里却在犯嘀咕。恰在这时，吕不韦对诸侯众多宾客的金钱攻势也起了作用，魏都纷纷传扬说是魏公子在外流亡十多年，如今组织五国联军一举救魏，名震诸侯，各国只知魏有信陵君，而不知有魏王，诸侯都有意拥立公子为王。

心胸狭窄的安釐王哪能容得下这些，马上收了信陵君的相印和兵权。信陵君知道自己再次受到毁谤而被弃不用，就推说有病，不再上朝。此后，信陵君便沉迷于酒色之中，他通宵达旦地宴饮，喝烈性酒，接近女人，夜以继日地寻欢作乐，最后终于在惆怅中死去。吕不韦的中伤离间计终于有了圆满的结果，这当然还是后话。

在此之前，不幸的但也是万幸的一件事情在秦大败于五国联军之后发生了，秦国连失三君，昭襄王驾崩后，继昭襄王位的秦孝文王一年而卒，接上来的庄襄王嬴子楚也三年而亡。胆小怕事又体弱多病的庄襄王死时才三十五岁，而他的儿子嬴政也才十三岁。秦国在不到四年的时间里竟死了三个国王，实在是历史上所没有出现过的，但这也促成了嬴政更快地登上大秦的政治舞台，加速了天下统一的历史进程。

三十二岁，秦王卒，谥号庄襄王，时为庄襄王三年（前 247）五月丙午。

嫡长子嬴政立，尊王后为楚王太后，封王弟成蛟为长安君，暂不赴封地，在夏太后宫中抚养。

拜吕不韦为相国，封文信侯，食户十万，称仲父而不名。

蒙骜为右丞相，处理军国大事。

麃公为大将军，统帅全国兵马。

当此时，秦已吞并巴、蜀、汉中等地，南方则多年蚕食楚国，已侵占楚国原国都郢城以西地区，改置为南郡。

在北方，连年攻击赵、魏，占有上郡以东土地，置河东、太原、上党等三个郡。

东边领土到达荥阳，灭掉东西二周，改置三川郡。

嬴政即位，年方十三岁，一切政事全委托这些顾命大臣处理。其中尤以位居中枢的吕不韦相国独揽大权，蒙骜等人则在外统兵作战。

吕不韦的战略构想是：秦国一向采取扩张政策，已被诸侯各国视为公敌。若不对各国加紧攻伐，各个击破，等到它们生聚教训，国力恢复，再联合一致对秦，秦国绝对难以抵挡。所以应该趁各国全都疲惫，对秦军事

力量感到恐惧之时，一鼓作气，向统一天下的战略目标迈进。

吕不韦挟灭亡东周之余威，加紧实施其军事扩张的战略，主动向周边国家出击。前提确定以后，便由嬴政在朝议时向大臣们宣布：“先王不幸驾崩，朕仓促即位，因年事尚幼，凡事未敢擅专。至望诸卿缅先王之厚恩，荷社稷之重托，扬旆麾军，拓疆扩土，以弘先帝之遗泽。不知众卿中有何人愿受兵符、统兵出战?”

话音刚落，好几位将军竞相出列。

“难得各位将军，忠君爱国，老而弥坚，不韦深感钦佩。至于前敌何国，率军几许，当待圣命颁下，再与各位将军熟商之”。吕不韦从上次灭亡东周之战，武将们因未能参与所表现出来的失望和妒忌中，看到他们的企盼和潜力。所以今天特意当着嬴政的面，给他们以褒扬与鼓励，借以消弭对方和自己的隔阂，转到谅解与合作上来。

他这一番辞令果然得到老将们的宽容、理解和嬴政的赞赏，认为他是一位气度宽宏、目光远大、易于合作、善于领导的治国大才。这次朝议就在非常融洽、和谐的气氛中结束。后来嬴政又在咸阳宫召见相国吕不韦和蒙骜、王龁、庶公三位将军，共同研究、决定了各位将领所率领的部队和所要征讨的国家。

就在嬴政刚继任王位的当年，远戍东部边陲的晋阳驻军叛变，反对嬴政新君，本来准备出国征讨的老将蒙骜，改受新命，率部队赶赴晋阳，与叛军进行了一场殊死的战斗。最后蒙骜所部虽然胜利了，但损失很大，便回到咸阳休整，以利再战。

翌年，庶公大将军率军攻打魏国，陷其卷城，斩首三万之众。

三年，蒙骜、王龁合军进攻韩国，掠夺了十三座城池，可算不小的胜利。可惜老将王龁以身殉国，实现了“不想坐享荣华，但愿战死疆场”的誓言。

蒙骜将军兴犹未尽，在回师途中攻占了魏国的城和有诡。再一年又攻取了魏国的酸枣、燕城、虚城、长平、雍丘、山阳等二十城。秦国将这一地带命名为东郡。

从连年的战绩来看，秦国重新显示了军事大国的强大实力，掠夺了大量的城池，扩充了版图，确实是很大的收获。但在生产和国民经济方面却遇到了巨大的困难，给刚刚即位不久的嬴政朝廷以沉重的打击。那就是发生在嬴政四年的蝗灾和瘟疫。

接下来的几年里，嬴政和吕不韦一直被内忧外患所困扰：秦王政六年，楚、赵、卫、韩、魏五国又联合起来攻打秦国，秦军仍鼓余勇，御敌于函谷关外。

嬴政继承其先祖的遗志，要“振长策而御宇内”，首先就要打败——当然最好是消灭——赵国。年仅弱冠的嬴政，一时想不出有效的策略，恰好吕不韦又到函谷一带赈灾去了，他只好去甘泉宫征求赵太后的意见。太后思索了一会，像是自语地说，以前之相国蔡泽，睿智雄才，敏思善断，可惜早就不在位了！秦王政忙说，虽然他不是现职，赋闲居家，还是可以召来问话的。赵太后挥手止住他说，蔡泽是你曾祖时期的老臣，不宜传谕召见，还是亲自去一趟为好。

秦国骑兵

嬴政即谢过母亲说：“谨遵母后懿旨！”就命内侍太监备好銮驾，急去蔡泽府邸亲访老臣。蔡泽见新君突然驾临，立刻体会到有重大的问题使这位少年气盛而又矜持自负的君主踌躇难决了。他整好衣冠，把衣襟拉得遮住难看的罗圈腿，端端正正地跪下迎驾：“老臣蔡泽恭迎圣驾！”

“蔡卿请起，坐下答话。”嬴政显出难得的平和与客气。

蔡泽坐定后，恭问秦王：“敢承陛下枉顾，想必有军国大事向臣垂问?!”

秦王略感惊诧地问：“为王尚未启齿，卿家怎知朕的心事?!”

“陛下临朝，吕相辅政，相得益彰，得心应手。若无为难之处，怎会想起我这残朽老臣?!”蔡泽直抒胸臆，一语中的。

嬴政歉然一笑说：“蔡卿真乃明察善断，为王确有军国大事难以决策，特来有问于你。”

“只要老臣智能所及，定为陛下分忧。”蔡泽受到如此的器重，是十年来的第一次，便坦诚地表态。

嬴政赞赏地点了点头说：“我大秦连年攻赵，互有胜败，也是兵家常事。赵之敢与我抗衡，因有燕国与之结盟，我欲攻燕，又恐鞭长莫及，故尔踌躇难定。”

“陛下所虑，正是兵家之大忌。赵虽难与我大秦匹敌，亦难轻易降服，若再远征燕国，首尾何能相顾？”

嬴政为难地问：“朕亦以此为难，不知卿家有何良策？”

于是蔡泽就向秦王政阐释了前相国应侯范睢的“远交近攻”政策的可行性，并表示自己愿意为此到燕国走上一趟。

“卿家老谋深算，韬略宏远，不愧一代相才，朕深感佩服。”嬴政连声称赞，同意他的设想。蔡泽感激得流下泪来。

“难得卿家如此忠诚，朕心至喜！”秦王政看到先王的老臣对自己都如此拥戴，当然非常高兴，回宫之后，即将详情禀知太后。赵太后得意地自诩说：“若非为娘提醒，险些又辜负了一代老臣报国之心。看来凡事还是集思广益为好！”嬴政忙说：“多谢母后教诲。”便回咸阳宫去了。

蔡泽肩负秦王政托付的重任赶到燕国都城蓟城，凭那份通关文牒住进了朝廷礼宾的馆舍，但又闭门谢客，不与官方人士接触。消息传到燕王喜那里，顿时引起了疑虑，即派内侍将蔡泽请到内宫。

蔡泽凭着泰然自若、自然而平易的方式说服了燕王喜，消除了燕王的疑虑，并潜伏在他的故土——燕国进行秘密的外交活动，还逐渐取得了燕王喜的好感与信任。从此刚成君蔡泽与燕王喜的交往日益频繁，通过下棋、射猎、宴乐等活动，了解到燕赵关系的渊源和近来的动态。

后来蔡泽用离间计使燕国与赵国反目成仇，并用 12 岁的甘罗出使赵国。

赵王以忐忑不安的心情迎接秦国来使，当看到来使是个乳臭未干的小孩，便放下心来。

小小的甘罗却语出惊人：“燕与赵订盟于前，却与秦交好于后，且遣质子于秦，请张唐为相。其与你我两国间孰亲孰疏，岂不昭然若揭?!”

赵王忙问要付出多大的代价才能避免亡国之灾，甘罗向他要秦国与赵之河间接壤的五座城池。赵王觉得五座城池代价太大了，迟迟不肯答应。甘罗就威胁他说，你要是不肯，秦王必然会与燕国合兵攻赵，你腹背受敌，非亡国不可！

赵悼襄王经甘罗这么一说，设盛宴款待，向甘罗馈赠了黄金和玉器；并新绘制了五座城池的地图，用锦缎包好，托他转呈秦王政。

甘罗少年出使，用唇枪舌剑战胜赵悼襄王，唾手而得五座城池。秦王大喜，给予重赏，并不再派张唐去燕国，实现了对赵国的承诺。赵悼襄王对秦王政的示意心领神会，便趁其不备对燕国发起猛攻，掠得沮阳等三十座城池，并将其中的十一座城池赠给秦国。

秦王政亲撰诏书，特封甘罗为上卿，以示对其功绩的褒奖。

第三章 亲定上党叛乱

秦王政八年（前239），上党郡原属赵国六城复反归赵，并杀害秦所派地方首长。

相国吕不韦建议长安君成蛟率兵征伐，秦王政准其所议，派精兵十万由成蛟为将伐赵，原有上党前线军队，亦交由成蛟统一指挥。

正午，秦王政和吕相国设宴灞上长亭，为成蛟将军送行，由各文武大臣相陪。在饮宴中，秦王有点不放心地问吕相国说：

“此次作战，粮秣和后勤补给上是否准备充分?”

“应该是没有什么问题，各地都设有粮仓和兵站，补给足够。虽然上党地区去年收成不好，民间闹饥荒，但军用粮仓贮藏甚丰，尤其是屯留和蒲鹝两地，赵军粮仓堆积甚丰。”

“因粮于敌，原则上是不错的，但在敌手的敌粮，不可知的变化太大，不能列入我军本身，需要考虑。”

“大王英明，老臣只是提醒长安君注意这点罢了，并未将这批粮食计算在作战计划之内。”

“贤弟，你初次率领大军作战，所谓大军未动，粮草先行，后勤补给仲父虽有万全的准备，但你自己也要多加留意，尤其是上党地区几个城市，反反复复，民心并不向我。“秦王政转向成蛟说。

“王兄请放心，你的训示，臣会铭记于心。”成蛟意气风发地说。

多年研习兵法，如今才有实用机会，他是早就跃跃欲试了。

“嬴将军，”秦王政又举杯嘱托大良造嬴和说：“王弟没有实战经验，一切还请将军多加照顾，将军追随蒙骜将军南征东讨，身经百战，寡人是相信得过的。”

嬴和为宗室人员，十六岁从军，今年已四十五岁。他身材魁梧，方口隆鼻，浓眉大眼，留有一脸络腮胡，相貌极为勇猛。他追随蒙骜多年，自蒙骜死后，多不得意，也是属于反对吕不韦的宗室派。

“臣不敢，”他连忙长跪举杯祝秦王政说：“此次攻赵，臣敢保证，必将全力辅佐长安君重定上党，只是粮秣及兵员补充有待相国的操心。”

“嬴将军这点请放心。”吕不韦也举杯回敬。

祖道宴毕，秦王政命群臣散去，不必侍候，他携着成蟜的手，走上高处一座凉亭内。只见远处群山翠绿，长河如带，偏西的夕阳洒照在山坡，染上一片金黄，他不觉动了依依惜别之情。他感叹地对成蟜说：

“祖父孝文王儿子嫌多，寡人兄弟却恨太少。这次吕相国建议贤弟领军，寡人是不太赞成的，但他言道，上党赵军军力薄弱，不足为惧，只要我大军一到，必可如汤泼雪，很快平定。同时贤弟和寡人都行冠礼在即，等到贤弟建立这次功勋后，正好名正言顺加封。”

“这是吕相国的美意，臣弟心领了。”不知为什么成蟜总感觉得到，吕不韦对他不存好意，但如何不好法，他却说不出来。

成蟜率领十万大军，兵分两路攻赵，以平定上党反叛。一军由前军都尉宫大夫秦敢率领攻蒲鶮，一军由成蟜本人领军攻屯留，两路进攻，互成犄角之势。

秦敢攻蒲鶮还经过一番辛苦，而成蟜大军直入，未遭遇任何抵抗。等到进入屯留城，才发现竟是一座空城，精壮男人皆已撤走，只留下一些老弱妇孺，而粮仓也是搬运一空。赵军这次撤退，采取的是坚壁清野战术，田里的农作物能收割的收割掉，来不及收割的就放一把火；能征作军用的骡马牲口以及能食用的家畜，全都带走或收藏起来。

成蟜及嬴和开始还想因粮于敌，但派军队搜查的结果，不但搜不出粮食，那些老弱妇孺反而伸手问秦军要吃的，而原有秦国派出的地方官吏，不是被赵军所杀，就是俘虏走了，民间行政系统整个形成真空。成蟜不得不重新建立军政府，但找不到当地人出任，只有派秦军人员兼代，民众之间纠纷因之大增，军民之间各种事件也层出不穷。

就在此时，赵、魏、楚三国暗中又军事合作，不断派出小部队骚扰秦军的补给线，能够抵达前方的军用物资越来越少，越来越困难。

再加上赵国的骑兵加紧实施游击战，专事攻击秦军的小部队和后勤设施，弄得秦军风声鹤唳，草木皆兵，不得不加派兵力警卫，因此弄得兵力分散，处处都得设防。

赵国骑兵自赵武灵王改制，穿胡服、习胡射后，已成为诸国中第一流的骑兵部队，这次更发挥了它的奇袭和行动灵活的特长，使得秦军防左救右，疲于奔命。

成蟜和嬴和商量的结果，认为秦军擅长攻击，不宜防守处于挨打地位，弄得军队士气低落。

他们要求继续攻击作战，却遭到吕不韦的否决，要他们全力经营上党地区。他们提出报告，战区内军民民生物资缺乏，希望国内能有所补充，吕相国的批复是，后方尽快尽量增加补给，但将军亦应就地设法。

就在军民食用困难之际，赵国忽然大举反攻，赵将扈辄率大军二十万，消灭了秦军前进警戒部队，一举包围了屯留和蒲鹝，切断了两城之间的联系，但他也不急着攻城，看样子是想饿死他们。

另一方面，魏、楚也加强对秦军补给的骚扰和掠夺。

成蛴和嬴和不断派出使者到咸阳求救，吕不韦却迟迟不发救兵，只是要他们固守。

成蛴这时真的是面临内缺粮草，外无救兵的绝境。

秦王政坐在议事大殿上，耳听着大臣纷纷接连奏事，他根本一句也未听进去，这些日常政务有吕不韦去处理，他脑子里只盘算着一件事，如何将昨晚考虑了一夜的事，快刀斩乱麻地予以解决。

昨天，他秘密地接见了赵国前方回来的成蛴使者，才知道上党的战事发生了这样大的变化。以往他每次问吕不韦，他只说占据了屯留、蒲鹝两地的秦军，正在整顿，从事地方政府的编组，正面没有发生重大战争。

整整被包围了半年，粮草耗尽，没有援军，敌人不攻城，当然没有战事！吕不韦对他说的每句话都是真的，但整个加起来却是个一手遮天的大谎言，不但他被蒙在鼓里，所有朝内群臣和全国民众全都不知道实情，还认为成蛴真的将上党治理得有声有色。

原来所有来报前方紧急的军使，全被吕不韦软禁，所有信鸽带来的告急文书全遭扣留。

在听完军使声泪俱下的报告后，他立刻打发军使秘密回程，告诉他，怎样他都要设法进得屯留城，转告长安君援军很快会到，以激励士气，再艰苦的撑一段时间。这方面他利用军使带来的信鸽带回一块竹简，亲自用朱砂在上面写了几个字——

援军即到　嬴政

好不容易等到群臣奏事完毕，司仪侍中想喊“有事禀奏，无事退朝”之际，秦王政轻喝一声：

“且慢！”

就在群臣惊愕，诧异秦王今天突然管事的时候，秦王政转向吕不韦问：

“上党方面情势如何？”

吕不韦先是一惊，随即很快沉着地起奏：

“屯留和蒲鹝分别被围，老臣正在计划救援。”

看到他一副成竹在胸的神态，秦王政不觉也暗暗心惊，看情形他已知道昨晚他秘密接见军使的事，换句话说，他的宫中也有吕不韦安排的人，他的一举一动都逃不过他的监视。

他一眼看过去，殿上三十多个文武大臣，吕不韦的心腹虽然各据要津，但职位远低于这些宗室大臣，而人数也只占有三分之一不到。他提高嗓门向吕不韦说：

“既然早知屯留和蒲鹝被围，为什么不发兵相救？”

“屯留和蒲鹝什么时候被围，怎么连我们都不知道？”众大臣纷纷小声议论起来。

吕不韦看到情形不对，硬着头皮说：

“老臣也是最近才接到报告，正要和太后商量，取得军令符以便发兵。”

“不必了，救兵如救火，争取任何一点时间都是好的。寡人现在宣布，太后居雍，令符取送不便，即予作废……”

“按体制……”吕不韦的头号心腹廷尉吕执出班奏事。

“吕廷尉暂时住口！”秦王政威严地说。

他的狼音豺声今天显出它的威力，尖锐而粗糙的声音像钝锯一样，锯割着众人的耳朵，使众人胆战心惊，头皮发麻。

“东西是死的，人是活的，军令符代表国君权威，国君可以制发，当然也可以收废！”秦王政微笑着说。

这番话说得吕不韦的心腹个个垂头丧气，而众多宗室和旧臣则眉飞色舞，惊喜不止。

“国尉！”秦王政又喊。

“老臣在！”高大的桓齕出班领旨。

“限你在两天内制成新玉令符，交寡人验收，并在十天内召集十万人马，交由寡人亲自出征！”

无论吕不韦的人或是宗室重臣，全都像遭到雷击一样，面面相觑，惊诧得说不出话来。

秦王政亲率十万大军，浩浩荡荡杀向上党，一路上只遇到赵魏军象征性的抵抗，但在行军布阵上，却显示了他出众的军事天赋，连属下那些身经百战的老将都佩服得五体投地。

出发前，群臣建议以桓齕为裨将，意思是要桓齕指挥作战，秦王只是挂个名义而已。谁知秦王不用裨将，凡事亲自策划指挥却也头头是道，仿佛久历戎行一样。秦王政自己才发觉到，中隐老人多年来传授他的兵法，乃是真材实料，并非一般的纸上谈兵。

出发前的这几天，他对国内事务也作了妥善的安排。吕相国和骑射蒙

武共同掌管政事，运送粮料、后勤补给、准备增援部队等军政事务，全权交由桓龁负责；另派李斯为长吏，专事负责对敌情报的搜集，策反敌国大臣将军，并维护国家机密，随时查缉通敌谋反军民，并对大臣及地方首长进行秘密考核。

秦王政这一项行动，奠定了政军分离，以及情报系统直属国君的基础，不像以前，凡事都要经由丞相。由此大权全掌握在国君一人之手。

正在他连战皆捷，急着赶去救成蛴的时候，中途得到成蛴已反的消息，乍听之下，他真的不敢相信。

最使他伤心的事是成蛴还发布了一项檄文，除了声讨吕不韦专权误国，结党营私，淫乱后宫等罪状外，连他嬴政也牵扯进去，说他乃是吕不韦的儿子，不配继承，只有他成蛴才是先王血胤，应该登秦王位。

先前他只知道母亲原是吕不韦义妹的事，小时候听那些邯郸小儿胡乱唱歌，喊他弃儿等等，在印象中早已淡掉，回秦以后，根本没人敢在他面前提这类事，成蛴这一提，将他的新仇旧恨全引发出来。

他看到那篇檄文后，就像疯了一样的狂怒大叫，将刻着檄文的竹简劈得粉碎，还把那些捡拾檄文报功的兵卒全部斩首，罪名是为敌宣传。尔后再也没人敢在他面前提起成蛴的名字。

他连骑在马上或坐在车上行军时，也常会仰首对天喃喃而语：

“成蛴，成蛴，我唯一的兄弟，别人这样对我，我不会难过，为什么独独是你！难道忘了我们小时候的誓言?”

接着他又低头叹息，不断自语：

“成蛴，成蛴，我不相信，你绝对不会，这是假的，乃是敌人的离间之计!”

属下的将领见他这副神经错乱的模样，深怕他胡乱指挥，贻误军机，在他发号施令、调兵遣将时，全都是捏着一把冷汗。到后来才知道，他在指挥军队时，却变成完全不同的另一个人，他冷静沉着，谈笑之间，什么任务都分配得妥妥当当。

有一天，他从李斯处得到正确情报，得知成蛴是被逼，而且如今已成了傀儡，实权完全在嬴和手里，他内心终于得到安慰，他在心里说：

“成蛴，成蛴，我知道你不会负我！嬴和等人，他们会付出他们胁上谋反的代价!”

秦国大军兵临屯留城下时，已见不到一个赵军。就谋略而言，赵国这次是成功的，它造成秦军自相残杀，尤其是秦王兄弟相残的悲惨局面。

秦王政下令围城，十万精兵除了侧翼用部分兵力警戒，防止赵魏的奇袭外，全都参加了围城行动。他的主要目的是让城内叛军看看讨伐部队的军威，最好是知难而降，自己人在敌人环伺中互相残杀，是愚蠢的悲剧，也是危险的闹剧，注定会是同归于尽的命运。

秦王政在完成围城部署后，两度派出使者要求叛军投降，但都遭到拒绝。叛军声言，他们才是正统，要和平，首先要解除吕不韦的官职，追查这次补给支援不力的责任，同时嬴政必须退位，由宗正召开宗室会议，在他和成蟜中间选一个册立。

在秦王政听来，当然这都只是些笑话，但却表示出叛军宁死不降的决心。

在要下达攻击命令的当天拂晓，他带着将领骑马巡视了一趟攻城准备。

劲弩队俯伏在掘好的壕沟里，箭已上弦，头几批发射的都将是火箭，可燃烧敌人设施，也可指示攻击目标。飞石队则装备有飞石机，可将巨大石块投进城内。

云梯队也已准备好，一架架长长的云梯横放在地面上，俯伏在两旁的兵卒，就像蚁附在竹枝上的蚂蚁。

撞门队巨大的撞门机由四骑马拉着，粗壮的撞门木以四条铁链吊在木架上，要运用几十个人的力量才能推动，撞开城门。

步兵队形成一块块的小矩阵排列，矩阵与矩阵之间，放置着高大的云台，这种云台高与城墙齐，在先头部队由云梯攻上城墙，占领一块据点后，后续部队可由云台大量运上城墙。最后是战车队等着随后进城占据要点。

骑兵队则集结两侧，是担任侧翼警戒，也是等待步兵攻开城门，由他们冲杀进去，扩张战果。

这些人马个个屏息以待，数万大军，除了偶尔听到回部队间传令的马蹄声以外，一片寂静。

他们都等待着天亮前的那一刻，一声号令之下，这里将是万箭齐发，杀声震天，干戈齐飞，血流漂杵的人间地狱。

还有一项秘密行动，这也是秦王政的创举——他派了数千兵卒和附近征集来的民夫，正从城外挖几条地道入城，这样可减少人员伤亡，也可攻敌不备。为了怕挖掘进行时为对方发觉，多半是夜里进行，战斗开始后，则可在战斗的掩护下日夜进行。

“大王，这样太危险。”

“寡人要他们看清到底是谁来了，不要紧的。”秦王政微笑着说。

接着他大声向城楼上喊：

“各位弟兄，嬴政要成蟜讲话！”

城楼一阵骚动，有人喊着说：

“真的是大王亲自到了！”

“大王要长安君说话！”城下传骑跟着喊。

没过一会儿，成蟜在城楼上出现，火光中还能辨识他那张年轻俊秀的脸，虽然他全身甲胄，却显得萎靡不堪，身边跟着嬴和诸将领。

“成蟜，你为什么负我，为什么要违背诺言？”秦王政高喊着。

成蟜沉默，不作一声。

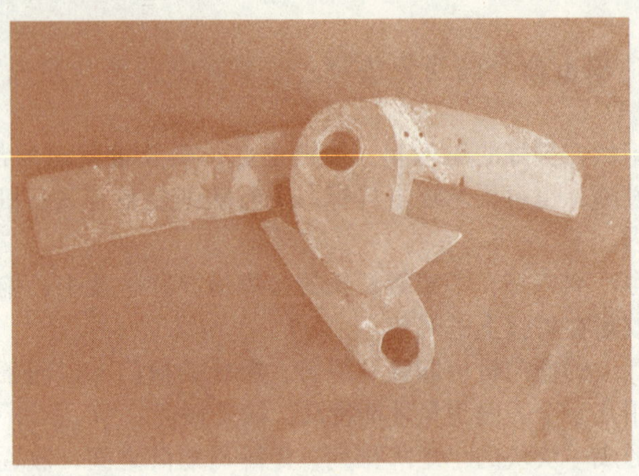

战国弩机（秦国）标尺弩机

“嬴和，寡人信任你，才将唯一的弱弟交托给你，你不辅助他，反而胁其谋反，你该当何罪？”秦王政又转向成蟜身旁的嬴和说。

“都是奸相吕不韦造成今天这样局面，不除吕不韦，我们是不会甘心的！”嬴和大声喊着回答。

“那是以后的事，目前你们要做的是赶快投降，免得兄弟相残，让赵魏渔翁得利！”秦王政想动之以情。

“事到如今，有如船到江心补漏，已经嫌迟，只有决一死战了，我们和赵国订有盟约，相信他们会来相救。”嬴和硬着头皮说。

“嬴和，这样大的人，怎么还这样天真？秦赵之间订过多少盟约，有哪件是实行过的？赶快投降，自行请罪，还可罪不及家族！”秦王政严厉大喝。

“鹿死谁手尚未可知，十万军队能攻下此城，算你有本事，放箭！”嬴和恼羞成怒。

“且慢！”成蟜这时才开口制止放箭，一边已拔出佩剑在手说道：“王兄，成蟜无颜再见你！”他反手往颈上抹去。

嬴和眼明手快，拍打剑柄，剑往下滑，插进胸部，一时血流如注，嬴和正想劝解，只见成蟜一个翻身，竟从城楼跳了下去。

“快接!”秦王政纵马过去，四名执盾郎中护卫紧紧相随，成蟜落下时，正好落在秦王马的后臀，减少了部分冲力，摔在地上昏厥过去。

秦王命人速将成蟜送回帐篷救治，一面下令攻城，一时之间，鼓声雷动，号角齐鸣，杀声震天，一场惊天动地的攻城战开始了。

成蟜一走，叛军失去号召中心，有人打开城门，纷纷弃械投降。

嬴和等将领见大势已去，也都横剑自刎，不到两个时辰，战争即告结束。

成蟜几天来都处于昏迷状态，秦王政衣不解带地在一旁亲自看着太医换药，着侍女为他换衣清理。太医说，他剑伤深及肺部，能活的机会很小。

他刻意将成蟜放在屯留将军府原来的卧室，他就睡在同一个卧室里，只要成蟜一翻身或是呻吟，他就赶快过去探看。

那天午夜，奇迹似地成蟜竟从昏迷中醒过来，吵着肚子饿，他要侍女为他拿了点汤水来，但喂他喝了几口就不想再喝。他张开眼睛，看到是秦王政亲手在喂他，他不胜惊奇，也不胜感激，他闭上眼睛虚弱地问：

“战斗开始了?”

“不，战斗早在几天前就结束了!”

“大哥，”成蟜痛苦地说：“我并不想夺你的王位，当然，我也有责任，我应该在他们胁迫我的时候，就像这次一样横剑自刎。我没有！我向他们屈服了，但是你要知道当时的情形!”

“不要说了，事情经过我全知道，全调查清楚了，回去我要和吕不韦好好算这笔账。”秦王政狠狠地说。

“大哥!”成蟜想问吕不韦是他父亲的传言，可是怎样也说不出口，他转口说：“全体将领以自杀逼我，当时屯留城里人吃人，为抢尸体吃而群斗，我受不了!”

“当然你会受不了，换了我也受不了，何况你还只是个大孩子。”秦王政爱怜地整理成蟜额前的散发。

“你比我只大多少?但事情在你手上就不一样，我相信换了是你，情况绝对不会这样糟。你是天生的君主，我不是，老爹教你帝王学，你很快就会融会贯通，但我却觉得厌烦，嫌其中的机诈太多。”成蟜以崇拜的口吻说个不停。

“来之前，我见过老爹，他说要救你得赶快，想不到最后救人的人和被救的人还要兵刃相见。”秦王政笑着打趣。

当晚，长安君成蟜伤重去世。

次日，秦王政要全军为他服丧，这表示他认为成蟜没有罪，成蟜仍然是派遣军主帅。

同时，他宣布，只追究带头反叛将领，其余不究，并且罪不及家人。叛军全军士卒闻赦，高呼万岁。

第四章 不韦败亡

秦王政九年（前238）三月，嬴政平定上党反叛，班师回朝，受到全秦民众英雄式的欢迎。朝中大臣对他更是衷心敬服，不再视他为一个凡事不管的懦弱君主。

秦王政九年（前238），嬴政已经二十二岁，按照秦礼制，他已经到了举行国君加冕仪式的年龄。嬴政即将庄重地戴上王冠，并且这个王冠将不同于诸侯君王——将会比诸侯国君的王冠上多了三旒，即十二旒。按周礼，只有天子才能戴这种有十二旒的王冠，可嬴政只是诸侯国中的一个国君。所以，从这个即将举行的加冕就可以看出新一代秦王的远大理想，即他要号令天下诸侯。在天下尚未统一之时，这样做的确体现了他的政治野心。

同一年，象征灾难的彗星在秦国横天而现。四月，嬴政到达雍城，也就是秦的故都去举行加冕典礼，并佩带上了太阿剑。佩上太阿剑就意味着要亲掌王权了。

加冕典礼是秦王宫最重要的宗室活动，只有经过加冕的国王才能真正地统治国家。秦的加冕仪式之所以选在雍城，在于雍城是秦的旧都。雍城因邻雍水而得名，距咸阳数百里，地势高远，当年秦穆公就曾以雍为基地，扩疆千里，成为了春秋五霸之一。此后，秦在雍地经营了近三百年，秦的宗庙就设于此，可见此地的历史意义之深远。

而就在嬴政前往雍城，尚未举行加冕典礼之时，秦宫内却演出了一场大闹剧。原来，就在嬴政就要动身前往雍城之前，王太后的宠信宦官嫪毐，与平日里侍候太后和秦王的几个贵臣在咸阳宫中饮酒作乐，嫪毐仗着王太后的宠爱，酒后肆意地谩骂大臣，对他看不过眼的一个大臣和嫪毐争斗起来。嫪毐顿时恼羞成怒，他呵斥这个大臣说：“我乃秦王的假父，你这个穷小子怎敢和我相抗！”

嬴政从哪里得来一个假父呢？这自然耐人寻味，而说到嫪毐还要从嬴政的“仲父”吕不韦说起。正如我们先前所谈到的，吕不韦和嬴政的母亲

赵姬当初就是情人，只是后来遇见嬴子楚（又名异人），才把赵姬让给了嬴子楚，后来赵姬以有孕之身随子楚生了嬴政。赵姬带着嬴政归秦后，马上成为一国之后，不久嬴政也当上了秦王。对于赵姬来说，其他女人没有的，她拥有了，而其他女人拥有的，她却没有，那就是男人的爱。

赵姬不同于古代许许多多的女人，特殊的身世使她并不看重贞节，也不看重所谓的“妇道”，在失去了自己名义上的丈夫之后，她迫切地需要另一个男人的爱，这个人自然就是吕不韦。但吕不韦此时已贵为大秦的国相，功成名就，再去和太后偷偷摸摸地重叙旧好，怎么也说不过去。再说吕不韦在拥有了权力之后，自然妻妾成群，早已经不像以前那个多情的商人，他已经被权力的光辉所陶醉，加上赵姬也已是明日黄花，失去政治意义，对于已经抓到了权力的吕不韦自然也就没有什么魅力。

然而赵姬以太后的权力，仍是可以随便唤吕不韦入宫陪驾的，吕不韦对此没有办法。那时嬴政年龄还小，他还可以小心翼翼地进宫陪太后。然而随着嬴政的年龄越来越大，也越来越懂事，吕不韦不免有些诚惶诚恐，并且已有他和太后的纠葛在秦廷里传扬，嬴政对此也有所听闻。

面对这种尴尬的局面，吕不韦已经到了抉择的边缘，是要国相这个权位，还是要一个女人？在他眼里，女人自然要靠后了。吕不韦这时已成为一个现实主义者，他珍惜相位、封禄、声誉以及性命，于是想了一个金蝉脱壳的妙计，以摆脱太后的纠缠。

我们已经知道，赵姬原本是赵国邯郸的一个歌伎，对男女欢场之事自然非常熟悉，而吕不韦也知道这一点。于是，他暗中寻找，终于寻到一个可以替代自己的无赖嫪毐，并引为门客，还放纵他肆意淫乐，有意让人将嫪毐善淫之事传到太后耳里。太后听到了这件事后，果然动了心，想让嫪毐入宫陪伴。但那时候，除了王室贵族，男人要进宫必须进行腐刑手段。为此，赵姬买通了做腐刑的医生，让他拔去嫪毐的胡须，而没有阉割，就作为宦人送进后宫来到太后赵姬身旁。

得到嫪毐后赵姬异常喜欢，史书上写“太后私与通，绝爱之”，足以证明赵太后对嫪毐的喜欢程度非同一般。嫪毐入宫的时间据史书上记载是在嬴政长到十五岁之后，自嫪毐入宫之后，太后渐渐地将吕不韦淡忘了，她很满意嫪毐给予她的床笫之欢。受宠的嫪毐于是变得日渐骄横，他刚入宫时不过是一个太监，但由于很快就受到了太后的宠幸，地位自然也就变了。

在得到太后的宠爱之后，嫪毐还让太后怀上了他的儿子，为了掩人耳目，太后便以占卜得到“避时”的启示，带着嫪毐到雍城去居住。

对于吕不韦来说，没有了太后纠缠，他便可以在政坛上大展手脚，他先后辅佐嬴政破韩、攻魏，击败五国联军，并编纂《吕氏春秋》，到了权力和声名的顶点。接着，吕不韦又让嬴政杀了太后的儿子成蛴，这可就酿成了大祸。太后的失子之痛是深刻的，虽然她是歌伎出身，但是母性也同样存在于她身上，因为她首先是个女人。

在有了新欢之后，太后由爱生恨，开始恨起吕不韦的绝情，并将这种恨化成了对嫪毐过分的爱，她甚至想到了利用嫪毐去对付吕不韦，要吕不韦死。

在这种心态之下，嫪毐的地位越升越高，并且还与太后在雍城生下了第二个儿子。太后对嫪毐的爱有增无减，她让嬴政封嫪毐为长信侯，并以山阳之地作为他的封地，随着嫪毐在太后面前的得势，嫪毐的势力也越来越大，他已经不满足于侍奉太后的生活，开始介入秦廷政治权势的纷争。

凭着与太后的关系，嫪毐大力发展势力。很快，他的周围就有了门客一千多人，家僮数千人。他的党羽也多起来，连宫廷的卫队长、治理京师的行政长官，还有其他一些官员也纷纷投靠在他的门下。嫪毐在宫廷之内荒淫奢侈，胡作非为，专横跋扈，而在宫廷之外的封地内更是事事由己专断，根本不把嬴政和吕不韦放在眼里。

随着嫪毐儿子的长大，嫪毐很快又有了新的目标，他想让自己的儿子继承王位，也当上秦国的国君。嫪毐将这两个儿子藏于雍宫内，并把这里当成了大本营，他在等待时机的到来。这时，嫪毐已不是一个宠宦的身份，而成为一个反叛的政治集团头目了。而嬴政虽对此有一定的觉察，可他身单力薄，只能一忍再忍，等待时机。

恰恰在这时，有人向嬴政告发了嫪毐在咸阳宫中所说的话。加冕之后的嬴政怒不可遏，他怎么会让这样一个无赖宦官做假父呢？这个无赖竟然与母后淫乱后宫，并生了两个儿子，这口气怎么能忍得下去。况且，嬴政又怎么能容忍任何一个人或集团凌驾在自己头上呢？在嬴政眼里，臣民颈上的脑袋只要生出叛逆的发梢，就一定要除掉它。

然而，当怒气平息之后，嬴政并没有对嫪毐采取任何行动。这时的他虽然年轻气盛，但作为国君，他也懂得谋略。他不想打草惊蛇，担心抓不住真凭实据会将这件令宗室和秦廷蒙羞的事弄得更糟糕。为了摸准情况，嬴政秘密派人调查此事，并很快做了周密的部署。但这件事情被党羽很多的嫪毐发觉，他开始惶恐不安，并伺机行动。

可过了一段时间，嫪毐发现嬴政并没有什么举动，便又心安了。其实，嫪毐不知道嬴政这个年轻的国君只是不想以他与母后私通之罪而诛杀，这样定罪难免会遭诸侯耻笑，嬴政刚一亲政，就发生这种有碍王尊的事也实不妥。为了让嫪毐死得罪有应得并且“冠冕堂皇”，就需要欲擒故纵，先以大局为重。

秦王政二年（前245），在平定晋阳之乱后，吕不韦在嬴政的默认下，

派大将麃公领兵攻魏国的城邑，斩首三万余人。秦王政三年（前244），吕不韦又派蒙骜攻占了韩国十三座城池。秦王政四年（前243），蒙骜再攻占魏的三暘、有诡两邑……这些前线传来的胜利消息，鼓舞着即位不久的青年秦王。秦王政五年（前242），吕不韦和嬴政又开始了迫不及待地征伐。

秦将蒙骜开始向魏国大举进兵。这时的秦国已不怕信陵君了，因为吕不韦施反间计，已将信陵君逼上死路。蒙骜就是在信陵君死后攻下了魏的酸枣、挑人、雍丘、山阴等二十城，并在这里设置了东郡。东郡的设立使秦国国土已经与齐国接壤，并切断了楚韩与燕赵之间的南北联系，此举让诸侯国都感到十分震惊。这些诸侯国原以为秦刚受信陵君之挫，而且庄襄王刚死不久，嬴政年少无知，又蒙受了蝗灾和瘟疫，秦国一定会因此而休养生息一段时间，哪知秦竟然得神力相助，锐气不减且节节相逼。在这种紧迫的情况下，他们不得不最后进行一次合纵，联合起来伐秦。

由楚国牵头，秦王政六年（前241），赵国著名军事家庞媛率赵、楚、魏、韩、燕五国联军再次联合向西伐秦。联军的前锋一直打到今陕西临潼县东北，企图打破秦对韩、魏两国的包围，可进军到函谷关时，秦军给予沉重的还击。五国联军已如惊弓之鸟，刚刚受到还击便纷纷散去，反倒向没有参加联军的齐国大打出手，秦军便正好利用他们互相残杀之时继续东进。

东进之中，秦又攻克了魏的朝歌和卫都濮阳，逼卫君迁于野王，使之成为秦国的附庸；并威胁楚考烈王把都城由陈南迁寿春。秦王政七年（前240），秦伐魏取汲县；又过了两年，秦占领魏的首垣、蒲和衍氏。到此为止，秦已完成了对韩、魏两国国都的三面包围，极大地削弱了东方诸侯国的军事实力。从此，六国已经分崩离析，山东诸侯各国面临着被各个击破的危险局势，再也无力互相救援、联合抗秦。

而此时秦国所占的土地，已经有十五个郡左右，几乎是全国统一后总郡数的二分之一。嬴政统一全国的趋势已无法改变，这纵然有吕不韦辅佐的功劳，但嬴政在这一系列国事决策中审时度势，所起的作用不可忽视。假如他仍苛守祖制，使秦国在灾荒之中国势下滑，则不仅不会有最后打败五国联军的实力，恐怕还会由此不振于一蹶。

对反叛者绝不手软，也是嬴政一贯的处世原则。所以，在处理嫪毐叛乱之事时，青年嬴政第一次向世人展示了他冷若铁石的内心世界，这不仅让秦廷上下震惊，也足以让诸侯大为刮目。秦廷官员和列国诸侯不仅暗忖：面对这样一个年轻而又暴烈的强秦的国王，自己未来将有何种命运，将会受到何种影响。

就在嬴政忍着暴怒的心情不动声色地调兵遣将之时，嫪毐也积极地行动起来了。嫪毐先找到太后商议谋反之事，但是太后并没有表态。嫪毐想先下手为强杀了嬴政，好让他的儿子当国君，然而嬴政也一样是太后的儿子，她怎忍心去杀害他呢？

二十多年前，赵姬在邯郸那样艰险的环境中生养了嬴政，那样艰难地抚育他长大，并看着他当上国君。作为一个母亲，赵姬能不爱自己的儿子吗？而嫪毐虽然也和她生养了两个儿子，但赵姬总觉得并不是那么回事，她也许并不喜欢他们，她喜欢的只是给她带来身心快乐的嫪毐，那两个儿子只是寻欢作乐派生的副产品，她对嬴政的爱要远远超过那两个儿子。

正是在这种心态下，太后赵姬并没有答应嫪毐的要求，她虽然喜欢嫪毐，但也多是喜欢他的身体，她甚至很鄙视他的精神和思想。再说，嫪毐以前只是个无赖，贵为一国太后，她怎么会爱上一个无赖呢？她给他钱，给他权力，只是和相国吕不韦怄气，只是想让吕不韦知道在身边相伴的男人并不比他差。

此时的嬴政还在雍城内的蕲年宫举行加冕大典，有一种危机却在暗处潜伏，加冕的大喜日子弄不好就是杀身之祸降临之时。但情况也许并不那么糟糕，雍城本就是嫪毐的大本营，嬴政竟然到远离京都的雍城来居住并举行典礼，这真可以说是走了一着险棋。其实，他就是要让嫪毐为此而雀跃，他要等这个无赖先发制人，让他叛乱的面目先行暴露出来。

他首先派人在咸阳散播传言，说是秦王已接到密报，长信侯嫪毐在府中聚赌，正密切注意中。

嫪毐得到消息，再加上吕不韦的埋怨和太后的规劝，他收敛起来，府中不再聚赌，也少了每晚的欢宴。

接着秦王又要人谣传：有人密告，嫪毐非宦者，假冒进宫，乃是想不利秦王和太后，秦王正追查中。

嫪毐紧张起来，要宫中眼线窥伺秦王政的反应，但看不到他有什么异常的行动或言论。

这使得嫪毐莫测高深，寝食难安，时时都处于胆战心惊的状态。不过他的行为也愈发检点，甚至连太后都疏远了。

最后，咸阳附近又兴起一股传言：长信侯宫室之美，车驾之华丽，服饰之精致，全都在王宫以上，同时长信侯府中的家仆舍人，全都接受军事训练，显然有谋反企图，秦王近日内即将采取行动。

这下击中了嫪毐的致命要害。他找到吕不韦辩白，他根本没有谋反的意思，反而给吕不韦讽刺了一顿，说他是天下本无事，庸人自扰之，秦王不但毫无动静，反而准备到雍地别宫问候太后。

这更使得嫪毐日夜疑惧，时时刻刻如坐在针毡之上，他和心腹亲信商议的结果，所得到的结论是先发制人，后发受制于人，与其坐等秦王治罪，不如乘其不备，抢个先机。

这些情形都落在秦王政的眼里。眼看着嫪毐这只怪兽已被骚扰刺激得失去理智，发狂地自动投向陷阱，秦王作好射杀的准备。

雍地太后宫中内寝，楚玉太后坐在绣榻上，绣儿湘儿分侍两旁，两个粉雕玉琢般的孩儿分成左右倚在怀里。

在嫪毐进入内寝后，太后要绣儿和湘儿将孩子带走，没有召唤不准进来。她们脸露暧昧的笑容带着孩子退出室外。

等她们一走，太后就板起脸孔，声色俱厉地对嫪毐说：

“你记得来了？怎么多次召你都敢拒绝，你好大的胆子！”

嫪毐却一句话不说，跪俯在她脚前连声喊道：

“太后救我！”

“毐郎，要我怎样救你？”

“先发制人，后发制于人！”他咬紧嘴唇。

“这是谋反，乃是灭族之罪，他和我是母子之亲，难道你不怕我告诉他？”太后笑着说。

“母子之亲，亲不过肌肤之亲，再说，一个也当不过两个，别忘了我们还有两个儿子！他挨近她身边，在她耳畔轻语。

“我能帮你做什么？”太后问，语中充满了犹豫。

“将你的玉玺和军令符给我，我好发兵！”

她真的是为难的，再怎么说，嬴政总是她的儿子。但当她听到窗外两个稚子的嘻笑声，再见到他们和绣儿湘儿玩得兴高采烈的那种娇憨神态，她又不得不重作考虑。

的确，依嬴政凶残的个性，绝不会放过这两个孩子，而且事情揭穿，她又有何面目来对天下？

她再回头看到嫪毐跪在地上的那副可怜相，这几年这个男人的确给了她有生以来的最大快乐，她不敢想象，没有了这个男人，她还有什么幸福可言！

要她再回到那种深宫寂寞，以绣儿湘儿来解决欲望，排遣日子的生活，她宁愿死！

没有这个男人的日子也许比死还难过，她这生只经过了三个男人，在吕不韦面前，前半段她只是他的奴隶，委屈承欢，没有什么快乐；后半段，他变成她的奴隶，一心想讨她的喜欢，但一个老男人做出那种刻意讨好的丑态，往往只能引起她恶心想吐，对他只是饥者易为食，不得不拿他充饥。

至于那个短命的子楚，那更是不堪回首，她所有的寂寞凄凉，全是由他一手造成！

只有跪在地上这个男人，他给她欢笑，给她刺激，有了他以后，才知道什么是男人，什么是男女间的欢娱，也才知道，有了一个自己心爱的好男人，做女人是多么美好，多么幸福！

她不发一语走进帷幕内，在壁柜的密间里取出太后玉玺和军令虎符。

她轻柔地喊着嫪毐说：

“起来，毐郎，哀家的一切和两幼子的生命，全托付在你手上了。”

在咸阳蕲年宫中，军机殿的密室里，灯光明亮，秦王政居中而坐，主持着伐毐捉拿嫪毐的行动。国尉桓齮一旁侍坐，忙着发号施令，调兵遣将，吕相国没有接到通知，秦王政不想让他知道这项行动。

密室内外布满了全副武装的郎中侍中，殿前殿后也是五步一岗十步一哨，警戒严密。人数虽众，整座宫殿却是鸦雀无声，一片寂静肃穆，只有偶尔来的探骑和军使者，在殿前下马石前下马上马，然后飞奔大殿石阶前，高声报名而进。这时会响起一阵杂乱急速的脚步声和佩剑撞及腰带的“叮当”声，很快又恢复平静。

所有的人在殿内殿外，有事都用耳语交谈，所有到达下马石的马，全都口中衔枚，连嘶叫声都没有，来时去时，只听得见马蹄敲击着青石板的声音在夜风中震荡回响。

琉璃灯光下，秦王政面无表情，听着桓齮报告军情：

“据军使来报，昌平君率领的虎贲军几个时辰前已出发，预计寅时前可包围长信侯府，拂晓发动攻击，计划是在明日午时前完成消灭嫪毐叛逆的任务。”

秦王政此时面现微笑，点点头说：

“这次派昌平君领虎贲军，完全不经过一般的军令系统，嫪毐在朝中的耳目再多，也无法事先知道消息，赵高，你说是不是？”

侍立在秦王政背后的赵高，一脸阴鸷之气，他听到秦王政的问话，赶快弯腰躬身，露出谄媚笑容：

“大王所料甚是，可谓神机妙算。”

“不过，据情报得知，因嫪毐叛逆早有谋反准备，门客舍人、家仆奴婢全都实施行军布阵训练，侯府和毐城都兴工重建，以阵势排列抵抗，不可轻视。“桓齮忧形于色地说。

“这点寡人早就知道，他要不是有这么多谋反逆迹，寡人怎么会如此大动干戈？你们知道吗？前日寡人召他面对议事，他竟然敢称病不奉诏！”秦王政脸上出现微怒。

“他心虚当然不敢奉诏。”桓齮说。

"他要是来了，本人或许会死，但不会祸及三族。"秦王政惋惜地说："看来不灭他们三族，事情不会了结，这也许是他的命。"

"是！"桓龁点头再转头看看壁上挂着的计时沙漏，向秦王禀报说："寅时已至，昌平君应该是完成了包围部署了。"

秦王看看对面壁上的羊皮兵力部署图，桓龁连忙站起，指着地形图，一一向秦王政解说。

"将军做得很好，可说是算无遗计，嫪毐逆党看来是可一网打尽了！"

"多谢大王谬赞。"桓龁谦恭地说。

此时忽听门外郎中禀报，有探祈求见。

秦王政要赵高带他进来，一面怀疑地看着桓龁问：

"难道说昌平军提早发动了攻击？"

"不可能，"桓龁躬身回答："提早发动，叛逆很容易在暗夜中乘乱逃脱。"

"那是怎么回事？"秦王皱了皱眉头。

正说话间，只见桓龁脸色铁灰地走进室内，后面跟着郎中令。他禀告秦王政说：

"情况紧急，不知由谁调动的大批人马，四面八方围攻王城，请大王在此稍待，臣到城楼上去探看究竟。"

"桓将军，这是怎么回事？据王翦说，他们是来护驾救寡人的。"秦王政不怒反笑，表现得出奇镇定。

"恐怕是太后那边的虎头符出了毛病。"赵高在一旁插口说，同时看了看桓龁。

秦王全身震动了一下，随即平和地向桓龁说：

"这是寡人一时疏忽，只废掉虎头符调动大军的权力，而忘记连调动地方军的效能都废掉。"

桓龁明白秦王政是帮他解脱责任，他感激得流出眼泪，不顾沉重的甲胄，跪地俯伏谢罪。

"桓将军，请起，"秦王政亲手扶起桓龁："情况紧急，我们先上城楼看看究竟。"

秦王政命秦德喊话，要下面攻击的指挥官出来答话。城下的部队清一色黑色战袍、铁盔铁甲，在火把的照射下，辨识得出正是戍守咸阳城的卫卒部队。

这时候，其他方面的县卒、官骑和夷军，不像卫卒是经过严格训练的节制之师，早就在火箭乱放，投石机发出飞蝗石，攻门机撞门，攻击行动早已胡乱开始。

“嫪毐，你说寡人被劫持，你说说看，是谁劫持了寡人？”他又转向卫卒方向喊：“王竭……”

但他底下的话又被另一波箭雨所遮盖。

嫪毐带着数十从骑冲到王竭前面，厉声问道：

“王都尉，为什么不攻城？”

“君侯，未弄清楚主上状况之前，不便攻城。”王竭口气也极其强硬。

嫪毐恨恨地看着他，没有任何办法，想自行攻城，他所带的门客家僮全是轻装单骑，根本没有攻城工具。他只有命令众人一波波地放箭，不让秦王政有喊话的机会。

嫪毐也采取拖延战术，既然秦王耗在这里，真是再好不过，省得他攻进城后，还怕找不到他的下落，当然能现场射死最好，免得王竭明白过来，阵前倒戈。

他一边派出传骑，将各方面攻城情况回报，一边下令不停放箭，等待着任何一方突破王城，他就可带着这批亲信部队冲进去捉拿秦王。

在多处攻城行动中，以夷军的表现最为积极，因嫪毐和他们达成了协议，只要攻进王城，宝石珠玉任他们掠夺，美女宦者任他们带回去做妾做婢，或是当奴隶。

蕲年宫中则到处都是由火箭引发的火头，经过夜风一吹，火势蔓延加强，宫女奔逃号哭乱成一片。

秦王皱皱眉头向郎中令秦德说：

“你下去整理宫中，各就各位工作，哭号乱奔者斩！”

秦德奉命下去，带着数十名郎中巡视各地，斩杀了十多名惊惶哭喊的宫女宦者，就再也听不到宫内哭叫，也不见有人乱奔乱窜。所有的女官宫女安排送水送食，照护伤者，所有宦者和侍中都送上宫墙战斗。

“谁去昌平君处请救兵？”秦王政转脸问桓龁。

桓龁一时未回答出话来，秦王政这时才发现站在桓龁背后的王翦，他微笑着对他说：

“王翦，你有办法出去请救兵否？”

“启奏大王，召昌平君回救，恐怕是远水救不了近火。”王翦回答。

“依你之见，”秦王政笑笑看着他，鼓励他说话：“大胆进言，不要怕说错。”

“依臣之见，只要能使卫卒反正，则王城之围瞬间可解……”

“办法虽好，只怕难以做到。”桓龁不以为然地在一旁插口。

“让他说下去！”秦王政瞪了桓龁一眼，温和地对王翦说：

“你有办法吗？”

“正是，”王翦胸有成竹地说：“卫卒左尉杨端和是臣好友，卫尉王竭与臣也有数面之交。”

“好，你去试试，如有闪失，寡人会封荫你的家人。”秦王政的口气，也是不太相信事情会成功，但情况紧急，也只有死马当作活马医了。

“请大王赐臣凭证。”王翦拱手俯首行军礼。

秦王政想了想，取过桓龁的佩刀，割下王袍的一角，咬破了中指，滴血写道：

“如寡人亲临。”

接着他从怀中取出随身携带的密玺盖上，交给王翦说：

“寡人和秦国的命运全交托将军了。”

王翦将秦王政赐的白马牵上城墙，然后用数根粗壮绳索捆住马腹，再以数十兵卒的合力，将他连人带马从城角的阴暗处放了下去。

他身骑白马，手执白旗，口中大喊：

“王翦奉大王命，前来谈判！”

嫪毐正要叫人放箭，王竭制止住他。

“两军交战不斩来使，何况他只单人匹马。”他转脸向一旁的左尉杨端和说：“你上去看看，接他过来！”

杨端和听得是王翦来了，早就想迎上去，一得军令，两腿一夹，座下五花马急冲而去。

两人在半途中停下，马上轻声交谈。王翦先将秦王政血诏给杨端和看了。

“血诏不假，”杨端和说：“但说不动王竭，更制止不住嫪毐。”

“为什么？”王翦催动马，和杨端和并辔而行。

“嫪毐一心要置主上于死地，口口声声说他是被劫持，主上现在说什么都是不能算数的。”

“那王竭呢？”

“他忠于太后和吕不韦，当然最后会听嫪毐的，因为嫪毐用的是太后玉玺的诏命，说是要解救主上。”

“那依你之见呢？”王翦说：“我敢单人匹马来，主要是因为你在。我死不足惜，嫪毐称王，秦国不堪设想。”

“擒贼先擒王，我回去建议召开攻城最后协调会议，乘机制住王竭，你找机会刺杀嫪毐。卫卒将领中还是忠于主上者居多。”

“事成主上一定有封赏。”

这时杨端和已派出传骑召集到步、骑、车及其械队各少尉，习惯上是由副将左尉主持会议。

杨端和首先传阅了秦王政的血诏，然后大声说：

“主上的确被人劫持，但劫持者并非别人……”他以佩刀指指一旁的嫪毐，反手佩刀已架在王竭颈上。他又大喝着说：“各部少尉听令，奉大王诏，卫尉王竭昏庸，着即拿下！并合力歼灭叛军，捉拿首逆嫪毐！”

几个王竭的亲信护卫上前来救，王翦一刀一个，全都了账，其余的也都不敢再动。各部领军少尉见过血诏，当然无话可说，杨端和随即命人将王竭捆绑在马上，王竭大呼冤枉。

“等见到主上，你当面解释吧，”杨端和笑着说：“目前末将只有得罪了。”

王翦再寻嫪毐时，只见他带着一伙人逃奔正阳门夷军去了，他单人匹马追赶，嫪毐的门客家僮数十人凹身抵挡，王翦左突右冲，刀起刀落连杀十数人，但还是让嫪毐逃脱。

这边杨端和重新分配任务，除了留守少数车卒队外，全都分兵侧击攻城各叛军，并命一路喊话招降。

此时天已大亮，叛军听到喊话，纷纷弃械投降。夷军见大势已去，纷纷向西撤退，只见西边又出现大批虎贲军骑兵，原来是昌平君攻下长信侯府后，发现嫪毐率军先至蕲年宫，赶快率骑兵回程来救。

秦王政在城楼上亲眼看到事情的进行，又见王翦白马白刃，在敌阵杀进杀出，有如猛虎入羊群，他忍不住对桓齕等人说：

“王翦真是一员智勇双全的虎将！”

这时候他才想起，父亲庄襄王临终时，曾遗命注意培植这位将才，难怪名字这样熟。

经过卫卒部队和昌平君回师的虎贲军夹击后，各路叛军纷纷撤离王城，各自在咸阳城民屋设防，负隅抵抗，尤是县卒和官骑明白秦法严峻，没投降者在民间大事掳掠，准备搜刮点逃亡的本钱，抢完了就放一把火，烧得精光，对妇人女子更是不肯放过，烧杀奸淫掳掠乃是败兵临死前的享受和报酬。

咸阳巷战经过了两夜一天，总算平定下来，蕲年宫伤痕处处，咸阳城近乎半毁。

雍地大郑宫一间密室里，嫪毐正在和太后诀别。

“行囊都准备好了，在密道的出口处有匹骏马在等着，行囊里有足够的金玉珠宝，不但足够你到邯郸，还够你在赵国结交朝野，虽不能再像今天这样裂土封侯，至少还可图再起。”

太后又拿出一套平民衣服要他换上，然后递了张通行证给他说：

“这是吕相国从咸阳令那里找来的，记住，今后你叫江禄了，你是到赵国探亲的，其他事情你可以看通行证上记载，切记熟记身份！”太后一再叮咛。

嫪毐含泪跪伏在地，叩头说道：

“太后对我如此恩义，嫪毐粉身碎骨难以报答。”

“毐郎，我们虽然没有夫妻之名，却有夫妻之实，这是我应该做的。”她将他扶起，又投入他怀里，双手围住他的颈子，仰首叮嘱：“财不露白，那些珠宝全都密封在马鞍里，马鞍本身也是黄金打成。”

“卿卿，我知道了！”他柔情蜜意地亲吻着她。心里却在想——那点东西算得了什么？难道只有你和吕不韦才知道狡兔三窟？在赵国和齐国我所置的产业和事业，和陶朱公比起来也不稍让。

外面湘儿来报，天色不早，长信侯该上路了。

“让我送你一程！”太后将他扶起，感动地说：“毐郎，你哭了。”

湘儿手执灯笼在前带路，太后居中，嫪毐紧扶着她。黝黑的密道曲折而漫长，时间久了未用，里面充满了令人窒息的霉气。在他们经过时，头上有成群的蝙蝠飞起，尖叫声此起彼落，脚下无数蜥蜴类小爬虫纷纷逃避，发出索索的声音，令人毛骨悚然，头皮发麻。湘儿也时时发出惊吓的轻声尖叫。

太后紧依在嫪毐怀里，慢慢一步一步探索着走，尽情享受这片刻的温存，虽然周遭黑暗有如鬼域，在她的感觉却比天堂还要温馨。

“这条密道在前好几代先王建筑大郑宫时就有了，我还是偶然间见到建筑图才发现，这多年不用，想不到让你用上了！”太后叹了口气说：“我现在衷心感觉，什么权势荣华全是假的，只有和喜欢的人长相厮守，才是人间至福！”

嫪毐的感觉和她完全相反，只觉地道漫长，好像永远走不完似的，他只盼望赶快走出地道，呼吸一口新鲜空气，若有幸能通过层层关卡回到邯郸，那才是幸福的开始。

地道的出口是一座大石墓，上面刻着大夫之墓，字迹斑剥模糊，在暗夜中更看不清楚，看样子也是伪装的假墓。

果然在祭台边一棵大树上系着一匹全黑的骏马，马鞍行囊全都配备好了。

嫪毐望着满布繁星的夜空，深深地吸了一口气，太后又紧紧地拥抱他，泪沾湿了他的脸。

“上路吧，这里已完全脱离了虎贲军监视范围，放心去吧！”太后轻轻推开他。

嫪毐上马以后，才发现那把剑鞘镶着明珠的佩剑仍然挂在腰上，显然与他目前的身份不配，他取下来交给太后说：

“留作纪念，等下你们回去的时候，地道中遇到什么爬虫，也可用来防身。”

太后又是感动得流泪，她紧捏着他的手说：

“毐郎，你真好，这种时候还想着为我打算。”

嫪毐纵马急驰而去，没有再回过头。

秦王政亲率人马来到大郑宫，目的是要搜查嫪毐的下落，他和很多人一样，相信除了大郑宫以外，任何地方都不能让嫪毐藏这样久。

秦王政踏进布置雅致精巧的便殿，只见太后盛装朝服端坐中央几案前，后方左右侍立着湘儿绣儿，怀里却抱着两个粉雕玉琢似的孩儿，他们瞪着眼睛，惊惶地看着单身进殿的秦王政。

“孩儿向母后请安。”秦王政跪倒在地行礼。

“起来坐着说话。”太后凄然地笑着说。

“谢母后。”秦王在一旁侍坐。

“王儿难得到大郑宫，今天一来就带了如此大队人马，有什么事吗？咸阳之乱是否已完全平定？”太后神情镇定，若无其事。

“孩儿据报，乱贼嫪毐藏身大郑宫……”

“孩子，真人面前不要说假话，嫪毐这么多年来侍候哀家，日夜都在我身边，这是全国乃至天下人皆知的事，如今他却不在此地，你怎么搜都可以。”太后冷静地说。

“多谢母后。”秦王政大声向殿外喊：“来人！”

王翦领命带兵搜查整个宫殿，密室，就是找不到嫪毐，最后有一些兵卒发现复壁中那条密道，一直追查到那座伪墓外面。王翦判断嫪毐一定已从这里逃走，所以先前围宫的虎贲军全无发现。

整整搜了一个上午，王翦才来向秦王报告这项发现。

秦王政正想带着王翦和赵高离去，忽听到赵高阴阳怪气的声音在耳边响起：

“这两个孩儿多可爱，粉雕玉琢一般。”

秦王政猛然惊觉，暗道惭愧，只想着搜查嫪毐，却忽略了眼前这两个余孽。他转身向太后问：

“这两个孩儿是什么人？”

“哀家宫中寂寞，收养作伴的两个无父无母的孤儿。”太后装得毫不经意地说。

秦王政看看赵高，意思是问有什么办法。

“启禀太后和大王，”赵高躬身说：“按照秦律，宫中不准收留非王室血统子女，如要认养，需得宗正召开宗室会议决定。”

“这两个孩儿，大的哀家已养了四年，你说应该怎么办？”太后赌气地说。

“回禀太后，按秦律应带出宫，交宗正代管。”赵高一本正经怪声怪气地回答。

“王翦，赵高，”秦王政下令说：“将两孩儿带走交宗正处理！”

“是！”两人同声回答，上前来抱孩子。

本已惊惶害怕的两个幼儿，此时放声大哭，紧紧抱着太后母亲大叫：“娘，坏人要抓我们！娘！”

王翦手快，赵高也不慢，几个拉扯以后，就已将孩子抢到手，太后护犊心切，站了起来，厉声叫道：

“嬴政，他们和你一样，都是为娘所生，你想怎么样？孩子还我！”

秦王政干脆转过身去不理，只低喝了一声：

“走！”

“湘儿，绣儿，快上来抢孩子！”太后此时为了抢赵高手上的幼子，已拉扯得鬓发零乱，衣衫不整。

湘儿绣儿站在原地，呆若木鸡，不知该如何做。

太后又惊又怒，这时她已完全忘了太后的身份，她只是母亲，就像一头不顾一切保护幼兽的母虎，她连哭带喊地说：

“孩子无辜，还我孩子！嬴政，他们是你的兄弟！”

她这几句话等于承认两个孩子是嫪毐的。

“赵高，这该怎么办？”秦王政左右为难，有点彷徨失措。

“按秦律，谋逆者灭三族，但宗室所下嫁之女不是主谋者可免！”赵高这下可抓着为兰姨被活埋以及自己遭阉的报仇机会，而且这种机会稍纵即逝，永远不会再有。

秦王政此时也想到，这种事必须当机立断，否则越理越乱，他沉声说：

“王翦，赵高，你们知道该怎么办了！”

“奴才遵命！”赵高趁太后在和王翦纠缠时，拔出佩剑一挥，手上幼儿的头随即落地，血喷得赵高一脸一身，尸身也丢到地上。

“儿子！”太后厉声哭叫，抢过来抱着幼子尸体痛哭。

“王翦！”秦王政又低喝着。

王翦佩刀在手，却是两手颤抖，杀不下去。

秦王政见到太后放下幼子尸体，奔过来要救这个大儿子，他只得夺过王翦佩刀，当胸一刀刺个对穿。

太后扑上来抱着秦王政满头满脸地乱咬，口中还嘶喊着：

“嬴政，还我儿子！嬴政你这个没有心肝的野兽！”

嫪毐出得地道，辞别太后，纵马狂驰一段路以后，将马放慢，心头浮起些许凄凉意味，回首往事，仿佛一场还没有完全清醒过来的梦。

前不久他还是太后的专宠，拥有河西太原郡改制的毐国，宫室、车马、衣服、苑囿儿与秦王同，私下装饰之美更有过之而无不及。

但这一切如今都已成为过眼云烟，消失得无影无踪。

马行到一处十字路口，天已大亮，他下得马来，折腾了一夜，人疲乏已极，他得睡一会儿再决定行止，醒来自己已被绳索绑得紧紧的了。

嫪毐领军谋反作乱，判车裂之刑，当诛三族，但嫪毐只身在秦，无族可诛，罪其舍人门客。曾随同谋反者，一律枭首，未从者罚劳役三年，为宗庙提供燃薪。从犯卫尉王竭、内史刘肆、佐弋张竭、中大夫令陈齐皆枭首，灭其宗族。

廷尉反复追究治理，此案株连者达四千家。凡是和上述人员有亲戚关系或近日有应酬馈赠来往的，全部夺官去爵，贬居蜀中。

同时秦王政下令，嫪毐行刑时，由相国吕不韦监斩，秦王本人将亲临观刑。这是因为他恨透了嫪毐，也是给吕不韦增加心理压力。嫪毐最后被处以五马分尸，坐在五部车上的御者扬鞭抽马臀，口中呜呜而呼，五匹马人立而嘶，接着分成五个方向狂奔。

马蹄印、车辙痕，外加嫪毐身首四肢在沙场上拖出的点点血迹，形成一幅血淋淋的残惨画面。

秦王政十年三月。

那天，秦王政早朝听各大臣奏事已毕，回到内宫，心情特别轻松。

这几个月搜集到的证据，足够置吕不韦于死地，他决心除去吕不韦，他恨吕不韦的程度不亚于恨嫪毐。尤其是国内外朝野为吕不韦说情，他在怨恨以外，又多了一层猜忌。

决心已下，没有矛盾，他反而平静下来，一心一意计划如何在最小的伤害下，根除掉吕不韦在秦国的势力。

唯一仍使他不安的是，吕不韦没有一点要反抗的征兆，这反而使得他有所顾忌，莫测高深，这是对吕不韦迟迟未下手的原因之一。现在他既然决定在近日内采取行动，各方面也部署妥当，也就管不了那么多了。

忽然内侍来报太后驾到。

等到他们下得台阶，太后已经下车，由湘儿绣儿两旁扶着。几个月不见，太后明显的憔悴多了，显示出她在内心所受的煎熬。

秦王政见母亲如此疲态，心上升起一股怜惜和愧疚，但很快就按捺下去。他告诉自己：

“绝对不能软弱，她来摆明是要帮吕不韦说情，我绝对不能作任何让步！”

南书房只有太后和秦王政母子两人。

秦王政下令殿前郎中侍卫，任何人不准接近南书房三十丈以内，违者死！

母子两人分别坐下后，秦王政首先说道：

“太后今天驾临……”

太后厉声打断他的话说：

“嬴政，今天我们要以母子的身份讨论点家事，不要称我太后！”

秦王政惊诧地望着太后很久，强捺着心头怒气，平静地说：

“母亲，孩儿遵命！”

“我是为吕不韦说情来的。”太后说。

秦王政更为惊异，想不到平日骄傲自恃的太后，竟能如此开门见山自认求情。他有点想笑，但看到太后母狮般威猛的神情，似乎是随时都会扑上噬人的样子，他笑不出来。

“我对吕相国并没怎样。”秦王政装作不解。

“不要喊他吕相国，我说过现在我们是母子商议家事！”

“那我要喊他什么？”

“喊他……”太后强忍住下面几个字，改口说：“喊他吕不韦，这样才像谈家事！”

“我对他真的没什么。”

“你还要说谎，现在网都已张好了，正等着他进来后就收网，你当我什么都不知道。”

“这也没有什么，”秦王政若无其事地说：“他涉及嫪毐叛逆的事，天下人皆知。”

“但天下人都在为他求情。”太后说。

“不，不能说天下人，只能说是他遍布天下各阶层的恶势力。为了秦国的利益，我不能再坐视这股势力强大下去。”

“吕不韦对你不坏，先王一再想废你立成蟜，是他一直在坚持；你亲政以后，不顾体制，不断给他打击，他从来没反击过。你应该知道，当时我要是和他联合起来废你，易如反掌！”

“可是你和嫪毐联合起来这样做了！”秦王政再也压制不住心中的怒气：“要不是我运气好，恰好遇到王翦这员智勇双全的猛将，几个月前在刑场受车裂的是我，观刑台上坐的会是嫪毐和你！”

“好，既然你说破了，为娘的也不再有所顾忌。你生为王室的男人，能够明白身在后宫女子的痛苦吗？你父亲、你祖父，以及天下古今的王侯将相，哪个不是姬妾成群？你们男人当然不会明白女人在这方面的苦闷，我这样做，在你们男人认为是大逆不道，淫贱成性，但我自己却不认为有什么不对，女人也是人！”太后侃侃而论，泪中还带着微笑。

“我今天想告诉你一件事是你不能杀吕不韦。”

“为什么？”

“因为他是你的父亲！”

“什么？”这下他被击中要害！他跌坐在几案前，无力地垂下头：“你也这样说？不，你是为了开脱他才如此说的，不，我不相信，我是庄襄王的儿子！我是嬴家的子孙！”

“孩子，你是谁的孩子，只有做母亲的最清楚。”太后微笑着站起来：“看看你自己像谁？”

秦王政也跟着站了起来，可是两眼发直，几近疯狂，他双手举起几案舞动，将室内竹简书籍纷纷扫落地上，玉石摆设全都打得粉碎，他口中不断地喊着：

“吕不韦，我要灭你九族！用七匹马分你的尸！”

太后微笑地看着他，就像看着他小时候撒娇耍赖一样。她知道暴风雨过后，就是雨过天晴，吕不韦不会死了。

“我要回雍地去了！”太后柔声地说，她也明白这是她离开的最好时刻。

“吕不韦，我要灭你九族！”秦王政仍在疯狂大叫，他特有的似狼似豺的尖锐嗥叫声，惊动了后宫所有的人。

但就在太后要出门的刹那间，他突然冷静下来，恭敬地向太后行礼：“太后，儿臣不送了，儿臣永远不要再见到你，除非是在黄泉之下！”

太后这时反而不寒而栗，泪如雨下，她颤声喊道：

“孩子，我的儿子！”

但秦王政没有理她，推窗而立，面向窗外，陷入沉思。

没过几天，秦王政连下两道诏命。

第一道是有关后宫的：

今后选女人入宫，三年一更替，愿留宫中者留，不愿留者遣归，无家可归者，由公家主婚陪嫁。

宫中姬妾依周制排定值宿表，按王后、夫人、姬妾次序递减值宿日子，非必要不得改变日期。此诏订为王室规例，后代子孙应世代遵守。

第二道诏命是有关吕不韦的：

相国吕不韦举人不当，按律当连坐，姑念对国功大，着予免去相位，出就河南封地。

秦王政解决掉吕不韦这个心腹之患，开始时感到轻松多了，但没过多久就发现，免去他的相国职位，并不能根除问题。所谓百足之虫死而不僵，吕不韦更像一棵大榕树，尽管你将它移动了位置，但只要它密布在地上和地下的根没除去，它仍然富有活力，它吸尽了地力和养料，在它笼罩的范围内，寸草难长。

战国时期秦国杜虎符：现存最早的一件调兵凭证

吕不韦和他的利益团体吸尽了秦国的国力和资源，每逢出兵或国家有重大开支，国库还得向他和他的利益团体设法调借，换句话说，吕不韦仍控制着秦国的财经动脉。

更使秦王政不安的，乃是吕不韦在秦国和国外的潜在势力，在这次就国时充分展示出来。

在他诏命公布后的一个月里，咸阳城似乎变成了吕不韦城，从早到晚，无论是富贵人家，茶楼酒肆，或是街巷市井，上自君侯大臣，下至贩夫走卒，口中谈论的都是吕不韦，设宴送行的、赠送纪念物歌功颂德的，更是无日不有。

吕不韦起程的那一天，送行车队长十多里，阻道的几案从东门一直排到十里长亭，送别宴毕，还有人送过渭水的。

然后，吕不韦就国之后，河南就变成了政治、经济、外交，甚至是文化中心。各国使节或是来访大臣，到咸阳之前，都会先到吕不韦那里停留议事，到达咸阳见他时，所提出的往往是在吕不韦那里得到的结论。

在咸阳的大臣遇有重大问题和疑难杂症，也会和吕不韦书面往来商议，甚至是远到河南移樽就教。

在文化中心方面更不必说了，吕不韦免去相国，闲暇时间更多，他召集门客吟诗著作，齐议时事，俨然成了清流首脑。

想到吕不韦的有形无形势力，以及他控制着秦国经济，逐渐将秦国的国力变成他和他利益集团的私人势力，秦王政就有如芒刺在背，夜夜都不能安枕。

他决心再采取行动。

那天，他将蒙武找来，在南书房讨论了一个晚上，等蒙武走了以后，他又在灯光下沉思很久，最后亲自书写了一封给吕不韦的信，信中主要的话是：

君何功于秦？秦封君河南，食十万户。君何亲于秦？号称仲父。其与家属徙处蜀！

短短一封信却似乎耗尽了他全身的精力。他召进内侍，命他连夜将信送到蒙武府去，并命蒙武明天即起程，将信送给吕不韦。

近侍走了以后，他轻舒了一口气，踱步来到窗前，推开窗户。只见庭院中月色如霜，他抬起头一看，竟已是仲秋满月。他在心里这样想：

“假若他是我父亲，他应该知道如何自处！”

他不禁又回忆起邯郸那段日子，吕不韦对他和他们家恩惠和功劳都实在太大，没有吕不韦，父亲和他根本登不上王位。但为了秦国，为了平定天下，这棵吸尽地力的榕树必须连根拔去。他喃喃自语：

“假若他真是我父亲，应该知道如何自处，不要逼我再走第二步！”

吕不韦在灯下看完了秦王的信，抬头对坐在西边客位的蒙武说：

“主上命我和家属迁蜀，是否有限期？”

“主上没定限期，也未明令夺爵，什么时候起程，君侯可自行决定。”蒙武恭敬地回答说。

吕不韦起立，在室内踱着步沉思，突然转过头来又问：

“临行主上还有别的话没有？”

“主上在臣已拜别上车时，还交代臣转告君侯，希望君侯能善以自处。”蒙武从容地说。

听了蒙武这句话，他心头一震——善以自处，这句话弦外有音，嬴政到底想对他怎么样？他没有再问蒙武，而是坐回到席案前向蒙武说：

“蒙大人是否能在此多盘桓几天？”

“不了，王命在身，主上也一再交代送到信，得到回信即回，臣想在明天就起程返回咸阳。”

“这样我就不敢留蒙大人了，”吕不韦笑着说：“今日已晚，待我修好回信，明日在长亭设宴为蒙大人送行。”

“那怎么敢当！明日一早再来君侯处辞行。”蒙武说着起身告辞。

等送蒙武走了以后，吕不韦又回到书房，真可说是百感交集，众味杂陈。

他依窗伫立，很久都归纳不了思绪。

嬴政的信和蒙武传来的话，很明显是要他自行处理，换句话说，也就是要他自行了断。

嬴政在步步进逼，先是将他的产业能国有化的都国有化了，不能国有化的都加以重税，他和他的人负担不起，只有慢慢脱产。

接着他将他从咸阳贬到河南封地，现在又将从河南迁到蜀地，下一步呢？

也许是他自己的错，不该在贬谪之余还不知收敛，但这有什么办法？他只是接待来宾！诸侯使者、名士学者、市井游侠找到他这里来，他无法不招待，否则吕不韦就不成其为吕不韦了。

也许他最错的地方是当时没有听太后的话，合力将他废掉，立成峤或是立嫪毐的儿子，他们都比较好控制得多。但这样可以吗？他到底是他的儿子，废他立别人的儿子，怎么也说不过去。

好了！现在他这个做父亲的节节退让，做儿子的却步步进逼，看情形是要置他于死地。他应该采取什么对策呢？

他离开南窗，又在室内转走一会儿，焦急彷徨，束手无策。要是对别人，他吕不韦可以三步一计，五步一策，但嬴政是他儿子，也是唯一的儿子，无人可以取代。

他自书柜的密格里取出一啤酒，再取出两只玉杯倒满了，在其中一杯倒下了鹤顶红。他喃喃向天祈祷：

“上天，请指示我该走哪条路！”

一条路是逃亡到赵国。赵王前不久还派了使者向他游说，聘请他去担任赵国丞相。赵国是合纵盟约约长，换句话说，他一去就可以和苏秦一样佩六国相印，联合六国对付秦国。当然这是不可能的，他不能会同外人来毁灭自己的儿子，虽然嬴政并不承认他这个父亲，而是一步步苦苦相逼。

不过，他回赵国，至少是如鱼返水，他在赵国有事业也有朋友，不像在秦国完全是权势与利益的结合。他可以像范蠡那样三集三散其财，一展他经济长才，也可以优游林下，度过一个平静的晚年。

另一条路则是吞下这杯鸩酒，一了百了。这辈子他由贫贱而富贵，位至裂土封侯，可说无论在哪方面，他都达到了为人臣的极致，何况他还有一个亲生骨肉在做秦王，凭着他这十多年的经营，秦国国力已足够吞并六国，依嬴政坚忍的天纵之才，成为天下共主，乃是指日可待的事，环顾各国国君，个个愚骏软弱，和嬴政相比，真是龙蛇之分。

他是他的父亲，何必要与他相争，父子相争，退让的应该是父亲，因为父亲只有过去和有限的现在，而儿子却有着无穷无尽的未来！

这时，吕不韦苦思不定之下，突然精神恍惚，仿佛变成了两个人，互相激烈地争论。这个吕不韦说：

“嬴政是我的儿子，我应该让他。”

“父是父，子是子，乃是不同的个体，何况嬴政无论在名义上，在他的内心，都不承认你是他的父亲。”那个吕不韦说。

“我内心承认他是我的儿子，也就够了。”这个吕不韦说。

“就是你认为父子相争，为父的应该退让，也不该退让至死！”那个吕不韦说。

“我活着一天，总是嬴政的心腹之患，各国都希望由我联合它们共同抗秦，假若为形势所逼，可能真会形成父子相斗的局面。”第一个吕不韦说。

“那也总比你饮鸩自示软弱好多了，其实你去赵国息影林下，自由自在，拥美遨游，和陶朱公一样有何不可？”第二个吕不韦说。

“说得容易，嬴政会放过我吗？我清楚他的个性，他会向各国君主要人，我逃到哪里，他就会要到哪里，那时会逼得我带领各国和他相抗，父子相斗的局面不得不形成。”第一个他说。

“你可以不投靠任何国君，而是隐姓埋名，找个山水明媚的处所隐居起来，有何不可？第二个他说。

“隐居谈何容易？”第一个他苦笑着说：“嬴政间谍满布天下，他所派的杀手会从地底将我挖出来，时时提心吊胆，刻刻怕人追杀，还能悠游林下吗？”

“这样说，你是承认失败了？”第二个吕不韦说。

“这不是承认失败，而是要保全我十多年在秦国所作的经营，也是要我的子子孙孙做天下的共主，想达成这个愿望，只有让我离开这世上，嬴政才能放心地统一天下！”

第二个吕不韦不再说话了。

吕不韦端起那杯下了鸩的酒，缓慢地踱到南窗前。他推开窗户，只见长空无云，一轮团圆满月高挂在空中，亭台楼谢，花草树木，石山荷池，小桥流水，全沐浴在银色的月光下。

“多美！这个世界多美！”他惊叹着：“习久不察，临去前的回顾，才明白人间本无事，庸人自扰之，我习惯于在女色歌舞中追求美，却忘了在大自然里，美是俯拾皆是的东西！”

同时，他又回忆到和玉姬月夜泛舟的美好时光，心中升起一阵酸楚，

他举杯向着西方说：

“玉姬，来世见了，他是你无可怀疑的儿子，但愿他不会逼你像逼我这个没有名义的父亲一样。”

“今夜的月色好美!”他凝视皎洁明月，由衷地赞叹着。

接着他举杯，一口干了下去。

第五章 灭韩亡赵

秦王政十三年（前234），二十六岁的秦王嬴政开始了他的统一大业。秦军在他的意志之下所向披靡，周边六合志在必灭。尽管秦国嬴政注重武力解决问题，崇尚强权政治，却又不像蛮不讲理的侵略者，凡有战事，总要找出出兵的理由来晓示天下。正缘于此，在秦军兵锋指向韩国之时，嬴政为自己找了一个颇合于性格的理由。

当年，由于秦王嬴政取消了逐客令，李斯召回，得以为秦效力，就给嬴政具体制定了灭诸侯的步骤。第一步就是“先取韩以恐他国”，意即先灭韩，而让诸侯害怕秦国，先从心理上给秦军壮威。当时的韩是六国之中最为弱小的一个国家，但它又地处中原腹心地区，西便是强秦，东是实力不弱的赵国，南边是楚国。韩正好被三强所围，并且地势毫无凶险之处，所以常被诸侯攻打，国力弱得根本无法与强秦对抗，秦国若先拿它开刀，无疑是最佳的选择。

秦之所以灭韩，应该说还有个历史原因，那就是它战略位置险要。在秦昭襄王时期，国相范雎曾说过：秦国之邻有韩，好像木头里生了蠹虫、人的心腹有了疾病一样，万一天下有变，对秦威胁最大的便是韩。出于同样的考虑，嬴政在制定统一大计之时，也是要先搬开这块阻碍秦军东进的大石头，然后再逐个击破其他五国。

说来也巧，正当嬴政准备攻韩之时，读到了一个人的著作，正是这些著作加速了韩亡命运的及早到来。

被嬴政读到的这些文章，出自韩国一名贵公子韩非的手笔。嬴政在读了他的《孤愤》、《五蠹》等文章之后，兴奋而颇有向往地感叹道：“嗟乎，寡人得见此人与之游，死不恨矣！”也就是说，我若能见到这个人并同他交往，就是死也没有什么可悔恨的了！由此可见，这位年轻的国君对于韩非的倾慕之情，是何等的殷切！

那么，韩非到底都写了什么东西让年轻气盛的嬴政能如此兴奋，并对他佩服得五体投地，急于求见呢？

韩非是韩国的王族之后，他素喜“刑名法术之学”，曾同李斯一起在兰陵拜荀子为师，但他的学术造诣却要比李斯高得多。他下了很大的功夫研究法家的学说，逐渐形成了自己的一套以法治国的理论。只是因有口吃的毛病，言语表达较为困难，韩非才未像李斯那样追逐功名利禄，而是发愤著书立说。

韩非眼见自己的国家日益衰弱，外有强秦虎视，内有奸臣弄权，亡国之时指日可待，心里很难受，于是便上书韩王，指出韩国衰败的症结就在于“治国不务修明其法制，执势以御其下，富国强兵而以求人任贤，反举浮淫之蠹而加之于功实之上。以为儒者用文乱法，而使者以武犯禁。宽则宠名誉之人，急则用介胄之士。所用非所养，所养非所用。廉直不容于邪枉臣，观往者得失之变。”韩非多次书谏韩王，内除权奸，外抗强秦，使韩迅速富强起来，但韩王并没有接受这些切中时弊的建议。心灰意冷的韩非，只好将所有的悲愤和忧愁，倾注在著作《韩非子》之中。

《韩非子》一书中，涉及了法学、哲学、社会、军事、教育、经济、文艺等多种领域，主要思想就是研究君主如何在当时的社会条件下，运用法、术、势兼治的手段去达到巩固统治、富国强兵的目的。韩非是战国后期法家人物的代表，在他的著作中充满了性恶论。

韩非认为，人的本性就是好逸恶劳，趋利而避害，人与人之间的关系是赤裸裸的互相利用的关系。他还认为，为君者应当像防敌人一样提防所有的人，甚至是父母、妻子、兄弟等，因此君主必须善于用权术去统御臣民。譬如在以术治国的篇章中，韩非就说：“术者藏之于胸中，以偶众端，而潜御群臣者也。”还说“术不欲见”。意思就是国君驾驭群臣的手段就是一种暗自运用的权术，不能让别人知道。韩非认为，商鞅在秦国就是只知法而无术，结果国家虽富，但君主却不能控制臣下，而至几十年没有成就帝王之业。在《韩非子·外储说右下》中，他不厌其烦地以驾车马为例，来阐述术的运用：“国者君之车也，势者君之马也。无术以御之，身虽劳，犹不免乱。有术以驭之，身处逸乐之地，又致帝王之功也。”

在运用权术之上，韩非告诫君王，要藏于心，不外露，让臣民摸不到君王的底细。这样，臣民的一举一动都在君王的监视之下，而臣民对君王的意志却一无所知，使臣民永远处于被君王支配驱使的境地。

韩非与军事家尉缭不同。尉缭主要在军事上有他的见地，而韩非在政治上有独到见解，他关注的是治国及如何治国。韩非的学说是在继承前期法家思想的基础上形成。其中加强封建专制的中央集权是韩非政治思想的核心内容。在以权治国的篇章中，韩非主张君权至上，要求君主具有至高无上的权力，要想安国，必先尊主。要想尊主，也就要维护中央的绝对权力。

此外韩非还提倡以法治国。不过在这里他所说的法，是指成文的法律条款，由中央及官府制定；法治的对象是君主以下的臣民。法治的目的，是要维护封建的等级制度，维护君主不可侵犯的绝对统治权威，使民不敢犯上，臣不能越轨。为此，不仅要制定法，而且法要严厉，只有严刑酷法，才能令臣民生畏；臣民畏法，才不敢犯上作乱，才能维持国家的安全。

在《有度》篇中，韩非强调：奉法，则公行；公行，则国治。废法，则私行；私行，则国乱。为了保证法的实行，他主张“刑过不避大臣，赏善不遗匹夫”，要赏罚分明，有功者加官晋爵，有过者严加处罚。只有这样，才可以“矫上之失，诘下之邪”。

韩非在这里所谈到的不仅是法的问题，且是在治的规范下，不分贵贱，有才则用，有功必赏的用人制度问题。这与建立在血缘关系之上的任人唯亲的儒家主张相比，确有进步意义。然而，韩非所说的法，首先排除了君主，而且法又是由国家所制定、所颁布，试想一下：制定、颁布法规的君主又怎能把法治的矛头对准自己呢？所以“法不阿贵”、“刑过不避大臣”，只不过说说而已，法治的对象只能是老百姓。由此可知，专制统治者讲法治，与现代民主政治体制下的法治是两回事。

有了法治，还要审势而行，这也是韩非的重要思想之一。韩非认为：君主不可一日无势，以前的暴君之所以能够控制天下，不是因为他们比别人更贤能，只因他们有着令人生畏的权势；以前有的贤君之所以不能很好地治理天下，不是他们没有才能，而是缺少崇高的权位。所以，君主必须有了权势，才可更好地使用法这个特殊手段来进行治国，即“抱法处势则治，背法去势则乱”。韩非要求君主须得像一只蜘蛛，耳目是蜘蛛网，这个网便是人君的威势所藉，有了这架网，做人君的还须得像蜘蛛一样藏匿其中，待有饵物时继之以毫不容情的宰割。

对于信奉儒学的封建政治家来说，若是看了韩非的书，会感叹韩非理论几乎是全从恶的角度来看问题，把人描述得丑恶无比。然而，嬴政看了却大声叫好，这本书将他一直困惑为难的问题都说得明明白白。在秦王嬴政看来，人确实是性恶的，不然自己曾经历的像弟弟、母后、嫪毐、吕不韦等人的事情，怎么与韩非所说那样的恰合、那样的贴切呢？

韩非给嬴政品性的影响极其深远，就是从这些著作之中，嬴政越来越走向了法家政治的极端，原因就是他真相信了韩非所说的一切，并将这些当作行动的唯一准则，多疑、寡恩、残酷等很多恶性的东西渗透在他的生命之中。

嬴政也从韩非的思想中吸取了许多有益的东西。韩非的政治学说，主要是在总结和吸收前期法家思想遗产的基础上形成。他的君主专制理论对当时政治体制的变革有不可忽视的指导作用。嬴政统一后建立的大秦中央集权制度基本上是按照韩非的理论框架构成，它进一步确定了社会各等级的权利与义务，维护了国家的统一性。

嬴政读了韩非的书，便决定要见这个人，韩非的思想已和嬴政发生了强烈的共鸣。治理天下就需要这样的政治人才，像韩非这样在治理国家上颇有见解的人才，嬴政又怎能轻易放过呢？所以当听李斯说写此著者是韩国的韩非时，嬴政立刻下令秦军挥戈东进，直逼韩国。这也真让韩国和其他诸侯国感叹，一个在韩国并不出名的人，竟然在嬴政眼里成了旷世奇才，并且把他抬举到以灭他的国家而求得他的地步。

为得一个人才，不惜发动战争，从这个举动可以看出，嬴政对于杰出人才的渴慕之切。并且，以获得一个人为目标而灭其国的气概，在中外历史上也可以说是旷古无闻。

在统一六合之前，秦王嬴政渴求贤才，有一段时期几乎到了迫不及待的地步。为了得到韩国奇才韩非子，他不惜动用武力，遣军攻打韩国。当攻韩的秦军气势汹汹地兵临韩都城下时，一向奴颜婢膝的韩王得知嬴政攻韩并非是为了攻城略地，而竟是为一介书生韩非而来，这才急忙将他从不看在眼里的韩非找来，想与他共商抗秦大计，但这时已晚了。

想想以前，韩非曾以卞和献玉的故事为喻书谏韩王，以求韩王慧眼识见他这个英才。然而，韩王已换了三代，却始终没有人重用他。只有秦王嬴政在偶尔读到他的著作时，一下子便察觉韩非的不寻常处，并要兵索韩非，这也许真是让韩王不得不深思了。只是再深思又能怎样呢？韩同与秦共处了多少年，不都是这样窝窝囊囊吗？

自韩昭侯之后，韩国为了对付强秦，除了割地退让之外，曾想出过许多贻笑大方的计策来。比如，韩王起曾用黄金送给秦王，后来黄金没有了，就出卖韩国的美女，韩女价格极高，诸侯都买不起，只有秦王能出高价用黄金购买韩女，而韩以卖美女得来的黄金再转以送秦王。如此一来，秦不仅收回了黄金，又得到韩国的美女。同时，韩国美女因为怨恨被卖，又对秦王挑拨说：韩其实很恨秦国。于是，韩不仅平白损失了美女、黄金，连秦韩邦交也越搞越糟。韩王想出这样的方法不仅经济上得不偿失，而且有失道德，后来在人们的责怪之中，韩王起终于停止了这既失利又辱国的做法。

接着的一任韩王又想到了“疲秦计”，派水工郑国去秦修渠，哪知道最终仍是“为秦建万代之功”。不但没有拖住秦的后腿，还为秦的富饶立下了不小的功劳。

当秦王嬴政的大军兵临城下，韩国的末代君王韩王安见无计可施，便想拿韩非做筹码，让韩非出使秦国以缓和秦韩两国剑拔弩张的紧张气氛。满腔爱国热忱的韩非虽然知道这一去生死难卜，但为了韩国的安全，他还是尊奉王命，走入了秦都咸阳。

韩非来秦，秦王嬴政自然大喜过望。然而，当他看完韩非呈上的又一篇文章时，心生不快。嬴政本想让韩非来秦为他效力，哪知道一篇韩非的《存韩》让嬴政明白，韩非身虽在大秦而心在韩，对这样的人又该怎么重用呢？

韩非的《存韩》是一封谏书，他向嬴政请求先放过韩国，让韩再存最后一线生机。然而，韩非不了解秦王政的政治抱负，想得太过于感性了，嬴政岂能为一个人一封谏书而改变先祖累世统一大业的梦想？既然灭韩是秦几代国王的愿望，并且灭韩的重要性已被谋士前后说了多少次，嬴政自然不会放弃。

作为一个弱国的学者，韩非在写《存韩》这篇文章时，再也没有像以前写《孤愤》、《说难》等文章时那种凌厉恣肆的狂者风格。而用了极其委婉、恳切的语言向嬴政述说韩国对秦的恭敬，韩人的勇敢和坚忍，韩国君臣宁委曲以求全的诚恳态度。

在《存韩》中，韩非说到：近几十年以来，韩甘心做秦国东边的屏障，为秦阻挡了山东列国的进攻。这样做，韩虽是得罪了诸侯，但秦却得到了极大的利益。按照韩非的“存韩说”，李斯的灭韩之策之所以不妥，一在于秦先放过强赵而取弱韩，正是给了赵休养生息的时间，所以应先攻赵；二在于韩国虽弱，但臣民极其勇敢，若秦强攻，定很困难，而拖延了秦灭其他国家的时间。韩若与秦翻脸，那么魏也会随之而去，如果韩、魏都投了赵国，赵再联合齐，那么秦的处境就危险了。所以，秦应把矛头从韩转向赵、齐。秦应先派使者去楚，派质子去魏，让楚、魏安心，然后借道于韩去伐赵，把赵、齐先灭掉，那么对韩国，秦只需一封招降信就可以收服，其他的也更好说了。

这篇委曲求全的谏书并没能打动嬴政的铁石意志，决定了就要做，根本不可能有商量的余地。果然，嬴政对韩非的谏书不置可否，并把它交给了对韩非嫉意很重的李斯定夺。

“灭韩”之计本就是李斯提出来，李斯自然要竭力维护，战阵之前各保其主。韩非为韩争机会，那么，李斯也要为秦争机会。有缘于此，针对《存韩》，李斯言辞峻刻地反驳道：“如今韩是秦国心腹上的祸患，如果秦先去攻赵，赵有齐的后援，则秦面对的是两个国家的军力。虽然秦派去的

有行离间之计的使者，但也未必能让齐、赵离散。韩虽表面服从于秦，但这是因为秦国强大，不得不服从。等秦与赵交兵，而韩与楚又有谋在先，在秦的腹心发难，那么秦将会又一次被诸侯挫抑，退回崤函关内。这样看来，韩非来秦，正是为了存韩而来！”

听了李斯的反驳之辞，嬴政也感觉韩非之心确不在秦，却怜惜其才而未做进一步处理，但几乎与此同时，另一件事让嬴政更加失望了——

韩非刚入秦时听说了魏国人姚贾为秦行间于诸侯的事情。这个姚贾出身微贱，他继承父职当了看门人，后又到赵当臣，姚贾在赵期间，曾受赵王之命，出使韩、魏，促使韩、魏两国与赵签订盟约。韩、魏两国为了离间姚贾与赵王间的君臣关系，故意以大礼招待他，使赵王生疑。赵王果然中计，赵臣举茅为姚贾解脱说：“姚贾是您的忠臣，韩、魏两国想得到他，所以对他友好。韩、魏此举实际上欲使您不信任姚贾而将他赶出赵国，这恰恰就实现了韩、魏的阴谋，而姚贾也就有了不忠的罪名，蒙受不白之冤。所以，大王您不应驱逐姚贾，而以此表明您是贤明的，同时也挫败了韩、魏的阴谋。”但赵王终于没有听举茅的话，坚持逐走了姚贾。

当时嬴政已撤销逐客令，为实现天下一统，正在广泛招揽天下人才。楚国的李斯、魏国的尉缭皆因匡世之才而被嬴政委以重任。“贤臣择明主而仕”，姚贾见嬴政慧眼识人，便入秦当了臣子。姚贾当秦臣不久，果然“锥处囊中，脱颖而出”。

原因是这样的，那时嬴政正准备派人去六国行离间之计，他曾召集臣下六十人，问谁可以胜任，姚贾便毛遂自荐愿出使山东，绝其谋而止其兵。嬴政便给他金千斤、车百乘，让他出使各国。几年之后，姚贾满载而归，嬴政对他十分满意，将姚贾封为上卿，并赐户千家。

姚贾行贿各国，目的是为了助秦，而韩非来使秦的目的却是弱秦，只有弱秦，才能使韩苟延残喘。两个人的目的不同，自然会针锋相对，韩非为了能达到目的，便就姚贾的作为向嬴政做了诋毁。

韩非进谏于嬴政说：姚贾身带千金，游说楚、燕等国，历时三年，未必离间了各诸侯之间的关系。可见姚贾是在借秦王之权、秦国之宝，为自己的私利而交结诸侯。姚贾原是魏国监门之子，却在魏国行盗。曾为赵臣，而又被驱逐。大王与这样监守自盗的逐臣交往，并且处理国事，怎能鼓励群臣忠心为国呢？

本性多疑的嬴政一听韩非的话，顿生疑窦，并马上免了姚贾的职，接着召来姚贾提出责问。姚贾向嬴政袒露了他的忠诚：假若我不忠于大王，那么，诸侯国会看重我与我结交么？而结交诸侯本就是我的任务，有什么错呢？我之忠心于秦，就像曾参孝敬双亲，天下父母都愿意他是自己的儿子；伍子胥忠于君主，而天下的国君都想让他当臣子；一个贤淑而美丽的女子，天下男人都想娶她当妻。正因为我是大秦的忠臣，天下为仰慕秦而争相与我结交，与我结交就是与秦结交，这证明我并不辱使命。

针对韩非的人身攻击，姚贾也向嬴政做了解释。他说：历史上著名的贤佐，如姜太公吕尚、管仲、百里奚等出身都很低贱。但周文王、齐桓公、秦穆公等明主却信用他们，最后果然都建立了当世的大功业。所以，只要是心存社稷的君主，即使听到外人的诽谤之言，也不予轻信，即使有高世之名，若没有一点功劳，也不去封赏他。历史上有夏桀听信奸佞谗言而诛良将，商纣听信谗言而杀忠臣，最终导致了身死国亡。现在大王若听信谗言，那么秦将不会再有忠臣。

从善如流的秦王嬴政果然不愧为英明有为之主，他未轻信韩非之言，而揆情度理地将姚贾官复原职，让他继续去诸侯行间。但由此而始，他对韩非更不信任了。可韩非毕竟是嬴政所尊敬的人，他还想让韩非为他的统一大业献计献策，统一之后也是用得着韩非的。考虑到这一因素，嬴政并没有对韩非治罪。

没有治罪并不等于迁就韩非，秦王嬴政仍然希望韩非能像他在著作中写的那样："忠劝邪止而地广人尊者，秦是也。"希望韩非这番话是肺腑倾情之言，他认为，韩非既然倾慕秦国的政治，从而终会归服于秦，用于秦。从处理这些事情时的冷静和成熟来看，嬴政已经颇具驾臣有方的大国帝王姿态。

先放下了韩非之事不说，嬴政将注意力又投到了灭韩之上。其实，自从看了韩非的《存韩》之后，嬴政也为之稍微动了心，由于自知一向不爱克制情绪，他担心一时意气用事，把对韩非的渴慕之情带到政事的处理中，那样对己、对国都是极有害，所以，他才让李斯来处理。李斯为了能为秦立大功，而让嬴政对他更加恩宠，自然要坚决反对韩非的说辞，并向嬴政进献了一个不露丝毫杀气的灭韩之计。

他让秦王首先加紧筹划兴兵攻伐，但不宣布到底去攻打哪个国家，这样就会使韩国不得不始终提心吊胆地侍奉秦国。其次，让秦王允许自己去出使韩国，以秦王的名义请韩王入秦，实际上是将他幽禁起来，然后以韩王作为交易的工具，与韩国的臣子谈判，这样秦便可随意割取韩国的土地。另外，再派将军蒙武率东郡之兵，陈于秦齐边界，威吓齐国。如此，秦兵不出，便拥有了韩，而齐、楚又不敢妄动，魏也不足为患。这样就大大便利了秦将诸侯各个击破，最后一举灭赵，统一六国。

这确实是一个全新的统一战略，如果能够实现，将会大大缩短统一战争的过程，并且使秦国得以减轻战争带来的巨大经济压力。

秦统一六国示意图

在秦王政巨大压力下，韩王只得派韩非出使秦国，希望能藉韩非的游说，缓和一下秦军的攻势，让韩国透一口气。虽然韩王安对这位堂兄学者并不抱太大的希望，他总认为韩非只知道谈理论，本身并不通晓权变，而且性急口吃，有时说话会得罪人，但他抱着希望，既然秦王如此看重他，多少对韩有利。

韩非以前也曾对他多次进言，要他建立制度，注重法治，他总觉韩非立论迂阔，短时间见不到效果。而韩国地小力弱，夹在楚秦两大之间，两强交战，它必在中间遭殃，如今秦国更是明目张胆，公开宣称要去掉这根哽喉咙的鱼骨，韩非还在跟他说什么人性本恶，需要法律来规范，现在送他到秦国去，至少可落得一个耳根清静。

秦王政对韩非倒是竭诚欢迎的，在召集百官上殿，隆重的接受韩非呈上的国书后，晚间更以国宴招待，丞相等大臣作陪。

宴毕，秦王政待群臣散去，单独在南书房招待韩非，连赵高都未带，李斯也未奉邀，两人都是又羡又妒，恨得牙痒痒的。按照秦王和王后的约定，进得南书房的都是贵客，除了两人以宾主之礼相待，沏添茶水都是由王后亲自动手。

王后也读过他的《说难》、《孤愤》等书，内心对他敬佩得不得了，甚至为《说难》中的弥子瑕故事，触动怀抱而流过泪。能见到作者本人，当然非常高兴，舍不得离开，于是她就留下陪着秦王政，听韩非大发议论。

秦王政对韩非也是一见就有好感，只见他长得面目清奇，留着三绺清须，悬胆鼻，方口，长眉，一双眼睛黑白分明，充满着智慧的光辉，行止之间自有他的贵族气度。

韩非虽不像一般辩者口若悬河，说话却也是条理分明，层次清楚，不兴奋激动的时候，口吃并不严重。不过由他两眉间深长的皱纹，秦王政以老人所授的相人术告诉自己，这人很容易兴奋激动，当然口吃的机会也就多了，和这种人辩论，最好的战术就是说歪理刺激他，最好是对他作人身攻击，很快他会气得连一句话都说不清楚。

当然秦王政不会这样，他请他到南书房来，就是要听他有关建立法治制度的见解。

因此，他们先交谈了一点天下大势和各人的看法，秦王政从他那里得到不少策略上的好构思，但只要韩非一提到韩国问题，秦王政就将话题转到别的地方去。

于是，韩非心里明白，秦王灭韩的意志是不可动摇了，他找他谈话完全是为了要和他研究秦国的法治推行。

他们谈人性善恶问题，谈建立法治制度，韩非的议论都深获秦王政心，王后也在一旁听得入迷。

“韩先生就留下来协助指导寡人吧。”秦王最后要求。

“臣有自知之明，著书立说尚能当行，处理政事、待人接物，就非臣之所长了。”韩非推辞说。

“先生这句话就不对了，”秦王笑着说：“著书立说目的也是为了用世，否则留给虫咬，岂不是白辛苦一场。”

“各人天生性格和禀赋不同，”韩非微笑着解释：“有的辩才无碍，机智善变，适合奉使国外，不辱君命；有的雄才大略，目光远大，适于为人君筹划策略；有的细心严谨，勤于治事，可为主上牧民施政。”

“先生自认是哪种典型呢？”

“臣性急口吃，又多牢骚，只有关在家里著书，舒解一下郁闷了。”

“先生所言恐怕太过谦虚了！”秦王政摇头说：“据寡人所知，先生也曾数度劝说韩王，怎么会没有一点用世之心？”

“眼看故国削弱，而主上尽用些谄媚阿谀的大臣，臣太过着急，不自量力作些无用之谏乃是有的，至于说参与政事，那就不是臣的本意了。”韩非仍然固辞。

“其实，”王后在一旁插口说：“请韩先生留下为秦建立或是修改一些秦国刑名制度，那不是两全其美吗？”

“商君为秦订下的法令制度已经够完备了，”韩非说：“问题是在执行。”

“难道先生认为秦国执法有什么不妥之处吗？还请指正。”秦王说。

“执法贵在平等，不能有法外之人，最好连人君也不能例外，”韩非看了秦王政一眼又说：“儒用文乱法，侠以武犯禁，权贵显要不服法律限制，执法者多歪曲法令来将就个人，这都是法无法彻底执行的主要原因，所谓上行下效，因此罚应自上起，而不是所谓的刑不上大夫！”

“先生此言正合吾心！”秦王政击案称善：“今后寡人就要照此做了。”

“先生言‘说难’，我们主上倒是很容易说服的。”王后在一旁凑趣。

秦王大笑，韩非亦不觉莞尔。

谈着谈着，不觉东方已白，又该是秦王上早朝的时候。

秦王吩咐近侍传诏奉常，为韩非准备常居之处，他想将韩非留下，收为已用。

临散前，秦王突然想起一件事问韩非说：

“姚贾这个人先生可曾听说过？”

“姚贾此人是臣旧识，甚有才干，”韩非是学者脾气，有话直说：“他曾做过魏国大梁的门监，但常做些收贿买放之事，后来为人告发，逃到赵国，由人介绍在赵王跟前为臣，最后又因事被逐，大王为何问到这人？”

“哦，没什么，只是顺便问问罢了。”秦王脸上出现了不愉之色。

其实由于李斯的极力鼓吹，以及姚贾本人的办事能力，秦王政已封姚贾千户食邑，尊为上卿。

而韩非这段无心的老实话，又由李斯派在秦王身边的耳目传到李斯和姚贾耳中。

在李斯府中密室里。

李斯、姚贾和赵高正在烛光中谈韩非的事。

“根据主上和韩非深谈通宵，王后在一旁亲自添茶水的情形看来，韩非已得到主上的欢心，”李斯紧皱着眉头说：“韩非一受到重用，就没有我辈安身的余地了。”

“这是你自己引狼入室，怪得了谁？”赵高阴阳怪气地尖声说：“谁教你要在主上面前将他说得那样好！”

“其实我并没有什么美言，只是顺着主上的意思说了几句罢了，想不到会将这个祸害带进来。”李斯叹口气说。

“你们还好，我可惨了。真想不到的是我，无端端的他要在主上面前说我的坏话！”姚贾哭丧着脸。

“先别争论，现在我们三个共同想个办法，看怎么可以除掉这根眼中钉。”赵高阴沉地说。

三人暂时沉默，烛光在三人脸上晃动，暗亮不定。

姚贾生得五短身材，却有个特大号脑袋，额头宽广表示他的聪明，眼大，耳大，鼻和口都大，在相人术来说，属于早年得志的奇相，唯一的缺点是眼无定睛，和赵高一样，说话想事，都在骨碌碌的转个不停。

他们三人如今已结成一党，是秦王政面前最红的亲信。

赵高不必说了，名虽仍为中车府令，却掌管着秦王的印玺和机要文书，秦王批阅文书，有时还会问问他的意见。

姚贾负责为秦王献策，举凡军国大事都会出题要他拟订对策，乃是秦王政最信任的策士。

李斯官居廷尉，总管全国司法，自从司法改制后，全国廷尉以下一直到最低层的亭尉，都形成了一个上下、左右有指挥联系关系的体系，廷尉不但掌握中央官吏的生杀大权，也是全国最高司法首长，权限比以往大得太多。

最重要的，他还掌握着对国际之间的间谍组织，对客卿还负有监视任务，凡是客卿都对他畏怕三分。

他们三人联手已将蒙武逼得心灰意冷，自动请求随王翦出征韩国，担任他的裨将。秦王政虽然有点舍不得他离开身边，但念他是将门之后，自小学习兵事，要想大成，当然要先去军中磨练和建功，也就勉为其难地准了。

目前他们排挤的对象是国尉尉缭，李斯搜集到他以前在魏国任官的优良忠心事迹，用来反证他对魏国太忠，来秦目的值得怀疑。

秦王对尉缭日益疏远，早想去掉他的国尉职位，一时还找不到人来替代，好在秦王军政大权都是一把抓，国尉只是承他的意旨办理军政方面的日常事务，尉缭暂时换不换没多大关系。

三人想了很久，姚贾最先开口说：

“这件事有关我本身，主上不问起，我没有机会辩白，希望两位助我一臂之力。”

赵高转动着眼睛，拍拍脑袋说：

“依我的看法，对付韩非还是可用对付尉缭的那一套办法。”

“你是说搜集他忠于韩国的证据，证明秦国不能用他？”李斯有点不解地问。

“正是，主上多疑，只要提出证据让他自己去想，不要建议他该怎么做，这样反而最有效。”最了解秦王政脾气当然莫如赵高。

“其实，”姚贾拍拍大头说：“照你们这种反证法，主上最该相信的应当是我！”

“为什么？”赵高、李斯同时不解地问。

“因为我不忠于魏，又见逐于赵，不只有死心塌地地对秦效忠了吗？”姚贾转动着眼睛，摇晃着头，活像舞台上的小丑。这倒是真的！怎么天下会有如此无耻之人！

但他和他们是站在一条阵线上，要对付那些宗室和旧臣，他只有和他们联手，实际上内心中，他厌恶赵高的丑陋猥琐，也恐惧他的阴险毒辣。至于对姚贾，他怀疑秦王政在用人上面，头脑是否出了问题。就算他不知道姚贾的过去，看这种长相也配食邑千户，拜为上卿？

不过回头一想，他不觉哑然失笑，姚贾不是他极力推荐给秦王的吗？不是在呈报他过去资料时，有意向秦王省略这两段的吗？

李斯在烛光下的脸也显得神情不定，他长长地叹了一口气，他自己这样做法不也是极其矛盾？虽然他李斯在秦王面前，还不至于像赵高那样像条哈巴狗，或是像姚贾那样装小丑，可是在别人的眼中他像什么呢？

称得上是自己知己的蒙武，不也是因为他和这两个人合流而疏远他，甚至为了眼不见心不烦而主动请求率兵出征？

也许，唯一能用来安慰他自己的就是那句话——大海不嫌污流，所以形成其大。人至清就没有徒众，就像水太清不会有鱼一样。

“李大人在想什么，想得如此出神？”赵高问。

“哦，我在想，姚兄的话也许有道理，”李斯好久才回过神来说：“我们三人轮流在主上面前说韩非的好话，不断说他如何如何忠于韩国，主上是举一反三的聪明人，他会明察到韩非绝对不会忠于秦国！”

“我还知道主上是个极端果断的人，自己不能用，绝不会让别人用！”赵高嘿嘿地笑了。

“不，也许我们不应做得太绝，将韩非撵出秦国也就够了，他到底是我的同窗。”李斯有点犹豫。

“打蛇不死反遭咬，斩草不除根，明年春又生……”姚贾在一旁笑嘻嘻地长吟。

三人有意无意地在秦王面前，轮流不断说韩非的好话，这个策略不久就见到效果。

那天，秦王政在早朝以后，召李斯到便殿谈话。两人坐下以后，秦王政开门见山地问：

“姚贾是卿推荐的，但听说他的作风不太好。寡人最近还听说，他任大梁门监时常收贿买放，逃到赵国为臣，最后被逐，可有此事？”

李斯一听到召见，对如何回答有关韩非的事，他早就有了腹案，秦王不问韩非，反而单刀直入地问姚贾，他有点措手不及，一时不知该如何答复。

秦王政的眼睛微闭时长，睁开时却大得惊人，尤其是注视人的时候，所射出的目光有如利刃，使人不寒而栗。秦王政现在就是用这种眼神在等着李斯答话。

"有人说，女无妍丑，入宫见妒；士无贤愚，谤随誉至，"李斯乘着说这句谚语时，整理好了思绪，然后从容地回答说：姚贾这两件事的传言不假，但内中细情据臣所知，都是为了看不惯魏赵政治腐败，所以弃官而逃。"

"为什么卿家提供寡人他的个人资料中，未谈及此事？"秦王政毫不放松，语气稍带严厉地问。

"臣是怕陛下看了，会认为臣对他美誉过当。"李斯恭敬地答复。

"哦？为什么？"秦王政不解地又问，但脸色已见缓和。

"不满时政，弃官而逃，不是显得他太清高？陛下反而不敢用。"

"对啊！"秦王政击案笑着说："不过，姚贾在寡人面前的表现并不那样耿介。"

"所谓良禽择木而栖，良臣择主而事，找到良主当然也会珍惜，就如同人君珍惜良臣一样！"李斯顺势暗赞秦王一句。"卿家说得不错，"秦王政拍案哈哈大笑："寡人险些为韩非所误！"

李斯没插话，脸上也未露出任何惊诧。

"对了，"秦王政又问李斯说："寡人要的韩非个人资料，卿家何以尚未提出？"

"臣正在为难，韩非是臣昔日同窗，交情匪浅，若照实情说，陛下或许会认为过于吹嘘，但不照实情说，臣又良心不安。"李斯一脸犹豫。

"当然实话实说，"秦王政语气中带点责备："卿家未听说过'内举不避亲，外举不拒仇'这句推荐人的古谚？"

"臣知罪了！"李斯心中暗笑，表面却装得诚惶诚恐……

"那就说吧！"秦王政微笑说："好的坏的都照实说。"

"据臣所知，韩非对国至爱，对君也至忠。"李斯说到这里停住等秦王政问话。

果然秦王政"哦"了一声，随即问道：

"他忠君爱国有何事实证明？"

"据臣所知，他为了劝谏韩王建立法治，逐离佞臣，曾多次尾随韩王，拉着他的袍角苦谏，有次将韩王袍角都扯裂了！还有几次跪伏哭谏，叩头

至于流血!”

“啊,”秦王赞叹的说:“寡人这里没有这种忠心苦谏的人!”

“那是大王不需要,疾风方能见劲草,”李斯又乘机奉承一句:“国乱才会显忠臣。”

秦王政微笑不语。

“据臣派在他身边服侍的人报告,在秦的这些日子,韩非每天早晚都会焚香祷告上天,祈愿上天保祐韩国风调雨顺,国泰民安,能在秦楚两大之间利用相互制衡,和平地生存下去。他也不忘为韩王祈祷,求上天让他早日觉醒,将国家治理富强,每次焚香祷告,他都是声泪俱下!”

“唉!”秦王政长叹一口气:“韩先生真是忠臣!”

傍晚,秦王政在南书房批阅文书,赵高随侍在侧。

秦王政停笔抬头突然问赵高说:

“韩先生这个人你认为怎样?”

“大王圣明,哪有奴才插嘴的余地。”赵高恭谨地回答。

秦王政简单转述了和李斯的谈话,然后又问:

“赵高,你看事透彻,寡人一直很欣赏,不妨就这件事说说你的看法。”

“韩先生是韩国诸公子,对韩国的确是忠爱得令人感动,真可惜他不是秦人!”

“嗯!”秦王沉吟不语,过了很久,他忽然说:“赵高,代寡人向李斯传话,要李斯限制韩非的居处,并调查他近日在秦做过的活动。”

“陛下是要治韩非的罪?”赵高装出一副震惊的样子,并且带着想求情的口吻。

“你不要多问,”秦王政用惯常的果断口气说:“就这样转告李廷尉!”

“是,奴婢遵命!”赵高内心欣喜若狂,表面却装出满脸惊讶。

李斯带着数名武装随从,由廷尉大牢典狱陪着,走在大牢的过道上,他是要去探视囚禁在特别室内的韩非。

囚室内,韩非盘膝而坐,一脸的烦躁,仿佛想定心却定不下来。

他看到李斯来如获至宝,赶快站起身来表示欢迎。

只见囚室分成两间,里间为梳洗及更衣室,外间宽敞,虽然没有窗户,却也几净壁光,纤尘不染,灯光明亮,用具齐全。最好的是除了几案上的刀笔竹绢可供书写外,书架上还堆满了竹简皮卷,数量虽然够不上充栋,但绝对可以汗牛,一辆牛车拉不完。

两人分宾主坐下后,随来的典狱暂时充当侍仆,为两人奉上茶来。典狱在大牢别处作威作福,有如凶神恶煞,又像奴隶主,可是来到特别囚室，却是毕恭毕敬，完全一副奴隶像。

“狱中执事对非兄还恭敬吗？”李斯首先问候。

韩非看了典狱一眼，典狱背脊都发凉了，用哀求的眼光看看韩非。

“他们对我很好。”韩非回答的是实话。

“有小弟在，他们不敢亏待非兄。”李斯哈哈大笑。

典狱在一旁侍立赔笑。可是韩非笑不出来，他着急地问：

“昨日席上客，今天阶下囚，这到底是怎么回事？”

“也许是误会吧！”李斯微笑着说：“有人向主上密告，非兄到此是为韩国作间谍，所以主上要非兄暂居此处等候调查。”

“堂堂韩国特使，乃是持有国书证明而来，会作间谍？秦王不怕闹出国际纠纷？”韩非仍然说学者书呆子话。

“秦强韩弱，秦大军已压韩境，还谈什么纠纷？”李斯哂然而笑。

“我韩非……名，名满……天下，贵为……贵为……贵为……公子，会……会……做间……谍吗？”韩非一急，口吃又出来了，满脸胀得通红，说不出话，只有拍打几案出气。

“非兄息怒，非兄息怒。”李斯连忙安慰。

但见到韩非愤怒气息，脸色恢复平静，他又刺激他一下：

“非兄日夜著书立说，不问政事，所以不知道间谍无孔不入，也不分贵贱。不瞒非兄说，秦国就有很多间谍是各国大臣，甚至是君主枕边的宠姬。”

“这不要你告诉我，我懂！但谁都……都……可能……绝……绝不……不会……会是我！”韩非又说不出话来了。

李斯连忙笑语安抚。

“小弟一定会在大王面前辩解，相信我，当时是我拿你的著作给大王看，引起他的爱才之意，才请你到秦国来，谁知道出这种事，当然我要负责。”李斯装出诚恳地说。

听了他的话，韩非的情绪稳定下来，感激地看着李斯。这时他才想起应该要典狱坐，他到底是一狱之长。

李斯和他闲聊了一些别的事，突然转向侍坐的典狱说：

“你们这里是怎么对待间谍的？现在没事，也让我听点长长见闻。”

典狱听到廷尉问他本行的事，不禁受宠若惊，夸大地描述狱中如何向间谍逼供。

“不错，廷尉刚才说得对，间谍是不分老少、贵贱和男女的。”典狱谄笑着说。

接着他描述了很多真人真事，最后他说，有的人不肯招，用鞭抽不算，还用火烙，对少数硬汉火烙都不行，就用钳子拔指甲。十指连心，拔指甲的痛，非身受者根本形容不出！有的只拔一根指甲就忍不了痛，全都招出；有的拔三根才招；有的拔五根六根才认栽；有的十根指头的指甲全拔得光光的，只剩血淋淋的十根光秃秃的指头，轻碰一下任何东西都奇痛彻心！

“不要说了！不……不要……要……要说了！”韩非口吃地大吼：“禽……禽……禽兽……不……不……不如！”

“不要说了，”李斯装作惊惶地叱责典狱：“你先出去，我和韩先生私下有些话要谈！”典狱行礼告辞，在走出囚室门的时候，听到这位书呆子学者在喊：

“斯兄救我！”

“非兄何必行此大礼？别人诬告，法律自有公断，”李斯将他又按捺坐下去：“何况小弟身为廷尉！”

“秦法严峻，天下闻名，我韩非一身傲骨，怎么能面对刀笔吏？”韩非伤感地说。

李斯偷笑着在心里想，典狱刚才那番描述大概已吓破了他的胆。所谓慷慨成仁易，从容就义难，何况要受尽折磨凌辱而死！除了少数英雄豪杰外，谁也会闻之胆寒。

“这样吧，先让我最后拼死对秦王作最后谏阻，假若不行的话，我弃官和你一起逃亡！”李斯慷慨激昂地说。

“那怎么行！”韩非连忙劝阻：“斯兄在秦事业有如旭日东升，依目前形势来看，秦统一天下指日可待。我要不是韩公子，对社稷有天生的责任，而像兄一样已身在秦国，我也会为秦王效劳，嬴政的确是万世难遇的明主！”

“士为知己者死，臣之官职算得了什么！再不然我纵兄出狱！”李斯一听韩非赞秦王是明主，又有留下之意，要是让他和秦王政见面，那不是糟了，所以真有放走他的意思。

“不，”韩非书呆子的脾气又上来了：“我韩非未能达成君命，无颜回国面对父老，再说，连累了斯兄我也于心不安。”说着他在室内走动起来。

李斯注意地看着他，不知道这位食古不化的同窗在想些什么。

突然，韩非踱到李斯几案前，正色地向他说：

“斯兄，我要你救我，并不是救我不死，而是求你帮我死得有尊严。我韩非宁死不辱，不过照目前室内的情形看来，我想求死都不可得。”

“非兄的意思，”李斯心中狂喜，但脸上不露一点痕迹：

“非兄的意思……”

“找点鸩酒给我，让我一了百了，”韩非坚决地说：“人称秦国虎狼之国，秦王个个凶残成性，翻脸成仇，所以我袖中一直藏有鸩药备不时之需，可惜被送到这里时，全被他们搜走了。”

李斯一听，这正是他想逼他走的路，而且鹤顶红也为他准备好了。但表面他仍装得诚惶诚恐地说：

“这怎么可以！这怎么可以！事情还有挽回余地。非兄少安毋躁，我去找典狱交代几句就带非兄去见秦王，拼死也要为非兄解脱。”

他慌慌张张地站起，匆匆忙忙的走向门外，装作不留意，袖口里一小包鹤顶红掉在囚室门内。

韩非却注意到他掉下来的东西，捡起来一看，正是他想要的鹤顶红，欣喜之下，也无余暇去想事情为什么这样巧了。

他将发髻打散，又重新梳好卷起，将衣服整理了一下，然后用朱笔在一块绢上留下几个字给李斯——

“以君之位，用弟之学，死而无憾！”

他掷笔长叹，然后向东方韩国的方向跪下，嘴里喃喃说着：

“身体发肤受之父母，不可损伤，更不可让父母赐予的清白身体受虎狼之吏凌辱。”

最后，他高呼一声：“士可杀不可辱！”然后用茶水将一包鹤顶红全送入口中。

等到李斯带着典狱回来时，发觉他早已断气，身体都在逐渐僵硬。

看到韩非直瞪着的眼睛，以及他脸上不甘心的表情，李斯不免有点愧疚，兴起惺惺相惜、兔死狐悲的哀伤，忍不住真的掉了几滴眼泪。

看了写在绢上的遗嘱后，他默默向着尸体祝祷：

“非兄，安心的走吧！弟一定会将你的学说在秦国实行，日后推广天下。”

他轻抚尸体的眼睛，说也奇怪，真就这样合上了。

正在此时，秦王持节来赦韩非的使者也已来到。

李斯随同使者朝见秦王政，说明韩非畏罪自杀的经过，当然其中大部分是编造的谎言。他说：

“臣见到韩先生时，他的情绪非常不稳，经臣解劝以后，似乎他已镇静下来，谁知臣出去交代典狱别的事情，待臣率同典狱再回囚室，他已自杀身死。臣有亏职守，愿陛下赐罪。说完话后，他跪伏地上，叩头如捣蒜。

秦王政闻韩非死讯，先是震怒和惋惜，但看过他的遗书后，不怒反笑。他微笑着对李斯说：

“你这位老同窗可谓是知你者，那你就禀承他的遗志，将秦国治理成标准的法治之邦。不过韩先生之死，总使人感到遗憾和悲伤。”

李斯叩头谢恩，为了弥补内心的愧疚，他又禀奏说：

“请赐韩先生厚葬，并派使者通知韩国。”

“不，只薄殓，不要厚葬，韩先生的遗体要送回韩国去！“秦王政摇摇头说。

“臣不太明白……”李斯抬头望着秦王政。

“以后是丞相和将军的事，你廷尉的责任到此为止！”秦王政神秘地笑了笑。

侍坐在一旁的王后却猜透了秦王政的心事，忍不住感伤地掉了眼泪。

在李斯走后，秦王政惊讶地望着王后说：

“女人家真是太容易伤感！”

“你们男人才是用心残忍。”王后叹口气说。

“你知道我要怎样做？”秦王政笑着摇头。

“对秦国和天下后世的利益，一百个、一千个李斯和赵高都比不上一个韩非，李斯和赵高这种奸倖佞臣，朝中俯拾皆是，像韩非这种大思想家，千百年见不到一个！”王后显得有些激动。

“人已死，争无益。”秦王陪着笑脸想缓和王后的情绪：再说韩先生虽死，他的思想却已留了下来，我正要用李斯实现他的理想，不正是让他借尸还魂吗？”

秦王政踱到南窗边，推开了窗户，他对王后说，也像是在自言自语：

“这是韩先生自己说的，天地以万物为刍狗，强弱贫富全靠人自己努力，天和祖宗都是不管人间事的。你还记得他说的一些话吗？弱肉强食，乃是至高的自然法则，要想食人而不被食，就得使自己变强者。但强者分裂，内部力量冲突抵消，强者亦变弱；弱者团结，力量集中，弱者亦变强。这是以六国人才之多，物产之盛，财力之富，却敌不过一个处于贫瘠平地的秦国的最好说明。而力量集中，则需要有一个集中权力的君王，控制一个公平法治的政府，贤能在位，罢奸去恶，个人要为国家牺牲，这一代要为万世后代子孙牺牲。”

说到这里，秦王政突然转身向王后说：

“王后，不要难过，韩先生就像丝吐尽而死的蚕一样，人利用丝，不必悲伤蚕蛹之死。我们将韩先生的理想用在秦国及天下的利益上，韩先生的生死，就不再是件重要的事。我利用他的遗体谋求秦国和天下的利益，也是理所当然的。”

王后摇头不以为然，却一时想不出驳他的理由。

第二天，秦王政下令薄棺薄殓，并派使者将韩非送回韩都新郑。他指责韩王不友善，竟派韩非来秦做间谍，后经调查，韩非畏罪自杀就是最有力的证明。

韩王安在秦军驻在境内的压力下，只有请降，自愿为臣。秦王政兵不血刃，就将韩变成了属国，名正言顺地在韩国屯军屯粮，以作攻楚的准备。

在战国七雄中，赵是仅次于秦的强国，有史以来赵国名将辈出，曾多次组织诸侯国合纵重创秦军。因此，秦国君臣都将赵国当做最大的对手，丝毫不敢掉以轻心。为了灭赵，秦王嬴政费了不少心机，特别是反间计的实施，更加快了灭赵的速度。

对付赵国，秦军历来都是以强攻战术，即集中优势兵力猛烈攻城，但一直收效不大。秦军攻城不利，原因就在于赵国毕竟根深蒂固，赵国的列祖列宗为赵也打下了坚厚的物质基础。

当年，赵武灵王在位期间对赵实行改革，尤其在军事上采用了胡服骑射，推动战国及以后中国军事结构的变化，使赵成为诸侯中的强国。到了赵惠文王时，赵又演绎了“完璧归赵”、“渑池相会”、“将相和”等历史名剧，这一切都证明赵是有一定实力的诸侯强国。到了赵孝成王时，赵军虽在长平之战中惨遭重创，元气大伤，但因为赵国底子毕竟较厚，所以还有和秦抗衡的气力。

哪知道，接下来的赵悼襄王却使赵国国势日益削弱，并且又连中秦国反间计，使国家丧失了与秦对抗的基本力量。

在攻打赵的前后，嬴政对赵作了深入的调查研究，发现互为邻居的燕赵却不能相容，经常发生战事。长平大战之后不久，秦昭襄王死去，燕王便派人去赵祝贺，并加强友好关系。哪知道被派去的人看到战后赵国很是萧条，军士也尽是些老弱病残之人，便起了野心。归燕后，燕王听说了这种状况，心中暗喜，遂派兵攻赵，这时才发现事情并非想象的那样简单：赵军虽少青壮年之士，但士卒富于作战经验，将领指挥有力。

面对几倍于己的燕军，赵国老将廉颇和大将乐乘毫无惧意，最后竟大败燕军，包围燕都，迫使燕王只得与赵讲和。

嬴政即秦王位后的第三年，赵悼襄王上台，让亲信大将乐乘取代了廉颇，廉颇一怒之下率部打跑乐乘，投奔到魏国去了。两年后，赵又派赵牧率兵攻燕，连克武遂和方城。燕王派名将剧辛攻赵，想趁廉颇不在的机会重创赵军，而赵又派出了庞煖为将，一举歼灭了来犯燕军。

就在燕和赵两国鹬蚌相争，难分难解之时，秦王嬴政却要坐收渔利了。赵王在被秦军屡挫之后，锐气几乎都削没了，及至公元前237年，堂

堂强国之主赵悼襄王竟去秦国朝拜嬴政，这不能不说是件让赵国的先祖们为之脸红的事情。

赵王不仅朝拜了秦王嬴政，还向嬴政请示伐燕。嬴政处于胜利者的姿态，随口就答应了这个弱者的请求。

于是，赵王派庞媛攻燕，连克燕城数座，并继续向燕国腹心挺进。这时燕王可慌了手脚，他派使者到秦国游说道："以前赵灭中山扩大地盘之后，国力增强，与秦抗衡了五十多年，后来所以败于秦，是因为不能扩大国土，比秦小的原因。现在秦让赵并燕，赵一定不会再听命于秦。"

一句话提醒了秦王嬴政，马上改变主意。他本来就没有因为赵国与秦差距甚远而小看赵——时势如白云苍狗变化无定，做大事不谨慎怎可成功，审时度势的嬴政于是不仅立即停止伐燕，而且随即下令发兵救燕。经过几度战火的熏陶，这个年轻的国君早已敏锐地察觉赵国集中兵力攻燕，留给秦的正是一个千载难逢的好机会。他果断命令王翦和桓龁、杨端和率兵以救燕为名，迅速扑向后方空虚的赵国。

赵国此时兵力果然空虚，根本无法抵抗来势汹汹的秦军。王翦很快就攻占了赵国的两座城池。此时燕赵两国正处于你死我活的争斗之中，赵以强者之势攻取燕的狸地时，秦将桓龁、杨端和二人已攻取了赵的河间六城。赵攻得燕的阳城时，秦将桓龁又攻取了赵的邺城和安阳。

秦国大军入赵已深，顾头难顾尾的赵悼襄王赶紧让攻燕的庞媛回师南援，但在这时，秦军已将漳水流域全部占有，而河间各城也尽入秦手。这一次攻燕，赵悼襄王不仅没有攻得燕国多少土地，反而失去了国中的漳水流域和河间地区，使秦实现了三面围赵的局势。

捷报频频传送在秦赵之间。这次攻赵的胜利使嬴政更坚定了统筹全局、统一六国的信心。战争的考验和为政的实践促成了嬴政政治军事运作水平的迅速升级。在战斗中，他注意收集和分析敌情，善于利用诸侯间复杂错综的关系，在适当时机，迅速出击，这便是秦军胜利的最大保证。

用兵最重要的是要抓准时机，正所谓"机不可失，失不再来"。然而，假若抓住了时机，却没有取得胜利，就要考虑失败的原因了。在这种情况下，有一个至关重要的事情要做，那就是及时总结经验，分析个中原委。而一旦找出失败（或未胜）的根源所在，那么这一场战争还可以说是败而犹胜。战场上不可能永无败绩，作为一种军事谋略或者说是应变策略，正确对待失败也是一种不可少的智慧。嬴政在这一方面能随机而变及时改过，做得往往十分明智。

公元前234年，嬴政乘着赵军萎靡不振，而秦军士气正汹之时，为扩大战果，再次举兵伐赵。

秦将桓齮率秦军神速东进，很快将赵都邯郸城南的平阳和武城包围了。这两座城池是邯郸的南大门，位置极为显要，一旦被破，那么赵都邯郸就危在旦夕。赵国的新国君赶忙调十万精兵，派扈辄为将前去救援，双方在平阳展开激战，最后赵军竟被全歼。

平阳之战是秦在统一战争中最大的一次战役，赵国的有生力量在这次战役中又遭重创，以致几乎丧失了和秦对抗的力量。听到战胜的消息，秦王嬴政在咸阳欣喜异常，他甚至跑到距前线不远的河南为秦军助战。在胜利高潮的冲击下，嬴政决定再振兵威，最终一举灭赵。

平阳之战之后的次年，赵、燕、楚诸国欲合纵谋秦，而秦此时国内空虚，百姓征战于外，兵源财力皆有短缺。嬴政为此召来臣子宾客十人商量对策，这时姚贾挺身而出，自告奋勇说：臣愿出使四方之国，定可以绝其谋，正其兵，使他们与秦连横，以报秦王。嬴政听了大喜，认为姚贾紧急之时肯为国出力，真是堪称难得的人才。姚贾出使后，果不负使命，他出使四方之国长达三年，南至楚，北至燕，以珍珠重宝结交各国诸侯，为秦兼并六国奠定了基础。

公元前233年，嬴政再次派出屡战屡胜的大将桓齮攻赵，占领了赵的赤丽、宜安，直逼都城邯郸。在秦军的猛烈攻势下，赵王已慌了手脚，一旦秦军占领邯郸之北的要塞，秦则对邯郸形成南北夹击之势，那样赵国就会彻底完了。

在这生死攸关之时，赵王想到了把守边关，抵抗匈奴来侵的大将李牧。

李牧是赵国的一员良将，他精于谋略，英勇善战。曾多年镇守雁门，防御匈奴。李牧治军有一套特别的方法。在练兵之时，每天他都要让人宰牛给士兵吃，等他们吃饱喝足，精神抖擞之时才正式操练。操练要求异常严格，每个士卒都得达到既定标准。在对敌战略上，针对匈奴人，李牧注重对敌情的侦察和了解，而不轻易用兵击敌。当匈奴兵来侵之时，李牧从不出兵对抗，只是让军队保护驻地财产，并严禁俘虏匈奴士兵。以这样的治军对敌之法，倒也让赵国边境百姓未受多大损失，当然，李牧也从未与匈奴兵交过锋。

可是过了几年之后，赵边境的士卒，甚至连匈奴兵都认为李牧胆小怕打仗，这些传闻到了赵王耳朵里，赵王很不高兴，他下令斥责李牧：身为守边大将，岂能怯敌，以后匈奴来犯，必须出战。

哪知李牧仍然我行我素，对赵王的命令并不理睬。赵王因而大怒，派别的将领代替了李牧。新上任的将领在李牧离开的一年多里，只要匈奴来犯，必出兵迎战，然而却每战必败，赵军伤亡增多不说，最后弄得连边关

匈奴骑兵

一带的农牧业生产也无法正常进行。在这种情况下，赵王只好又请李牧镇守边关，而他却称病不出，赵王强令李牧出山，他提出要求：大王一定要用我的话，就得允许我依照前法守关。赵王只好答应。

李牧再守雁门，依然坚守不出兵，这样过了几年，匈奴兵竟少有骚扰牧民之事，但也更让匈奴认为李牧只会守而不会攻。守边将士因为每日吃得好、住得好，又操练精熟，却无攻敌的机会，于是便个个自请大战匈奴兵。李牧眼见时机成熟，便选择精锐兵卒五万人，弓箭手十万人，挑选战车一千三百乘，战马三千匹，进行强化训练。然后故意让牧民放出大量牧畜，满山遍野地吃草，引诱匈奴兵来抢掠。

匈奴果然来犯，李牧先是只逃不还击，当匈奴兵在单于的带领下倾巢而来之时，已达到了诱敌深入的预期之效，李牧一声令下，将士们个个奋勇杀敌，竟歼灭匈奴兵十万余骑。接着又灭檐褴、破东胡、降林胡。此后十几年间，匈奴人闻李牧之名而丧胆，不敢再接近赵国边境半步。这样的精于兵谋之将，对秦军自然是一大威胁。

李牧被赵王火速调来之后，率领赵军在肥下一带果然大败秦军。在这一战中，李牧见秦军来势凶猛，锐气正盛，便列营筑垒，固守待机。这在兵法上就是指“避其锐气，击其惰归”——秦军劳师远征，本宜于速战，而忌持久，持久必生变故。所以，懂兵法的秦将桓齮此时见李牧固守，便决定分兵袭击肥下，引诱赵军出击救援，待赵军兵力移动，即向李牧营垒发动总攻。

秦军袭击肥下时，赵将赵葱建议分兵支援，李牧却制止说："敌攻而我救，易形成被动局面，这是兵家之大忌。"李牧分析战局，认为秦袭肥下，大营必然空虚，若乘机偷袭秦营，秦军必撤兵回救，此时若击秦军于途中，必获全胜。

李牧率领的代北军中拥有强悍的骑兵劲旅，行动迅速，锐不可当。正是这支训练有素的快速反应部队担当了夜袭秦营的任务，一举攻占秦军营垒，秦军的粮草辎重全部归赵军所有。而桓齮获悉秦营被赵军攻占，慌忙撤兵回救。赵军则从秦军营垒出发，分左右两翼迎击秦军。两军在宜安、肥下之间展开激战。赵军士卒奋勇当先，从左右两面夹击秦军。不可一世的秦军从未见过如此骁勇的兵士，纷纷败退而逃。秦军往常一直都是所向无敌，无人敢灭其焰，所以，秦军一直视六国之兵如草芥，孰料想经过这一战，秦军遭受了统一战争拉开序幕之后的第一次惨败。

李牧为了怕遭到上党方面王翦部队的夹击，在追击一段时间获致最大战果后，回守平阳、宜安之线。

秦王政首次尝到战败的滋味，这时才明白，他父亲庄襄王为什么会在蒙敖兵败后突然患病，不久就身亡。

这些日子里，秦王政根本无法睡觉，他以国尉、廷尉为首的有关大臣在议事殿组成战情处，十二个时辰轮值，处理战事情况，有重大情况变化，随时通知他。

战败消息传来后，军中使者一天接连来好多次。

先是要求王翦部队增援。

再是要求补充兵员。

最后带来的消息是桓齮未奉命令撤退，残兵败将已到了曲沃。

秦王政召集丞相王绾、国尉尉缭、廷尉李斯在议事殿召开秘密会议，议决重要事项——

限国尉在一月内召集十万军队，由秦王政亲自率领，御驾亲征，目的是激励士气。

命桓齮就地防守整补，必要时可征韩地人从事军中杂役。

由李斯发动一批赵国秦国大臣在赵王前造谣，密奏李牧在这次胜利中将虏获品收归私有。但又有部分事实是他占领平阳地区后，仍按照守边旧习惯，自得设卡收税，税收不缴国库，破坏税收体制。

另发动邯郸及其阳地区百姓请愿，言李牧功大，应予行封，以及另一批朝中秦国大臣在内相和。

秦王政十四年（前233）四月。

秦王政亲率十万大军分水陆两路前往曲沃增援。

他以杨端和为裨将，负责实际执行。王贲、蒙恬为帐中左右校尉，入则随侍，出则参乘。他要亲自考验这两个年轻人，假若他们合格的话，他要刻意培植他们，让他们成为他未来征服天下的主要本钱。

秦军将领中也许没有他的对手，但他嬴政一定会是他的克星。在行前，他要李斯提供李牧所有的资料，一个人在南书房研究了整整三个晚上，对他的战法和习性自认找到克制的方法。

因此，以前他希望能避开李牧，如今却渴想李牧留在平阳，他可以和他一决高下。

但令他失望的是，在他行军半途就得到消息，李牧封为武安君，调回朝中任右丞相。

他知道这是李斯两面用间所得到的效果。封赏是因为朝中一批秦间和民间配合请愿，奖励李牧的奇勋大功。赵秦历年交战，除了几十年前马服君赵奢曾大破秦军以外，赵国是连战连败，最后的结局都是赔款、割地议和。这次李牧以八万劣势兵力击败二十万强秦常胜军，聚歼十二万有余，真是惊天地泣鬼神的大事，不但整个赵国鼓舞欢腾，全天下都为之震惊兴奋。

李牧为赵国带来信心和希望，也为诸侯各国建立了联合抗秦的愿望。

赵王调他为右丞相，则很明显的是受了另一批朝中秦间大臣的挑拨，怀疑他另有野心，自行设立关卡市租，收税不缴国库——也就是王库，所以让他做个没有实权的伴食丞相。

十万人马留置两万在安邑，设立后军部队，其余八万由秦王政亲自率领进入曲沃城。

桓齮率领部将在东门城外十里处相迎，众将领下马按序上前以军礼参见，只有桓齮不顾盔甲沉重，跪倒俯伏在地，口中喊着：

“罪臣桓齮迎接大王，望大王治罪！”

秦王政微笑着扶他起来，安慰他说：

“将军已经尽力，何罪之有。”

秦王政为了表示与士卒共甘苦，一路行军都只骑马而不乘车，到达众将相迎的十里长亭，时间已近黄昏，头上、脸上都铺满黄沙，黑色王袍也变成一片黄。

“大王辛苦了，”桓齮说：“城内已准备酒宴为大王洗尘，士卒的茶水和驻地也都准备好了。”

部队由先遣人员各自带至驻地休息，设置篷帐，埋锅做饭。秦王政由王贲、蒙恬带领三千虎贲军随行。

经过连日的行军旅途劳顿，虎贲军已是甲不鲜，盔不明，看上去和一般部队没有什么分别。

秦王政跨上已成黄色的白汗血宝马，在桓齮的陪同下进了曲沃城。

沿途排满了欢迎的部队和俯伏在地迎接的百姓。

“万岁！大王万岁！”军民都大声喊叫。

“大王来到，战无不胜！”也有人这样喊。

“败军之将，还有脸跟在大王后面耀武扬威！”在众多欢呼声中，隐约听到有人这样大喊。

“大王这次来，好戏会跟着上场，明天城门上会挂满示众人头！”在欢呼声的间歇中、秦王政仿佛听到有人小声私语。

秦王政骑在马上缓缓行走，却不断在观察欢迎军民行列中的各种神情。

他看得出百姓神情麻木，有的还是满脸愤恨。这不能怪他们，这里是魏国的土地，秦赵却用来当战场，异国军队还要强迫他们跪俯在地迎接别国的君主。

但看到秦军每个人脸上的神色时，他不禁暗暗心惊。他来的目的是要激励士气，让军队恢复信心。现在从上到下，从桓齮到兵卒的脸上，看到的却只是诚惶诚恐、仿佛大祸就要临头的表情，尤其是他目光所扫到处，所有人都低头或是将视线避开，没有一点像从内心欢迎他的样子。

他还注意到一点，欢迎行列中没有伤残士卒，假若他们喜欢他，这些人虽然未奉命前来，也会主动出现。

伤残者在他新颁的兵制中是最受重视的一群，称为荣士或荣卒，轻伤的可进爵一级，由政府辅导就业，重残进爵两级，由公家奉养终身，有家人奉养者，拨奉养田。难道他们也不欢迎他？桓齮部队士气真低落到这种程度？

他临时做了一个决定。

进到将军府，稍事梳洗，秦王政参加了桓齮的洗尘晚宴，也只不过粗菜几道，薄酒几杯。桓齮自奉甚俭，也知道秦王政不喜将领奢侈的脾气，因为他自己本身除了睡眠就是工作，和王后聊聊天就是他最豪华的享受。

晚宴空气沉闷，秦王政心中在想事，他不开口说话，桓齮和众将领当然也不敢先发言，因此众人心内更加惶恐，不知道秦王政会做出些什么决定来。

秦王政处分成蛎事件的严厉，众所周知。

何况，秦军败得如此之惨，在他即位后还是第一次。

晚宴毕，桓齮恭请秦王政休息，以便明日升帐议事，秦王如今是亲兼领军统帅，应以军规行事。“不，寡人不累，精神还好得很，想和将军单独谈谈。”

密室中，烛光下，秦王政看到桓齮高大却明显佝偻的身躯，以及他斑白的两鬓和满头星星发亮的白发，不禁动了怜惜之意。

这位老将十六岁从军，跟着白起南征北讨，身经百战，从没有战败或不能完成任务的记录，临老一战却将他一世英名全败尽了！

这是桓齮的错，还是他自己的错？是否正如老爹所说的，秦国用将，一直要用到不堪再用或是犯错受罚才肯放手？秦将没有好下场，乃是天下闻名的。

不，他决定，他要让桓齮全誉而归！

他来的本意是要和李牧一比高下，现在李牧调走，他已失去较量对手。新接任的赵将郭信是赵王宠臣郭开的兄弟，为人和他哥哥一样贪财好色，很容易击败。

何不让桓齮挽回他的声誉，成全他的一世英名，恢复全军士气？

于是他先问桓齮说：

“上次战争结束，可曾做过检讨？”

“检讨早已做完，该处罚的已列册，本来臣早应执行，因知陛下要来，不敢擅专，留下等候陛下发落。”说着他呈上预先由军正（军中执法官）拟好的应受罚的名册。

秦王政翻到第一卷，上列的第一名就是桓齮本人，罪名是：“判敌错误，丧师辱国。”处置是：“拟请主上定罪。”

接下去是一连串的犯错误处罚名册，列举所犯罪名和处置。总计应处斩的一百二十八人，削爵为普通兵卒的五百一十三人，其他轻刑如打军棍、挨鞭笞的一千多人。

“轻刑犯臣已按权责交各级处置完毕，只剩斩首及削爵重罪，等候主上发落！”

“还有应赏者名册呢？”秦王政注视着桓齮问。

“败军之师，何能言赏！”桓齮惶恐地回答。

“不，将军错了，”秦王政摇头说：“胜军亦有犯罪该杀者，败师同样有立功该赏者，譬如李信，以数百骑敌数万追击部队，你不赏赐，何以服军心？”

“臣知罪了，”桓齮神色悚然：“臣会立即下令重新检讨。”

“这样才对。”秦王政点点头。

过了一会儿桓齮犹豫支吾，像是有话说不出口。秦王笑着对他说：

“将军有什么话尽管直言。”

“臣为待罪之身，不便再领军，敢问何时正式交出统帅权？”桓齮低头伏脸，神情非常惭愧。

“寡人这次来有两个目的，”秦王政以安慰的口气笑着说：第一，慰劳士卒，再鼓士气。第二，带来十万新锐交将军运用。寡人舍将军而不用，岂不是委奇珍于地，太可惜了！”

他边说边将应罚名册的第一卷放在烛火上燃烧，将其余交还给桓齮。他眼睛注视燃烧着的名册，口中对桓齮说：

“拿回去重新检讨，军法宜严，但要分清过与罪——无心或不得已情况下犯的错谓之过，再大不至于死；有心或大胆妄为而犯者谓之罪，虽小必加以严惩。细节寡人不再说了，将军自己斟酌。”

第一卷列名的都是都尉以上的将领，处罚由斩首到削爵为普通兵卒不等，本应由秦王批准，现在秦王烧了，表示了他的判决。

桓齮避席顿首，两眼含泪，双手捧着沉重的绢册，不知如何是好。

“将军请回座，”秦王政开始说道：

“有一齐人，欠领主大批债务无力归还，他向领主祈求说，我侍奉你多年，这些债务实在无力偿还，是否能宽免一些。领主想到他多年为他办事，苦劳功劳甚大，不禁动了怜惜之意，就对他说，以前债务全数勾销，只希望他今后做事努力些。但他一出门就碰到欠他一百钱的佃农，他抓住他的衣领说：你欠田租一百钱，去年欠到今年不还，今天我要送你见官！将军认为这个齐人做得怎样？”

桓齮避席顿首说：

“老臣知道该怎么做了。”

“目前当务之急不是争功诿过，而是如何激励士气，再决一战，挽回秦军不败的声誉。秦王政正色地说。

“老臣遵命！”桓齮再顿首：“大王何时阅兵？”

“寡人来是劳军，但不是来劳累士卒的，阅兵免了，寡人自会在军中走动，到处看看。将军可下令全军休息半月，将寡人带来的慰劳品尽情享用。”秦王政微笑着说。

“遵命！”

桓齮次日下令全军。

杨端和带来的十万新锐编入战斗序列，加上有经过整顿补充已有十万人的旧部，总数又达二十万，而兵员素质和武器装备更优于原来。

奉秦王命，全军休息半月，每日千人宰牛一头，羊十只，猪二十只，发酒十坛，值更者不准喝酒，其余也不得酗酒，因酒滋事者斩！

这些慰劳品全由秦王政带来的黄金高价支付，附近民众也发了一笔小财，个个祝祷秦王政躬康泰，二十万秦军长期留驻，三年下来，他们真的都会致富了。

秦军营地更是像过年一样，餐餐食肉，再加点酒，每个人都是红光满面，展开军中游戏，赛马比箭，投石竞距，谁投石投得最远，就有彩金可拿。另外摔跤角力，斗刀比剑，其他稀奇古怪游戏，凡是想得出来的应有尽有，无奇不有。

最热闹的是球赛，用牛膀胱吹气成球，然后不拘人数分成两方，摆出布阵态势，双方竞相手抓脚踢，以丢进或踢进对方球壁为胜，球壁是以两人相隔十步形成，下场抢球者成百上千。

围观者更是成千上万，欢呼加油声惊天动地。

也有些好静的士卒，拿出随身携带乐器，秦筝赵瑟，击髀而和，歌声呜呜。或是品棋、猜谜，都可赢得赏金。

全军满天的阴霾一扫而空，桓齮当众烧去应罚名册，宣称奉主上特赦，已经不究。

更奇怪的是，他宣布补偿已受军棍或鞭笞者，每受一鞭补钱十铢，一棍补钱二十。

这一宣布，全军欢声雷动，高呼万岁，二十里路外的赵军壁垒都清晰可闻。

桓齮军中，先前人人以为秦王来到前线是为了清算斗争，不知要有多少人头落地，想不到杀的不是人，却是这些牛猪羊和鸡鸭，而且虽败，有功都仍然受赏。

在这半个月中，秦王政也展开他的劳军行动，他脱掉王袍，换上战袍，只带王贲和蒙恬两人巡视各军。他们总是突然出现，受巡视部队根本来不及准备，更别说是装门面做假了。

他首先到的地方是治伤所。

他和这些伤卒闲话家常，并亲自为有些人换药包扎。他没忘记笑着问那些轻伤能自由走动的人：

“寡人进城时，没看到你们中间的任何一个人，不欢迎寡人来?”

大多数的人沉默不做声。

少数人连忙告罪，找出一些不是理由的理由敷衍。

只有一个人朗声说道：

“陛下这次来，我等虽未奉命列队，也应前往欢迎，没人去的原因有两个，一个是怕一个是怨!”

秦王政仔细打量这个说话的人。

只见他左手包扎，用一根吊带吊在颈上，俊秀的脸还带着稚气，看样子不会超过十八岁，穿的却是校尉军官服。因为秦王进来时，就要桓齮预先通知，他来时，伤卒保持原有养伤姿势，不必接送，也不必行礼，所以这名少年校尉仍然斜靠着躺在通铺上。

“怕什么又怨什么?”秦王微笑着问。

“怕大王前来算账，怨秦军法太严!”

“哦?”秦王政脸上的笑容消失了。

但这名生得五短身材，鼻若悬胆，唇如涂丹，两眼有若寒星闪闪发亮的年轻人，似乎完全不理秦王已经微愠，依旧侃侃而论。

“这个治伤室里有一半是待罪之身。按秦军律，撤退失众过半者论罪。臣在撤退时，率部众八百骑卒，未奉命而狙击追击敌人，拼杀数天数夜，最后只剩三十余骑，可是至少阻挡了追击敌人半天的路程，但按律臣有罪，罪名是擅自行动，按律当斩，将功赎罪，削爵免职为行伍。臣不敢言功，但情况紧急，无法向上请示，擅自运行也是为了当机立断，以寡击众，伤亡必多，却因此而获罪。此间待罪者情形多与臣雷同。”

“你叫什么名字?”秦王听训半天，不禁皱着眉头问。

“臣卒下尉李信?”

“李信，你未听到寡人的特赦令?”

“没有。”李信一脸茫然。

秦王转脸看看身后感到不安的桓齮问：

“桓将军，这是怎么回事?”

“传令中军也许认为此事与伤患关系较少，因此后传这里。”桓齮连忙解释。

秦王政又向侍立在旁的蒙恬说：

“你们年纪差不多，说话容易些，你告诉他!”

蒙恬于是照事实向李信解释了。李信听完，翻身跪伏在地：

“大王恕臣鲁莽。”

“手伤得怎样?”秦王政将他扶起，越看这个英俊的小子越觉得可爱：“还可以走动吗?”

“手伤还可骑马，右手一样杀敌!”李信高兴地说。

“那为什么还赖在这里装病号?”秦王装作生气地问。

“无兵可带，只有在这里待罪了。”李信笑着说，十足一个调皮的孩子。

站在一旁的桓齮，看他对秦王这样随便，早就为他吓出一身冷汗。

“那就跟我们走吧，王贲，为他准备一骑马!”

秦王政半个月来巡遍了全军各级部队。

他和他们一起大碗喝酒大块吃肉，席地而坐。

他和他们较技，在射箭，比剑上，他赢了全军选出的最优秀代表；可是在投石、角力、马术上输给了他们。他摇头叹气，真是曲不离口，拳不离手，他跟老爹习马术时，他可是赞他有天赋的！车坐得太多了！

他也下场踢球，王贲、蒙恬、李信三人护卫在他周围，抢着球就传给他，四人一体滚滚前进，一再踢球进壁，看得周围观战士卒欢声雷动，兴奋得将头盔往天上丢。

尤其李信，左手包着白布，在场中穿梭纵横，就像一头横行在狼群中的捷豹，只要他一到，球一定给他抢走，他似乎忘了左手上的伤。

本来，秦王只是二十七八岁的青年，他有时战袍，有时劲装，下场踢球，也和众士卒一样，脱掉上衣，露出他的鸡胸特征，认真抢球，显露出年轻人本来的面目。

他以国君之尊，劳起军来，真正溶进了士卒整体，而不像一般大臣巡视或是劳军，只是蜻蜓点水似的，点了几下表面就走。

现在他每到一处，接触到的不再是冷漠恐惧的目光，他们见到他的身影就狂呼万岁。在这些士卒热切的眼神中，他看得出只要他一声令下，他们可以为他阵前忘亲，接敌时忘身！

这些纯朴农民化身而成的兵卒多可爱，多单纯，就像他们所耕作的田地一样，只要你肯先投下一粒关怀的种子，他们就报答你一百倍，一千倍！

但为什么大多数的统治者都不明白这一点？

快乐的时间最容易过，很快半个月的假期满了。

当天点卯后的一大早，全军各部一百多名代表聚集在秦王政行宫门口，他们要求他接见。

秦王政要王贲带他们到大厅坐下，他要亲自和他们谈话，半个月下来，他和这些士卒及下级校尉在心灵上已很接近了。

桓龁闻讯急忙赶来，不知道又发生了什么事。

在众人行礼和万岁欢呼声中，秦王政面对这些代表而坐，首先他问道：

“各位英勇战士，亲爱弟兄，有什么事见教寡人？”

一名声音宏亮、身材高大、满脸虬髯的大汉出列跪伏在最前面，他似乎是这些代表中的代表。他启奏说：

“臣等奉全军士卒推出作为代表，请大王准予一战！”

“你们玩够了？”秦王政笑着说：“想起干正经事了？”

众士卒代表忍不住哄然大笑。

坐在一旁的桓龁连忙高喝：“禁声！”在主上面前如此喧哗，乃是大不敬的事。

“桓将军，让他们去，”秦王政纵容地说：“这是战地，不是朝殿，我们是谈话，不是议事。”

“你们想打仗了吗？”秦王政问。

“前次战败的耻辱，必须洗刷！”下坐代表几乎是异口同声地说。

“你们的兵器磨利了吗？你们的马蹄铁检查好了吗？你的车轴润滑油够不够？”秦王政一本正经地问：“最要紧的是检查你们的靴子合不合脚，最好准备两双旧靴子！”

士卒代表面面相觑，不知道秦王政问这些话是什么意思。

他看出他们的眩惑，又笑着对他们说：

“不管我问话是什么意思，只要据实回答我！”

“还没注意到这些。”有人回答。

“真的不知道。”有人这样说。

“我们回去就检查。”也有人如此说。

“知己知彼，百战不殆，自己的鞋子合不合脚都不知道，如何去和敌人打仗？”秦王笑着说。

“这倒是真的，”众人中有人小声说：“以前我们怎么没注意到？”

“那就回去准备吧！”秦王大声宣布：“一切准备好，由各级领军按级呈报桓将军，他才是这里的主帅！”

众代表散去以后，秦王政对侍坐一旁的桓齮说：

“士气已可用，我们也该开始准备了！”

多日来，桓齮和高级将领频频召开作战准备会议。

下级校尉则带着兵卒厉兵秣马，彩演阵法。

全军整个都动了起来，而且是自愿自发的动，很少像过去那样需要下级校尉叱喝甚至是体罚。

每次会议秦王政都是要桓齮主持，打破历来君主在军，君王就是当然主帅的惯例。

他告诉桓齮说，古时各国会战，车辆不过百乘，兵卒很少逾万，诸侯国小，君主就是当然领军人。但如今各国疆土变大，军队人数增多，一次会战，动员就是数十万兵力，长平之战，秦赵双方兵力竟高达百万。加上兵器装备的改进和复杂程度，指挥作战绝非一般君主所能胜任，必须要有专业化的职业军人，也就是“将”。有些君主和太子领军，刚愎自用，不听将的建议，造成全军覆没的惨剧，史书上多的是例子。

桓齮一开始不习惯，“由寡人开始，”他如此告诉桓齮：

“这次仗是由你来打，寡人此次来不是御驾亲征，而只是劳军。”

同时他指示正式场合都会随侍的史官说：

“记下来寡人的这句话——以后寡人有什么不按惯例行事，就是创立一个新制度、新惯例，一切由寡人开始！”

因此，所有作战准备工作都是由桓齮在推行，每晚向他提出汇报，有问题的他指点几句。

大部分的时间他是用来巡视部队和士卒聊天，极其重要的会议他才出席旁听，最后偶尔提示几点意见。

王贲、蒙恬，连那个目中无人、恃才傲物的李信，这时对秦王政已是佩服得五体投地。

那天晚上，秦王政在和桓齮讨论这次作战目标和方式，他一时兴起，想考验一下这三个人的才干，便要近侍将三人找来。

他指着内墙上的作战地图说：

“敌人现占领平阳和宜安两城，据间报，兵力总计约十万人，料敌从宽，我们就算它十二万人，寡人的目标不但要攻占两城，而是要全歼赵军。寡人和桓将军在内，我们五人分别书出攻击方式，然后加以比较，看谁的最高明。”

三个年轻小将围聚地图前面，先看清两城地形，然后各据一案沉思写起来。

最快缴卷的是李信，最慢的是王贲。秦王政书写好了也交给桓齮，等五个人的答案都缴起以后，秦王政在桓齮未打开前，先向桓齮说：

“寡人的答案不是定案，只能作为参考，将军实际用兵自有你的考量，我们四人都是不算数的，明白吗？”

“臣遵命。”桓齮开始打开五个绢卷。

秦王政、桓齮、蒙恬三人答案相同。

“围平阳，伏击宜安援军。”

王贲、李信则各自与他们不同。

王贲是：

“攻宜安，大部兵力在太行山进口排阵待敌。”

李信是：

“少数兵力猛攻平阳，阙一面，大胆追击。”

秦王政笑着说：

“五个人，三种答案，现分别说明构想理由，寡人和桓将军想法与蒙恬同，就由他代表我们三人说明。”

蒙恬首先提出理由：

“围平阳是着眼赵军指挥中心在该处，郭信必令宜安赵军来救，因为他们布阵就是犄角之势，攻其左，右来救，攻其右，左来救。平阳为赵军所必救，因此可做到围点打援，达成全歼效果。”

王贲的理由是：

“郭信胆小好色，朝中又有兄长郭开为奥援，我军攻宜安，他必会弃城而逃入太行山区，我军正好在该处布阵，以逸待劳，消灭其主力。”

李信驳斥王贲的理由说：

“这种行动太过冒险，虽然赵军撤退，太行山是它最好的屏障，但郭信并不一定会利用，假若他慌张而急不择路地乱走，我军就会变成守株待兔，可能白辛苦一趟。”

秦王政点头称好：

“还有呢？”

“依臣的构想，攻宜安，郭信为了怕分散兵力，绝不会救。而猛攻平阳，露出往太行山区的缺口，郭信必往这方面撤退，我军可大胆使用品兵断其归路，与追击部队合歼赵军于太行山进口。即使赵军未如我预期的向太行山撤退，我军亦可紧随赵军后进行追击，歼敌于女戟附近。”

秦王政看看桓齮：

“将军，你有什么意见？”

桓齮笑着说：

“真是英雄出少年，听了他们三个人的构想，再看看他们的年龄，臣不能不服老！”

言下之意，感慨甚深。

“桓将军，不必感叹，想将军在十八九岁时，不也是叱咤战场，所向披靡的么！”秦王政安慰他说。

他沉思了一会又说：

“寡人、桓将军和蒙恬的作战构想，全是中规中矩的正常用兵方式，而王贲则是用险，成则达到全胜的效果，不成就可能达不成全歼的作战目标。而李信正中有奇，险中求全，不过还是有以己意度敌心的缺点，假若郭信决心守城，我军重点放在准备追击，则会犯下逐次使用兵力的错误，这是不能不注意到的。”

“大王所见甚对。”桓齮等四人异口同声地说。

“桓将军可将三个构想和帐下有关将领讨论一下，找出一个最佳方案来。”秦王政笑着对桓齮说。

由这次考试，秦王政对这三个人的用兵个性有了进一步的了解，将来怎么用他们，也有了基本概念。

攻击发起的前一夜，全军都进入沉睡，只有少数值吏的人和巡逻队，

点缀活动在各处营地。少数灯光亮着，和远处点点寒星相映。

秦王政骑在马上，由三名小将护随，他们穿梭在各营地之间，细细品味这股大战前夕的宁静和沉寂。

上弦月正沉没在地平面上，大而红，带着血淋淋的颜色，给人的是一种不祥的感觉。

北方一颗彗星，拖着长长的尾巴，混身血红色，似乎是被月光染红了似的。

彗星现北方主刀兵，这场战争一开始，今后天下刀兵会不断，是不是每天都会有彗星出现？

秦王政在心中如此想。

他也想起对王后的诺言，少则三个月，多则半年，他就会回去，如今已三个月到期，战争才刚要开始，也许他真要等半年才能回去。

蒙武前些日子来曲沃军中报到，他既然不想主持这场战争，也就打发他往王翦军中去了，这里有桓齮和杨端和已经足够。

还有三名小将，他要留给桓齮，让他们建立功勋，也是磨练。而他自己到底是要留下来，还是在攻击发起前回咸阳去？

这场仗必胜无疑，他留在这里，可以亲眼欣赏战争的伟大场面，亲身体会战斗中的忘我及疯狂，以及胜利后的狂欢和成就感。

韩非对他说过，人间最壮观刺激的是战争场面，可惜所付出的代价太大。

再过几天，前些日子和他比剑、赛马、抢球的那些士卒，有些很快会变成白骨骷髅。人都会死，只是战争加速了生到死的过程。

成千上万的年轻人，未经过正常的结婚、生子、衰老，突然间就走入死亡，这是人间莫大的悲剧！也许，为了这个原因，他就不能留下来参加战斗，免得感受到这种悲剧气氛，会消磨他征服天下的壮志，未来批准作战计划时会心寒手软。

秦军有一个不成文的做法，就是禁止用战斗兵卒清理战场。用来掩埋尸体，清理遗物，办理善后的，全是地方民众和不能再从事战斗的老弱残兵。

他要是留在这里，就免不掉要看到很多这种惨状。

再有，只要他留下来，无论他是否参与指挥，主要功劳和荣誉按秦法都要归于他，桓齮可能很少有机会再恢复以前的英名，因为这几天他常透露倦勤之意，只希望好好打完这场仗就告老退休。

这场必胜之战就成全他吧！名将如美人，不容世间见白头，桓齮的头已白，该是让他悠游林下的时候了！

侧面远处，正有大队憧憧黑影在移动，马衔枚，人屏息，只听得人马急速行走沙地上发出的沙沙声。

他知道这支人马是要发动拂晓攻击，先攻占敌前哨壁垒，掩护全军进入攻击准备位置。

为了驱散这些杂乱的愁思，他停马转头问随侍在旁的一名小将说：

"你们明天是跟寡人回咸阳，还是留在这里协助桓将军？"

"大王不参战了？"三人几乎是异口同声地惊问。

"你们认为这场仗的胜算如何？"

"百分之百的胜算，必胜无疑！"李信口快，抢着回答。

"那就留着让桓将军和杨将军去打吧，"秦王笑着又问：你们呢？谁愿意留下，谁愿意随寡人回咸阳，寡人都不勉强。"

"臣离开战场就像鱼离开水，不久就会窒息而死，求大王准臣留下。"又是李信说在前面。

多日来，三个年轻人都已建立了深厚感情，其余两人明知道留在这里，未来生死难卜，跟在秦王身边，将来前途无限，但王贲和蒙恬仍然同声说：

"臣愿意留下参战！"

"那也好，这下寡人来前方劳军，留下的东西真不少！"秦王微笑。

第二天清早，桓齮来行宫启奏：

"敌前哨壁垒经我拂晓攻击，只作轻微抵抗即弃壁而逃，经追击歼灭过半，其余退入城中，我军主力部队止分批按计划进入攻击准备位置。"

"桓将军，这些事你和杨端和自己处理，寡人今天就要带着三千虎贲军起程回咸阳。"

"陛下！"桓齮惊诧地喊。

"这场战由你自己好好去打，寡人劳军任务完成，收韩灭魏，很多事情还在咸阳等着我做。"秦王不在意地说。

"陛下！"桓齮这次喊声充满感激："待臣为陛下祖道送行。"

"战争期间，一切从简，"秦王指指身后三名小将对桓齮说："这三个年轻人交给你了。多加爱护，但不要惜用，先以左右尉任职，表现得好，你再自己作主，看要他们做什么。"

他接着命虎贲军统领准备回咸阳事宜。

最后他向随侍在侧的史官说：

"记下来，十四年，王至河南劳军，"然后严肃地又对桓齮说："下面的历史看你怎么写了。"

桓齮眼中含满感激泪水。

桓龁这次为他写下的历史是：

“秦王政十四年（前233），攻赵军于平阳，取宜安，破之，杀其将军，桓龁定平阳、武城。”

他回到咸阳没有多久，就接到桓龁的详细战果报告，占领五座城市，歼敌十万。

他用的是综合五个人的作战构想：先一举攻占宜安，郭信果然弃城逃亡，部分人逃往太行山，他则带着部分人沿汾水北上。他也算准了秦军会在太行山进口布下陷阱，自认聪明不上当，但遭到李信三千轻骑兵的拦截，与桓龁亲自率领的轻装部队的追击，郭信被杀，三万人被歼，两万余人投降。杨端和与王贲的拦截部队则围歼赵军万余人，其余逃至太行山区。

秦赵军现对峙于太原及番吾之线。

战报外另附了一张桓龁的告老乞退表，荐杨端和自代，并力推王贲、蒙恬和李信为不可多得的将才，在这次战役中，无论才智勇武都表现极佳，应升为都尉。

另呈上检讨表，列上应赏罚名册。

秦王政一一批准。

捷报传来，众臣朝贺，大摆庆功宴自不必说。

但乐极生悲，秦王政的战胜沉醉犹有余味时，前线又传来战败消息。这次又是李牧出场，他仍然是以劣势兵力绕过番吾，与秦军在番吾西方二十里处进行会战，以五万不到兵力，击溃杨端和十万大军，杨端和不得已引军退至魏境邺城。

赵王迁大喜，命李牧为大将军，司马尚为副，沿太原汾水以北地区、阏与、番吾布防，抵御秦军。

秦王政有前次大败的经验，这次他表现得非常沉着平静，他真正体会到“胜败乃兵家常事”的真义。

不过他明白，只要有李牧在一天，秦想灭赵，简直是不可能的事。但只要除掉李牧，灭赵有如囊中取物。

他找李斯来商议的结果，结论是：李牧经过这两次的以少胜多，而且胜的是刚获全胜的秦军，他不但是赵王的御秦长城，也成为赵国家喻户晓的神话英雄，在番吾、阏与等地区，甚至有民众为他建了生祠，日夜烧香祝祷他长命百岁。

尉缭听过上述的惨重败绩后，不禁慨叹地说：“李牧真乃当今良将，世无匹敌，对其不能力取，只能智胜。”

“若他只是骁勇，尚不可畏，但其人精通韬略，指挥若定，我方之智能亦难胜过他！”秦王政频频摇头，甚感棘手。

“臣所谓之智取，非指运筹帷幄，挥兵布阵，而是避其长而攻其短，乘虚而入，暗用机关。”尉缭捋须微笑，说出他智取的妙用来。

“据朕所知，李牧乃文武全才，智勇兼备，高风亮节，爱国忠君，又何来短处让人下手？”秦王政仍不能领会尉缭能在李牧身上找出什么短处来。

尉缭眨了眨眼，比划着向秦王政和在座的卿相们解释说，任何朝廷的官场宦海，臣属们忠佞、良莠的分野，在于廉与贪和勇与懦。李牧是廉和勇的表率，与贪官懦夫是针锋相对、水火不容的。我们要从正面，无论是军事上还是道德上去打倒李牧，是不可能的，但恰好赵国的相国郭开是个贪婪的懦夫，当然视李牧为眼中钉。因此，我们就要不惜重金向郭开行贿，让他暗地进行诽谤，借赵王迁之手除掉李牧，那我们对于赵国就可以付诸武力，战而胜之了。在座的君臣觉得他说得很有道理，但认为李牧既为爱国忠君之将领，赵王迁正倚为柱石，怎么会轻易相信谗言而清君侧呢？尉缭郑重地说道：英明的君主信任和依靠忠臣良将，而昏庸的君主则害怕忠臣良将的直言进谏。现在李牧的声望与日俱增，更是赵王迁所忌讳和害怕的。因此，只要郭开从此处下手。长处，从反面看又是其虚处与短处。所以只等郭开的暗箭一放，李牧就会应声而倒，而且还不知道是谁下的手呢！

听过尉缭的精辟分析和缜密策划，在座的君臣都无比钦佩，并立即议定由擅长以商贸搞外交的上卿姚贾担当这项使命。

几天以后，姚贾就携带着高达五千镒价值的金银珠宝，扮成商人模样，取道曾当过门监的魏国大梁进入赵国国都邯郸。他通过商界的关系，在繁华地段开设了一个珠宝店作为掩护，运用经销和馈赠金银珠宝的手段结交达官贵人。当建立了一定的社交关系之后，他便带上礼物，专程到官邸求见丞相郭开。郭开见是前不久在新开业的珠宝店界认识的富商，便在内厅接见、叙谈。一阵寒暄之后，姚贾走近郭开神秘地说：“小商此番来贵都经商，诸承惠予方便，特献上薄礼，略表谢忱，望乞笑纳。”说着先把礼单呈了过去，侧身拱手为礼。

“贵商来到敝都，俾使物畅其流，以裕民生，实有利于我邦。诸多事务之关照为东道团之责无旁贷。又劳贵商如此破费，真乃受之有愧！”郭开一面搭讪着，一面向礼单瞥了一眼，不禁惊讶地对姚贾说：“郭某何德何能，敢受如此大礼？！”

姚贾忙向他示意说：“虽然此礼非比寻常，乃有所求于相国，务请收下，万勿推却。”

郭开就把礼单往袖子里一插，微笑地说：“恭敬不如从命，我就愧受了。”

“如此甚好，请相国点收。”姚贾忙从怀里掏出一个精致的礼盒，恭敬地呈上。

“多谢，多谢！”郭开接过礼盒，打开盒盖，见里面一片珠光宝气，立即喜形于色，向姚贾赔着笑说：“但不知贵商何所求于本相？”

姚贾凑近对方，关切地说：“小商此来奉献薄礼，一是向相国表示敬仰之忱，二是请问相国近况如何？”

“多承关切，至为感激。近来外患已平，朝野安泰，本相也诸事清吉，安心省事多了。”郭开的语态显得安详而闲适。

姚贾却不以为然地说：“依在下看来，诸事清吉之日，早已危机在伏了！”

“贵商有何要求，只管明言，何必危言耸听？”郭开以为对方在故作惊人之态，便不予重视。

“面对堂堂相国，小商何敢妄言？只因你安居若素，未曾觉察祸端，故尔前来提醒，望勿见却！”姚贾加强了语气，暗示事态之严重。

“既然如此，请先生加以指教。”郭开这才郑重其事地听取姚贾的意见。

于是姚贾严肃地向他说，从当政者看来，国无外患，必有内忧。现在肥下一役秦军惨败，赵国军民同庆，疆土巩固，外患已经不存在了。一旦进入承平之世，社稷、朝堂之中纷争必然加剧，功过荣辱决定着文武公卿的命运。你身为相国，在长年的抗秦战争中表现平平，无所建树；反观大将军李牧，连连挫败强秦的入侵，挽国家于危亡，救民生于倒悬，以赫赫战功赢得举国上下的一致赞誉。这样对比起来，你不是相形见绌之至吗？郭开亦十分尴尬地说，当今兵荒马乱，正是武将建功立业之时，我是内理朝政的文臣，当然无法与他相比，只好自愧不如，能够平安无事，也就心安理得了。姚贾狡黠地一笑说，心安理得只是您的想法，别人会让你安，让你得吗？从国家用人来看，都是以全才为最佳人选，当年的管仲、乐毅和当今的廉颇、庞煖不是都以智勇双全而出战为将、入朝为相的吗？现在贵国的李牧就是这样的人物，作为武将，他是举世公认的国家柱石，已封为武安君了，不需多日，全权在握的相国宝座就将落入他手，你这位老相国已经是朝不保夕了，这就是你的内忧，是迫在眉睫的危机啊！

听了他这一席话，郭开是又愧又急，出了一身冷汗，连连作揖，感谢姚贾的肺腑之言，并请教要怎样才能转危为安。于是姚贾向他说了实话，这五千镒的重礼是秦王赠给他的，请他利用相国的重要地位，向赵王迁进言，用计除掉李牧，从而扫平秦国攻赵途中的障碍！郭开闻言不禁畏怯地说，这一来赵国不就会被秦国所灭，我这位相国就会做亡国奴了？姚贾安慰他说，那不会的，秦王用重金贿你，就是对你寄予厚望，只要李牧被除，赵国被秦所亡，你的荣华富贵一定丝毫无损，至少官至上卿。至此郭开已经被说得心旌摇动，但还是觉得卖国求荣于心有愧。姚贾厚颜冷笑说，对个人来说只有前程是至关重要的，管他什么国家？在秦国春风得意的范雎、吕不韦、李斯和我不都是客籍人士吗？不都是高官显达吗？郭开终于动了心，与姚贾密谈多时，决定向李牧暗下毒手。直到深夜，姚贾才带着醉意，踏月归去。

正当赵王迁玩得开心时，丞相郭开走近前来，说有要事禀奏。赵王迁觉得扫了兴，便没好气地说："有何事这般紧要？"

郭开低头侧目向嫔妃、乐师们环视一周，支吾着："这……"赵王迁会意地要她们退下以后，急切地说："相国有何要事，如此惊慌？"

"日前微臣奉旨去李牧军中劳军，拾得民谣一首，特呈上大王一观。"郭开神秘地从袖中取出一张帛书呈了过去。

赵王迁接过帛书展开一看，只见上面写着：

好个李牧大将军，抖擞神威镇边廷。
匈奴闻风俱丧胆，不敢南下放马群。
国家有难显忠臣，将军回朝抗秦军。
肥下歼敌十二万，威镇诸侯鬼神惊。

帅旗飘飘手中擎，上写李牧大将军。
保得黎民承平日，千秋万代感恩情。

赵王迁眯缝着眼，反复看了几遍，还是无所发现。

郭开忙说："既然如此，待微臣说与大王知晓。"便凑过去，绘声绘色地向他解释说，第一首开门见山地唱出"好个李牧大将军"，乃描写其抗击匈奴的英武之姿，好不威风八面。第二首写大败秦军的赫赫战功，更是威镇诸侯。第三首是"末章显其志"，把题旨归结到"保得黎民承平日，千秋万代感恩情"上面。由此可见这些民谣的蹊跷之处在于：通篇是为李牧歌功颂德的，没有一处提到"赵"字，倒是第二首以"国家有难"开句，这不是在诅咒是你赵王迁把国家搞得兵荒马乱、造成灾难的吗？接着用"显忠臣"三字来赞颂李牧这位救国救民的将领，简直把大王贬低到不值一提的地步了。所以这些民谣是彻头彻尾的反诗，是反赵拥李的檄文。

赵王迁一面听着郭开的讲解，思路就不由自主地按照对方的诱导发展下去，从将信将疑到半信半疑，到完全相信了对方的说法。他当然又惊又

怒，起了要除掉李牧的念头。郭开便趁机进谗，君臣密商，定下了陷害李牧的诡计。

几日后的一个上午，武安君李牧正顶盔贯甲，骑着青鬃马在大校场进行定期的大检阅，为自己的军队士气高昂、日臻精锐而感到高兴。忽然一位宫廷近卫飞骑来到，传赵王迁口谕说：刚才得到边关报警，匈奴大举进犯，雁门关吃紧，请李将军急速进宫，面议对策。李牧便随那近卫飞奔到内宫门前下马。按宫中禁令，武将是不能带兵器入宫的，但那位近卫抢先一步说了，是奉赵王迁急召而来，黄门官就没有卸掉李牧的佩剑，让他急匆匆直奔内宫便殿而去。入殿之后，那近卫要他稍候，就去请赵王迁出来，说罢即转到屏风后面径直去了。李牧在殿中央伫立了一阵，不见赵王迁出来，又来来回回踱了好几趟，仍不见动静，正有些纳闷，忽听得屏风后面有人走来，忙探身一望，果然是赵王迁缓缓然走了过来，便急切地迎了上去说："臣李牧参见大王！"随即跪下行大礼。谁知赵王迁竟大声惊呼："快来，有刺客！"李牧猛地一愣，还没来得及解释，就被埋伏在近处的宫廷近卫猛扑上来，牢牢捉住。李牧忙说明是奉召而来，赵王迁问他要召谕，他说是一位宫廷近卫传的口谕；二十位宫廷近卫列队站出，其中根本没有去召他的那位。赵王迁便肯定他是说谎，并以佩剑为证，一口咬定他是行刺而来。李牧矢口否认，赵王迁命令搜身，那近卫竟从他的头盔里"搜"出那首"反诗"来，李牧悲愤交加，大声疾呼是被奸计陷害，但已百口难辩。一代忠臣良将，就被以"书写反诗、进宫行刺"的罪名送上了断头台！

为了迅速摆脱失败的阴影，重振大秦之雄风，秦王政于十七年春召集文武卿相多人共商军国大事。他焦虑而急切地要求臣属们直抒胸臆，畅所欲言。王翦、内史腾、蒙恬等武将，满不服气地表示要重整旗鼓、再单干戈，挥军直指邯郸，与赵军决一死战。老成持重的昌平君丞相，则认为当务之急是加强休整，补充给养，抚恤伤亡，稳定军心，切不可一时负气，再次出兵。秦王政也不好率然决断，便要一直沉默不语的国尉发表意见。尉缭认为：从战争的持久性和一般规律来看，昌平君丞相的意见体现了从长远求稳妥的战略思想。但是，"文无政事则闲，武无战斗则馁"。武将们急于要报肥下大败之仇，正是血性男儿报效国家的赤胆忠心，是十分的难能可贵！秦王政有些不耐烦地责问说，照你看来，双方的意见都可取，那究竟是出兵还是不出兵呢？尉缭狡黠地笑着说，依我看，我军上次入赵，还留下一个后患，那就是韩国——幸亏它没有从后面向我们下手，要不然，被它断了后路，则肥下之败恐怕不只是十几万人员的伤亡，而是全军覆没。王翦、蒙恬二位将军现在恐怕不是在陛下面前慷慨陈词，而是早已长眠在太行山麓了！

尉缭这番话说得大家频频点头。尉缭就提出近期内以精锐之师攻击韩国，务必毕其功于一役，把韩国灭亡，这样既可以彻底除掉这个累赘，为征伐其他的诸侯国免除后顾之忧，更可以借此恢复和提高士气，增加战胜敌人的信心。更重要的是慑服诸侯，威镇天下，为以后消灭五国之战奠定基础，造成声势。在座君臣一致赞同这个方案。

一周以后，秦军的八万精锐之师队列整齐，士气高昂，出了咸阳东门向韩国进发。大将军内史腾率四万人为中军，蒙恬、蒙毅为左、右军，各率军二万，其中步、骑兵各半，轻捷灵便，骁勇善战。这八万秦军，以迅雷不及掩耳之势杀入韩国境内，把几座外围的小城扫平之后，分两路向腹地进军。蒙恬带领左军二万人围攻阳翟，因阳翟是韩国的行都，设有朝廷的分支机构，攻下阳翟，国都郑城就动摇了。蒙恬是个嗜战成癖的猛将，队伍一到阳翟，他就以骑兵为主、步兵为辅，向着四座城门摆成锥形的阵势。几十架战鼓同时擂响，如滚雷轰天；二万人齐声喊杀，似惊涛拍岸，简直把整个阳翟城都震撼得颤抖起来了！

一听见惊天动地的喊杀声，韩军早吓得魂飞魄散，乱成一团。守城的将士面临强大的攻势，也不敢出城应战，只躲在城楼的垛雉后面向秦军放箭。秦军仗着坚盔硬甲和盾牌，根本不把几根散箭当一回事，而且由此知道韩国守军怕攻怯战，便放心大胆地用钩索和云梯向城头强攻；四座城门口的锥形战队，由骑兵和步兵轮番冲击。蒙恬将军骑着战马在四门的兵阵后巡回督战，不住地催促鼓手击鼓，旗手挥旗，那威力和声势如大海狂涛，波峰迭起，直向城垣压去。在这样排山倒海的攻势下，城内守军只勉强支撑了一天就彻底溃败了。蒙恬率二万秦军冲进城内，一路上所遇着的韩国人，不论是军、是官、是民，一律格杀勿论；就连宫廷里战栗哀泣，匍匐求饶的宫娥彩女也毫不放过，使之成了秦军的刀下之鬼！整个阳翟城尸横遍地，血流成河，好不凄惨！但蒙恬却策马徜徉其间，踌躇满志地发出阵阵狞笑。待把战场巡视完毕，便率部去郑城增援。

秦国大将军内史腾和将军蒙毅率领六万精兵，如狂飙般横扫而来，把韩国国都郑城围得水泄不通。内史腾、蒙毅轮番挥兵、督战，加上蒙恬赶来助战，人员增至八万，攻势更加猛烈。

秦军的攻城战越来越猛，守军已渐渐招架不住了，相国韩辰劝韩王安到别国去避一避，再图发展。

韩王安吓破了胆，嘴上答应跟韩辰投奔他国以图东山再起，却暗自作了丧权辱国、苟且偷生的打算：他假装同意，把韩辰支走之后，便溜到女宫人的寝室里，脱下男服，换上女装——他生得白皙柔弱，长年厮混在脂粉群中，便有几分女态，现在把装一换，更活脱地是个窈窕淑女的模样了。他蜷缩躲进一张卧榻的底下，屏住呼吸，一动也不动。那颗玉玺则贴身藏着，伴随他等待命运之神的到来。

相国韩辰很快就带来二十名宫廷卫士，除自己的坐骑外，还备了一匹穿了护身甲的战马，是给韩王安乘的，可是寻遍宫廷竟没看见这个亡国之君。于是满含悲愤之泪，上马提枪，在二十名卫士的保护下纵马急驰向北门冲去。韩辰毕竟已年逾五旬，刚才又鏖战甚久，任凭奋力搏杀，也渐感体力不支，秦军向他乱箭射来，他知已难幸免，便拔出宝剑，自刎而死。内史腾嘉其忠勇，给予厚葬。

郑城沦陷，韩国即亡。内史腾率铁骑杀入宫内，男官尽行处死，宫娥皆得留命。韩王安幸亏是男扮女装，才保全了性命，但被正直的宫女指认，现了原形，他又连忙跪下，呈上国玺哭泣求饶。内史腾念在他亲献国玺，就免他一死。其他官员除自得外，被俘者数百人皆被杀戮，头被割下作为战利品，用以领赏晋级。所有稀世珍宝、金银、古玩、贵重器皿都被内史腾掠去，并放火烧掉了象征其国家的飞阁流丹、回廊溢彩的韩楼。苟延残喘的韩国终于彻底灭亡了！

随着秦军入韩，先取阳翟，后下郑城，最终使韩国彻底覆灭的捷报频频传回咸阳，使原来在宫中坐盼佳音的秦王政欢喜得跃跃欲试，按捺不住了，便把朝政交付相国昌平君主持，自己和尉缭率领三万虎贲军开赴韩国。他们先到阳翟，在城区巡视一番，面对被焚毁的行宫大片废墟，感到非常痛快，自己的军事思想、战略部署能如此顺利地取得首战告捷的成果，也是值得引以自豪和告慰这位年轻的君主的。君臣二人没作长时间的停留，便继续催军东下，一路上旌旗招展，人欢马叫，鼓角齐鸣，好一派骄兵雄姿，令人生畏。秦王政将新扩的版图划为东郡，取名颍川。一切部署完毕后，秦王政和尉缭又由虎贲军护卫着回到咸阳，为进攻赵国早作谋划。

灭韩之翌年，即秦王政十八年（前229）初夏，秦王政主持进攻赵国的朝议。国尉尉缭作具体部署：王翦大将军率军十万，按上次攻赵路线，从赵国的井陉入境，直下肥下、宜安、番吾等城，然后袭取邯郸。杨端和大将军率军十万，从西往东主攻邯郸，不求急取，先造成强大声势，震慑赵国君臣。羌瘣大将军率军十万，横扫赵国东部，阻止外来援军，然后到邯郸会师，加强总攻兵力。再者，邯郸是秦王政全家受辱蒙羞、长期受苦之地，所以他这次领军二十万殿后，防止上次被李牧断绝后路、受围被歼的败绩重现。诸将听罢，便向尉缭领取了军令，各自回到自己的部队，紧急准备，按时开拔。

赵国方面接到秦军大举进犯的紧急军情，立刻惊恐万状，赵王迁忙把相国郭开召进宫来，慌乱地说："秦军为报当年肥下大败之仇，又以三路大军来犯，还须从速应战才是。”

赵王迁依了郭开的主意，即召颜聚、赵葱，委以大将军之职。

赵葱大将军率领十万大军急如星火地向井陉奔去，想抢先占领制高点，封锁路口，取得主动。他万万没有料到，这支队伍里有一些将士是李牧的部属。主帅被害后，因怕受株连，表面装作拥护朝廷，服从新的将领，但这次开赴前线是个绝好的报仇的机会，他们暗地已经联络好，当到达一个岔路口时，一声呼哨响起，立即拨转马头，一万五千铁骑向北急驰，投奔代郡以北的军中去了。赵葱好不容易才把被惊乱的部队整顿好，重新列队赶路，但这一下被耽误了一个多时辰，等他气急败坏地赶到井陉时，秦军已抵达多时，占据了高山，虎视眈眈地严阵以待，赵军只好在下方紧急扎营布阵，准备夺回制高点。

原来赵葱以为属于自己的天时、地利、人和，一下子丧失殆尽，优势全到对方去了，心理上便受到很大的打击。赵军经过长途奔袭，已很疲惫，此时又仓促应战，更是心慌意乱，哪里是秦军的对手。在此情况下，已无阵势可言，作为弱方的赵军只好丢弃辎重和车辆，靠骑兵冲突夺路，赶快逃命。赵葱和几员副将、裨将已无法控制局面，就各自单骑奋战，只图突出重围，保住性命。秦军主帅王翦在高处看得明白，挥动令旗，命骑兵和战车来回堵截，把包围圈越压越小；赵军被围在里面，舍死忘生，犹作困兽之斗。战斗进行得异常惨烈！

经过整整一昼夜的混战，赵军已渐渐难支，赵葱始终突围不出，被一秦将刺死。主将一倒，全军大乱，立刻溃不成军，被秦军猛攻乱杀，死伤无数，只有极少数的侥幸突出重围，丧魂落魄地四散奔逃。

秦军仍然是血刃屠城，逞其残暴。在拔除了所有赵军据点之后，王翦大军便直接扑向邯郸，协助杨端和部合力攻城。北面的羌瘣大军拉开长长的阵线，使外地各郡的赵军无法增援，邯郸孤立无援，在三十万秦军的包围中作垂死的挣扎。

赵国大将军颜聚领着十万之众，坚壁深堑，拒不应战，死守邯郸城，秦军一时尚难攻下。但赵国的宫廷和朝廷已经人心惶恐、彻底崩溃了。赵王迁自知是一国的君主，最是危险，便屡屡召颜聚入宫，责成他拼命死守；颜聚在奉命之耐便犯颜责备赵王迁，不该听信谗言害死了李牧，落得现在坐以待毙的惨状，如何还有脸面来命令臣属为你送命？赵王迁哑口无言，只得又向郭开求计。郭开心里有底，便力劝主君投降，赵王迁也就动摇了。但郭开的主意遭到赵氏宗室的坚决反对，其中的代表人物便是公子嘉。无奈这个昏君不纳谏从善，反而诬害忠良，残民误国，至此绝境；现在竟又要听信郭开的蛊惑向暴秦投降。公子嘉便忍无可忍，率领赵王室的宗亲闯入内宫，怒斥郭开，制止赵王迁投降，并一致表示要把各自王府宗室的家将家兵武装起来，参加护城守军，与秦军血战到底。面对如此正义磅礴的阵容，郭开只吓得灰溜溜地跑回府邸，紧闭大门，再也不敢露面了。

攻守双方坚持对峙了一年之久，到秦王政十九年（前228）的春夏之交，由于秦王政亲率大军增援，并亲自督战，秦军以五十万之众向邯郸发起最后攻击。缺乏给养、得不到增援的赵国守军终于抵挡不住而彻底溃败了。几十万秦军如狂涛怒浪从四个城门杀了进来，十万赵军被杀得死亡殆尽；赵氏宗室的成员率领家将家兵拼死抵抗，也惨遭杀戮，忠于赵国的文臣武将及其家属都被斩尽杀绝！守将颜聚重演当年叛齐降赵的故伎，但被王翦怒斩于马前，结束了可耻的生命。

作为亡国之君的赵王迁，其躲藏与被俘的情形，简直与韩王安有异曲同工之妙。韩王安是男扮女装，而赵王迁则是男抱女藏：他拉着几个嫔妃，躲进浴室，脱得赤身露体，泡在盛满香汤的大浴池里，他自己蹲在中心，让嫔妃们围在他身边，面朝着他，伸出玉臂与他相抱。女人们的背朝外躬着，连接环抱成圆形，活像一朵特大的肉莲花，紧紧地护住赵王迁这颗“莲心”。她们在热气蒸腾中同时点燃了熏香，使整个浴室香喷喷雾，简直是一派太虚仙境。赵王迁满以为这个裸女沐浴可以吓走秦国的将士们——他们总应该讲究“男女授受不亲”和“非礼勿视、非礼勿动”的规矩吧？可是那些杀红了眼的男子汉正是饥渴难耐，此情此景正中下怀。赵王迁这颗“莲心”幸亏落在一个比较淳厚又敏于识辨的裨将手里，才没被当场戳死。在被“验明正身”躺在浴池里的确是赵国君主后，那位裨将即被晋爵为将军，赏黄金五十镒。

最耐人寻味的是相国郭开，他因谋害李牧，对秦有功，即被姚贾遵秦王的许诺封为“上卿”。他摇身一变，又趾高气扬起来。就在他与家人们额手相庆的三天后，秦王政在邯郸的丛台前的广场上进行了一次大屠杀，把效忠于赵、誓死抗秦的赵王室成员、文武重臣，加上当年欺侮、迫害或歧视过太后母子的仇家八十三人，共三百多人，押到刑场，分两侧站着。赵王迁被押着站在台上“陪斩”，只吓得全身瘫软，两眼翻白，耷拉着脑袋，只比死人多一口气罢了。秦王政端坐在高台中央，王翦、杨端和、羌瘣、尉缭等分列左右。哀乐低回声中，秦王政把要被杀者的罪状交给郭开去宣读，这位新上任的“上卿”真是受宠若惊，他踌躇满志地站到死囚的面前逐一宣布其“罪状”。当他宣读完毕，正转身登级向丛台上走去时，忽听尉缭吩咐裨将将他拿下的命令，如五雷轰顶，他声嘶力竭地连呼：“陛下，请赦老臣，我郭开于秦有功啊！”秦王政斜睨他一眼，不予理会。尉缭向大家宣布：郭开贪图我国的重金贿赂，害死李牧，固然于秦有功，所以封他为“上卿”，以资褒赏。但从根本上看，郭开身为相国，不能辅君治国统军，反而残害忠良卖国求荣，断送国家，这样的贪官佞臣是任何国家都不能容忍的！因此，最终还是要将他处死，以振纲纪。他的话音刚落，立即激起全场强烈的反应，齐呼：“陛下英明！秦王万岁！”连被吓成半死状态的赵王迁也愧悔交加地连声说：“杀得好，杀得活该！”

当了三天“上卿”的郭开便成为这次大屠杀的第一个受刑者，接着那约二百名赵国臣民分别被用镬（下油锅）、斩、绞刑等处死。

第六章 进军燕都 水淹大梁

燕太子丹当年在邯郸为质子时，不但深切地关怀秦王子楚一家，并冒着生命危险，与吕不韦密切配合，从廓城死牢中救出子楚，而且在以后的好几年里经常看望、接济困难中的赵姬母子。后来秦王政继位当上秦国的君主，派蔡泽三年居燕，取得远交燕国、孤立赵国的外交上的胜利。蔡泽临回国时还提出要燕太子丹去咸阳的邀请。当时燕太子丹认为秦既已与燕交好，自己去秦国，可以凭着与秦王政母子的患难之交，恢复接触，促进友谊，巩固和发展已经建立的友好关系，便欣然接受邀请，与蔡泽联袂来秦。

燕太子丹初到咸阳时，秦王政与他有过几次礼节性的会晤，但都只是例行公事，浅谈即止，他并不在意。后来他以旧交的身份多次进宫会见秦王政，想通过忆叙在赵国时的情景，唤回他对自己的记忆。他说："当年大王母子在赵，丹常来顾看，大王尚记得否?"

"啊，朕当年在赵，历经危险，常得人关爱、救助；惜时年尚幼，诸多人事不甚知晓，太子所言尤不甚了了。"秦王政圆滑地推脱，不与他谈此话题。

"孩提时往事，确也难以记取。但太后于丹与先王之过从历有年所，及其后常有绵薄之助，当不至忘怀。"燕太子丹只好转而提到秦王政的双亲，以证实自己所言不虚。

"太子所言容或有之，适时当奏之母后，转致候安之意，视其是否记得往日之友谊。"秦王政仍以客套的口吻与对方应付，毫无亲切、和善的表示。

燕太子丹不便再与之攀谈旧交往事，便改用外交辞令作礼节上的应酬之说："当年邯郸一别，不觉十许春秋，大王少年登基，治国抚民，新猷大展，令丹至为钦佩。"

"朕幸承祖宗基业，凭个人禀赋，得群臣辅佐，万民拥戴，自当有此建树。唯汝昔日为质于赵，今又充质于秦，二十年仍无起色，朕实为汝引以为憾也!”秦王政傲然自诩，并给燕太子丹好一番揶揄、讽刺。

燕太子丹受到这样的鄙夷，感到很难堪，便唯唯然支吾几句，尴尬地告退。虽然他对秦王政很不满意，但不敢溢于言表，怕影响两国的关系。后来曾多次造访内宫，想见见太后，一来叙叙旧，二来请她对儿子施加影响，恪守对燕国的承诺，使其不对燕国毁约相侵，使他在充当质子的期间，能促进秦燕邦交正常化。

谁知他的这番努力也已付诸东流。原来秦王政下了禁令，任何通向内宫的门径都不许燕太子丹进入；而且对太后讳莫如深，根本不让她知道燕太子丹已到了咸阳。他为自己国家的危机深重而忧思忡忡。他曾多次写密信回国，请燕王喜致信秦王政放自己回国，但秦王政总是拖延不置可否，使他想通过外交途径回国的设想终成泡影。经过深思熟虑和周密的考察，他用重金买通了秦王政的宠臣中庶子蒙嘉，趁一次出城狩猎的机会，燕太子丹化装成随行的骑兵，混出了咸阳城，然后踅入小路，绕道而行。经过近一个月的颠沛辗转，好不容易才回到了自己的国家。

燕太子丹冒险逃回，不但没有引起燕王的怜悯和伤感，反而因怕得罪于秦王政而增加了恐秦的情绪，对太子丹进行责难。燕太子丹悲愤交加，不再理会这个昏庸误国的父亲，便去向自己的老师鞠武求计。太傅鞠武告诉燕太子丹：燕国有位田光先生，智谋广远而沉稳武勇，可以向他请教。燕太子丹恳请老师介绍自己结识田光。鞠武便先去拜访田光先生，说明来意，征得同意后，就带田光来见太子丹。太子丹在自己的宫门口恭迎田光。马被牵着嚼口倒退着走，到客厅前才停下。进了客厅，太子丹跪下铺好席子，待田光就座以后，太子丹屏退了左右的侍从，离席向田光致敬，向他说明暴秦必将侵燕和自己要挽救国家命运的意愿和决心。他请田光给予指教。田光说，我听说良骥在壮年能够日行千里，但到它衰老的时候，驽笨的马都能超过它。您大概听人介绍过我年富力强时候的情况，殊不知现在我已经年老力衰了。太子丹恳切地说，您不能身体力行，就请发挥您的智能，给我以启发和指导。田光感激地说，虽然我不能为国家干大事，但好友荆轲是可以担当大任的。太子丹要求田光先生介绍自己与荆轲认识，田光慨然应允。太子丹恭送田光先生出门，郑重地嘱咐他说，我刚才和您交谈的，是至关紧要的国家大事，请您千万别泄露出去了！田光点头微笑说，我一定保守秘密。说罢就佝偻着身躯急匆匆地找着荆轲，激动而严峻地对他说，我和你是知心朋友，这是全燕国家喻户晓的。太子丹只听说过我少壮时候很有作为，殊不知我已衰老，体力不行了。他向我请教抗秦救国的大计，他的忠诚令我感动，我把你看成自己人，因此向太子推荐了你。荆轲十分感激地握住田光的手说，您真是我推心置腹的朋友啊！田光催他立即去宫里拜见太子丹，荆轲应声就走，却被田光一把拉住，深情地对他说，太子告诫我说国家大事不能泄密，可见他对我不放心。如果所作所为不能取信于人，就算不了有节操的侠义之士。请您告诉太子，就说我田光已经死了！他说罢从腰间拔出佩剑来，荆轲忙去阻止，但田光已经用剑刃割断了颈脉，鲜血迸射而出。他手里握着剑柄，昂首挺胸地徐徐倒下。

荆轲强忍悲痛跑到内宫，把田光自杀和他所说的话告诉太子丹。太子丹立刻到荆轲家，膝行而前，对着田光的尸体再三跪拜，痛哭不已。

燕太子丹设想最快捷的办法灭秦，就是让荆轲去刺杀秦王。荆轲想了好半天才说，这是国家大事，我的能力有限，恐怕难以胜任。燕太子丹跪在他面前，频频叩头，再三恳请他不要推辞，荆轲才表示了愿意担此重任。

太子丹尊荆轲为上卿，就让他住在豪华的馆舍里。太子丹每天都来造访，给他提供丰腴的生活，赠送车骑、美女和宠物供荆轲消遣，以顺应他的思想和情绪。

过了很长一段时间，荆轲并没有出发的意思。这时秦大将军王翦已经攻破邯郸，俘获了赵王迁，把赵国的领土全都占领了，秦军已经到达赵国的北部与燕国南部边界接壤的地方。太子丹很着急，迫不及待地对荆轲说：秦国的军队很快就要渡过易水进入我国地界，我虽然想多陪您一些日子，也恐怕是不可能了。荆轲当即表示：即使太子不来催促，我也很想出发了。但如果我们没有使对方相信的办法，就不可能接近秦王政。太子丹问他用什么方法能使秦王政相信。荆轲说，秦王政有极大的领土野心，而督亢是燕国最富饶的地区，如果能向秦王政献上一幅督亢地区的地图，他一定会高兴地接见我，我就可以向他下手，一举而报国恨家仇。太子丹听了，立即派人绘制了一幅新图，交给荆轲。荆轲微笑着点头说，我知道这一件是容易办到的。太子丹说，我是当朝的王储，有什么办不到的呢？只要我们燕国有就不成问题。荆轲说，还有一样东西，不但燕国有，而且就在您太子的宫中，只是恐怕您舍不得！太子丹肯定地说，既然在我宫中，我就没有什么舍不得的。荆轲正色地说，我要说出来，您肯定不会答应的。太子丹说，您别把话说死了，先说说究竟是什么宝物？荆轲说，这的确是一件宝物，而且是活宝物。太子丹忙催问是什么活宝贝，荆轲严肃而沉痛地说：我要的是秦将军樊於期的人头！话音未落，太子丹连忙摇手说：这不行，这不行，樊将军得罪了秦王政，投奔到我这里，我怎么能忍心为了自己报仇而伤害这位长者呢？您是不是能考虑采取别的办法？荆轲说，去吸引秦王政就戮的，唯有秦将樊於期。

荆轲始终无法说服太子丹，便私自到馆舍去面见樊於期，面有难色地对他说："秦王待将军至为暴虐，父母妻子皆被杀戮，且悬赏千镒及万户侯爵禄购将军首级，将军何以视此？”

樊於期叹息垂泪说：“我与嬴政不共戴天，每欲报血海深仇，但苦于无计可施，为之奈何？”

“今有一计可解燕国之危，报将军之仇，将军可愿闻否？”荆轲低声地问他说。

“但不知计将安出？”樊於期急切地问道。

荆轲向他走近一步，望着他，沉痛而又满怀希冀地说：“愿借将军项上首级，以献秦王，当其审视之时，臣左手把其袖，右手胸，顷刻间将军之仇得报而燕国之患除矣！不知将军可愿否？”

樊於期便袒胸扼腕，激动地对荆轲说：“此固我日夜寻思而难得之际遇也，以我之头假汝之手，一而除却暴秦，家仇报而天下安，我在九天之灵亦要感谢荆卿之大恩大德也！”说罢，即拔剑引颈，说：“请你帮我谢太子丹知遇之恩！”只见人头随话声而落，颈部血如喷泉，直达数尺之高，那昂然的七尺之躯坚挺着向后笔直地倒下去。真乃“死亦为鬼雄”的写照。

荆轲将樊於期自刎献头之事告诉燕太子丹，太子丹急乘车赶到樊的馆舍，跪在血泊中抚尸痛哭，悲痛欲绝。但事情既已如此，也就只好将樊於期的头装在一只盒子里，函封起来。接着燕太子丹又用百金从一位名叫徐夫人的赵国人那里购得一把锋利的弓首，用药水淬过，有见血封喉之速效，将其作为行刺的武器赠给荆轲。太子丹从自己的门客中挑选了一位叫秦舞阳的勇士给荆轲当助手。当年，年仅十三岁的秦舞阳为报父仇，竟在稠人广众之中一刀将仇人捅死，那凛然正气，令人敬畏。秦舞阳因自首免死，服刑后被燕太子丹收为门客。至此，一切准备就绪，只待出发，但还有一人未来。荆轲又等了一阵子。太子丹见耽误得太久，您还想不想走？要不然我就让秦舞阳先走了。荆轲直气得呵斥太子丹说：你怎么逼得这么紧？我荆轲这一去就回不来了！况且我是提着匕首到诡诈莫测的秦国去，之所以还在逗留，是想和我的朋友一起去。现在你嫌我耽误了，那只好就此告别了！说罢他就动身上路。

燕太子丹和门客都全身缟素，穿着丧服来给荆轲和秦舞阳送行。残照余晖映着易水河潺的秋波，显得肃杀寒冷；岸边肃立着两列着白色衣冠的身影，掠空而过的雁行阵阵哀鸣，使悲切、凄凉之感更显浓重。隆重而庄严的祭礼举行之后，高渐离弹起筑来，荆轲和着乐曲慷慨而歌，开始用徵的变调咏唱，人们都感动得泪涔涔而下。荆轲向前迈步唱道：

风萧萧兮易水寒，
壮士一去兮不复还！

继而用羽调咏唱，转而慷慨激昂，令人振奋，送行的人都激动得目光迸射，怒发冲冠！于是荆轲与秦舞阳登上马车义无反顾地向秦国驰去。

荆轲和秦舞阳到达秦都咸阳之后，按照燕太子丹的计划，先去拜访了秦王政的宠臣中庶子蒙嘉，向他转达了燕太子丹对蒙嘉协助其逃离咸阳、回归故国的恩德的深深谢意，并献上重礼黄金二百镒，蒙嘉故作谦让地不肯接受，连声说："无功不能受禄。"荆轲就说："礼下必有所求，望大人万勿推却！"蒙嘉便把礼收下，问他有何求于自己。荆轲说燕国因慑于大秦国的声威，愿向秦俯首称臣，特来献上樊於期首级和督亢一带的地图。请蒙大人转奏秦王政，请予恩准接见。蒙嘉马上答应下来，并客气地说："陛下理政礼宾，某常侍奉在侧，当适时奏准陛下就是。"即将二人安置在馆驿，候旨晋见。次日蒙嘉就向秦王政奏禀说，燕王被大王的声威所震慑，不敢对抗和忤逆大王，更不敢抵御秦军的进攻，愿意向大秦俯首称臣，忝列诸侯国之中，降到郡县的等级，能保住燕国的宗庙就于愿已足了。秦王政觉得事情来得突兀，不敢贸然置信。蒙嘉忙证实说，燕国为表明诚意，已经斩了樊於期的首级，连同督亢地区的地图，派专使来咸阳奉献，在馆驿等候大王的接见。秦王政答应在三日后的早朝时接见燕国的专使。蒙嘉即日通知荆、秦二人做好准备。

接见的那天咸阳宫张灯结彩，布置得金碧辉煌，除本朝文武公卿外，各诸侯国的使节都应邀列席观礼。秦王政身着龙衮，头戴嵌满珠宝的王冠，足登高靴，背上斜挎着宝剑，正襟危坐在龙椅上接见燕国使臣。

荆轲捧着盛有樊於期首级的函匣，秦舞阳捧着绘有燕国督亢地区图形的轴卷依次走到陛阶下，向着秦王政跪下，双手举物超过头顶。秦王政对二人略一打量，便问道："你二人奉何人差遣前来献头、献图?"

荆轲沉着地回禀说："我是奉燕王喜之命，将秦叛将樊於期之首级暨督亢一带舆图奉献于大王陛下，以表臣服之心，乞大王验证俯纳。"

"樊於期乃我朝叛将，朕以千金暨万户侯之爵位购其头；汝主太子丹竟敢留樊而厚待之，其敌秦之意可见。今忽以樊之首级来献，何以取信于朕?"秦王政审慎地表示怀疑。

"太子丹不过燕王喜之储子而已，浮浅失礼，不知利害，袒护并与之私交，得罪于大王。燕国君臣咸以此为谬误，乃褫其权而诛樊，献其首级，谢罪于大王陛下。如圣上见疑，请启函亲视之——臣跪伏陛前，待王验视后任加处置而无悔!"荆轲镇定地作了回禀，并将函匣再举高些，请求当场验视。

秦王政见对方说得如此确凿，便稍微放心了些，即命中车府令赵高从荆轲手中接过函匣，放在他面前的御案上。他悚然起立，两手撑着坐椅的扶手，屏住呼吸，注视着赵高揭开函匣的封盖，待发现里面没什么异样，这才慢慢地探头过去看个明白。樊於期的头枕着匣底，向上仰视。因经过药液浸制，变成蜡黄色，呈现出阴森森的死气，特别是那双死不瞑目的眼睛，直愣愣地瞪着，透出一股杀气！秦王政只吓得暗呼一声“哎呀”，便跌坐在龙椅上，忙挥手命赵高将函匣拿开。秦王政想：朕乃堂堂大秦君主怎么会被一具死人头吓住？为了掩饰刚才的失态，他决定拿出威风来把来使镇住，慑服在场的朝臣和使节。于是他再次站起，岿然不动，命令道：“将地图呈了上来，容朕一观！”

只见副使秦舞阳捧着地图轴卷一步步拾级而上。他年方弱冠，生得英俊武勇，仪表非凡，使人顿生敬畏之感。他神情自若地踏着台阶，一步步向秦王政走近。当他正要将地图展开呈给秦王俯视的时候，却被一声狼嚎似的断喝止住：“与我站住！”——秦王政随着这吼声倏地探身对他命令说：“你以区区燕国之使者，竟敢来我大秦朝堂之上独步而前，朕倒要试试汝的胆量如何?’，

“小民乃一介武夫，不懂得大朝之礼；但这文质彬彬之朝堂，怎试得我的胆量?”秦舞阳不知道眼前这位大秦君主会怎样对自己进行测试。

“有道是‘鼓有三通之威，人有三呼之勇’。朕向你喝上三声，你若能与朕声声呼应，足见有随王伴驾之胆；如若不然，则不过虚有其表，何能践我大秦朝堂，担当使节?”秦王政随即提出测试的办法，问对方是否敢于一试身手。

秦舞阳暗想：我 13 岁就敢在光天化日之下、稠人广众之中血刃歼仇，还怕与你对吼三声吗？于是便答应了下来。秦王政便招手要他再走近些，当只相隔咫尺时，他那眯缝着的双眼猛地睁开，恰似两道寒光直逼向秦舞阳，突然之间发出一声撕裂般的刺耳叫声：“呀哈!”这一声呼叫，真是声震屋宇，势撼朝堂，竟使得原来气概不凡的秦舞阳顿时胆怯起来，但他还是矜持地应了一声：“呀哈!”声音低弱且有些颤抖并情不自禁地向后退了一步。秦王政见状，得意地笑了笑，又命他站上来。秦舞阳勉强地向前跨了一步，怯怯地望着对方。秦王政更睁大了雄鹰般锐利的双眼，用更洪亮、尖锐的声音叫了第二声“呀哈!”在这样的声威慑迫下，秦舞阳这次不但呼不成声，而且浑身都颤抖起来。秦王政见此情景，紧接着发出更加锐利刺耳的长啸：“嗬嗬哈哈哈……”没等秦舞阳招架，便用掌将他当胸捉住，秦舞阳赶紧护住地图轴卷，想要挣扎，却被秦王政使劲一脚踢得向后一仰，骨碌碌地滚下阶去。

“哈哈哈……”随着秦王政的狂笑，殿上观礼的群臣和使节都震惊不已。荆轲装着笑脸，责备秦舞阳太不中用，并向秦王政谢罪说：他是北方蛮夷之地的小民，没有见过天子，所以害怕，请陛下原谅，让我来完成这项使命。秦王政便允许他再次献图，荆轲从秦舞阳的怀中取过地图轴卷，

沉着稳健地拾级而上。秦王政挟初胜之余威，仍然采取逐步逼近，每视愈凶，每呼愈厉的短兵相接的战术来震慑对方；而荆轲却是凛然昂首，对视时目炬如电，呼应时声势如雷！他这刚强威武的形象和气概，使好武爱才的秦王政产生了好感，认为这才像个当使节的样子。三呼已毕，他便接过图卷的一端，将图展开。卷轴飞快地转到了尽头，露出了藏在里面的那把匕首。荆轲眼明手快，急用左手捉住秦王政的袖子，右手抢过匕首猛刺过去。但急切间竟没有刺中。秦王政受惊一跃而起，甩脱袍袖，忙着去拔自己的佩剑，但剑很长，竟未能拔出。荆轲举着匕首来追赶秦王政，秦王政只好绕着庭柱逃跑。殿上观礼的群臣和使节都吓得目瞪口呆，愣愣地站着，不知所措。因为秦法有规定：群臣上朝不得持尺寸之兵，而带着兵器的郎中又都在殿外，没有命令是不许上殿来的。秦王政处于如此危急之中，来不及传召武士上殿，以致荆轲就可以趁此时追刺秦王政，而秦王政急切间就只好用手格斗。正在这千钧一发之际，太医夏无且来给秦王政送药，忙举起药囊向荆轲猛击过去，荆轲一躲闪，虽未被击中，但已与秦王政拉开了距离，没能刺着。秦王政心慌意乱，一面奔逃，一面反手去抽背上挎着的剑，但剑太长了，总抽不出来！看看荆轲又要追上来了，这时站在殿角屏风后面的一位歌姬弹起琴来，用急促的歌声唱道：

罗袂单衫，可掣而绝。
三尺屏风，可超而越。
鹿卢之剑，可负而拔。

秦王政听了，急速地一跃而起，越过屏风，趁势一弯腰，背上的剑即从肩部飞冲向前，秦王政顺手一把握住剑柄，急回身向已追到身后的荆轲刺去，荆轲没有防备，躲闪不及，被刺断左股。他虽然痛极，支撑不住，即将扑倒，但还是奋力将匕首向秦王政猛掷过去。这时秦王政已定下神来，忙一闪身，那匕首直扎入他身旁的包铜柱，颤巍巍地寒光四射！秦王见荆轲已受重创，便赶上前来对其连续刺杀。荆轲全身被重伤八处，血流如注。他知道事已难成，怒笑着说："我是想生擒你这个暴君去向燕太子丹复命的，谁想到……"他怒目圆睁，望着秦王政，徐徐倒了下去，气绝身亡。

事后，秦王政对于当时在场的臣属之有功者分别给予赏赐，太医夏无且和那位歌姬得到丰厚的赏赐，那歌姬伴奏用的琴被命名为"超屏"。

秦王政本未把燕国作为首批攻伐的国家，然而，燕太子丹竟不惜以樊於期的人头为诱饵，派刺客悍然下手，险些置自己于死地，这使秦王政的愤怒到了无以复加的程度，便将对楚、魏的进攻搁置下来，提前对燕国发起进攻。秦将军王翦、裨将辛胜、都尉李信率大军二十万，取道赵国北部直捣燕境，陈兵于易水之西。燕王喜急召群臣商量对策，那些醉生梦死、苟且偷安的王族宗室和臣僚们不敢奋起抗秦，反而归咎于太子丹的派遣荆轲行刺秦王政以致引来战祸。燕王喜也随声附和责备太子丹说："以燕之国小兵弱，跻身诸侯倾轧之间，得以苟存，已甚不易；汝居然敢派杀手、行刺秦王，无异引火烧身，引狼入室！今已大敌当前，我将何以图存?"

"燕国偏居北域，远离秦之锋芒，此难得之地利也。父王不思自强，反受蔡泽之蛊惑，质我于虎狼之秦，使国失少壮之中坚，徒供老朽之颓败。且秦之要亡天下，蓄谋已久，刺秦原为保国，今虽事败，只不过强敌早临，其大势无异也。儿愿身先士卒，率军民迎战秦军，以示燕国虽弱小，亦决不可欺！"国中都是燕王喜及其追随者。

燕王喜等消极派，被驳得哑口无言，不敢阻拦出兵抗秦，但要求保护他们安全。燕太子丹为了及早取得兵权，不误战机，便答应只动用一半兵力，其余的留下来保卫国都蓟城。这正好符合大将军剧完的保守思想。对此，燕王喜当然求之不得，立即拿出"一视同仁"的高姿态来，给太子丹和剧完各十万兵，分别赴战和守城。太子丹便率十万部队，立即开拔到易水之东，与王翦所率之秦军隔江对峙，严阵以待。

秦将军王翦、裨将辛胜、都尉李信决定避过燕太子丹的强兵向蓟城守军这一薄弱环节下手。王翦派遣一位武功高强的密探，趁黑夜用钩索攀城墙，坠入蓟城，找到大将军剧完，递上他写的亲笔信。剧完折开封函，展开一看，只见那信上写着：

书致剧完大将军麾下：翦此番挥师北上，旨在灭燕暨取太子丹首级，以报荆轲刺我秦王之仇耳。故不惜时日、财资、兵骑，志在必得。唯念将军乃降将之后，为燕效命，一旦城破，或死或虏，身败名裂，实为将军所不取也。如能作我内应，叛燕擒王，助我成功，则必获宠于秦王，拜将封侯，富贵足矣。故特冒昧进言，备陈利害；何去何从，请速裁夺是幸。

王翦顿首

剧完略加思索便答应降秦，向王翦写了回信，并向那个密探发给了蓟城的通行证。经过密探多次来往，剧完按照王翦的指使，在军中物色了一些意志薄弱的将士，安插在守城燕军的各个兵种和部门，等到约定时间一到就举行叛变，攻下宫廷，捉住燕王喜，灭燕降秦。

守城队伍的消沉情绪让公子寅立即产生了疑虑。他化装成乞丐模样，蓬头垢面，衣衫褴褛，端着破瓢旧碗，混到士兵们进餐的营房、哨所等地，装着收集残汤剩饭，而窃听、窥探守军们的动静。有一日终于发现某部守军餐后几个士兵在窃窃私语，他警觉地从他们后面慢慢挨近，果然听

到他们在发牢骚。公子寅又探测到：叛将之子剧完，正在加紧结集力量，准备谋反，重演其父当年的丑剧了。

危机在伏，杀机将起，容不得公子寅有半点耽搁。他急忙赶回自己的府邸，写好密信，派飞骑急送给太子丹，请其派部分将士回蓟城来平叛保驾。

公子寅派来的密使飞骑信到燕太子丹处，燕太子丹看过信，又气又急，即刻赶到代军将领身旁，将情况简单地交代了几句，便召集自己的门客与亲信部队约五千人急向蓟城飞驰，前去平叛救驾。虽然代军将领往来逡巡督战，使将士们稳定情绪，沉着应战，但王翦已在秦军中广泛传开蓟城守军已经反叛，燕王喜已被生擒的消息，秦军士气大振，攻势愈加猛烈。而燕代军中先是主帅临阵离去，将士情绪开始波动，继而听到来自敌方的消息，便觉大势已去，阵脚立即动摇起来，禁不住秦军轮番强攻，便倏地全线崩溃，四下奔逃。秦军乘胜追杀，继续扩大战果。

九月十五日的晚上，剧完带领所纠集的三万余众举行兵变，直捣王宫，幸亏公子寅早有察觉，布阵严防，宫廷卫队奋起抗击叛军。剧完催马挥矛直闯宫门，被门楼后的弓弩手乱箭射死。虽然主将身亡，但叛军已丧心病狂如同野兽般左冲右突，其势不减，而秦军都尉李信已冲入城内，公子寅眼看国都难以守住，便保住燕王喜及其内眷与部分王室宗亲，在三万骑兵的护卫下冲出蓟城，向北奔逃。李信率部紧追不舍，看看即将追上，恰遇燕太子丹领五千快骑迎面杀到。李信只得率部回蓟城，把全部杀兴发泄在燕军身上，不论是守军、叛军，一概杀戮。接着王翦与辛胜也进驻蓟城，经战后清点，燕军死亡八万余众，枉死的平民则不计其数。燕宫中的全部财富、妇女和重器，用数百辆车运往咸阳。降官与富户亦押往咸阳，使其脱离本土，以免死灰复燃。

燕王喜君臣和侍从、部分王室成员，以及三万多将士逃到辽东，仍称燕国。太子丹率所部二万余众固守于衍水旁的土城中，与辽东相互照应，以避开秦军的正面攻击。李信又率军五万奔袭辽东，但未追上燕太子丹，便将辽东城围得水泄不通，日夜轮番攻打，吓得燕王喜丧魂落魄，急忙派公子寅到代国搬兵求救。代王嘉以本国立足未稳，且与燕联手抗秦遭到惨败，不敢再得罪秦国，只求自己苟安于一隅为由，便没有发兵援燕，而是给燕王喜回了一封信说：秦王政之所以对你燕国穷追不舍，就是为了要拿太子丹报仇。你要是杀了太子丹，把头献给秦王政，他就会退兵，你的国家就保住了。燕王喜为了保住自己的王位，竟泯灭人性，下了诛杀亲子的诏书，请李信让开一条路，由几名宫廷护卫捧旨到衍水土城上去取太子丹的首级。公子寅闻讯，欲夺门逃出向兄长报信，但被燕的守军捉住，送回宫中监禁。宫廷护卫到衍水土城传诏，诏书全篇皆数落太子丹谋害秦王，招致国败宫倾，国君蒙尘，罪大恶极，故即令伏罪受诛，以谢天下。太子丹以其愚忠愚孝之思想，以及牺牲师友多人但刺秦未遂的负罪感，竟毫不抵抗而俯首就戮。所部二万余众悲愤不已，陆续逃散。

燕王喜取得太子丹的首级后，盛入匣中，派人送给李信，转送到咸阳，并附上一封诚惶诚恐、向秦王政请罪求饶的信。常言道“虎毒不食子”，燕王喜杀死亲子以图苟安，真是比虎还要狠毒！但狡诈贪婪的秦王政，并不以此为满足，还是催令李信继续围攻辽东城。至此，燕王喜悔恨交加，痛哭失声，但已悔之晚矣！通过这血的事实，也使燕国军民看清、看透了秦国的奸狡和秦军的暴戾，便同仇敌忾，拼死抗秦；辽东的胡人部落此时也起兵援救燕国，使李信多次攻城终未得逞。秦王政为集中兵力征伐楚、魏，便命李信撤军。至此，燕王喜在辽东的这个危在旦夕的流亡小朝廷，竟得以从虎口脱险而幸存下来。

秦王政夺韩灭赵之后，下一个目标便是比楚国稍弱的魏国。

当一切部署完毕，各军正在集结，整装待发之际，边关传来紧急军情：原来属于韩国的新郑地区，发生军事叛乱，秦所任的郡守被杀。因秦在当地驻军的兵力不够，请求增援。而该地之所以敢于反叛，是受了仅一水之隔的魏国的怂恿和支持。当尉缭和李斯将这消息向秦王政禀奏时，这位君主不但没有像往常那样勃然激怒，反而开颜大笑起来，并说：“新郑之反恰如其时，真乃天助我也！”尉、李不禁愣住，问他为何对新郑的叛乱感到高兴。秦王政笑着说：“朕原所虑者，魏于我之征伐有所警觉与防范，则不易得手。今我以兵平新郑之叛，乃域内之事，彼当不予介意；我则可趁平叛之机移师渡河，突袭大梁，攻其不备。由此观之，新郑之叛实天助我大秦之际遇也！”尉、李都连连拱手致敬，盛赞秦王政确实是一位天才的军事家。

于是王贲即率大军十万攻打新郑，很快就平息了叛乱，随即在黄河西岸驻扎下来，表面上进行平叛后的善后和恢复工作，暗中则窥测一江之隔的大梁城的动静，准备伺机而动，攻下这座魏国的都城。

正好在这年的冬季，魏国全境下了一场罕见的大雪，雪深二尺五寸，冰冻三尺，白茫茫一片，一望无垠。魏国君臣和军民都在严寒之中向火取暖，或暖阁笙歌，安享荣华，或小炉杯酒，甘守清贫，全然没有顾及一江之隔的前韩国，现为秦的领地的动静。而秦军却正是利用这场大雪，发扬其善于吃苦耐劳、连续作战的作风，顶风冒雪从西岸的新郑渡过黄河，把部队转移到东岸，对大梁城形成了包围的态势。到了次年，即秦王政二十二年（前225）春，正当冰雪消融的时候，秦军已经在黄河东岸集结完毕，只等令下，便可以开始进攻了。

直到这时，魏国才发现自己的国都已经处于二十万秦军的包围中，情

况非常危急。当十万火急的军情报给魏王假时，他才如梦初醒，赶紧召集群臣，商议抗秦之计。

魏王假最后决定：由大将军晋升率军十二万，都尉魏天骄为副将，即日出城赴战，将秦军阻挡在十里以外，一来确保大梁城之安全，二来可供郡、县增援的部队在后面布陈设防。

朝议既毕，西方将军即向各郡、县派出飞骑传令，速向国都大梁城发兵增援。大将军晋升带上副将魏天骄，统率十二万大军出了大梁城，开赴前线，迎战秦军。

秦将军王贲在大梁城外十来里处摆开围城的姿势，但并未贸然进攻。等到探马回报，知魏军统帅打的是“晋”字旗号，又立刻放了心，并想出了一条妙计，可以兵不血刃而打败魏军。

翌日辰时左右，秦军开出一队人马到魏军阵地前，扎下阵脚，列开旗门；魏军也赶紧摆出相应的阵势，准备应战。但秦军并不挑战，只是传过话来，请主帅到阵前答话。晋升从旗门后探视，看清秦将确实没有持械，不像准备打仗的样子，便随带一员骠骑兵乘马走向阵地前沿。秦军中的王贲将军也骑马相向走来，当相距只有两丈之遥时，晋升忙勒住马，等待对方开口。谁知王贲并不停步，而是继续向他走来。晋升忙问道：将军有话，请就地讲来，怎么擅入我方阵地？话音未落，忽见王贲一扬手从袖内飞出一根套索，不偏不倚正好套住他的颈部，他刚要挣脱，早被王贲用力一带，把他提了过来，正好落在鞍上。这位魏军将士猝不及防，一下子愣住了，等转过神来放马追抢，王贲已经一马双跨飞奔入了旗门，随即飞箭如雨射了过来，魏军只好退了回去。

王贲不但用兵如神，还能弄舌如簧，硬是把晋升说得投了降，而且按照王贲的意思写了一通号召书，极言秦国将统一天下是大势所趋，魏国则君幼而无志、臣庸而无能，何必为其作无谓之牺牲。他劝大家非降即散，不必替魏国效死卖命。王贲命军中书吏抄写成数千份，向魏军散发，魏军果然分崩离析，或降或逃，损失数万之众。副将魏天骄赶紧将部队带回城里，不敢应战。秦军趁势衔尾急追，只几个战役就兵临城下将大梁城围得水泄不通。将军西门光武与魏天骄多次率军出城与秦军拼死决战，怎奈秦军已紧紧封住了城门，即使略有退让，马上又有后续部队围上堵住。从郡、县来的魏军救兵还未接近城池就被秦军击退，内外不能接应形成阵线，施展不出力量，任凭舍生忘死也徒有牺牲而于救援无益，终于败下阵来被困在孤城里。魏军虽然突围不出，但大梁城坚固厚实，秦军也很难攻入，僵持状态延续了三月之久，王贲为此很是着急！

到了夏季，出现了经久不停的阴雨，河水猛涨，大梁城被水包围着，这使王贲想起了以前赵、楚两国都曾采取水淹的办法打败魏国，便下令从护城壕向内挖掘，向外决堤引水。八万将士镐镢翻飞，锄锹竞举，日夜不停，轮番操作，只几天工夫就把城墙挖通了，堤的决口处引来的黄河水浊浪翻腾，狂冲猛泄，大梁城浸水深丈许，人们都爬到屋顶上，无法作炊，啼饥号寒，其状甚惨。纵有十万守军也无法冲锋陷阵了。魏王假只得捧着降书、领着群臣，大开城门向秦军投降。至此，魏国便灭亡了，时间是在秦王政二十二年夏的雨季。

秦军用水攻淹没大梁城，迫使魏王假开城投降，接着又征服了魏国的全境，亡了魏国，但是还有一块小小的魏地没有被秦国所得，那就是魏国西北部的安陵。这安陵是个分封的小国，在魏国与其他诸侯国战争时，即使是进退频繁的拉锯战，也以其地小国弱，且严守中立，而没有卷入战祸得以幸存。王贲将军没有对其兵刃相加，它便成为秦国所征服的幅员广大的领土中的一个独立王国。从秦王政要彻底消灭六国、扫平天下的雄图大略来看，当然不会允许安陵国的继续存在，但要是以武力征服，又的确是“杀鸡用牛刀”，太小题大做了。况且秦王政认为：韩、赵、燕、魏诸国都已被他消灭，自己已经是威镇诸侯、声名盖世的君主，要取得安陵，只要他说一声，对方就会唯命是从，双手把国土奉上。尉缭却有不同的看法，提醒他说，安陵虽然是个分封的小国，但安陵君却不是个小人物，他励精图治，严于自律，深得臣民的爱戴。过去魏公子无忌曾仗着是魏王之弟欺侮过安陵王，但他不被威武所屈，据理力争，终于使信陵君向他道歉。因此向安陵君索要他的国家，不能用以上压下，以大欺小的态度，而要用以虚掩实的策略来进行，才有确实的把握。

秦王政接受了尉缭的意见，派一位使者去见安陵君，提出与其交换领土的要求。使者说，秦王向您致意，我们秦国想用五百里土地换取您的安陵国。您一定会欣然同意吧？安陵君暗想：你嬴政贪得无厌地用武力侵略、吞并别的国家，不惜用水淹，使人民断炊绝食，最终迫使魏王假向你投降。现在怎么会突发慈悲用十倍于我的土地来换取我的国家呢？这显然是个骗局。但对于秦王政又不能力拒，只能婉言谢绝，他便以恭谨而委婉的口吻给秦王政写了一封回信说，承蒙秦王给我如此的恩惠，愿意将大面积的土地来换取我这小小的安陵国，真是件大大的好事。可是，这块小小的领地是从祖先那里世世代代传下来的，我愿意永远地守住它，因此不敢和您交换。秦王政看过安陵君的信很不高兴，大有欲伸讨伐之势。安陵君赶紧派唐雎为使臣到咸阳拜见秦王政。

秦王政听说安陵君派来的使臣是唐雎，便问李斯，唐雎是何许人也？李斯是掌管司法和情报的，当然对其了如指掌，便告诉秦王政，唐雎是魏国的二世老臣，为人沉稳机智，能在关键时刻为君主排忧解难或给予揭示，比如当年信陵君窃符救赵，打败了我们秦国，赵王因其有大功，亲自到郊外来迎接，信陵君便自鸣得意，露出骄矜之色。唐雎提醒他说，别人有恩德于我，应该永志不忘；而自己对别人有恩德，却要忘掉。您现在杀了晋鄙，救了邯郸，打败了秦军，保住了赵国，这是大恩德啊！现在赵王亲自到郊外来迎接您，您就要与他相见了，希望您把对他的恩德忘掉。信陵君受到他的提醒，不再居功自傲，受到了人们的尊敬，很多有志之士都归附于他，成就了大事业。

兵马俑一号坑大厅

秦王政听过李斯的介绍，认为唐雎是有点能耐，很会说话，但他毕竟是个小国之臣，怎么能在我这位既威镇诸侯、又雄才大略的君主面前逞才取胜呢？我非把安陵这五十里地拿到手不可！于是他昂然地坐在龙椅上召见来使。

唐雎沉稳而自信地走到阶下，按君臣大礼参拜过秦王政。秦王政轻蔑地问唐雎说，寡人用五百里之地交换安陵，安陵君为何不肯呢？何况我大秦国已经把韩国和魏国都消灭了，之所以还让你这五十里地的小国幸存下来，是因为安陵君是位德高望重的长者，才不想用武力相加。可是现在我要用十倍于你国的土地与你相交换，使你扩充领地，却遭到拒绝，那不是轻视我吗？

唐雎认真地回答说，怎么会轻视您大王呢？安陵君的领地是继承祖宗的基业，所以要永远守住它，就是一里地也不敢换，岂止是百里地哩！

秦王政怫然而怒，对唐雎说，你听说过天子发怒的情况吗？唐雎回答说，没听说过。秦王政说，天子发起怒来，要使百万尸体倒地，鲜血流淌千里。唐雎严峻地反问秦王政说，大王听说过布衣之士发怒的情况吗？秦王不屑地说，布衣之士发怒，不过是把帽子摔掉，把鞋子踢掉，用头撞地罢了！唐雎说，那是庸人发怒，而不是勇士发怒的表现。当年专诸刺吴王僚的时候，彗星奔袭月亮；聂政刺奸相狭累时，天际的白虹贯穿了太阳；要离刺庆忌时，一对苍鹰飞到殿上搏斗。这三位都是布衣之士，他们积郁于心的义愤还没发出来，上天就把吉凶的预兆显示出来了，现在我就是第四位勇士了。勇士真的发起怒来，只倒下两具尸体，血也只流五步远，但天下都要为他们披麻戴孝，穿上白色的丧服，今天就是这样的日子。说着话他就拔出剑来，直冲上去。这一下就把秦王政吓得跪了下来，向唐雎谢罪说，先生您请坐，何必这样呢！现在我明白了，韩国和魏国都灭亡了，而安陵这个五十里地的小国之所以能够保存下来，是因为有您这一位勇士在捍卫着它。

这一次秦王政的仗势要挟终于未能得逞。事后，秦王政对李斯怯怯然说，幸亏我没有强要那五十里领地，要不然唐雎就会一剑把我杀了。我从他的目光和气势可以看出，他的智能和胆略，是远远超过了荆轲啊！

唐雎回去之后，把情况向安陵君禀奏了，安陵君非常感激地说：“卿乃我安陵之大恩人也，吾与臣民将没齿不忘。”说着便向他跪拜致谢。

唐雎忙也跪下，扶着安陵君一同站起，深情地说：“此皆列祖先王之遗荫，陛下崇名令德，故秦王不忍以武力相加。至于老臣，以忠保国，以义抗暴，乃士之志也，何足挂齿。”

安陵君感慨地说：“魏王假以满朝文武，数十万众，尚不敌王贲远征之师，致使战败困守，水浸降城而亡国；卿却以布衣之士，只身入虎狼之国，雄辩似刃，剑气如虹，竟使秦王折服。得臣如卿，安陵当永保无虞矣！”

唐雎慎重地提醒安陵君说：“曾闻尉缭论秦王，今得见之，果然蜂准，长目，鸷鸟膺，豺声，少恩而虎狼心，其得天下之志不可违也。”

安陵君不禁忧虑地说：“如此则安陵今日之幸存已甚不易，恐难期以永存矣。”

唐雎也伤感地说：“吾观当世之君，唯秦王雄豪有大志，余皆忘祖离心；看来六国气数已尽，无以匡复。望吾主善保此土，勿使生灵涂炭，则可以上慰先工，下对黎庶。至于往后，当听天安命，不必勉强。”

聪明贤德的安陵君，领会了唐雎的意思，从此更加勤于政事，爱民如子，赢得崇高的赞誉。秦王政也就让其保持自治，没有来掠夺。直到后来

安陵君死后，唐雎想到自己若能归附于秦王，或者有所作为，但现在他身旁群臣拥簇，且倾轧剧烈，连韩非都含冤瘐死，自己何必再去作砧上之肉呢？但又转念一想，秦王政虽爱才，但也最忌才，自己若不降他，终遭不幸。与其受害屈死，不如保住名节，于是便沐浴、盛装，向魏国和安陵的祖庙以及自家的祖宗牌位哭祭之后，毅然拔剑自刎。安陵的臣民都非常悲痛，为他穿孝服，给以国葬。秦国接管安陵没有使用武力，百姓都缅怀安陵君和唐雎的丰功遗泽。秦王政听说唐雎从容自刎的高风亮节后，感叹地说："三军可以夺帅，匹夫不可夺志，信矣哉！"

第七章

平定荆楚　智取临淄

在秦王政二十一年（前226）冬，正是魏国全境普降大雪、王贲在新郑平叛之后逐渐向魏国运兵之时，秦王政在咸阳慰劳过分别从蓟城和辽东回来的王翦、李信的部队以后，即召集群臣商讨对楚国发动全面进攻的战略部署与后勤给养等军务。秦王政环顾在座的谋臣与将领，兴致勃勃地说："新郑之乱既平，灭魏之期可待；此番我军所指当在荆楚，但不知需发多少将士才敷克敌制胜之用？"

"楚虽地广人多，但徒具虚名；前者王贲将军略试锋芒，即轻取其十城。此番将士齐心合力，奋力击之，有二十万众足矣！"青年将领李信前年出征灭燕时还只是个都尉，经过激战易水、勇夺蓟城、奔袭辽东、得燕太子丹首级等役，战功显赫，现在已是将军了，不免踌躇满志、心高气傲起来，便抢先直陈己见。

"取韩、燕小国，用兵皆在二十万以上，今以二十万伐荆楚大国，宁不少乎？"秦王政有些犹豫地问道。

没等别人开口，李信又振振有词地说："楚国君主负刍，不善用兵又不敢用将，以致君臣离心，军心浮动。既无报国勤王之师，怎挡我摧枯拉朽之势？故我军只需二十万，则绰绰有余矣！"

秦王政为取得更大的把握，便转问王翦说："老将军以为如何？"

"楚国虽已是强弩之末，但毕竟将者不忘忧国，志士犹要图存，如我一旦叩关，彼即万众奋起，一心抗敌。故老臣以为，如要扫平荆楚，非六十万大军不可！"王翦郑重地提出自己的看法。

秦王政以其藐视群雄的心理，最不喜欢提到别国有何可取之长处，他微愠地对王翦说："将军所言之数，何至如此之巨，无乃怯于楚乎？"

王翦肃然地说："老臣戎马生涯五十余年，出生入死，难计其数，其中心得，难以备陈。纵观胜败得失，欲伐大国如荆楚者，非六十万众，实难取胜！"

秦王政见王翦还在固执己见，认为是在扫他的兴，便揶揄地说："虽

然廉颇尚能健饭，惜雄心已不复当年，无怪其怯敌也！”

王翦听了感到委屈，便有些不服，想再作个申明，但秦王政已不耐烦地一挥手说：“为军当鼓勇而前，何须以数壮胆。我意已决，无复多言！”随即宣布接受李信的建议，发兵二十万，以李信为将军，蒙恬副之，尽选精锐之兵，共赴勤王之命。秦军士气高昂，鼓角嘹亮，杀向楚国而去。

王翦在御前会议上的中肯之言不被采纳和理解，反而被秦王政奚落一番，给秦王政写了一分辞呈，请求告老还乡。秦王政是个多疑的人，看过辞呈并不急于批准，而是召王翦进宫，装作亲切地表示挽留，并问他是否因为那次两人意见不合而负气要走。王翦心头一紧，觉得真是“伴君如伴虎”，这人真是太难相处了！他特地表明心迹说，自己绝没有对君主不满的意思，确实是自己既老又多病，不能再领兵打战了，因此请求解甲归田，求个叶落归根，颐养天年。秦王政这才消除了疑虑，恩准其退休，回到故乡频阳去安度晚年。临行前夕，秦王政在内宫设宴给王翦饯行，君臣频频举杯，互相祝福，共期伐楚的战争取得胜利。

秦将李信和蒙恬领军二十万兵攻打荆楚，按照战略部署兵分两路：李信攻平舆，蒙恬攻寝城，进展都很顺利。李信乘胜前进，继续攻取郢城和鄂城，大有所向披靡之势。李信因此更加骄傲起来，他一面派飞骑通知另一路秦军将领蒙恬，促其加强攻势，争取保持与自己相同的进度，以便形成钳形攻势，两面包抄，到城父会师，然后合力攻打楚都寿春；一面向自己的将士灌输速战速胜的思想，说是去年征服燕国，破蓟城、下衍水，最后斩获燕太子丹的首级，都靠的连续作战，一气呵成，要是稍有停顿，给敌人以喘息的机会，那就不会有如此神速和辉煌的战果。有位都尉提醒他说，燕国是国小兵弱，燕王喜又懦弱，与太子丹意见不和，造成内部分化，我们才轻易取胜的，现在的楚王负刍刚当上国君，正有一股锐气，加上该国上柱国项燕将军是一员虎将……这些都是燕国所无可比拟的，希望将军给予重视。李信仰天大笑奚落那位都尉说，你是跟在本将军麾下，打了几个胜仗，才当上都尉的，怎么竟缺少我这样的锐气，反而像王翦老儿那样暮气沉沉，有点畏敌怯战了，你没见我军自入楚境以来的连战连捷吗？一连串的话说得那位都尉连声自责，并自告奋勇地走在队伍前面，以表示“身先士卒”的决心。李信率领的秦兵将士便都秉承主将的意旨，奋勇争先，杀向城父而去。

当前线的军情传到楚都寿春，楚王负刍立即召上柱国项燕将军入宫，商量对策。他对项燕说：“去年王贲率军扰我东境边陲，幸上柱国出兵拒之，才得保土安民。今强秦又卷土重来，我必再给以重创，使其不敢染指我荆楚尺寸之地，否则彼将得寸进尺欲壑难填。”

“大王所言极是。秦军虽武勇，我亦决不能示弱；况我今尚拥兵数十万众，且在本土作战，全军将士一心，定能克敌制胜。唯主上图之。”项燕赞成楚王负刍的看法，积极主张应战。

“如此甚好。卿可统二十万兵马，迎击李信，为王亲率二十万阻挡蒙恬所部。管叫他乘兴而来，败兴而归。”楚王负刍当即作出了决定。

“大王乃一国之主，自宜坐镇朝堂，等候捷报。沙场杀敌之事，自有臣等效命，主上就不必御驾亲征了。”项燕知道楚王负刍武艺平平，如何能经此大战，忙好言谏阻他。

但楚王负刍却颇为自信地说：“先王考烈王暨相国春申君，均多次为纵约长，率诸侯兵伐秦。我今方履君位，当振先王之余威力挫秦军，使其领教我楚国仍不减当年之勇，从此不敢觊我邦。此番抗秦得胜，举国朝野必皆心悦诚服，吾之金銮宝座便可稳如泰山。”

“既然主上有些大志，臣当得从命。”项燕见楚王负刍谈得如此自信又冠冕堂皇，就不便拂逆其意，但为了安全起见，他还是派一位裨将给他保驾。他再三嘱咐那位保驾将军说：“景骐将军，此番迎战秦军，能胜，固所愿也；如不能胜，则不必恋战，千万保住主上，平安回来，就算将军立下大功了。”景骐将军连声答应，即点齐二十万人马，拥着楚王负刍，出了寿春城去迎战秦军。

楚王负刍骑着马被景骐等十余名武将保护自己在前军的队伍里奔驰前进。他环顾身旁有那么多将士拥簇着保护自己，鞍前马后的步兵跑步紧跟着战马的速度，他想，以这样的阵容去打仗，实在是太安全了。他又不由得暗笑上柱国项燕太谨小慎微了，怎么不放心我御驾亲征呢？……我这次一定要打个胜仗给他见识见识，说明我取代幽王当国君是当之无愧的……！想着想着，只听前面传来停止前进的命令，待把缰绳勒紧，马停下来，前面的队伍已向两边分开，列出旗门。原来是已发现秦军迎面而来。裨将景骐忙下令列好阵势，迎战来犯之敌。

前方奔袭而来的正是蒙恬的军队。自从接到李信的通知，他们便加快了行军的速度，想要早点赶到城父，没想到却在这固始县北的驿道上与楚军遭遇上了。蒙恬一面命令部队停止前进，一面朝前探看，发现对方旗门正中处扬起的大旗是“楚王”二字，便想：主将要我攻这条战线，却正好遇上楚王，真是打瞌睡碰着枕头，运气太好了。他向将士们发号施令：趁对方阵脚未稳，全力杀上，活捉楚王负刍！顿时秦军阵里鼓声大作，士气高昂，杀声震天，步、骑、车兵像潮水般涌了过来！

楚王负刍的武艺，平时在狩猎上，射几只飞鸢走兔还是颇有斩获。前年发动政变，他与上柱国项燕以压倒多数打败了自己的同父异母弟弟幽王熊犹，一举夺得了王位，就自以为武世超群了。但现在遇到秦国的猛将蒙恬，还没交手就被秦军的强大攻势吓住了，不敢催军迎战，只有勉强招

架。身旁的裨将景骐等为了保护这位君主，也不敢往前冲杀，因此也显不出反攻的锐利势头。没多久，秦军就把楚军的阵脚冲垮了，队列往两边一攻，秦军就直插进来，争先恐后地来捉楚王负刍。楚王负刍吓得掉转马头往回跑，景骐等裨将都尉一面护住楚王负刍，一面且战且退。蒙恬怎肯放过，急催步、马、车兵向前猛冲。幸亏楚军来了二十万之众，虽然军心不振，战斗不力，毕竟人多势众，左冲右突地挡住了秦军攻势。蒙恬一着急，忙令弓箭手将火箭点燃，纷纷射向楚军的粮草车辆，立即烈焰冲天，浓烟迷漫，楚军被烧得四下逃窜，溃不成军。楚王负刍吓得从马上跌下，幸亏被景骐救起，抢得一辆战车，丧魂落魄地逃回寿春去了。此役楚军伤亡十三万多，秦军仅损失了两三万人。蒙恬所部稍事休整后即向城父开赴，与主将李信会师。

李信所部继攻下鄢、郢二城后，又连下楚军的六座小土城，楚军皆望风而逃，真使他喜得眉飞色舞，笑逐颜开。他留下三万人马驻守所占城池，亲率七万精兵向前进发。这一日正行进间，得探马飞骑回报：楚上柱国项燕率军二十万已在前五十里列阵待战了。李信忙下令就地扎营，密切观敌动静。李信笑着对蒙毅说，只有前军而无后续部队，只是来试探我军实力的，便派蒙毅率二万轻骑前去迎战，两军在淮水之南滨二十里处会阵，但尚未交锋，楚军便向东南败走。蒙毅追了一阵，没有收获，便鸣金收兵。他疑心是楚军诱敌，但李信认为是对方怯战，更放心大胆地催军向前，直赴城父，再攻寿春。

谁知秦军刚开拔不久，原向东南退去的楚军疑兵即掉转头来，利用熟悉地形之优势，尾随李信所部，三日三夜而不被觉察，然后以迅雷不及掩耳之势，雷霆万钧之力，只几次冲锋就将秦殿后的二万余人全部歼灭。李信闻讯，正要回兵去救，又见前面有约十万楚军猛扑过来，只好仓皇向东，准备到城父城内坚守备战。当秦军以急行军奔向城父时，并未遭到阻止，但军行过半，两侧楚军的伏兵齐杀出来，将其截为两段。前军只顾夺取城父，但到达时仅是一座空城，还没来得及筑防，项燕已率二十万军杀到，秦军在重重包围中作困兽之斗。李信欲派人向蒙恬求援，但蒙恬所部也在冒进追赶楚王及赴城父的途中中了埋伏，损失惨重。这两队秦军伤亡四分之三，仅剩五万之余，逃回上蔡，凑足八万兵马反扑过去，又中了项燕疑兵之计，被杀得大败，七员都尉阵亡，只余数千残兵败将逃回秦国。

秦王政在咸阳陆续收到从楚国前线发回的捷报：李信和蒙恬两支部队已顺利攻克平舆、寝城，继而取得郢、鄂和六座小城，正在以两翼齐飞之势向城父会师，然后合兵直下新郢（即原寿春，当年改此名）……这真使他欣喜、亢奋不已，只等城父捷报一来，他就整装出发，亲临中军督战，参加攻陷楚都寿春的战役。谁知这次的紧急军情不是来自城父的会师前线，而是来自城父的败绩，损师十之八九，仅余数千人退守上蔡（原楚地，已被秦掠占，成为屯军储粮之地），七名都尉阵亡！看完战报，秦王政怒不可遏。从理性上说，他也懂得“胜败乃兵家常事”的道理，但在感情上他接受不了这次沉重的打击。虽然直接责任者是骄傲自负的李信，但正是他这位目空一切的君主的纵容，所以才遭受了这次的惨败！为了挽回败局，战胜楚军，秦王政立即轻车简从，急驰二百里，赶到频阳农村去班请王翦老将军。

这时正是仲春时节，布谷声声，和风阵阵，菜花绽黄，禾苗泛绿。一身农夫打扮的王翦，正在自家门口的桑树下清点农具，准备送往田垅，忽见两三个村童领着两驾马车直向自己这个方向奔来，忙放下手中的犁耙迎上前去。那急驰的车已到门口，只见秦王政还没等车停稳就纵身跳下，向他走来，急声唤着：“王老将军，王老将军！”

王翦连忙蹭行一步，跪下接驾，连声说：“老臣迎接陛下，望恕我接驾来迟之罪。”

“老将军说哪里话来，朕此行来得冲撞，还望你多多海涵才是。”秦王政将王翦扶起，笑盈盈地说。

“圣驾枉顾，真乃折杀老臣了。”王翦再拜而起，一面将秦王政让进家中厅堂坐下，一面关切地问道，“陛下心怀天下，日理万机，竟拨冗驾临寒舍，想是为了楚国的战事？”

“老将军真乃神机妙算，不愧为一代元勋！”秦王政向王翦表示敬佩，并歉疚地对他说，“朕此番前来，乃是向将军谢罪的！”

“陛下英明圣德，何出此言？”王翦吓得连忙跪下，紧张地望着秦王政。

“老将军快快请起！”秦王政忙将他扶起，并将战报递给他，说：“请老将军过目，便知分晓。”

王翦接过战报，匆匆看过，叹息地说：“当日李、蒙二将出师，老臣即预见其骄兵必败，但不料竟败得如此之惨！”

“李信之骄，乃朕纵容轻信所致，故其罪在寡人。望将军有以教我。”秦王政向王翦深深地作揖，以表自责之忱。

王翦忙回礼说：“老臣年迈力衰，智能愚钝，已不能领兵用事，唯望安度残年，终老于桑梓，则于愿足矣！”

秦王政知道王翦对那次会议的事耿耿于怀，便再次向他道歉说：“将军睿智英武，寡人心悦诚服。荆楚再起战端，运筹决胜，非将军莫属。我大秦灭六国、并天下已指日可待，将军何忍见其受挫于楚而功败垂成，使寡人有负于先王之遗愿、社稷之重托？望将军谅我、助我！”

王翦至此也不再执拗，便对秦王政说："如要老臣领军伐楚，所需将士非六十万不可！"

秦王政见王翦答应了，高兴地笑着说："只要老元戎出马，一切唯将军之命是从！"

于是君臣亲切地握手，相视而笑。为了不误军机，秦王政婉谢了王翦全家的盛情挽留，并带上王翦老将军即日乘马车赶回咸阳，准备兴军伐楚。

兵马俑三号坑大厅

由于秦国实行屯兵于民、平战结合的政策，六十万兵马很快就征集好了，王翦便于秦王政二十三年（前224）夏率六十万军攻击楚国。秦王政亲自率领群臣到灞上给王翦送行，临行时王翦向秦王政呈上一份奏本，请求赐给他一笔财产，开列了大量的良田、豪华宅院、园林、池苑的产业名单。秦王政笑着说，老将军，请出发吧，难道你还怕穷吗？王翦认真地说，给您打仗功劳再大也得不到赐爵封侯，既然大王还用得着为臣，我就趁这个时候请大王赐给一些产业，留给子孙后代。秦王政大笑说，你就放心吧，朕会给你的。王翦这才带队伍出发，出了函谷关，又一而再、再而三，接连五次派使者回咸阳，向秦王政提出请赐给良田、美宅、园林、池苑的事情。他麾下的将士就说，您这样没完没了地去要，未免太过分了。王翦笑着说，这不算过分。对于秦王，大家都清楚，他疑心重，又不相信别人，特别不放心握有重兵的将领。现在全国六十万军队交给我一人掌握，我要是不装出个为子孙着想、专在产业上打算的样子，他不就会怀疑我有什么野心吗?！将士们都频频点头，佩服老将军想得周到。

王翦这次伐楚，兵分两路：一路由自己率领出函谷关；另一路由蒙武率领出武关，造成分头出击、双管齐下的态势。王翦这一路大军出了函谷关，入得楚国境地以后，便在平舆一带摆开了阵势，并派探马向纵深处探听军情，很快得到回报：以项燕为将的五十万楚军已在正前方不远处扎营列阵，准备决战。将士们闻讯，纷纷上帐请战，欲报城父大败之仇。王翦沉着地说，楚军以怎样辱骂，或以零星步、骑兵前来挑战，均一概保持沉默，不予理会。

又过了十来天，蒙武将军派飞骑送来战报：经过十来次大小战役，该部已占领了楚国中西部重镇安阳，稍事休整后即进攻楚国的国都新郢，请王翦大军配合行动。王翦阅后大喜，命令各哨所密切注意敌方动态，全军将士人披甲、马上鞍，随时准备出击！

不到片刻，又有探马来报：对面楚军开始拔营拆帐，似有开拔的迹象，全军闻讯皆摩拳擦掌，好不兴奋。老将军王翦在中军帐一声令下，数万黑盔黑甲黑马的骠骑兵似无数支箭飞射而出，以最快的速度从小路，抄捷径，超赶到楚军的前面，给以迎头痛击；另有若干车兵分成数股，有点火把，鼙鼓震天，杀声动地，去围歼楚军的粮草辎重车队。秦军拦在外围拼命砍、杀、烧、射，楚军伤亡无数，惨叫哀号传遍山野，人的尸体和死马以及各种武器、辎重枕藉在数十里长的战场上。

楚上柱国项燕在中军指挥部队向安阳方向进发，以抵御蒙武部队对国都新郢的进攻，占据着有利地势，扎营高垒，以恢复士气，准备与追来秦军决一死战。

寄希望于数十万将士为之效死赴战，自己却苟且偷安、醉生梦死的楚王负刍，见上柱国项燕拥重兵在平舆前线与秦大将军王翦部队隔阵相对，数月来全无动静，便起了疑心。

楚王负刍决定亲率二十万大军，以屈定为副将，到前线军中去“劳军”，如发现有反常现象，就立即褫夺项燕的兵权，以屈定为帅，出击秦军。正当他和屈定执掌中军、催兵急进之时，正逢王翦所派那数万黑骑军迎面杀来。

楚军既已稳住了阵脚，便把战线拉长，挡住黑骑军的冲击，而且人数三倍于秦军，便显出了优势。正在楚军即将得势之时，忽见从西北方杀来一支秦军，“蒙”字大旗迎风扬起，原来是从安阳来的蒙武大军及时杀到。黑骑军见来了援军，顿时精神大振，转守为攻；而上次败于蒙恬之手的楚工负刍，见了“蒙”字大旗就吓虚了胆，连忙掉转马头就往回跑，蒙武的部队趁势猛攻，楚军猝不及防，阵脚被冲垮，便土崩瓦解般地败下阵去。蒙武率秦军衔尾直追，不断扩大战果。楚王负刍在副将屈定等将领保护下，抱头鼠窜，跑回新郢，忙把城门紧闭，将吊桥升起，不敢应战。

项燕在淮阳布阵，阻止秦军的追击。他惯用车、骑、步三兵种层层设防，且利用有利地形，居高临下，坚守阵地，以车兵驱前，骑兵居中，步兵随后，前后呼应，首尾相顾：对密集阵形，用快车将其冲散；对秦军冲来的骑阵，便先用箭射，再用骑兵与之对抗；到了两军接触很近、很密之时，就用步兵挥锐剑利刀拼死血战。

第四天，从新郢方向传来急讯，蒙武大军已在追击楚王负刍，新郢危在旦夕！项燕虽对楚王负刍很不满，但毕竟是很爱国的，何况部队无粮已难久守，便只好挥泪撤军。楚军既饥且疲，退起来也失去了队形，被秦军猛攻急追，伤亡甚众。项燕为了减少伤亡，亲自断后，且战且退。经过一昼夜的仓皇撤退，好容易到了新郢。城楼上放下吊桥，开启城门，让残兵败将进城。当项燕走在后面正要提马过吊桥时，城楼上忽然向他乱箭齐发，而屈定在垛雉间则高声骂他是叛臣降将。他惊宅万分，正要申辩，却险些被乱箭射中，无奈只得急忙调转马头，带着万余残部急向淮南地区奔去，另找立足之地。

这场历时半年的大战，楚军五十万被歼大半，只剩下二十万人退守新郢，后被王翦、蒙武合军五十万围攻三月，终于城破，两名副帅皆先后战死，楚王负刍被俘，只剩下项燕及其残部在淮南一带拥昌平君为楚王，作最后的挣扎。

秦王政二十四年（前223），王翦、蒙武率大军四十万进攻淮南，昌平君与项燕率全国二十万楚军与之决战，各据淮河之北、南两岸，进行了多次的水陆两栖的激战，各有伤亡。在对峙了一段时期之后，王翦命蒙武率十三万精锐之师在昌平（即在淮南的楚国新城）以北十里处强行渡河，造成主攻的态势，吸引项燕转移注意力，撤兵回防。与此同时，王翦指挥二十五万重兵在石矶渡口趁夜潜渡；蒙恬在另一渡口以二万轻骑飞舟急渡。三处分头攻击，只要得手即去攻打昌平，撼动楚军初奠之基。楚军人数原只及秦军之半，由昌平君率小部分困守城池，项燕率十五万水陆部队，在沿淮河两岸的狭长地带抵御秦军。虽竭尽全力，终因实力悬殊，加上楚军中仅项燕堪称大将，其余将领皆武艺平常，不擅指挥，在秦军多点抢渡强攻之下，首尾难以兼顾，终因兵力逐渐不支而全线溃败。蒙武、王翦所部抢渡成功，合力围攻昌平君。昌平君亲率守军拼死抗争，在混战中被杀死；项燕在回军援救昌平君时被秦军堵截围困，他奋发神勇与亲信数百骑兵反复冲杀，秦军伤亡甚众，但包围则有增无减。项燕在突围不成，又得知昌平君已死的情况下，悲愤万分，拔剑仰望苍天，流泪长叹说：“不该错拥负刍，误国害民，终致回天无力，愧对先王！”说罢即引颈自刎。

至此，昌平楚国终告灭亡。翌年，即秦王政二十五年（前222），秦将军王贲率兵攻克燕国的辽东，俘虏了燕王喜；又回兵往北，灭代国，俘获代王嘉。王翦、蒙武二将军率部将楚国全境扫平，并占领了附属于楚国的越国，改制为会稽郡。这年，楚国全境都划归秦国的版图了。

秦王政发现齐王建是个游离于其他诸侯国之间的中间人物，正好进行物诱以为己所用，便经常通过后胜表示对其中立态度的赞赏，并赠予金玉物宝等贵重物品，以笼络其心。齐王建对此更是感激涕零，受宠若惊，对各国间的事态便总是遵从秦国的意向，仰承鼻息，投其所好。秦王政六年（前241），楚安鳌王充当纵约长联合诸侯国兴兵伐秦，韩魏赵卫等国参加了，齐王建则仍采取中立的态度，没有介入。恰好那次秦军击败了联军，后胜就在齐王建面前鼓舌摇尾说，我早就说了秦国是当今霸主，只能屈节求和。齐王建频频点头说，是的，是的，我们这着棋下准了，对秦国是靠稳了。

后来秦国先后灭了韩赵两国，齐王建不但不引以自惕，反而是派使者去咸阳表示祝贺。秦王政留齐使参加隆重的庆功颁奖大会，还请他带回大量的珍宝玉器答谢齐王建，重申两国的友好关系，使齐王建这样那样的顾虑全都烟消云散，更加高枕无忧了。前年王翦、李信等去北部的辽东攻打燕国，从齐国的边界经过，齐王建和后胜丞相亲自到国境接壤处慰劳秦军，以示亲善。秦军北征，往返多次经过齐境，都没有干扰齐国居民的生活，齐王建就对秦国关于两国友好的承诺愈加深信不疑。

但是，当其紧挨着的偌大的楚国都被秦国所消灭，而且秦国将军王贲率三十万大军从西部入境，这才使齐王建着起急来，忙问丞相后胜，他与秦相王绾的谈判怎么靠不住了？后胜狡黠地答道，王绾谈判的态度是诚恳的，对方确实承诺要与齐国友好，但众所周知，秦国君臣都是十分诡诈的。他们现在背信弃义来打我齐国，真使人气愤，是不是派个使者去秦国问问？齐王建叹息地说，秦军都打过来了，还问什么？只有把军队开过去阻止他们，别显得我们太软弱了。于是齐王建和丞相后胜率齐二十万奔赴济水之滨迎战秦军。当他们急匆匆地赶到济水北岸时，秦军已在对岸安营扎垒，列好辕门了。齐军也找好有利地形扎好营盘，筑好壁垒。君臣刚在中军帐坐定，守辕门的近卫就把秦军的使者带进帐来，呈上了主帅王贲的书信：

齐王建陛下：末将贲，奉秦王旨率军入齐，其意已甚明矣！秦王振六世之余威，志在灭诸侯而平天下，已六得其五。今特陈兵有请于陛下者，

盖欲王能以齐国自献于秦，则黎庶免遭涂炭，干戈化为玉帛。吾主之雄图大业既成，当拜王以三公爵，以示荣宠。

秦将军王贲顿首

齐王建看过书信，怒对来使说，你们秦国一向狡诈，弃约背盟，以大欺小。我国既受骗于前，决不甘示弱于后。寡人虽是弱国之君，也不能将祖业社稷，拱手让人，更不愿俯首称臣。你国若敢来犯，我将与之血战到底。说罢将王贲的信撕得粉碎，以表示抗秦的决心。

秦将军王贲对于齐王建拒绝降秦早估计到了，所以在派出使者之后便组织了好了舟船和木筏先锋队，分别出发到上、中、下三个游渡口去准备强渡，自己则坐镇中军帐指挥作战。齐营中则派出骑兵队伍沿江巡逻，防止秦军偷渡。次日辰时双方都早已用过战饭，开赴江沿，进行决战。秦军将士都知道这是扫平六国的最后一次大战役，所以表现得分外英勇。而齐军虽为数也不少，且是保主卫国的决定性战役，故拼杀也很厉害，可惜由于君臣长期安享尊荣，放弃了战备，从心理、精神和战术上都远逊于对方。在中军督战的齐王建这时真是愧悔交加，想到自己的国土和地理比燕国总要强许多，燕国虽已亡了，但毕竟还有荆轲、燕太子丹这样的爱国英雄，死得壮烈，可歌可泣；而自己作为一国之主，却被虎狼之国蛊惑，被狐鼠之臣愚弄，把齐桓公、孟尝君等明君贤相留给自己的江山社稷毁败到如此地步，想来真是愧不欲生。他把中军令旗交给后胜，自己提枪催马赶到阵前，身先士卒，奋力拼杀。将士们见君主来了，便也鼓起余勇与秦军誓死相拼，总自然挽回了一些败局，对秦军在自己一方的阵地前勉强进行了抵御。

作为秦国内奸的齐相后胜接过指挥旗，知道齐王建亲自上阵后，战局便会僵持一段时间，为了向秦军邀功，他竟命令鸣金收兵。齐军将士本已战得难以支持了，听到锣声便转身往后撤退。齐王建忙立在马鞍上挥手高呼，要大家拼死抵住，但已挽回不了兵败如山倒的势头了。他也就顾不得别人，猛催战马，以飞快的速度赶回临淄，收拾残兵败将，并募集了两万忠勇之士加入部队中，以重振士气，保都卫国。齐王建问后胜为何要鸣金收兵，后胜答道，败局已定，不如早退，免得全军覆没。齐王建也不好责备他。虽然他们矢志坚守，但终因民心已背，军心难振，难以抵御秦军的强大攻势，最后只得开城投降。时在秦王政二十六年（前221）六月。

王贲和蒙恬二将率领秦军威武雄壮地开进了齐都临淄城。因为这是六国中的最后一个，秦王政接受尉缭的建议，命令将士们入城后力戒杀戮；齐国的降官协助秦军接管宫廷和朝廷各部门的机构，晓谕百姓安居乐业，拥护大秦的政权。秦王政在接到王、蒙二将发回的捷报后，亲批御旨：将

齐王建迁到离临淄不远的共城，由当地监管，并供应其生活。秦王政认为后胜是个佞臣，作为内奸，为秦国出力不少，但不忠于其国，是个祸害，即将其斩首。至此，齐王建才知道自己昏庸，竟被谗臣愚弄到认奸为贤的地步，愧悔心与日俱增，不久就绝食死在松柏环绕的茅屋之中。

第八章 称帝始皇 制度创新

秦王嬴政觉得自己功兼三皇五帝，泰皇虽贵，却难夸三皇五帝之功，于是决定从“三皇”“五帝”中各取一字，号为“皇帝”，并批准“制”、“诏”、“朕”作为皇帝专用术语。秦始皇开始了中国皇帝和皇权的历史，他利用三皇五帝的威望来抬高自己，他本人也成为一个至关重要和影响深远的历史人物。

秦统一六国之后第一件事就是议帝号，《史记·秦始皇本纪》记载，秦王政下了一道这样的诏谕：

今名号不更，无以称成功，传后世。其议帝号。

秦王政二十六年（前221），这是秦始皇人生中最为辉煌的巅峰时刻，这更是中华民族历史的“统一元年”。

秦王政在灭六国之前，被称为“秦王”。“王”本是周天子的称号。后来，各国诸侯争夺天下，都相继称王。现在秦王政尽灭六国，已不再是一国之王，他的统治地区已经不止秦国，那么，这位居于七国之尊的秦王政，究竟应该有一个什么样的“帝号”？应该具有多大的权力？

秦王政召集丞相王绾、御史大夫冯劫、廷尉李斯等人，在御前会上开始了“议帝号”之事。他在咸阳宫接受文武百官朝贺的时候说：“寡人如今消灭了六国，统一了天下，也该换一个名字了；若不更换名号，仍然称‘王’，同原先六国的国王还有什么区别？又怎能显示成功，传之后世？”

“名不正则言不顺，言不顺则事不成”，秦始皇深谙这个道理。在进行统一六国的战争中，秦始皇就“师出有名”，向世人宣布了吞并六国的正义性和合理性，理由是韩、赵、魏、楚背叛盟约，燕、齐敌视秦国，所以要全部消灭，并归于秦。

统一大业完成之后，长期割据所形成的各地差异依然存在。秦始皇以巩固统一为核心，以秦国制度为蓝本，在政治、经济、文化等各个领域实行全面改革，创立空前庞大和统一的封建帝国。

世界已经发生了翻天覆地的变化，如果不改名号，无法表现秦始皇前无古人的功业，并且也不便于留传后世。

文武群臣，七十二博士纷纷搜肠刮肚，冥思苦想，各自进行了充分的准备。丞相王绾，御史大夫冯疾、廷尉李斯等人召集了几次取名专题大会，最后形成了一个统一意见，上奏秦王政，《史记·秦始皇本纪》载：

昔者五帝地方千里，其外侯服、夷服，诸侯或朝或否，天子不能制。今陛下兴义兵，诛残贼，平定天下，海内为郡县，法令由一统，自上古以来未尝有，五帝所不及。臣等谨与博士议曰："古有天皇，有地皇，有泰皇，泰皇最贵。"臣等昧死上尊号，王为"泰皇"，命为"制"，"令"为"诏"，天子自称曰"朕"。

什么叫做"泰皇"呢？

《史记·索隐》说："天皇、地皇之下云泰皇，当人皇也。"有人认为，"古有天皇、地皇、泰皇，泰皇最贵"，建议秦王政称"泰皇"；有人说，大王德过三皇，功高五帝；有人说，就是把三皇五帝加起来也比不上大王，所以建议称"泰皇"。"泰皇"也就是与"天皇""地皇"相对的天下百姓之"皇"。古书曾说：三光者，日、月、星，三才者，天、地、人。

众臣、博士献上的这一尊号，秦始皇满意了吧！

秦始皇说："去'泰'，着'皇'，采上古'帝'位号，号日'皇帝'。"

秦始皇为什么要取"皇帝"这一尊号呢？

《史记》说："秦始皇自以为功过五帝，地广三皇，而羞与之侔（并列）。"秦始皇以为，他的丰功伟绩已远远超过了三皇五帝，所以，取一"帝"号或"皇"号，不能表示他的功业，所以"集三皇五帝"于一身，称之为"皇帝"。

李斯饱读天下之书，七十二博士也不是凭认识几斗大字就混到这个职位，可是他们殚精竭虑想出来的"泰皇"，秦始皇一句妙语，把这些出类拔萃的人物比得一无是处。

秦始皇"皇帝"尊号的创造，无疑是他的一大创举。

秦始皇已经占有了一个物质世界，七国已经统一，但是中华民族尚有一偌大的精神世界，这个精神世界，靠什么去"统一"呢？秦始皇不可能不考虑这个问题。吕不韦的那本《吕氏春秋》，他一定很熟悉。

《吕氏春秋·贵公》说：

天地大矣，生而弗子，成而弗有，万物皆披其泽，得其利，而莫知其所由始，此三皇五帝之德也。

秦始皇嬴政

三皇五帝就是一笔巨大的精神财富，因为它存在于华夏人民的心中。秦始皇创造“皇帝”这一尊号，不仅满足了自己超人的强烈欲望，而且轻而易举地占据了一个精神世界。“皇帝”这一尊号，来源于“三皇五帝”，但是又高于三皇五帝，这一名称一经创造出来，一直沿用了两千多年，可见生命力之强大。

秦始皇给自己定下了尊号，然后宣布：朕为秦始皇帝。后世以计数，二世、三世至于万世，传之无穷。

秦始皇自称“秦始皇帝”后，为了显示皇帝的绝对尊严，便规定皇帝自己称“朕”。“朕”，原意是“我”的意思，任何人都可以用，可是自秦始皇称“朕”之后，这个字就成了“皇帝”的专用名词。

皇帝有了专门的自称，皇帝所下的命令也应加以区别。于是皇帝所下的“命”叫“制”；皇帝所下的“令”叫“诏”，并让参谋大臣蒙毅找来玉石工匠，选择一块上好的玉石，刻成大印，上刻“皇帝玉玺”四个大字。他认为只要有了这块大印，以后传位就不会有人假冒了。

玉玺分为两种，一种叫“传国玺”，玺方4寸，上部勾交五龙，由和氏璧仔细琢磨而成。文曰“昊天之命皇帝寿昌”，乃李斯亲笔书写；另一种叫“乘御六玺”，共有六方，分别为“皇帝行玺”、“皇帝之玺”、“皇帝信玺”、“天子行玺”、“天子之玺”、“天子信玺”。只有皇帝的印才称为玺，只有玺才能使用玉料，玉玺与朕、制、诏一样，都是皇帝的专擅之物，不许臣民使用。皇帝名号和权位确定以后，皇帝的至亲也随之各建尊号，父亲曰“太上皇”，秦始皇定号的当年就追尊庄襄王为太上皇，母亲曰“皇太后”，正妻曰“皇后”。

秦始皇还命令博士官参照六国礼仪，制定了一套尊君抑臣的朝仪，皇帝高高在上，群臣听传令官之令趋步入殿拜见皇帝；臣下向皇帝进言或上书，也得有一个相当的名称，叫“奏”。群臣上书奏事，一律要采用“臣冒昧死言”的格式。

平头百姓也必须制定一个名称，先秦时代，有民、氓、庶民、黎民、黔首等称呼。“民”与“氓”有土著与移民的区别，“庶”是多，“庶民”则是指普通百姓；“黎”和“黔”均为黑色，穿青衣的叫“黎民”，戴青帕的叫“黔首”。由于秦民习惯上称“黔首”，取其头常戴青帕之意，所以皇帝制曰：“更名民曰‘黔首’。”

皇帝既然是独尊，那么但凡与皇帝有关的东西都要避讳。首先遇到的是“皇帝”的“皇”字与“皐”形体相近，改“皐”为“罪”，从此汉字多了一个异体。

秦始皇名“政”，所以改“正月”为“端月”，不过这种叫法随着秦王朝的灭亡而又恢复成“正月”。秦始皇的父亲叫异人，为了巴结华阳夫人更名子楚，所以已经被灭了的楚国也一律改称“荆国”，而今还称楚国的那块老地盘叫“荆楚”大地。

避讳作为一种制度古代就有，但是到了秦始皇手中则用法律的形式加以推行，对后人产生了很大影响，产生了家讳、国讳、宪讳、圣讳等，有人还专门为此编书著作，成为一门学问，阅读古代文献又多了一些障碍，说不定评定职称，晋升职务，也可以敷衍几篇文章，真是流风所及，越演越烈。

秦始皇不仅想到自己活着的时候应该至高无上，更想到死了以后不能让人妄加评论。于是，正正经经告谕群臣：“朕闻太古有号毋谥，中古有号，死而以行为谥。如此，则子议父，臣议君也，甚无谓，朕弗取焉。自今已来，除谥法。”

秦始皇一句话，永远剥夺了子孙后代及群臣吏民对皇帝一生的功过是非进行评价的权力，实际是只开追悼会不致悼词。谥法开始于西周初年，帝王、后妃、重臣死后，根据一生所作所为进行盖棺论定。

唐人王彦威说：

古之圣王立谥法之意，所以彰善恶、垂劝诫，使一字之褒宠，逾绂冕之赐，片言之凌辱，过市朝之刑。

谥号可分为美谥、平谥、恶谥。大多数帝王都可分到一个美谥，只有少数暴君得一个恶谥。秦国自开国以来的五六百年，绝大部分国君都有谥号，其中也不乏恶谥。秦始皇废除了这一规矩，所以秦始皇和秦二世都没有谥，形成了中国历史上的短暂空白，汉朝建立之后，谥法又立即恢复，一直到大清王朝覆灭。

谥号的施行，本来是为了彰褒贬，明是非，“大行受大名，细行受细名”。可是越到后来，美谥越多，恶谥越少，罪恶累累的君王也可以得一个平谥，甚至美谥；并且字数也越来越多，宋代到了17个字，清代到24个字。

常言说，“人死罪归”，谥号简直成了一种歌功颂德的方式，由此产生出一篇篇“屁颂”。早知如此，还不如像秦王朝和武则天的无字碑那样，“不着一字，尽得风流”。

秦始皇认为自己“德兼三皇，功过五帝”，便不失时机地自称“皇帝”。他说：“朕在历史上第一个称皇帝，在‘皇帝’的前边再加上个始字，叫做‘秦始皇帝’。今后子孙做皇帝，就以世数计算，叫做二世皇帝、三世皇帝，一直到千世万世，永远传下去。”这自然只是一种梦想！

“名正言顺”除了“名正”之外，还有“言顺”，也就是正当性。秦始皇用“始皇帝”给自己正名后，开始寻找秦王朝正统性的理论基础。

秦始皇嬴政

一个朝代有没有存在的理由，是关系到这一朝代能否兴盛发达、长治久安的重要因素之一。因此，每一朝代的统治者总是要寻找种种理由，为自己的存在论证。秦始皇当然也不例外。

商汤灭夏，便称"桀不务德"（《史记·夏本纪》语），是上天要夏朝灭亡的，商汤是上天派下来接替夏王朝的。商人宣称，他们的祖先是吞玄鸟之卵而降生的。

《诗·商颂·玄鸟》曰："天命玄鸟，降而生商。"商人灭夏被看成是上天的意志。后来周人灭商，也如法炮制。周人宣称：有邰氏之女姜原，在野外踩了"巨人"的脚印，就生了一个男孩，名弃，他就是周人的祖先（《史记·周本纪》语），周人的出现也是上天的安排。当周文王伐耆（又作黎，今山西长治西南）、邘（今河南沁阳西北）获胜后，连商臣祖伊也大声惊呼："上天要结束我殷朝的命运啦。""天既讫我殷命"（《尚书·西伯戡黎》语）。西周王朝的建立被看成是理所当然的。那么，秦王朝的建立是不是上天的安排？它有没有存在的理由？秦始皇是深知这一舆论的重要性的。

战国末年，阴阳五行家邹衍宣传一种"五德始终"说，就是运用金、木、水、火、土来解释社会历史的变化。他认为每一个朝代各占一德，五德相克，往复循环。尧舜时代是土德，夏朝为木德，商朝为金德，周朝为火德。由此可推，如果秦朝是一个正统的朝代，它的存在也是上天的安排，那就必须具有水德。

于是，一种舆论出现了：有人说，当年秦公在打猎时曾获得一条黑龙，那就是水德的祥瑞。秦公是秦始皇的老祖宗，祖宗获得黑龙，就是上天把水德转托给秦人的证据。秦灭周，就是水克火，这是上天早就安排好了的，因此，秦始皇建立的政权完全是合乎天意的。

按照五行家的说法，水为黑色，五行水主北方，北为阴寒，因此，秦始皇以水德立国也要处处体现这些特性。如旌旗、礼服用黑色，处理政事讲究"严刑"、"峻法"、"刚毅"。为了进一步神化其政权，秦始皇还郑重其事地跑到泰山举行封禅典礼，以证明他的帝位是天神授予的，具有神圣不可侵犯性。

秦王朝的正统地位，就在这样的舆论宣传中，被确立起来了。

秦王政二十六年（前 221）后，中国历史在很大程度上就围绕"皇帝"展开了，从而形成中国的皇帝制度。

中国的皇帝制度始于秦始皇。它延续了二千一百多年，出现过大大小小的皇帝 334 人，其中《二十五史》本纪中所记载的皇帝就有 221 人。皇帝制度延续时间如此之长，皇帝人数如此之多，是中国历史的一大特点。

皇帝是封建君主制的一种极端表现，而封建君主制脱胎于奴隶制的等级君主制，是历史发展的必然。皇帝现象不是中国特有的一种现象，全世界都如此，如日本的天皇、英国的女王、伊拉克的国王、俄国的沙皇，当然各国的具体情况并非完全相同，皇帝的表现形式也大不一样，各有各的特殊性。

一个朝代的皇帝，作为一个历史人物，我们应该去认识他，研究他；而一个历史的长河里的众多皇帝们，就应该作为一种历史现象去认识，去研究。这种认识和研究，对我们这个民族是大有好处的。

皇帝是封建王朝的最高代表，是封建国家的象征，具有一套极其严格的制度对其维护，其名号也有明确的规定，皇帝“自称曰朕，臣民称之曰陛下，其言曰制诏，史官记事曰上，车马衣服器械百物曰乘舆，所在曰行，所居曰禁中，印曰玺。所至曰幸，所进曰御。其命令一曰策书，二曰制书，三曰诏书，四曰戒书”。其亲属称号亦有明确的规定，皇帝之父称太上皇，母称皇太后，子称皇太子、皇子，女称公主，孙称皇孙等等。而其最大的特点是权力的无限大、帝位的终身制和皇位的世袭制。

权力之所以无限大，是因为从秦始皇到清宣统的中国是一个中央集权制封建国家。它不是一般的中央集权制，而是封建专制主义（或者叫封建君主制），就是以皇帝独裁为核心的封建专制主义。

在这种制度下，皇帝被尊为天子，至高无上，集国家最高权力——立法权、行政权、司法权于一身，具有绝对的权力，“君要臣死，臣不得不死”就是这个道理。皇帝不受任何约束，没有任何人能管得了他，谏官制度也起不了多少作用。

帝位的终身制和世袭制是封建君主制的必然产物。皇帝制度才可以保持封建王朝的相对稳定。比如唐代延续了二百九十年，清代延续二百九十六年。事实上也不可能有什么别的办法来维持和延续封建君主制。这种高度的集中和绝对权力，在中国历史上曾起过积极的作用，促进了一个统一的多民族的中国的形成、巩固与发展。

始皇嬴政是一位非常勤政的君王，也许他勤政的一个主要原因是害怕被臣子们篡了权。但他毕竟懂得，在天下统一之后，面对这个偌大的国家广袤的国土，还有天下万民，如果想让他的统治稳定，仍必须以职定责，使用和依靠一大批助手的辅佐才能实现。正缘于此，嬴政便建立了一个以“三公九卿”为框架的强有力的中央集权官僚机构，而他则高高地位于三公九卿之上。

在秦代，三公是指丞相、太尉和御史大夫，九卿则是位居于三公之下的其他管理各项具体政务的官员职位。

三公之一的丞相，是秦独创的官名，是百官之长，位居万人之上，

秦代将军服饰

人之下，他主要协助皇帝处理全国日常政务。嬴政统一全国之时曾以王绾为丞相，此后不久李斯又登上了丞相之位。只是丞相职位虽高，但在嬴政手下并没有什么实权，仅是总领群臣集议和上奏，事事得听从皇帝的决定，凡事必须得“承天子”之命。

丞相从宏观上主持政务，但对具体的庶务并不过问，并且嬴政如此独断，他所设的丞相之职也是位同虚设了。说到底，丞相就像是领着一群臣奴为皇帝服务的大管家而已。

但若从官制设置的意义上讲，始皇嬴政首次确立丞相制度，完成了战国以来政治制度上的一个巨大转变，那就是彻底废除了“世卿世禄”制，而是任人唯才——只要有才能，不管你的地位如何低，都可以得到升官晋爵的机会。

丞相制度的确立也使得皇权更加集中。设立了丞相，在授予总理万机权位的同时，始皇嬴政又安排御史大夫有权复查上计和群臣的上奏。丞相本来也是有“上计”之权的，但有了御史大夫审查这种限制，实权也自然是大打折扣了。由此互相制约的机制，嬴政把全国的立法权、司法权和行政权都牢牢地握在自己手中，因而秦朝虽有丞相，但事实上仍然是“天下之事无大小，皆决于上”。

三公之二的太尉是始皇嬴政定下的秦朝全国最高的军事指挥官，职责主要是协助皇帝掌管全国军事事务，统一指挥全国军队，还负责武官的升迁、黜陟等人事管理工作。太尉俗称为国尉，在国尉之下，秦还设有等级不同的将军之职。国尉要直接向皇帝负责，没有发兵权和对大将军的任免权，这些权力同样被牢牢控制在始皇嬴政手中。

御史大夫也是三公之一，是始皇嬴政设置的监察百官之职，相当于副丞相，具有皇帝秘书的性质。嬴政时代的御史大夫还有司法审判权。御史大夫手下有一大批御史，他们是始皇帝的鹰犬，职责类似于特工，经常忠心耿耿地为始皇帝搜寻并打击隐藏在官府和民间的所有不法之徒。御史还常接受皇帝的派遣，审讯十分重大的案件，到各郡县去巡视，甚至可以代表皇帝到军中监军。可见御史大夫在秦朝政务中无孔不入。秦朝的大小政事，没有一项御史不参与，御史大夫所行之权连丞相也不一定有，实际上就使丞相和御史大夫互相牵制，有利于嬴政的统治和专权。

始皇嬴政设置的这三公之位事实上互相牵制又互不统属，并分别直接对皇帝负责，仍属于将所有权力集中于皇帝一身的皇权集中之制。三公的全部政务活动都以绝对遵照始皇嬴政的个人意志为依归，在有关政务上他们尽可以发表议论、畅述己见，提出方案，但一律经由嬴政决断后才能付诸实施。依这样的体制，皇帝就具有至高无上的权力，从而使秦王朝的中央集权得到极度的加强。

除三公的设置之外，始皇嬴政还设了“九卿”，但实际上设置的职位数不止于九。九卿的职位和职责有：

奉常：掌管宗庙礼仪，祭祀大典。下属有太乐、太祝、太宰、太史、太卜、太医、博士、六令丞。这些属官具体管理各项杂务。

郎中令：掌管皇帝谕旨的下达和保卫皇帝及皇宫的警卫事宜。下属有大夫、郎中、谒者。

卫尉：执掌宫门卫屯兵，也就是掌管皇宫门的警卫。

太仆：掌管皇帝及皇宫使用的车马，御苑牧马，是皇帝的仆从长官。属官有中车府令等。

廷尉：掌管司法、执法，管理监狱。属官有廷尉正、监等。

典客：主管秦王朝统治下的少数民族首领和使者到京城朝拜等事务。属官有行人等。

宗正：掌管皇帝宗室亲属事务。

治粟内史：主管全国经济、执掌谷货财帛，全国财政收支等。属官有太仓令等。

少府：主管山海、池泽的税收和皇帝及宫中所需的手工业品制造，是皇家的财务总管。

除此之外，还有与九卿合称为副卿的中尉，负责保卫首都，属官有侯、司马等；还有将作少府，主管工程建筑；又有主爵中尉，职掌列侯事务，等等。

总观九卿服务的对象，主要是皇帝个人及家事和国家事务两种，由此可见九卿是建立在血缘宗法基础上的政治制度，其实也就是“个人天下”

的皇帝世袭制度的政治形态。皇帝本人就位于由三公九卿制所构成的金字塔权力机构的顶端，独揽军政大权于一身。三公九卿制的形成和完备充分证明，正是始皇嬴政开创了中央集权的封建国家的官僚体制，这一首创就专制制度本身而言，自然是充满智慧。

制定了三公九卿制的官僚体制之后，嬴政的权威得到了很大的加强。尽管如此，他仍担心大臣们会擅权胡来，于是又实行“上计”制度。

上计是自上而下进行的，一年进行一次，每年秋天，各级官员要将本辖区全年的人口、钱粮、狱讼和盗贼的情况造册，称为上计簿，派属下持之上报朝廷，以作为奖惩官吏的标准。其实这也是一种官员考核达标制度，嬴政就是根据这些去考察各级官员的基本情况，这也算是一种开创性的进步吧。

综上所述，在统一六国之后，始皇嬴政建立了一整套适应封建体制的官僚统治机构，并从法律上确定了“个人天下”的封建政治实质和君尊臣卑的统治秩序，这在一定意义上有利于国家的统一和民族的融合，有利于人民休养生息，有利于恢复和发展社会生产力。

秦王政二十八年（前219），嬴政巡游琅琊之时，曾在琅琊台上立石，刻词道：“皇帝之功，勤劳本事；上农除末，黔首是富。”嬴政推行农战战略的热忱由此可以为证。他继承了商鞅以来奖励垦荒的政策，通过迁民和免除徭役相结合的措施，大力开垦荒地，促进农业生产，开辟新的农业区。在“仰本”方面，嬴政所做出的努力很大，效果当然也很好，即“黔首是富”。由此可见统一之后的一定历史时期农民有着很高的生产热情，并能从中得以致富，百姓安居乐业自然是统一以后出现的新气象。

如果说，始皇嬴政仅是因为重农才选择“抑本止末”治国方针的话，其实也不全面。这里还有一点值得考虑，那就是在以重农为治国方针之前，对社会状况的调查和了解也是他选择以农为本方针的促进因素。可以说，嬴政是在对社会状况有所认知之后，才做出了符合社会历史潮流的事情。而注定的，只要是符合历史潮流的事情，它在一定条件的引发下，一定是要成功的。

在嬴政统一六国之前，由于天下战乱不止，数百年的混战已使百姓饱受折磨。可以说百姓是最希望天下统一的人，而不是秦国或者嬴政本人。所以，嬴政统一六国，便做出了第一件安民利民的大事。

走完了统一的第一步，始皇嬴政已经看到了百姓对统一后新的生活期盼。于是，便先为百姓正名，名曰“黔首”。“黔”就是黑的意思，这与嬴政推崇的五德学说正好吻合，秦国历来崇尚黑色，以黑色为贵，将民之名定为“黔首”，可以看出他对百姓的重视，对百姓力量的看重，而绝非是侮辱——任何君王都不至于蠢到公开侮辱百姓的地步。嬴政这样做是极有

秦代军士服饰

策略的，作为统一天下的始皇帝，能将天下百姓的力量认识得这样清楚，很是难能可贵，这当然需要经验、智慧和谋略。

秦王政九年（前 216），始皇嬴政又为天下颁布了一条深入民心的法令："使黔首可实田。"这条法令的内容是：让天下拥有或占有土地的贵族、地主、平民等，向国家呈报实际占有的土地数量。土地拥有者须根据申报的田亩数而向国家交税纳赋，国家将根据实际交税的个人田亩数，来依照法律程序确定个人对土地的合法拥有权。所申报的田亩多，必然交税纳赋就多，而假若瞒田不报，个人拥有便是非法。

始皇嬴政颁布的"实田令"所规定的内容是全面的，这样做的结果可以带来多方面的益处——

好处最大就是推动了中国土地私有制的最后确立。在秦之前的各诸侯国之中，土地在一定程度上都被王公贵族或者是地主所占有，而平民占有土地的数目相对要少得多。天下的土地终归有限，平民所占的土地若越来越少，那么有钱有势的豪富们占有的土地便会越来越多。在战国后期时，土地兼并已经愈演愈烈，土地成了人人追求的不动产，接着便出现了"富者田连阡陌，贫者无立锥之地"的局面。这时，"身宠而载高位，家温而食厚禄"的官吏富豪便"乘富贵之资力，以与民争利天下，……富者奢侈羡溢，贫者穷急愁苦；穷急愁苦而上不救，则民不乐生；民不乐生，尚不避死，安能避罪。"这段话的意思是说，当民不聊生之时，如果君王不救平民于水火之中，那么国家最终将会大乱。社会动乱自然是每一个封建君主都不愿看到的景况，正因为如此，作为一个英明的君王就应该在确保封建国家赋税收入的同时，积极协调好封建国家内部的各种矛盾关系，适当地压制富豪，安抚百姓。

身为一统天下之后的始皇帝，嬴政在这一方面做得还算不错。譬如他先前所做的迁豪运动，就曾使大批无地农民摆脱了豪富地主的束缚，分占他们的土地，解除了无地之忧。当然，这也大大地缓和了阶级矛盾。但由于这时还未明确地宣布土地私有化，土地问题仍是社会迫切需要解决的大问题，等待决策者作出基本国策性质的决断。

早在统一六国之时，因秦推行的是军功制，对有功将士大加赏赐。当时赏赐之广，赏赐之厚是战争本身必然造成。这样，秦大部分国有土地都到了私人手中，国家所拥有的土地减少，税收租赋自然也大幅度减少，以很少的收入来维持帝国政府庞大的日常支出显然不够。在这种状况下，始皇嬴政干脆就决定将这些土地划归私人，由他们管理，当然也由他们以占有土地的数目来作为上缴国家赋税的依据，这几乎是从根本上保障了国家财政收入，也因而从根本上认同了土地的私有权。

土地私有制其实是一种很不平等的经济制度，它使有钱者买田置宅，可以地连阡陌，而贫困者则无立锥之地，自土地私有制被秦法保护之时起，社会上的贫富分化又骤然剧烈起来。

但在另一个方面，土地私有制形成的贫富差别，也在一定程度上激发了劳动者的积极性，使人穷则思变，懂得用劳动和勤俭致富，这就形成了一种改变处境的动力，在社会各阶级之间产生互促互动作用，对推动农业生产的发展和社会进步有重要的影响。产生这样的影响，基本原理在于：土地一旦成为个人的私有财产，那么个人自然会在土地上下工夫，让它创造出最大的价值来，创造出的价值越多，就越证明拥有土地多的好处，于是便会使人拼命努力，以更多地获得土地成为整个社会追求的目标。于是，这个社会也就是一个不断进步的社会了。

诚然，这样说也未免有些儿理想化，但土地私有制对中国封建社会的贡献确实巨大。而在确立了土地私有制的同时，嬴政号召全国又以兴修水利、保护山林、改进农具、推行用牛耕田等多种形式来支持农业生产。

农业发展了，自然会附生出手工业和商业的发展，一业兴而百业俱兴，民自然就富足，这也许是秦皇嬴政在颁布实田令时未曾充分想到的良性循环。

郡县制，在中央与地方政权之间实施政策法令，推行各项措施，如户籍管理、治安、赋税、徭役等方面都取得了畅达、快捷，如“臂之用腕，腕之用手”的指挥灵活、效率倍增的良好效果，着实使始皇高兴了一段时间。但过了不久，从郡县反映上来的一些严重问题却是他始料所未及，而且必须及时采取对策加以解决，其中最迫切也是最具危险性和威胁性的问题，就是各地诸侯的残余势力的武装暴动和民间武装的骚乱。在秦国消灭六国的十年战争中，各国牺牲的将士多达三百余万，武器即算被损坏和缴获很多，但散落和藏匿在民间的各种武器的数量仍然是非常巨大的，这就成为反秦抗秦者们取之不尽、用之不竭的武器来源。如此多的武器存在于民间，构成了对刚刚统一的秦王朝的巨大威胁。

从另一方面看，六国灭亡了，天下统一了，秦朝从此转入经济建设时期，对于国家、社会和人民都是件大好事，但是兵器入库、马放南山，大批将士都解甲归田了，常规的部队主力集中在国都咸阳，各郡县的部队力量单薄，军事素质和作战能力都较差，难以维护地方治安，所以，反秦抗秦的武装力量就敢于进行武装叛乱，而且频频得手，以致不少郡县的官员被杀，城池告失，秩序混乱，人心惶恐，对秦王朝造成很大的威胁。特别是这些武装叛乱的发生，给了保守派以口实，他们纷纷指责说，还是分封制好，封君有自己的军队，可随时进行镇压，叛乱就不会发生了。性格刚强、胆略超人的始皇，对于来自保守、顽固派的舆论，当然是嗤之以鼻，不屑于顾；但对于不断发生的武装叛乱，却不能等闲视之。他命国尉尉缭派出部队分赴各出事地点镇压叛乱，保护了基层政权，恢复了正常的秩序，维护了社会的安全与稳定。但这只是头痛医头、脚痛医脚的治标，不能完全杜绝叛乱的发生；最有效的办法就是把武器全部销毁，叛乱者没有作战工具，就从根本上消除了酿成内乱的隐患——郡县的武装力量对付赤手空拳、手无寸铁的叛乱者总还是绰绰有余的。始皇便以此为根除内乱隐患的方针大计，向全国发了一道“收天下兵，聚之咸阳，销以为钟掳”的诏书，全国各地从郡、县到亭、乡，进行了广泛、深入的动员，号令所有原诸侯国的王室后裔、官吏、将士和平民，把所藏匿的刀、枪、剑、戟、戈、矛、槊、斧、钺……乃至箭镞，即所有的武器和头盔、甲片等金属物，全部缴纳给官府，缴纳之后又继之以大搜查，就连秦军中的退伍将士，也必须将所使用过的甲胄和武器缴还军需部门才能离开部队。经过反复多次疏梳密篦，分散在民间的兵器都搜罗殆尽了，通过车装船载，从水陆两路运到国都咸阳。

关于这些堆积如山的旧兵器的处理，始皇经过几度筹思，作出如下的决定：由于战国末期的兵器，除了秦、楚两国技术先进能制造少量铁兵器之外，其余五国都用铜铸造武器，根据这种以铜原料为主的情况，他决定铸造十二尊身高五丈（合今之三丈）的巨大铜人——之所以取十二之数，是寓十二个时辰、即今之所谓“全天候”之间。这项工程涉及面广、工种众多，规模浩大，始皇便诏示由国尉、御史大夫、内史、少府共同主持、协调指挥各部门的工作。经过一段时间筹措和准备，铸造铜人的工程开始了。

经过三千多名冶炼工半年多日以继夜地辛勤劳作，十二尊大铜人终于铸成了，每尊高五丈（合今之三丈），重达二十四万斤（合今之三万七千五百公斤），一个个金盔金甲，浓眉大目，神采飞扬，威武雄壮。在这半年期间，始皇经常向主持这项工程的几位大臣询问进展情况，并多次化装成小吏，夹在大臣的随从队伍中到现场视察。他面对上述那样宏大的规模、热烈的场面，就仿佛看到投到炼炉里的不是破铜废铁而是六国的王室后裔、残兵败将和平民组成的反秦、抗秦的武装，不由得心中暗喜。他在高兴的同时便产生了迫不及待的急切心情。回宫以后，便命中车府令赵高把国尉、御史大夫、内史和少府一一传进宫来，在对工程表示满意、对他们给予嘉许之后，便连连催促他们要加紧督促，不断地加快速度，早日完成他所设计的这个前无古人的杰作。

好不容易盼到始皇二十七年（前220）暮春，十二尊大铜人终于全部铸好，并打磨、抛光完毕，真是金光灿烂，壮观极了。

始皇在铸造铜人的半年时间里，同时也在设计、铸造一个伟大的人物形象，那就是他自己。他命令主管天子冠服的御府令丞，遵照他关于秦是水德、尚黑色等观点，设计、制作了皇帝在各个场合中穿着和佩戴的冠、服、履、剑。命李斯书写，选用出自秦的蓝田美玉，刻制了皇帝专用的玉玺。同时传谕博士为宫室的太子、皇子、后妃、女官和文武百官等拟议、设计了各种服饰、仪仗、旗帜等。每项设计、每幅图案，始皇都要亲自一一过目，从寓意、象征到具体的线条、图像、色彩，都要作细致的指示，或采纳，或取消，或增或减，务必达到他满意，才交付制作。秦朝百官从此按制度穿着，不得僭越或乱用。这种服饰文化体现了国家统一、经济发达和等级森严的封建礼教和文化色彩。始皇的事必躬亲，严格、细致的工作作风，在臣属中传为佳话。但他的独断专行、刚愎自用，不容臣属置言的威严跋扈，则使臣属更加畏惧了。

始皇之所以要在此期间把服饰、礼仪、旗帜等设计、制作出来，就是要趁铜人制作完成，在咸阳宫前定位妥当之后，举行一次盛大的典礼，让臣民瞻仰、观赏这些辉煌灿烂的艺术杰作，进而钦仰、赞颂自己的丰功伟绩。幸亏那样伟岸威武的铜人有十二尊之多，浇制既费时，脱胎后的打磨、抛光，更是耗费时日，以致历时半年以上，这样，御府令才来得及把始皇审定的帝、后、太子、妃、女官和能参与朝政的文武大臣的服饰如期赶制出来。始皇看到这项大事没有误期，也就感到满意了，便亲自占卜，择了一个上上的吉日，在咸阳宫前的广场上举行庆祝铜人定位的盛大典礼。

庆典那天果然是万里晴空，春风和煦，咸阳宫修葺一新，宫前广场正中搭了一座高大的祭坛，从前周京城迁来的八座大鼎内，焚着的檀香，烟

文明天下的李斯泰山石刻

雾缭绕，香气四溢。那十二尊铜人岿然屹立，被初升起来的朝阳照映得光芒四射，更显得威武雄壮！由六千名宫廷近卫和虎贲军组成的方阵，把广场中央围成一块演乐、祭祀的场所。祭坛的左、右、后三方全用黑毡制成的屏幕架设成宫殿式的背景，每隔一段距离就有一幅绣着斗大金色的“秦”字和象征“飞龙在天”的金色虬龙被彩云拥簇着昂首奋飞的图案。部队方阵也是黑盔、黑甲，所举的大旗除黑底金龙、金色“秦”字以外，还有领军将领姓氏“王”、“蒙”、“李”等字样，显示出各自的赫赫功勋。部队方阵以外站满了闻讯前来观礼的老百姓，熙熙攘攘、密密麻麻地足有好几万人；其情绪之热烈，心情之急切，远胜过十六年前观看嫪毐被车裂的场面。

巳时刚到，钟鼓齐鸣，管弦高奏，始皇在左右相隗状、王绾，廷尉李斯，御史大夫冯劫和中车府令赵高等重臣的拥簇下，出咸阳宫正门，缓步登上祭坛。这位刚入不惑之年的英明君主，首次穿戴上经他亲自审定制作的天子冠服。只见他头戴足有九寸高的通天冠，冠项有一块微呈波状的卷梁，前面有一展筒。卷梁的前后各缀有十二串珍珠串成的冕旒，像小帘子一般遮住始皇的脸部和后颈。身着黑色对襟宽袖大袍，领和袖的边都绣着金色的纹饰。袍上围一幅腰围似的裳裙，前后都绣着金色的“飞龙在天”的图案。大袍的下沿绣着水波纹，象征秦乃水德。足下登一双望仙鞋，鞋头向上翘起作仰望之状。参加典礼的文武大臣约三百人，文官都穿着黑色加纹饰的官服，头戴饰以獬豸图案的法冠。獬豸是传说中的神羊，能辨曲直，故用以表示文官的高智能。武将则内着铠甲、外穿黑色官服，头戴饰以虎和鸟图案的武冠，以显其武勇。始皇的后、妃和二十几位皇子以及若干皇室宗亲，因非官职，不能与始皇等君臣一样在祭坛中央参加祭典，便在两旁的席位上观礼。当君臣和贵宾们都依次入席到位，钟鼓和乐声便停下来时，全场的臣属、将士和百姓们都跪下，齐声欢呼："恭迎始皇帝，万岁！万岁！万万岁！"祝福声由近而远传开去，像波浪似的此起彼伏，声震天宇，经久不息。

始皇略微欠了欠身，探出头去，耸了耸蜂状的大鼻头，眯缝着鹰似的锐目，从平顶冠垂下的串珠冕旒后面投出目光，扫视着台下广场的情景，他看到那数以万计的将士和平民，黑压压的一大片跪在那里，虔诚而激动地仰望着自己，欢呼万岁，真使他既感动又兴奋，高高举起双臂向台下和远处挥动，表示答谢。他这个检阅式的动作，立刻赢得了全场数万军民的欢呼，声浪愈传愈远，大有万谷回声之势。这时丞相王绾走近前来向他禀告说，已经接近午时了，他才示意身旁的几位近臣，赶快通知王贲将军用旗语命令将士们停止欢呼，并向百姓传令，这才使人们安静下来。于是由相国王绾司仪，始皇主祭，上过香，献过三牲，行过三拜九叩首的大礼之后，始皇端端正正地跪在祭坛中央，仰面凝眸向湛湛的蓝天望了一眼，然后以眼神示意，由左相隗状肃立台前侧，用抑扬如乐、顿挫有致的腔调高声朗诵《立铜人祭天地祖先文》：

惟始皇二十七年三月下浣，始皇乃立所铸铜人十二于咸阳宫前，躬祭天地暨大秦历代先王之灵位前曰：嬴政承业继位，先王遗志未忘。振长策御宇内，麾军我武维扬。驰骋疆场十载，六国次第灭亡。普天之下一统，天地赐福赐祥。遂乃销锋铸镰，铜人伟岸堂皇。屹立咸阳宫外，全日护我朝堂。诸侯余孽尽诛，大秦国祚永昌。即改秦王之号，尊称为秦始皇。新纪元自我始，玄色为贵首倡。五行秦为水德，泽沛四海汪洋。特此为文纪事，朕躬祭祀上苍。祖德诒谋长远，从兹更著辉煌。继我始创之业，千秋万代绵长。

祭文读罢，隗状又高声朗诵一句："祭文读罢，伏维尚飨！"这才把祭文就着烛火点燃、烧掉。始皇又对着苍天恭恭敬敬地磕了三个头才慢慢地站起来，祭坛上下又一次爆发出"万岁！万岁！万万岁！"的欢呼声。始皇昂首健步走到祭坛前沿，向数万军民挥手致意，然后由群臣拥簇着走下祭坛，回到咸阳宫去。从这次庆典的成功，始皇知道为自己塑造的形象极其高大辉煌，自己的威望已经确立而且远播天下，成为前无古人后无来者的旷世英雄。

与十二铜人相媲美的是，铸造铜人还剩下一些铜料，始皇便要铜工铸造了六套编钟，分发给宫里的乐师使用。

始皇从下面郡县向朝廷汇报的情况中了解到：虽然分散或藏匿的民间

的武器已经搜缴殆尽，发生武装暴乱的可能性不大了，但是对基层的地方政权、社会秩序和人民生产、生活等方面的不利因素依然存在，有的甚至会构成威胁或造成危害。于是他立即将几位重臣召进宫来，研究对策。他指着刚看过的几份奏本问大家说：“迩来诸多郡县奏来表章，皆言其处境窘迫，却又无力应付，特上言朝廷，求予援手。不知卿等意下如何?”

王绾丞相皱着眉为难地说：“夫战之胜敌也，如风火之摧草木，或死或偃；待其势过去，则死灰次第复燃，摸偃草又能蔓长。我军虽以神勇取六国，其朝廷虽灭，而余孽犹存；兵刃被销，但其心不死。是宜防患于未然，方为上策。”

左相隗状赞同王绾的看法，并补充说：“何况天下初定，郡县新设，制度试行，声威未立；则目前各地郡守、尉丞处境艰难，甚至有寻衅相犯之危，实堪为之忧虑而求救于朝廷也!”

“二卿所言，朕亦有同感。郡县面临之窘迫，乃始料未及；可见河山于马上得之易，而于朝中治之难也！朕既君临天下，自当责无旁贷，使六国之遗民皆臣服于我之足下。唯一时思绪纷繁，尚无心得，故召诸卿共商之。”始皇表示了要加强政权建设的决心，并急切地征求臣属的意见。

“陛下何昔之武威赫赫而今之文质彬彬?天子之江山既是马上得之，则南面临朝，也不能怠慢了武功——”蒙毅将军的谈吐，透露出几分英武之气来。他向始皇拱手为礼说，“陛下但放宽心，坐理朝政；倘有哪方诸侯余孽敢于犯上作乱，或寻衅酿祸，只等陛下一声令下，末将即率军将其消灭，看他有几个头颅断送在我的刀头之下!”

“蒙将军心系安危，誓保社稷，真乃忠勇可嘉。但郡县所奏之事态，虽常使当地吏守难于应付，尚不见明目张胆犯上作乱之举；倘遇风吹草动便以屠刀相向，大加讨伐，岂不是小题大做，师出无名，反给人以口实，说我泱泱大国有失道义?”始皇毕竟处理国政历有年所了，知道不是所有的棘手碍难之事、违政悖法之举都能够用武力解决得了的，便说服蒙毅将军不要偏执地凭感情用事。

“陛下所言极是——”廷尉李斯在大家各抒己见、争相言说的时候，把始皇指给他的那些来自郡县的奏本反复、仔细地看了几遍，觉得所反映的情况是多方面的，现象看来很复杂，但从性质和根源上来探究，则是六国的王室宗亲、遗臣和富户们的反秦抗秦活动的新的表现：兵器被搜缴了，武装叛乱搞不起来，便在自己现有的条件下进行形形色色的反抗和破坏活动，利用所拥有的土地加重对佃农的剥削，使其破产，再次沦为农奴；豪商富贾们则垄断对盐、铁等矿产的开采运输和销售，占据市场，控制商品的交流，抬高物价，牟取暴利，扰乱经济生活，抗税偷税，抵制、破坏国家的经济政策；甚至豢养鸡鸣狗盗之徒，进行骚乱或散布谣言，诋毁和反对郡县的吏守，反对新生的政权……真是危机四伏，事态严重。而且其方式常常是以隐蔽的或以合法的面目出现，因此决不能诉诸武力，以图一快，那样反而会弄巧成拙使自己陷于被动。当李斯听到始皇对蒙毅将军进行说服和解释时，觉得这位君主已经比以前成熟多了，而且已经掌握住问题的关键了，便忙接过始皇的话，表示拥护，并向君臣们详细地剖析和指出问题的严重性。大家一致赞同他的看法，并作了进一步的探讨。

“廷尉所言真乃鞭辟入里，一语而中的。似此事态多端，纷纭杂乱，将何以一一制之，方保无虞?”御史大夫冯劫觉得事情多，问题复杂，很是棘手。

“大夫此问甚好，容斯为汝答之——”李斯慢条斯理地向大家解释说，“事之多象，犹病也。循其病象，探其病理，识其理则得其本，辨证施治，即可根愈。令郡县所窘者，虽事态纷繁，但其症结为一，即经济也。经时济世之本，在于土地与资财，但皆在六国宗室遗臣暨豪门之手，可探制事态，左右局面；我虽有郡县之衙，守尉之职，亦形同虚设，难以施政用事。”

始皇频频点头说：“李卿所言甚是。根本未曾在握，怎不舍本逐末而捉襟见肘，穷于应付?往者只图武功之建树，未务经济之把持；今虽君临天下，但命脉受制于人。浮土无根，哪来果实?今既吃一堑，当长一智，朕已有所决策矣!”

臣属们忙问始皇：“陛下计将安出?”

“看来前者之失在于散——”始皇做了个把手掌松开、五指分散的手势，颇有心得地说，“六国宗室、遗臣、富豪，为数甚多，遍布天下，委实难以控制，致有当前之失误。今朕传诏，将其集于一地，以兵力监督其起居行止——”说着把散开的手掌攥成拳头，“今后之策在于管：一切产业经营、商贾贸易，皆按律依制，奉公守贷!”说着将拳头往案上重重地一击，环视左右，问大家说，“诸卿以为如何?!”

“陛下英明决策，既可防患于未然，又能固本繁枝，富国而裕民，真乃又一项始创于君主之举措!”群臣表示一致拥护，蒙毅将军憨笑着说：“以前不该散，今后要严管。末将有枪戟，不许他造反!”说得大家开怀大笑起来，尤以始皇和李斯笑得最为舒畅。

这次大移民的政策很快就得到贯彻执行，从前六国的首都和其他通都大邑，将原来的王室宗亲、遗臣和豪商富贾共十二万户豪富迁徙到秦都咸阳，一部分则到巴蜀等地，都被置于严格的监管之下。这些豪富都是领主残余和豪商，在本地兼并土地，垄断产业，迫使农民当奴隶，危害极大。被迁徙到新地区以后，失去了旧有威势，就不能兴风作浪，干破坏统一的坏事了。他们留在当地的田地住宅，经过郡县统一处理，分配到贫民的农民手中，稳定了社会秩序，使经济得到平稳、顺利的发展，也使文化得到了交流与传播。

为了适应大移民和经济发展的需要，始皇又诏令以秦国都城咸阳为中心，全国修筑驰道（行车大道）。道宽五十步（六尺为一步），用铁锥筑土坚实。驰道中央宽三丈，是始皇专用的车路，种松树明路线的走向。专路两旁供庶民自由地行走。千万条驰道的修成，促进了陆路交通的发展，对繁荣经济、传播文化都起到了积极的推动作用。

秦始皇二十七年，始皇巡视陇西、北地两郡，出鸡头山，过回中。在归程中，发现渭水畔风景极美，于是下令在渭水之南建筑信宫，后又改名为极庙，意为至高无上之宫殿。并由极庙挖通骊山到甘泉建前殿，再筑两边都有围墙的甬道直通咸阳，始皇车马在甬道内行驰，民众都看不到。

在这次巡视后，始皇发现道路崎岖难行，对公文传递、军队调动、运输补给、民间贸易都影响太大，于是下令加快建筑全国的驰道。

所需人力除一般服劳役义务的民众外，更大量使用囚犯及原各国的战俘、贵族和工匠。

秦始皇二十八年，七十博士集体上奏：

“始皇帝上承天意，下得民望，平定海内，放逐蛮夷，莫不宾服，今既登极，尚望按照古制，行封禅之礼……”

始皇见到奏章，在南书房召见博士中最资深者七人，讨论封禅及望祭山川事宜。七人中有三人来自旧周，有四人来自原鲁国，两派又起了争论。

旧周派博士主张在甘泉山行封禅之礼，以示秦地为天下之本。原鲁派则坚持古代圣王都在泰山举行封禅，这个传统不能破坏。

他们正争论不休时，始皇只在一旁微笑，不加制止也不加评论。负责招待的皇后，实在看不下去七位老博士争得口沫横飞、脸红耳赤的样子，也听不懂他们引经据典的酸溜溜理论，最后她解围地问：

“哀家对封禅仪式尚不十分明了，哪位博士可试为解说？”

她这一发问总算是平息了争论。仆人中最资深的博士，八十二岁的原鲁派鲁青对答说：

“封者祭天也，禅者祭地也，合为封禅即是圣人君祭告天地的仪式。用意在向天地禀告，人君承天命治理天下生民，并祈求风调雨顺、国泰民安，自古圣君承受天命，都在泰山举行。”

皇后看到须眉皆白的老博士牙齿透风，说得辛苦，心中不忍，等他说到一个段落，喝茶喘口气的时候，她又转向较年轻的旧周派领袖——七十二岁的姬周说：哀家小时曾经过泰山，虽觉其雄伟壮丽，但为什么封禅历来都选在此？”

满头白发的姬周躬身回答说：

“据史载及阴阳家传说，泰山高四千九百丈二尺，周围两千里，其中蕴藏芝草玉石、长津甘泉及仙人室，又有地狱六处，曰鬼神之府，从西而上，可见下有洞天，周围三千里，乃鬼神受考谪刑罚之处。传言泰山近天也通地，所以历代封禅都选在泰山。”

这时鲁青已喘过一口气来，他又接着说：

“在泰山筑坛以祭天，表示在极高的泰山再加高，可以接近上帝；在泰山之麓的梁父小山平地为墠，以示地更为宽广，然后用以祭地，以示与地母更为亲密。凡墠皆十二丈见方，坛则高三尺，阶三等。祭祀皆用酱色酒和煮熟的鱼，不用三牲。”

久在一边没开口的始皇徐徐言道：

“封禅以什么季节最好？”

众博士面面相觑一会儿，最后由鲁青回答说：

“臣等不敏，尚未见过书上有记载。”

“那就是说没有限制，朕可以自行决定了？”始皇捻着短须微笑：“素闻暮春初夏，泰山景色最好，如今准备动身，正好赶得，各位博士有什么意见？”

“陛下真是圣明，凡事都能创新，自有定见！”众博士中选较年轻力壮者随驾，原鲁派及旧周派各三人。

始皇并裁决，这次首次巡幸东部地区，需要注重威仪，凡事以新制行之。

譬如，皇帝穿黑色锦绣龙袍，用黑色旌旗旄节，御用辒辌车以六七匹纯黑马拖拉，主御车外加备用车共六部，随皇帝高兴使用，副车则为六六三十六部，乘随行近侍及大臣。

并以郎中六百近卫皇帝，六千虎贲军护卫车队，六万精锐部队随行，以应付新收凄楚之地有所不测。

始皇去时路线为出函谷关，经原为韩、魏的郡县向东，直指泰山。

大队人马浩浩荡荡地行走在新修筑好的驰道上，上自始皇本人，下至群臣和兵卒，莫不觉得征服天下的滋味真好。

新完工的驰道宽五十步，每隔三丈种一棵树，路基全用碎石，两旁排水良好，再大的雨立即可干，不会留下泥泞。而始皇预定经过的路段，更是早一天就派民众打扫干净，再铺上细黄沙，车马过处，连点飞尘都没有。

每经过一个城市，地方官员在十里长亭前跪迎，进城的城门及街道两旁，黔首皆夹道跪接，齐声高呼万岁。

驻驿以后，始皇并不急着休息，而是欢宴地方父老及舆论领袖人物，征求他们的兴革意见。

但这些人都是由地方官员刻意选出，他们几乎是众口同声地赞扬始皇圣明，痛诋过去君王大臣的昏庸荒淫；歌颂秦法的公正严明，大骂以往官员的贪赃枉法。

他们却隐瞒了民众一时不惯严厉秦法，动辄得咎，触及法网而不自知，而中央派来的执法官吏，好的以苛察为严明，判罪重为公正；不肖的官吏更藉此欲财，欺压剥削百姓，弄得下层民众个个叫苦连天。

再加上战争虽歇，但修驰道，开河渠，毁城垣，起要塞，处处都需要人力，黔首虽兵役减少，劳役却更加重，农民工匠几乎没有时间和余力来重整被战争破坏的家园。农村人口大量流入城市，任由田地荒废，是为了逃避沉重的田赋和徭役，也是想在城市谋求温饱。

始皇一开始听到这些歌功颂德的话，还有点怀疑和感到肉麻，但每到一个地方，这些地方父老和舆论领袖人物都是如此说，不由得他不相信，听惯了阿谀奉承，一天不听，就像缺少点什么。

好在他这次带的大臣是廷尉李斯领班，他总会在适当的时机说出："陛下圣明，所见创新独特，非臣等所能想象！"

驾车的赵高，也总是在他有所怀疑的时候，为他"解疑"。

譬如有一次，辒辌车正缓缓行进在驰道上，始皇想起一路上地方父老的歌颂，总觉得不太对劲，难道地方官员都是这样廉洁正直，就没有一个不肖的？难道劳役如此重，黔首就没有一个有怨言？难道秦法素以严峻出名，加在魏齐等地散漫惯的黔首身上，一下就这么习惯？

他忍不住将心中的疑虑告诉赵高，赵高一面平稳地驾着车，一面谄笑着说：

"陛下天降圣明，识人立法都是别具慧眼，岂是一般君王所能比的？用人当然都是廉直称职，立法必然放之四海皆准，不会与当地黔首格格不入，自然人民皆乐于遵守！"

天降圣明？不错，除了天降圣明，谁能在短短十年间灭六国，统一四海！当然他做的无论什么都能上合天意，下顺民情！到目前为止，他做的哪一件事不是为黔首谋福利？哪一件不是为了要开万世太平？

黔首看情形似乎都能体会他的德意——这一代辛苦劳累点，牺牲奉献点，后世万代子孙都会享受到这一代留下的成果。

他本身不就是在日以继夜的如此努力吗？

他看赵高是越来越顺眼了，就连赵高那猥琐的神情也会引发他更多的怜惜，对这个和他同年同月同日同时生的幼时玩伴，他应该对他好点，他们家欠赵高家的太多了。

"赵高，"始皇有次按捺不住心中的怜悯，终于带点感情地说："以后御车的事另外找个人做，胡亥不小了，已该学习政事，你就负责教他刑名狱政之学吧！”

“奴才充官居中车府令，能为陛下御车已是奴婢的荣誉，至于教公子刑名狱政，与御车并不冲突，奴才实在不放心别人，还是奴才亲手驾御才能心安。”赵高诚恳地说。

始皇直接的反应是——看赵高多爱朕！中车府令下管辖这么多的车马御者，他为了朕的安全，宁可亲自操此贱役。

但赵高心中的想法却是——只要我为你驾车，我就随时能了解你的一举一动，再加上南书房的管理，我等于掌握了你——也就是天下的一半。

始皇一行抵达邹城，召集当地儒生上峄山立石，刻下颂赞秦德的石碑，然后下山讨论封禅及望祭河川的仪式。

这时候，始皇带来的六位博士和当地十多位儒生又起了争议。

身穿宽大儒服，头带高耸儒冠的鲁儒生共有十二人与会，带头的儒生邹成五十来岁，头发早白，脸色红润，称得上是鹤发童颜，说话时中气十足，声如洪钟，言词犀利，处处逼人。他斩钉截铁地说：

“按照古制，天子行封禅之礼必须步行上山顶，所以经过这么多年，尽管有这么多天子来行封禅之礼，泰山仍然没有车道。”

这次始皇带来的六位博士，乃是以旧周派姬周领头，他虽然已七十多岁，仍旧是长身玉立，风度翩翩，远看上去如五十多岁的人，只是满脸皱纹甚深，白发更为稀疏，挽髻都嫌勉强。他慢条斯理地争辩说：

“老朽翻遍《周礼》、《仪礼》和其他古籍，也没见着这项规定。再说，从泰山脚下至山顶共一百四十八里零三百步，要是走路，像我们这里的人有几个能走上山顶？”

其实这两派人所争的并不完全是仪式问题，里面还含带着谁来主持这项仪式的问题。

邹成的这班当地儒生，年龄都不超过五十岁，自从秦灭六国后，法家抬头，儒家式微，专门为别人主持生丧婚嫁、祭祀天地祖先大典的儒生，收入大为减少，社会地位也一落千丈，不得不靠农耕渔樵作为副业维持温饱，因此个个锻炼得身强力壮，上泰山如同履平地。

反观这些随始皇来的博士，年纪最轻的也超过六十，几年来在咸阳养尊处优，除了皓首穷经，为皇帝解答一些典故仪式上的问题外，儒家六艺诗、书、礼、乐、射、御中的御车、射箭运动，早就碰也没碰过了！当然一个个年老体衰，如何能步行上一百四十八里零三百步的泰山顶？

他们上不去，当然会由鲁儒生担任司仪。

同时，泰山为天下圣山，尤其在齐鲁人眼中更是天下群山之主，所以鲁国孔子就有“登泰山而小天下”的豪语。始皇要是带领群臣驱车轻易而上，泰山如何显得尊贵和伟大？只有经过千辛万苦才能接近的东西，才显得出它的神圣和神秘，也才会受到人们的尊崇。

因此，他们一定要坚持秦始皇一步步地走上山顶，齐鲁虽已亡国，受秦统治，但这唯一留下的圣地，必须要他尊敬膜拜。

六位博士和十二位儒生，纷纷反复引经据典辩论，整整一个下午都辩不出结果来。

归纳所有儒生的意见不外乎是：

“泰山是圣山，只有在这里，人才能接近上帝，为表示对上帝的尊敬，不论任何人都得一步步走上山顶，否则可能会见不到上帝，听不到上帝的指示，更严重的可能会因为轻慢而招致上帝的愤怒，想祈福却适得其反！”

归纳六位博士的意见，结论是：

“儒家古籍对任何祭祀仪式都有详细规定，独独没记载这一项，可见必须步行上山的说法，乃是后人捏造的，作不得准，也就不必遵守。”

始皇原来召集诸儒生的用意，除了讨论封禅祭祀河川的仪式外，也想听听齐鲁的风俗民情和归秦后的反应，想不到这一个简单的主题就整整耗掉一个下午。

他听到自己的肚子已饿得咕噜作响，而这些老先生仍争论不休，似乎并不饿。他想，以后召集这些人来议事，应该让他们辰时空着肚子就开始，肚子饿，引经据典会少些，议程也会缩短些。

终于，他忍不住要双方停止辩论，他自己下了个简单的结论：

“泰山为上帝所居圣山，朕为天子，并不是上帝的奴隶。儿子拜谒父亲，自当乘车马直达堂前，然后下车马，上堂跪拜父亲。因此，朕决定，修驰道直达山巅，再筑石阶至山顶设坛处，朕步行那些石阶，也表示子对父的礼敬！”

“恕臣等不能奉命，泰山为天下之至圣，要行封禅之礼，必须步行！”邹成还想力争。

始皇色变，但随即按捺下来，他不怒反笑地说：

“先生怕上帝降祸，就不必随朕上山，封禅仪式由姬周担任司仪。”随即他向侍立身后的赵高说：

“传诏地方官，命他征集民夫，在二十天内将原道路拓宽，能通车辆！”

“遵命！”赵高恭应。

六位博士喜形于色。

十二位鲁儒生个个垂头丧气，内心燃烧着愤恨。

始皇带了李斯及六位博士、六百名郎中、六千名虎贲军上山，到达中途又将六千名虎贲军留下担任警戒，他只带着六百名郎中和李斯驱车来到

山巅。再前面就是通往山峰顶的石阶，李斯、郎中不再上去，留在原地等候。

六位博士随同始皇一步步爬上石阶到达山顶，按照仪式祭拜完毕，六位博士再度下来，和李斯等人会合，只留下始皇一个在祭坛前，他要在上面待一天一夜，祈祷并接受上帝的默示。

他十天前即行齐戒沐浴，祭祀的当天更是禁食，只饮点清水，他的感觉是——开始时肚子虽有点饿，上山后头脑却越来越清新。

他跪伏坛前，祈祷了一会儿，总感到自己意志不能集中，当然也就发现不到什么感应。

他站起来绕着土坛走了几圈，眼看到脚下的层层群峰，面拂着阵阵强劲的山风，他不禁想起了孔丘所说的："不知生，焉知死！"以及中隐老人所说的："鬼神是种信其有就有，信其无即无的东西。"只是，能够真正相信的人有福了！因为他在活着的时候，会感到有种巨大的力量在帮助他、支持他，而面对死亡的时候，他会认为死亡后面展开的是另一个无穷无尽的生命：

但老人又加上了一段话：

"但据我所知，没有几个人是真心相信而毫无一点怀疑的，因此鬼神之说，只有增加人对生命的恐惧和不可知，你无法肯定这生以后是否有来生，也不能确定自己的努力是否能决定自己的命运。"

可是在始皇自己现在想来，鬼神应该是些智者用来恐吓欺骗愚者的手段，下者用鬼神来欲财，上者用鬼神来使他们的统治权力合理化。

他沉思了一会儿，头都想痛了，没有博士们所告诉他的应有感应。他们说，所有从泰山封禅回去的君王都告诉别人说，他们听到上帝对他们说话，告诉了他们治国之道。为什么他未时上来，现在已是酉时，仍然没有一点感应？难道上帝真的怪他不该乘车上山，还是他祈祷时心不够诚？

他再度跪到坛前，闭上眼睛，凝聚意识，喃喃祈祷：

"上帝，假若我真的是你的儿子，我是承你的命代你治理天下兆民，求你指示我，对我说话！"

跪伏很久，他再睁眼抬头，整个心灵为眼前的美景所吸引溶化。

他所在的顶峰四周，完全为云海所淹没，像棉絮，更像白色浪花，随着山风劲吹，汹涌澎湃，群峰有的全部盖住，失去了踪迹；有的露出峰顶，就像浮现在大海中的岛屿。更奇妙的景致是，在他头上还有云层，偏西的太阳从上面云层缝隙中照下来，将云海染成了粉红。

"生命多美！"他忍不住赞叹。

"生命多短暂！"想起在邯郸的童年，只不过是转眼间，自己却已步入下坡路的中年，他又不禁叹息。

太阳逐渐下沉，东方已是暮霭凝聚，西方也只剩下落日所留下的一点余辉。

“过不久，我就会像落日一样沉没！”他喃喃着说出口：

“再多的努力，再大的成就，过不久就会和这片壮丽的云海一样，飘散得无影无踪！但是，太阳明天会再升起，云海又会再凝聚出现，而我嬴政呢？”

突然间他心上充满遗世独立的苍凉，他不知不觉地哭了，泪湿透了衣襟。

他看风景感怀，不知在什么时候，竟跪伏在祭坛前睡着了。

不知道睡了多久，也不清楚他是否真的醒来，他神情恍惚地眺望四周——天上乌云密布，见不到一点星光，四周也是一团黑，仿佛这些重山峻岭只是一幅山水画，在他睡着的时候被人偷走了。

突然，天空闪起雷电，闪电像一条条银蛇，扭曲着冲上天，雷跟着轰隆隆的响。

他终于身心都有了感应——一种充满骄傲却又自卑的感觉。他自卑，因为和周围宏伟巍峨的群山相比，他显得多孤独，多渺小无力；他骄傲，是由于他知道，眼前和看不到的无限山川大地都是在他的统治之下！”

下泰山后，始皇又率领群臣及博士在梁山开地为埠行禅祭礼，并命李斯作碑文交齐郡郡守刻于泰山石碑上，文曰——

皇帝临位，作制明法，臣下修饬。二十有六年，初并天下罔不宾服。亲巡远方黎民，登兹泰山，周览东极。从臣思迹，本原事业，只诵功德，治道运行，诸产得宜，皆有法式。大义休明，垂于后世，顺承勿革。皇帝躬圣，既平天下，不懈于治。夙与夜寐，建设长利，专隆教诲。训经宣达，远近毕理，咸承圣志，贵贱分明，男女礼顺，慎遵职事，昭隔内外，靡不清净，施于后嗣。化及无穷，遵奉道诏，永承重戒。

碑高三丈一尺，宽三尺。

这次封禅全程未让鲁生参加，儒生内心怨恨，和始皇结成死仇，将他看成是不遵礼的西方野人和破坏古制的狂妄罪人。

始皇未注意到这么多，他在召集地方官员，垂询地方行政及教化情形后，余兴未尽，于是沿着渤海又向东而行，经过黄县、垂县，穿过成山山麓，又登上之罘山顶，立石碑颂秦德。

接着他又摆驾向南，沿着渤海边到了琅琊山。

琅琊山面对东海，风景秀丽，和泰山的巍峨雄伟又有所不同。

始皇登上山顶的琅琊台，此台为越王勾践二十五年徙都琅琊时所建，西望群山层叠，青翠欲滴，东观东海，波浪汹涌，浪头如雪。这次站在山顶，他不再是孤独的，而有万千臣属拥戴着，护卫他。尽眼看去，一片锦

绣衣袍、鲜明盔甲、旌旗节旄，形成了另一处波浪涛涛的旗海。

迎着阵阵带着盐湿气息的海风，他有着君临宇内的意气风发，也有着我欲乘风归去的飘飘欲仙之感。

他转向侍立一旁的琅琊郡守齐鲁说：

“这么好的风景，可是穷目之下，看不到一丝人烟，这真是有点美中不足。”

“原来山下有少数人家，但此处不适耕种，也不合渔捞，所以逐渐迁往莒城和即墨去了。”齐鲁躬身回答：“在越王勾践时，琅琊为越首都，人口稠密，琅琊山下，住户人家也多。”

始皇想了想说：如今太平盛世，自当不让越王勾践专美于前，其实山顶景致绝美，山麓土地肥沃，怎会不适于居家耕种？只是人性都喜欢热闹，往人多的地方去了而已。今朕命你在一年之内徙三万户到附近，自然而然，人口会越来越多，形成一繁华都市，乃是指日可待的事，这样才不致浪费了这里的人杰地灵。”

“臣遵命。”齐鲁恭谨地回答。

始皇远眺大海，神情若有所思，很大一会儿，他突然又转向齐鲁、李斯等人说：

“朕幼时居住邯郸，就常听到传言，东海之中有仙岛，上住长生不老的仙人，不知是否真有其事？”

李斯首先答复说：

“鬼神仙人，信其则有，不信则无，传说虽然众多，但亲眼见到的却无几人，可见只能当作茶余饭后的闲谈趣闻，不能过于认真。”

始皇看了看齐鲁，意思是要他发表意见。

“廷尉所言甚是，”齐鲁正色地说：“但空穴来风，传闻多少有点根据。现有仆人徐市，又名徐福，就说他曾亲身到过东海仙岛，前些日子曾告诉给臣，希望能提供船只人员给他，让他再去寻找仙踪，但臣以为事近荒诞，所以没有理他。”

“徐市目前人在哪里？”始皇满怀兴趣地问。

“如今还住在琅琊，以为人看相卜吉凶维生。”

“明日为朕宣召，朕想听他谈谈仙岛的事。”始皇笑着说。

“孔丘不言怪力乱神，因为这些事似有似无，谈论多了，常会使人不满现实，想入非非。”李斯在一旁劝谏。

这时，始皇耳畔似乎又响起了那个似幻似真的声音：

“你是我的爱子！我的骄子！我将天下兆民都托付给你！”

始皇在琅琊行宫召见术士徐市，李斯及琅琊郡守作陪。

徐市看上去大约四十多岁，面目清奇，肤色白皙，留着五绺长须，飘忽胸前，倒也有一副仙风道骨气派。

在他行礼坐定以后，始皇微笑着说：

“朕听郡守说，先生曾亲身到过东海仙岛，不知是否可以说给朕听听，以增长朕的见闻?”

“臣不敢，”徐市恭谨地回答说：“臣上次是坐船遇风，在海上飘了数天数夜，偶然在一仙岛靠岸，在上面住了几天，然后加足淡水粮食后离去。”

“停留数天，见闻应该不少，详细说给朕听听。”始皇大感兴趣地说。

于是，徐市说了一段似幻的神奇遭遇，他能言善道，脸上表情丰富，始皇听了不禁神往。徐市说：

“那个岛上四季如春，花草树木长绿，唯一能分辨季节的是岛中央的一座高山。春天冰雪开始融化，山溪水涧淙淙而流；夏季山顶的火山口会冒出火焰，高冲云宵，火光烟雾蔽空，甚是壮观，所冒出的石浆，冷却后即是耕种田地最好的肥料；秋季则北方诸鸟纷纷至岛上避寒，一时岛上充满了各式各样的鸟类，有羽毛颜色特别鲜艳的，也有啭鸣尤其美妙的，站在住处门前就欣赏不完；到了冬季，气温仍旧没多大变化，只是那座高山开始为冰雪所封，山溪也皆干涸，人们就知道冬季已经到了。

岛上所住居民，模样与中原没有多大分别，但男女个个俊秀明丽，随便挑一个最平凡的男或女，到了中原都会是弥子瑕和西施再世。他们虽也有老幼之分，但是到了某种年龄，只要到那座高山上吸饮一种名为‘青春之泉’的山泉，就能恢复到十八岁一样，所以有很多祖父看起来比孙子还年轻。为了控制岛上的人数，他们已多年都不再生育，所以那里见到的都是十八岁以上模样的人。”

“这真是神奇!”始皇拍案叫绝：“但为什么不人人都变成十八岁一样，那岂不是更好么?”

“这种泉水不多，所以受到管制，不能任意取用，只有到五十岁才准使用，饮后变成十八岁，然后长壮变老后再饮。陛下看臣多少岁了?”徐市转口问始皇说。

“先生神清气爽，看起来应该是四十岁出头，和朕差不多，但朕政务繁忙，看上去比先生老多了。”始皇叹口气说。

“陛下龙凤之姿，天日之表，臣怎敢妄比？只是陛下猜错了，臣今年已七十多了。”

“七十多了?”始皇惊诧得差点跳起来：“这么说，先生也喝过‘青春之泉’?”“不错！二十多年前，臣五十多岁，但身体已衰老不堪，蒙岛上人赐‘青春之泉’一小杯，饮后经过三天，脸上、身上的原来皮肤就逐渐

枯干破裂，变成鳞屑纷纷脱落，就像鸡蛋剥壳一样，七天后就成为十八岁翩翩少年了！”

“先生能否再说点岛上奇异给朕听？”始皇的兴趣越来越浓厚。

“其实东海中还不止这一处仙岛，据岛上人说，相互有往来的即有三处，一曰蓬莱，二曰方丈，三曰瀛州，三岛相去数千里，岛上有特制快船不用船帆也不用桨，燃烧岛上洞底一种石头化成的油，巨大的车轮在水底转动，推船前进，一日可往返千里。”徐市说得口沫横飞，连自己也有点神往。

“啊！那要是用这种船组成楼船舰队，岂不是天下无敌了吗？”始皇三句话离不开帝王的想法。

“那种快船构造复杂，不容易仿造，而且那种石油只有三处仙岛才有，拿到中原来也没多大用处。”徐市带点遗憾地说。

“朕是怕仙岛人用这种船入侵中国，纵横江海之上，将无法可制！”始皇面露忧色地说。

“那绝对不会，岛上人个个乐天知命，又是长生不老，哪还有侵略别人的野心？他们男耕女织，日出而作，日落而息。岛上处理公共事务的官员全由百姓选出，最高统治者名曰岛长，全是每十年一选。”

“那岂不会个个竞选打破了头？”始皇笑着说。

“正好和陛下想象中相反，”徐市摇摇头：“人人避之都来不及。臣那次飘流岛上，适逢大选之年，只见那些德高望重者，有的走避深山，有的重门深锁，连上街都不敢。走躲被人发现者，深山山洞外面就会有成千上万的人跪求，日夜不休，直到他肯出来应选为止。因此常常是找不到应选的人，而现任的岛长和官员一连任就是多次，甚至有连任一百多年者，最后不得不挂冠求去，说什么也再不肯治事，才勉强又拉个人出来。

“那岛长的宫殿一定和尧舜一样，茅顶竹椽，泥土三阶，”始皇忍不住哈哈大笑，“所以许由听到尧要禅位于他，他赶快跑掉躲起来。”

“又正好和陛下想的相反，”徐市微笑着说：“岛上街道皆铺玉石，下雨不湿，日晒不热，即使是在正午，打了赤脚走在上面，清凉由脚底一直沁人心底，屋舍也皆以一种黑白相间的玉石为壁，檀香木作椽（屋梁），黄金白银为门户。一般百姓家都是如此，岛长的宫殿及办事官衙更不必说了，连男女穿的鞋履都是用珍珠编成的。”

“这种仙境，先生还能再找到吗？朕不想别的，只希望要点‘青春之泉’回来就行了。”始皇满怀希望地问。

“这要看陛下是否有此仙缘了。臣上次离开仙岛时，岛上人就曾对臣说过，臣和那条船上的人都有这种奇缘，所以才会飘流到岛上。否则平时由远处看此岛，只是云雾一片，船行到岛前，就会遇到暗流沉到海底。”

徐市回答说。

“你是我的爱子！我的骄子！”雷鸣似的话声又在始皇耳边响起，但他不愿意告诉徐市和在场的诸臣，他只神秘地笑着对徐市说：

“朕相信有这份仙缘，要请先生再辛苦一趟，如何？”

“陛下天之骄子，鬼神都当礼敬，何况仙岛上的人！陛下统一四海，君临宇内，建前王从未建过的伟业，乃是上帝的亲命，还怕没有区区仙缘？”徐市避席顿首说：“臣愿为陛下效犬马之劳。”

始皇听到他口称“天之骄子”，这正与他耳畔的声音暗合，他不禁更为高兴，连忙要徐市复座，并柔声地问道：

徐市想了想回答说：

“臣需要童男童女各三千，大楼船百艘，满载粮食和淡水。”

“楼船淡水可以理解，童男童女要了做什么？”始皇不解地问。

“仙岛男女久不生育，已通人事男女，恐怕会污染仙地，仙岛就不肯在眼前出现了。”

“先生考虑周到，看来必可完成任务。”始皇宽下心来。

接着徐市又说了些仙岛轶事，始皇交代李斯和齐鲁合办此事，与徐市商量准备细节。

谈着，谈着，不觉东方已白。

始皇在琅琊游山玩水，看海涛观日出，想象着蓬莱仙境，乐而忘忧。一半是舍不得离去，一半是想看看徐市的准备结果。

李斯和琅琊郡守齐鲁的办事效率真快，三个月不到的时间就准备好一切。

徐市出航时有如大将出征，始皇亲自到码头送行，并赏赐徐市及童男童女不少金银珠玉，因为中原上国到边荒地区，虽然是仙岛，也不能显得太寒酸。

咸阳宫赵室里，灯光辉煌，室外亭台楼榭，远处甘泉山和整个咸阳城，全都盖满了皑皑白雪，冰雪封住了整个大地。

宫中每个近侍和宫女脸上都笼上愁云，因为他们打从内心敬爱的皇后病重，看来会不久于人世。

皇后待下宽厚，始皇谁的话都听不进去，只有皇后说话他是百依百顺，她为他们排解了不少危难。皇后去后，要是换上苏妃立后，她懦弱恭顺，在始皇面前一句拂逆的话都不敢讲，以始皇暴躁而又喜怒无常的个性，加上赵高喜欢拨弄是非，点火煽风，他们的日子会很难过。

赵室里，为了冲淡悲伤气氛，始皇命令点上每一盏灯和烛台，两具麒麟送子形的火盆里，也烧着红红的炭火，为四周白色的墙壁和装饰染上一层粉红。

胡亥刚由奶妈带来见过母亲后退出，如今室内只有始皇和皇后两人。

皇后斜靠在床上，始皇就坐在床沿上紧握住她的手。她脸色苍白，不时咳嗽，说话呼吸都感到困难。

“你不要说话了，休息一下！”始皇轻轻帮她槌着背，无限怜惜地看着她。

“趁能说话的时候，我得将事情交代完，否则就没有机会了！”皇后摇摇头。

“看你总是这样固执不听话，”始皇轻轻拍着她瘦削的脸颊：“不要那样胡思乱想，太医说你只是受了惊吓，再加上点风寒。”

“这么老了，还那么孩子气，人家说什么就相信什么！他们是找不出病因，不敢下药。秦法严，判断了病因，连下三剂药不见效就要治罪，他们当然要说我没有病了，你明白吗？”皇后摇头笑了。

皇后都四十五六岁的人了，笑起来仍然有那个邯郸小女孩的娇媚，始皇不禁心内更酸，他呆呆地望着她，一时说不出话。

“现在我有两件事想问你。”皇后严肃地说。

“请讲。”

“一旦我去后，立谁为皇后？”

“一旦你丢下我不管，今后只要我在位，大秦就没有皇后！”始皇毫不考虑地说。

“这怎么成！大王不可一日无母，后宫不可一日无主，不立皇后，谁来母仪天下，管理后宫？我的皇帝，后宫几千女人，有时候比天下兆民都难治理，你明白吗？”皇后噗哧一声笑了。

“也许可以让苏妃治理后宫，但我绝不再立后！”始皇坚决地说：“而且，徐市寻找‘青春之泉’就快回来了，我们将长生不老，千万年为夫妻，共同治理大秦！”

“我的皇帝，刚才我说你孩子气，容易相信别人，你要是相信徐市这类术士的话，那你更是和婴儿一样天真无邪了！世上要是有‘青春之泉’这类的东西，那应该现在还是由尧舜称帝，轮不到你来做这个始皇帝了。”皇后笑得咳嗽，久久不停。

始皇轻柔地揉抚着她的胸口，很久她才喘过一口气说：

“就算有‘青春之泉’这种东西吧，恐怕我也等不及了，现在还是掌握时间谈正经事，你真的决定不再立后？”

“在我以及整个宫中上下的心目中，没有人能取代你的地位，与其立非仆人，不如让这个位子空着。”

“嬴政，多年如一日，你始终对我如此好……”皇后将始皇的手放在脸上轻擦，哽咽着说不下去。

两人就这样满怀悲痛地温存了很久。

最后，皇后擦干眼泪说：

“还有一件最重要的事。你到现在还未立太子，这关系以后大秦的国运，我想在走以前知道，”皇后沉吟了下又说：我知道你忌讳言死，但哪个国家不预先立储？这与死不死没有完全的关系。譬如说，你常出外巡狩，总要有个名正言顺的留守者。早立太子，兄弟们也早心定，不会钩心斗角，手足骨肉猜忌相残，一旦不讳……”

“这你根本就用不着问，当然是胡亥，”始皇阻止她再说下去：“他是唯一嫡出，也是我们唯一的爱子！”

始皇看着皇后，预期看到她脸上的欣慰，谁知她却是连连摇头。

“怎么？立他不好？”始皇大出意料。

“依我的私心，当然立他最好，但为了大秦的国运，千万不能立他！”皇后正色地说。

“为什么？”

“你生了公子二十多人，同母者多的高达七八个，少的最少有两三个，胡亥一旦即位，就会发生两种情形，一是他刑杀所有成群结党反对他的兄弟，再不然就是他受别人的压制甚至是推翻。”

“这是你多虑了，”始皇笑着说：“如今不比从前，公子都不分封，大权完全在皇帝一个人手上，诸侯勾结谋反的事根本不可能发生。”

“我不赞成胡亥的另一个重要原因是：胡亥本性太坏，暴虐无知，又不肯学习，将来不会是个好皇帝！”皇后叹口气说：“让他做个黔首平民，也许在兄长的照顾下，他会活得平凡快乐，终其一生；要是当皇帝，会误尽天下苍生。”

“他才几岁？大了，懂事了，就会改的，他的脾气很像我，但你敢说我不是个好皇帝吗？”始皇自信地说。

“他怎么能和你比！”皇后叹口气：“你勤劳、英明、果断、睿智，他正好相反，俗语说，八岁看到老，他今年都十岁多了。”

“这件事让我再考虑考虑，本来我不打算这么早立储，也就是因为对胡亥眼下的样子担心。”始皇想借机下台。

“不，我真的想知道你要立谁，我才会走得安心。”皇后语气非常坚决。

“你心目中的人选是谁？”始皇不得已反问一句。

“扶苏！”皇后毫不迟疑地说。

“理由呢？”

“苏妃人虽然懦弱了点，但贤德宽厚，是当太后的好材料。她生子仆

人，立扶苏，同母兄弟多，可以互相扶持，其他异母兄弟不敢结党欺压他。同时扶苏是你的长子，为人贤孝，不只你我知道，也为天下臣民所共同承认，这么好条件的人你不立，却只以对贱妾之爱的一己私心，就想立胡亥。殊不知，你这样爱他的方法，不但是害了大秦，也是害了他！”

皇后挣扎着起身，危颤颤地跪在床头，泪流满面地恳求：

“陛下，承蒙恩宠殊遇，多年如一日，臣妾感激不尽。假若你还怜惜臣妾，让臣妾走得安心，请放过胡亥，让他做一黔首平民，无灾无祸终老吧！”

始皇连忙将皇后紧紧抱入怀里，泪如泉涌地说：

“玉姊，玉姊，为什么要这个样子？胡亥是你的儿子，但也是我的，我答应你，我会为他的好处着想。”

始皇始终未放弃立胡亥的想法。

三天后，皇后去世了。

咸阳举行了盛大丧礼，灵柩暂厝兰池，等待始皇陵寝建筑竣工后，再行安葬。

天下服丧三月。

秦始皇二十九年初。

自皇后去世后，始皇不再立后，只命苏妃管理后宫，也不提立太子的事。

只是他睡不安寝，食不知味，批阅奏简文书时，也常会停下朱笔出神。

除了常梦见皇后不说，有时候无论日夜，他眼睛一花，就会看到皇后的身影出现，有时候也会在耳畔听到皇后喊近侍或宫女的声音。

宫人怀念皇后，宫中传出谣言，有人看到皇后出现在她喜欢或常到的地方。

始皇闷闷不乐，脾气更坏，朝中大臣人人自危，不知道什么时候会突然遭到他的斥责，甚至是获罪下监狱。

御医诊断，始皇是思念皇后过深，郁闷积心，最有效的良药就是散心，改变一下周围环境。

于是李斯上奏：齐国人心不稳，儒生常造谣生事，批评时政，总是以三皇五帝旧制，诋毁本朝的重刑法治，需要皇帝亲自去安抚一下。

李斯这一本上奏，来得正是时候。始皇想出游，找不到借口，深怕别人说他多情柔弱，为了逃避对一个女人的思念出游。

李斯正好给了他这个借口，何况他的确怀念琅琊山的山海美景，当时他下令琅琊郡守移民的事，他也想验收一下成果。

对儒生的造谣生事，早就在他的预料中。这些儒生虽然口诵孔丘修齐治平之道，但五谷不分，四肢不勤，整天不事生产。上焉者教几个学生图个温饱，下焉者就一天到晚鬼混，全靠主持些祭典之事，赚几个钱度日。

秦平定天下后，祭典之事日少，不工作就无钱可赚，而且请求法治，法律条文的复杂就够一个人终生研钻不清，有些聪明的儒生就改行习法，专替人写状打官司，倒也有些人靠这起家发财。但有些自命清高的儒生，不屑干此营生，或者是改行不成，眼看别人发财眼红，于是就诋毁其现行制度来。

当然始皇心里最清楚，上次祭泰山，没请这些齐鲁宿儒、舆论领袖参加，才是真正捣了这个马蜂窝的主要原因。

这次去，他要安抚他们一下，当然，若安抚不成，必要时也得法治几个人立立威！

于是他准了李斯的建议，亲自出巡东地，并命赵高和郎中令按照上次泰山封禅准备一切出巡事宜。

正月底，始皇在众多郎中、虎贲军及军队拥戴下，又出了函谷关经颍川郡（原韩地），由直道向齐郡出发。

阳武县城外三十里处的博浪沙。

此处形势险要，起伏延绵的丘陵蔓草丛生，长满参天古木，间杂着人高的灌木丛，通往平地的直道必须从两边削壁的山谷中通过。

张良带着一名大力士，在山边的一块突出部等候着始皇车驾。

这处突出部满布蔓草和灌木，山壁如刀削，山谷中人马无法上来，而突出部向后则是森林密布，再多的人隐进去，就像群鱼逃入大海，再也难以追踪。

这里的确是一处埋伏狙击的好地形，居高临下，视界广阔，一击得手，从容而退，始皇人马即使要上山搜索追捕，也要绕上一大圈路，何况两个人一逃进原始森林，就像丢进草丛的两根针，想找也无从找起。

张良二十岁出头，生得白皙娟秀，身材修长，眉清目秀，唇若涂丹，经过初春的太阳一晒，两颊像抹上胭脂般发红，他不像一个准备刺杀天下之王的刺客，倒像一位女扮男装的美人。

张良为原韩国人，祖父张开地曾在韩昭王、宣惠王及襄哀王三朝为宰相，父张平亦曾相韩厘王和悼惠王两朝，韩国灭亡时，张良尚幼，等到长大以后，深感国仇家恨之痛，立志效法荆轲刺杀秦王。

他解散了家童达三百人的大家，弟弟死了也不埋葬，为的是节省费用，全力重金改买能刺嬴政的勇士。

在中原多年求寻不得，于是远到东海之滨，见到了仓海君，他为他介绍了这位大力士带回来。

他经由韩平地的反秦组织，得到始皇东巡的消息和路线，并侦察到始皇昨夜宿在阳武县城，今天早晨出发，中午会经过此地。

东海力士看不出实际年龄，生就一副魁梧身材，高达九尺有余，虎背熊腰，豹头环眼，满脸虬髯与胸毛连接。他不会说中原话，好在张良粗通他们的语言，倒也能较好地沟通。

他们都穿着绿黄劲装，为的是与背景颜色吻合。

为了这次刺嬴行动，力士特制了一具重一百二十斤的大铁锥，由上而下投掷车驾，必可砸得四分五裂，车内乘员则必死无疑。

为了试验铁锥的威力，张良和他在这里连砸碎了好几部车。东海力士的投锥越试越准，张良也越来越有信心。

此刻，张良望了望日将当中的天空，担心地向东海力士说：

“快到正午了，嬴政的车队应该快到了，怎么还不见张福回报？”

他正说完话，只见谷口远处扬起一道灰尘，一匹黄膘快马向这个方向急驰而来。

“看，那不是张福回来了吗？”东海力士学着说中原语，有点大舌头。

再看那匹黄马忽然不见，原来是由谷口小路绕到山后来了。

果然不久，一个十三四岁书童模样的人从后面草丛钻了出来，他气喘喘地向张良说：

“公子，嬴政的车队已离此不远，预计半个时辰后会到了。”

虽然初春朔风仍带着寒意，但三个人额上流着热汗，这是因为劳动，也是因为紧张。

“张福，你先走，到下邳去等我，该躲在什么地方，你记住没有？”

“圯上桥左项伯住处，”张福回答，但他立即又恳求说：要张福单独走，我不放心公子，求公子让我留下。”

“你留下无益，等会儿事毕，无论成与不成，我和力士都要分头逃离，力士自行回仓海，我会到下邳与你会合。”张良柔声地说。

“我不愿回仓海，愿长随张君。”东海力士前半句是中原话，后半句却是东夷语。

“那事毕以后，我们撤走时，你要紧跟着我！”张良叮嘱他说。

正说话间，只见山谷直道那头灰尘扬起，高而扩散，乃是有大队车马来了。

始皇坐在辒辌车中闭目沉思，他在怀念皇后，也在思考该如何安抚齐鲁的那派儒生。

他明白，这班儒生虽然早失去了孔丘所教导的儒家教养——诗、书、礼、乐、御和射，变成了身无一技之长、手无缚鸡之力、整天只知道穷研古制、批评时政的怪物，但他们说的话黔首相信，认为他们都是无所不知的圣人，至少是圣人的传人——贤人，遭到他们的反对，真是件麻烦事。

也许博士员额七十还不够，应该增加到七百或者是七千，将原六国所有的舆论领袖一网打尽，让他们都集中到咸阳居住，每年发点俸米给他们，让他们甜甜嘴。

但养这么多文不能草檄，武不能执戈的人，总得找点事给他们做，要他们做什么好呢？

始皇想来想去有点头痛，最后灵光一闪想出来了——就要他们分组专门研究古制，若干人编成一组，分别研究三皇五帝以及殷周的政治文物及各种制度，让他们整天埋在旧竹简里，再没有时间乱讲话。

而民间教育应该由地方政府来举办，教的应该是些实用的技艺，诸如农事、园艺、医药、卜筮、刑名狱政等等。

杨朱说，岔路多了，羊容易走失；韩非说，儒以文乱法，侠以武犯禁；这些话真是一点都不错。

天下豪侠，他已收拾得差不多了，因为他们大都有违法犯罪记录，这样的人早被他下令各地郡守，以惯犯罪名拘捕，编成劳改队参加筑路、治河、修堤去了。

现在轮到整治这些满腹牢骚、妄事批评时政的儒生，但依法提不出他们的罪证，手段太过激烈会引平民怨，后果不堪设想。

“也许，将他们集中到咸阳的办法可行，那就要各地郡守借推荐博学贤良之名，将地方危险分子都呈报上来；另外，必须要李斯再立新法，限制一下民间的言论，将妖言惑众，无事生非的人加以治罪！”始皇终于得到结论。

正在他想这些事的时候，整个车队忽然停止下来。

虎贲军都尉来报：

“启奏陛下，前面已到博浪沙，因地势险恶，直道必须由山谷通过，臣正派人上山两面搜索，清道后再走！”

“天下平定已久，还要这样大费周章吗？这一停要停多久？”御车的赵高在代始皇答话。

始皇听到说话，伸头车外对赵高说：

“就暂时休息一会儿，都尉所虑甚对。”

都尉飞马前去部署，始皇要赵高掀汽车前窗帘”他举眼望去，只见前锋三千名金盔银甲的虎贲军分作两边上山，漫山遍野地搜索过去，然后在谷道两头及各要点派上警戒，都尉做了前进记号，车队又再缓缓移动。

可惜的是，虎贲军搜索虽然仔细彻底，但他们找的是大队人马的大目标，张良和东海力士却是穿着与背景相同的衣服，而且是躲在事先挖好再加上伪装的坑洞里。

尽管成千的虎贲军牵着马从他们头顶的山路走过去，沙石纷纷下落掉在他们脸上和颈子里，但就是没发现到他们。搜索完毕，派出警戒后，始皇车队又缓缓启动，一批批通过峡道。

“同式的车有六部，我要投掷哪一部？”东海力士一手提着铁锥，另一只手提着铁尾的铁链问。

张良放眼看去，心里暗暗叫苦，责怪自己年纪轻，筹划不够周全。

只见三千前卫虎贲军已过峡首，四周严密警戒，六百名执戟佩剑的郎中，前后左右拥卫着六部款式一样的辒辌车，后面再跟着三十部车，分乘李斯等从巡大臣。

“等下车过的时候，你注意插有黑色旗帜，上绣龙凤标志的就是。”张良只有如此告诉他。

“好！”东海力士专心注意缓缓接近的车队。

前导郎中过去，六部辒辌车经过他们脚下，只见六部辒辌车都插有龙凤标志气。

“插标志气的车有六部，张君，我该投掷哪一部？”

一投不中，前功尽弃，但车子在移动，时机就要过去，没有时间让他多做考虑。

“皇帝总应该乘第一部，投掷第一部！”张良急促下决定，第一部车也刚好接近他们的峭壁脚下。

“好！”东海力士用起全身力气，虽然穿着劲装，也看得出他浑身的肌肉隆起。

他挥动铁锥，在空中划了几个圆圈，在日正当中的阳光下划动了几道光圈，他对准第一部车松手投掷，铁锥在半空中发出呼呼声响，显示铁锥去势之疾和他力道之大。

铁锥不偏不倚砸中辒辌，整个车厢砸得四分五裂，驾车的六七黑色骏马受到惊吓，人立长嘶。

郎中令及众郎中高呼：

“有刺客！”

众人纵马执戟将第三部辒辌车团团围住。

张良这才清楚始皇是坐在第三车，很遗憾他们没多带一具铁锥来。

正在他懊恼间，虎贲军强弩手纷纷发箭，向突出部及后方树林草丛等凡是有可能藏人的地方实施威力搜索。

成千上万的弩箭，像漫天遍野飞来的蝗虫，咻咻声不断，令人头启发麻。

好在张良早防到这一着，他的藏身坑洞事先已挖了一道交通壕，直通后山树林下的山谷，他们的座骑也藏在那处山谷里。

就这样，东海力士和他都险些中箭。

在几波弩箭的威力搜索后，虎贲军后卫部队大批人马上山。有的骑在马上，横冲直撞地来回巡查；有的下马，每隔五步一人，横排着拨草前进，真是连只兔子也会给他们找出来。

但他们来得稍晚，张良和东海力士早就到达山腰藏马处，骑上快马，加鞭跑掉了。

搜山没有任何发现，车队又再继续前进。第一部车只是备车，上面只有一名御者，被砸得脑浆迸出，面目全非。

始皇铁青着脸坐在车上，半天不说一句话，赵高小心翼翼地驾车，不时偷窥车内始皇的脸色。

始皇如今心中想的是：为什么他日夜辛劳工作，冒着寒暑在外奔忙，清除战争，为天下黔首兴办民利，还是有人这样恨他？荆轲的事，他想得开，高渐离的结，他就一直耿耿于怀，今天这个连影子都未见到的刺客，更让他的自信被那一锥砸得粉碎。

为什么他们恨他而不感激他？古时多少君王躲在深宫享乐，不问民间疾苦，百姓还称颂他们是无为而治的圣王贤君。不兴办水利，天时不好，百姓就得吃草根树皮；河水变道或暴雨成灾，无数的农田家园只好被淹没。不开辟道路，粮食无法转运，河东丰收，河西却会饿死人；货物不能畅其流，日用物品就会昂贵；军队不能快速调动转用，就得养更多的边防部队……

这些黔首为什么不体念他的苦心，只喊叫着徭役太重，反而怀念那些素食尸位、将国家弄得贫穷落后的庸君？

最后他想起孔丘的名言："民可使由之，不可使知之。"也许，他应该自行其是，不应该顾虑这些儒生和黔首怎么批评。

他想："我是天之骄子，上帝将兆民托付给我治理，民可使由之，不可使知之，为了他们长久的利益，短时间内，他们必须牺牲一下，他们再苦再累，总没有我这样累，只要我问心无愧，不管他们怎么去想！"

这样一来，他的内心舒服多了。

张良和东海力士博浪沙铁锥一击的消息，不久就传遍天下，六国故旧尽皆兴奋。

始皇下令大索十日，但刺客的身影都未见到，从何索起，郡县也只是虚应故事了事。

始皇游兴皆失，因而更相信荀卿"人性本恶"的说法，光是怀柔没有用，君王仁慈就是无用的代名词！

他到齐郡以后，再登之罘山刻石颂秦德。

李斯等人预先警告始皇心情不好，齐郡郡守当然不敢找那些反对派的儒生来烦他。随着始皇游之罘山和琅琊山的儒生都是属于歌德派，他们日夜跟在始皇后面歌功颂德，一致的结论是，始皇功德都远超过三皇五帝，既然号称始皇帝，一切法令制度当然从他开始。

始皇听了这些儒生的话，龙心大悦，下令郡守举荐方正贤良到朝中为官时，不要忘记他们。

游罢琅琊山，见到山麓移来农户渔家，一片欣欣向荣的景象，总算冲淡了张良行刺事件的愤怒。

始皇由鲁地取道上党回咸阳。

回到咸阳以后，始皇按照原来的构想，命丞相王绾通令各郡以举荐方正贤良的名义，将那些不满时政、乱事批评的儒生全都送到咸阳来。

但命令到达各郡守手上，全都打了折扣，因为这些郡守深怕保送上去的人真正得罪了始皇，他一迁怒，谁也承受不起，尤其是始皇喜怒无常，谁也摸不透他这项命令的真正用意。

于是，三十六郡的郡守不谋而同送的都是歌德派儒生，其中还有不少的方家和术士。大小郡所送的人数不一，总共加起来有六百多人。

始皇对这些人甚为优遇，特别赐宴咸阳宫，然后要丞相会同李斯将这些人分组，专事研究古代制度，将结论呈报用作施政参考。

这些人当中有两个人最为出色，一个是来自燕地辽东郡的卢生，一个是来自韩地颍川郡的侯公。

这两个人不但深通诗、书、礼、乐、易、春秋等六经，对易经特别有研究，同时还兼研方术，上知天文星象，下通地理风水和医卜。据知道的人透露，卢生更精通招魂术，能将亡魂招来与亲人相见。

时间一久，这两个人无形中就成了这批人的领袖。

秦始皇三十一年。

始皇回到咸阳宫中旧环境一久，又不免日夜思念皇后，几度思念成疾，整天精神恍惚不能理事。

但不管他身体怎样不舒服，或者是政事再忙，他每天傍晚一定会微服简从，去到兰池皇后棺木厝地悼念一番。

卢生日子一久，和赵高搭上了线。有鉴于徐市上奏一道求“青春之泉”的书，就骗到了楼船百艘，童男童女各三千，金银珠玉无数，几年无消息，不知道如今在哪个岛上称王。

他也想效法徐市故技，富贵荣华一番，否则天天和这些老儒生皓首穷经，尽研究那些殷商钟鼎的稀奇古怪文字，以及研究发掘出来的死人骨头和殉葬物，来摸索三皇五帝及殷周文物制度，他很快就会满头白发，说不定还会发疯！

九月，正好咸阳传出有茅蒙此人在华山白日升仙，有人看到他乘云驾龙，腾空而去。

卢生于是花了点钱，买了些糕饼糖果给在街头巷尾游玩的小孩，教他们唱一首歌谣，歌词是——

神仙得道茅初成，
驾龙上升入泰清，
时下玄州戏赤城，
帝若学之腊嘉平。

街头小儿吃卢生的糕饼糖果，唱得越来越有劲，虽然不懂歌词的意义，也是辗转相授，后来大人也跟着唱起来，最后传到始皇耳中。

那天，他在南书房由赵高随侍。以前皇后在的时候，除了趁始皇及皇后不在，带着宫女打扫南书房外，赵高是进不了南书房的，因为皇后对他的猥琐谄媚丑相有说不出的厌恶，只要他在场，她总是眉头紧皱没有好脸色。

皇后很少外出，偶尔和始皇同出，她也独自乘坐凤辇车，从不和始皇同乘，因为她看到赵高驾车的样子就想吐。

但现在皇后已死，他找不到一个可以讨论心事的人，于是赵高乘虚而入，变成始皇诉说心声的对象。

那天，始皇听到宫中有人唱这首歌谣，笑着顺口问赵高说：

“这首歌谣据说在咸阳传唱很久，里面有些词的意思朕还不能全懂，你能为朕解释一下吗?”

“陛下圣明都不能解，奴岂不懂的地方更多!”赵高诚惶诚恐地说。

“那是否能找到人解说呢?”

赵高故作思索状，一会儿又装出好不容易想到的样子跪禀说：

“奴才听闻燕地来的卢生深通仙道，也许他会知道。”他继续又做考虑状，似乎有话不敢说的模样。

“赵高，你吞吞吐吐地干什么?”始皇知道他这个毛病，他从不愿主动献议，总是要始皇逼问，他才肯说出。

“奴才大胆禀奏另一件事，陛下思念皇后过度，常常致病，卢生除了明白仙道以外，还深通招魂之术，陛下大可一试。”

“真的?”始皇惊喜地问。

“奴才也只是听说而已，不敢肯定，据说卢生还会看前生。”赵高谨慎地回答。

“何谓看前生?”

“就是施用法术让一个人看到自己前生是什么。”

“哦!”始皇不再说话，因为他对这没有兴趣，他今生功业地位不但超过他的祖先，而且跨越三皇五帝，要是推溯前生，他只是小国国君，甚至是个栉风沐雨仅能糊口的小民，那岂不是会打击他的自尊！

“明晚召卢生至南书房。”始皇最后如此说。

卢生四十多岁，长面隆鼻，淡淡的长眉，留着三绺长须，配上白色儒衫，显得飘逸出尘，真还带三分仙。

他向始皇行礼就席位后，始皇首先发问说：

“有关茅初成近日在华山得道、白日升仙的歌谣，先生是否有闻??

“臣早有所闻，难道说这首歌谣已传到陛下耳中?”卢生故作惊讶地说。

“正是如此，而且朕对歌谣的末一句很感兴趣，只是不明白该作何种解释，所以特地请先生指点。”

“臣不敢，”卢生在席位上俯首行礼谦谢，然后徐徐说道：这首歌谣前两句是说茅初成修仙成功，白日乘龙驾雾升天，玄州和赤城都是指地上人间，末句则是说陛下也有仙根，可以修炼得道跟他一样，不过要先将腊月改称为嘉平。”

“改月号和修道有什么关联呢?”始皇仍是大惑不解。

“腊月在夏朝名曰‘清祀’，殷朝改为‘嘉平’，到周时改为‘大腊’，又名‘腊’。腊月为一年中阴气最重，但也是阳气积蓄最多之月，所谓否极泰来，一元复始的春天就跟在后面，陛下改称腊为嘉平，就表示要多积蓄阳气，培植生机，不要杀伐太甚。”

“哦，这里面还有这许多玄机，”始皇注意到他的最后一句话，但他不愿意和卢生讨论政事问题：“朕听说先生通招魂之术，不知能不能为朕招亡魂?”

“亡魂可招又不可招！”卢生正色地说。

“为什么?”始皇惊异地说。

“这位亡魂若尚未因罪入地狱，或者是也未成仙，犹在人间飘荡，可以一招即来，假若已不在人间，就必须上穷碧落下黄泉，不容易找到了。”不在人间就完全没有办法招来了吗?厚，应该是早登仙界了。

“也不尽然，”卢生神秘兮兮地说：“只不过要上穷碧落下黄泉地去找，得花费不少的时日，消耗臣的精力很大，不知陛下想为谁招亡魂?”

“朕一直思念皇后，想找她来问问别后的情形，先生是否可以助朕完成这项心愿?”始皇诚恳地说。

正如始皇所担心的，卢生皱眉沉吟很久才说：

“皇后贤德，恐早已登仙界，臣要是到七重天府、七十一名山仙洞一一查询，恐怕需要时日太久。”

“但据宫人说，她们常在宫中看到皇后的灵魂出现，而且她也会常到朕的梦中。”始皇此时内心非常矛盾，他希望皇后已成仙，但又盼她的鬼魂仍在人间，让他时时能见到。

“不然，”卢生说：“这不表示陛下就可看到皇后的亡魂。”

“为什么？”始皇不解地问。

“真说来，人有三魂，一曰身魂，二曰实魂，三曰虚魂。”

“愿闻其详。”始皇甚感兴趣地说。

“所谓身魂就是寓居在人身体内的魂，生时主宰着人的一切思想与活动，死后此魂脱离人身即逐渐消失，宫人见到的是这种魂，乃是因为皇后新死，身魂犹未完全散去。正如蜡烛熄灭，烛心短时间仍会有火光一样。”

“那朕梦中所见到的呢？”始皇忍不住发问。

“那是虚魂，这个魂无所不在，无处不至。人活着时，它能遨游千里以外，也能到别人的梦中，但发挥不了什么具体的作用。人死后，这个魂就存在于宇宙虚无飘渺之中，它能出现在人前，也能进入别人的睡梦中我们常梦到不认识的陌生人，以及不论日夜，稍一失神，就会看到幻影，听到人声，都是属于这类的鬼魂，它本身没有意志，也不识人，所以无法招之即来，挥之即去。”

“那实魂呢？”始皇越听兴趣越浓。

“实魂在人活着时，没有太多的作用，除非你有修炼之法，将它聚炼成元神，也就是道家所谓的元婴，它可炼成水火不侵，而且具有神通广大的形体，这比白日升天，连同肉体得道，要低一层，但成仙以后，仍然是殊途同归。”

“那一般的人死后，实魂如何了呢？”始皇听得津津有味。

“一般人死后，实魂就因生前行善或为恶，由上帝决定上天堂享乐或下地狱受苦。这种鬼魂没有形体但有意志，也能有意进入别人的梦中，或是经过招魂术，具体出现在活人的面前。一般祭祖、投梦等等，全是实魂在起作用。”

“那朕请先生招来皇后的魂就是实魂了？”

“正是！”

“先生愿为朕效劳否？”

“臣衷心愿意，只是皇后登升天界，臣得费时间找。”

“找到以后，朕是否可以天天和皇后见面？”始皇满怀希望地问。

“那……恕臣冒犯，那绝对不可以！”

“为什么？”

“不说臣精神耗费不起，连招三次，臣就会大病一场，连招十次，臣恐怕就难以再活在人世了。而且阴阳有隔，相见太多，也会折陛下的阳寿！”

“那让朕见一见皇后，问问她别后如何，朕就心满意足了！”

过一会儿又问：“先生需要些什么交代赵高办理，只要能见到皇后，朕是在所不惜的。”

“是，陛下，臣自会和中车府令商量办理，明天臣即在居处作法，寻找皇后的下落，找到后约定时间，再向陛下禀报。”

“好。”始皇点点头，又长叹了一声。

在咸阳宫一间密室里，灯光暗淡，所有的灯烛都熄掉了，只留下香案上一对白色的蜡烛和壁上一具人形托灯。

室内香烟袅袅，檀香味弥漫全室。

香案上供满鲜花时果，香案后隔着一道白色纱帐，一个宫女装扮成皇后生前模样，在纱帐后席案前坐着。

这个宫女长得和皇后年轻时非常相像，眉目之间的神情和动作也极相似，再经过精心的化妆，简直就像皇后的复生。

她静静地坐着，垂眼低眉，活生生似皇后生前沉思的样子。虽然隔着一层纱帐，仍然看得十分明显。

卢生侧坐在纱帐后面，他先向坐在香案前的始皇行礼，复座后向始皇说：

“陛下要目不转睛地看着皇后的尸主，也就是这名宫人的眼睛，极力想着皇后生前你最爱看的动作，心中反复念着你最喜爱听的皇后所说过的一句话。陛下必须心无旁骛，意志集中，皇后仙驾才会降临！”卢生交代说。

“皇后远居渤海仙府，到此不知道需要多少时间？”始皇心中迫不及待地想跟皇后见面，因而有此一问。

“皇后神仙之体，既能腾云驾雾，又可行缩地之法，渤海至此，只不过一瞬之间，陛下现在开始凝聚心志，臣要作法了！”

卢生说罢不再多话，而是嘴里念念有词，好像唱歌又好像念诗，听不清他念唱些什么，但漫长而单调，一再重复，听久了会使人头晕。

可是室内没有别的声音，连烛火无风都不摇动，始皇只有听他念。

他按照卢生的话，专心注视尸主的眼睛，他最喜欢看的也正是皇后那双明媚灵活的眼神。他反复想着皇后生前所说的他最爱听的一句话：

“嬴政，假若有来世，我愿生生世世都这样服侍你！”

逐渐，他进入了恍惚状态，就和那晚上在湘君祠一样，似醒似睡，似真似幻，卢生的身影已不见，纱帐后面只坐着那名宫女尸主，但他意识中已当她就是皇后。

这时他听到一阵笙乐，和湘君出现时甚为相似。

端坐的尸主突然抬头发话，活生生的皇后出现：

“小柱子，大老远的找我来做什么？”

标准的邯郸口音，但击音细小，听不清是皇后的声音，不过，他越仔细辨认越像。

尤其是小柱子这个称呼，可说只有他和皇后两个人知道。他八岁时在邯郸，皇后牵着他的手在大街小巷游玩时，总是这样称呼他。结婚以后，这种称呼只有在床第燕好，她才以呻吟呓语的方式喊出。正式场合下，她称他陛下，两人私下谈话时，她喊他嬴政。

不错，是她来了，这点假不了。

“玉姊，别后可好？”他深情款款地问。

“居住仙府，不畏寒暑，不侵水火，无饥无渴，随心所欲，怎么会不好！”皇后笑着说。

这时中间的白纱帐似乎完全消失，他和皇后面面相对，她又恢复到二十多岁时最美丽、成熟的样子。

他冲上去想抱她，却被她制止了。

“小柱子，不要碰我，如今我是清净圣洁之身，为你肮脏凡俗的手触及到，我就永远回不去了！”

“那岂不是更好吗？留下来陪我。”始皇笑着说。

“你倒好，只是我会坠入万劫不复！”皇后不高兴地说：你这个自私的毛病还未改。”

接着他们谈了一些闺房私事，始皇认为这些都是只有他和皇后知道的隐秘，这时候他完全放弃怀疑，真正相信坐在他面前的就是皇后本人。

“我来有限定的时间，以后要找我也不容易，现在你还有什么事要对我说的？”皇后问。

“近来咸阳流传一首歌谣，说我也可以学道成仙，你认为怎样？”始皇反问她。

“你想成仙就必须先戒杀，杀孽太重就成不了仙，不坠入地狱就算好的了。”皇后严肃地说。

“我是天之骄子，又身为天下之王，不杀人怎么能治理国家？尤其天下初定，很多人还心存叛乱！”始皇不服气地反驳：当你开垦一处荒地时，毒蛇猛兽怎么能不杀？毒虫蚊蚋怎能不彻底消灭？”

“嬴政，你引喻失义，强词夺理，”皇后微笑着说：“上天有好生之德，毒蛇猛兽也有它们生存的权利。所以古时大禹治水，为生民开辟立身之地，也只是将它们驱逐到深渊森林，并没有赶尽杀绝！何况六国不是蛮荒，人民也不是毒蛇猛兽。”

“不在其位，不谋其政，你在生时，凡事都有我顶着，不知道心存叛乱的人，比毒虫蚊蚋还可怕烦人，防不胜防！”

“不和你多说了！”皇后怫然不悦地说：“戒杀不戒杀在你，只是将来回不了天上星位，不要怪我没警告过你！”

“唉，”始皇叹了一口气：“我全听你的，今后尽量不杀人，好了吧？你还没回答我能不能成仙，将来能不能和你在一起？”

皇后沉思了半响，方才回答说：

“男女爱恋情欲，本来就不是仙家所应有的，念在你对我的痴情，我指点你一条明路，除了切记戒杀外，你可命卢生到渤海仙岛找我，我会要他带回一本修道秘笈给你。”

“多谢玉姊。”始皇拱手道谢。

“总算夫妻一场，我也该帮你做点事，”皇后叹了一口气，也是脸露不舍地说：“时辰已到，我该回洞府了。”

“我成仙有望，大秦是否能万世传下去，玉姊也请明告！”始皇念念不忘这两个问题，只得到一个答复，他当然要抓紧这个机会问。

“嬴政，你怎么还是如此痴妄，贪恋权势？鉴往可以知来，我还是这句话！”

突然，始皇耳畔又响起那阵仙乐声，闻到一种较檀香更浓郁的香味，他看到皇后起身欲走，他上前想拉，却为席案所绊倒，晕了过去。

等他醒来时，室内情景又恢复到行前一样。

扮尸主的宫女仍然坐在白纱帐后面，垂首低眉，似乎从未动过。

卢生坐在原地，口中念念有词，好像唱歌又好像念诗。

始皇决定按照徐市前例，派卢生往渤海神仙洞府，可是卢生拒绝带那么多船，他只要楼船两艘，童男童女各五十人。

始皇并下令，今后腊月改称嘉平，每里赐米六石，羊一两只。

第九章 北伐匈奴　南平百越

秦始皇帝三十二年（前215）。

北方的云中、九原等郡纷纷传来匈奴寇边的消息。

他和李斯、蒙恬等人商量的结果，所得到的结论是：非彻底解决这个问题不可。

始皇决定自己带领李斯和蒙恬巡视北边，朝中由右丞相冯劫和蒙毅留守。

此时丞相王绾已告老还乡，李斯升国左丞相，廷尉一职则交由蒙毅担任。

蒙恬也因战功官拜内史郡守，领咸阳政事。

蒙恬、蒙毅兄弟，如今人已成熟，又经过磨炼，分别显示出在文治武功方面的才华。

由于对蒙武的特别感情，始皇对蒙恬兄弟也是另眼看待，以前他有什么心底难决的事都会找蒙武倾吐商量，这种信任和依赖现在完全转移到蒙恬兄弟身上。

尤其是蒙毅，他外表酷似父亲蒙武年轻时候，举止谈吐，全有大臣之风，更得到始皇对任何人都未曾有过的宠爱，出则参乘，入则侍坐，几乎一刻都少不了他。

由于蒙毅家世与众不同，诸将相虽心存嫉妒，但也不能不服，都知道无法和蒙恬兄弟争宠。

唯一使始皇感到有点不舒服的是，兄弟两人都和他的长子扶苏感情很好，而跟他的幼子胡亥格格不入。

始皇这次巡狩北方边境，和每次一样带了大批人马。

他沿着德水直道北上，一直到达九原郡治。

首先他召集了一次会议，除了随他来的李斯、蒙恬诸将相和郡守参加外，另外还请了当地专门研究匈奴的学者列席，由带头的学者韩广报告匈奴的渊源。

“严格说来，匈奴与中原民族应该算是同种，与其他蛮夷非我族类有所不同。”韩广首先就来了这样几句开场白。

始皇和所有与会者听到他这样说，真是前所未闻，全都被引起兴趣倾耳而听。韩广扫视一下始皇和在场人的反应，明白已引起始皇的注意，于是开始侃侃而论。

“匈奴其实是夏禹的后裔。夏桀暴虐荒淫，汤王推翻夏朝，将桀放逐到鸣条，三年后桀死，他的儿子獯粥带头领着族众避居到北方荒野地带，过着随水草而居的游牧生活。由于獯粥死，接收桀的众多姬妾，生下了很多子女，这些子女又各自率领族人，繁衍绵延的结果，就产生了很多部落。”

“原来如此，那历代君王怀柔，称之为兄弟之邦，也不算太委屈了，能否请韩先生讲讲他们的民族习性和风土人情？”

“臣遵命，”韩广在原席位上俯首行礼：“匈奴各部落平时分散，各自逐水草畜牧而居，所畜大部分为马、牛、羊，和中原大致相同。但另外有些奇异家畜却是中原所见不到的，譬如骆驼，这种怪兽巨大无比，背上长着两座肉峰，负重超过数匹驭马，而掌肉构造特别，行沙漠有如平地。

另外，还有以公驴配母马，生子谓之骡，耐力和体力都远胜父母；而以公马配母骡，生子谓之駃騠，乃千里良驹，据说生下七天，就比母亲跑得还快，不过交配繁殖困难，百次交配难得成功一次，在产地也视为异宝，到达中原更是难得一见。”

“这种马要是能找到六匹为朕驾车，倒也不错！”始皇赞叹。

“只要能扫荡匈奴，駃騠再难找，六匹总该是凑得拢的。”九原郡守任嚣随即启奏。

始皇哈哈一笑：“韩先生请继续讲！”

“匈奴虽然逐水草而居，没有城郭村落，然而也有农田耕作和土地所有权，但不用文书，而是口头约束，说话算话。小孩出生就随父母在马上生活，刚会走路就自己以羊代马，骑在羊背上自得其乐，拿着弓箭射鸟射鼠，作为游戏。再大一点就练习马术，射狐射兔，用作食物。等到成人后，男人皆成好武士，能拉强弓，擅长各种长兵器和近身搏斗。他们远距离用弓箭，可说每个人皆百发百中；近距离则用刀用剑，凶悍莫当。平时畜牧射猎，战时则全民皆兵，可说自小就成长在杀伐的环境中，所以侵略抢夺乃成为天性。”

“要跟这种民族一争长短，边境黔首也必须全民皆兵，平时耕种各就百业，一旦有警，全能上马杀敌方可。”始皇有感而发，看了蒙恬和任嚣一眼。

“匈奴民族性好利，利则进聚，不利则鸟兽散，不像中原人据地死守，以败退为耻，所以防备和追击都甚为困难。就像麻雀一样，有食来聚，遇危险各自飞走，连踪影都难找到，这是历代与匈奴接战最痛苦的地方。

至于风俗方面，自君王以下，大家吃的都是家畜和飞禽野兽的肉，穿它们的皮革，卧具也全是兽皮制成。不过，他们无所谓礼义孝道，青壮人贵，老弱者贱，凡是有食物，青壮者食品肥美，剩下来才让老弱者吃。父亲死后，所有妻妾全归儿子所有，只有亲生母亲除外，无所谓乱伦；兄弟死后，妻妾也全由弟兄接收分配，就和牛羊与其他财产一样。”

“这应该是和他们生活条件有关。”始皇有所悟地说。

“匈奴属地时大时小，匈奴民族时分时散，”韩广喝了一口茶又继续说：“其君主称单于，置左右贤王，左右谷蠡，左右大将，左右大都尉，左右大当户，左右骨都（异姓）侯。自左右贤王以下至当户，大者万骑，小者数千，凡二十四长，立号为“万骑”，诸大官皆世代相袭。

至于法制方面，岁正月，诸长小会于单于庭前，五月大会于龙城，祭其祖先、天地、鬼神。秋季马肥，则课校人畜，统计数目。其法甚为简便，私斗先拔刃者死，偷盗的没收家产；小罪断肢，大罪者死。囚禁最多不超过十天，所以一国之中，囚犯只有几个人而已。丧葬也讲究棺椁金银衣裘，但没有封树和服丧的习俗，单于死，近幸臣妾殉葬者常多至数千百人，作战时所俘财物人员皆为已有，所以人人好战，视为行猎一样。”

在说完这些以后，韩广还谈到其他匈奴与秦人的种种不同处。

接着是九原郡尉报告当前敌情，说明边防最痛苦之处在于防线辽阔，匈奴骑兵机动性强，常常突然集结攻入，饱事掳掠而去。同时，并不是每次都是大股人马，有时数千骑，甚至数百骑也会渗入，抢掠秦人家畜财产，然后带着俘虏扬长而去，就如同蚊蚋吸血，临时驱散，无从根绝，边境守军真是不胜其烦。

依次还有其他官员发言，莫不是强调匈奴难缠。

始皇最后的结论是：匈奴为患的问题，必须彻底根本解决。

休息数日后，始皇留下李斯等文官在九原城内，会同郡监御史讨论民政兴革，自己带着蒙恬、郡守任嚣及郡尉，由六千虎贲军护卫巡视边境。

任嚣原为楚人，曾随王翦平定闽越等地，积功升至九原太守，王翦在始皇面前推荐他为智勇双全。

他四十多岁，身材魁梧，头大，五官也大，脸色红润，留有虬髯短须，说起话来中气十足，声如洪钟。

他建议始皇，现在正是中秋马肥，农作物收割，家畜繁殖的最盛季节，也正是匈奴南下掳掠的最佳时机。德水淤塞，有些地方河面狭窄而且水浅，骑马不需舟楫就能通过，所以为防万一，应该多带人马。

始皇听了他的建议，只是笑笑说：

“人马带多了会形成扰民，北塞荒凉，人烟稀少，地方供应不足，反会误了行程，任卿既然担心，就多带六千人好了。”

于是除了六千虎贲军外，郡尉又带了六千郡卒。

始皇一行沿着德水行进，见到很多匈奴新入侵的惨状。沿河边没有城市，只有一些村落，大者上千人家，小者只有数十户。这些人家都以土砖筑墙，构成壁垒，一有匈奴人侵相互示警，小村庄的人全退入大寨，是保命，也是协力抵抗。

尤其是年轻男女，个个奋勇杀敌，义不顾身，因为他们知道，被匈奴掳走，比死更惨。

匈奴每攻破一处寨子或者是小城，都有他们一套典型的作法：年老病弱者全部杀光，十岁以下的儿童也完全不留，年轻力壮的男女全部带走，撤退时帮他们背负掳掠品，到达营地后就归俘虏他们的主人所拥有，跟牛羊家畜一样，也属于财产之一。男的做奴隶，女的则做婢女或是充当妻妾，主人玩厌时可互相交换或是买卖。有时也可以由家属筹钱集体赎回，但这些回来的人，多半精神上都有了问题，身心上的创伤，一辈子也复原不了。

始皇经过一路上的观察以及与地方父老交谈的结果，发现情形比他想象得还要糟。

河套一带，土地肥沃，水草鲜美，适合耕种，更合乎放牧条件，人口虽少，农产却丰富，牛羊家畜遍地，有点胡人之风。

但九原郡人口稀少，能征集的兵力随之也少，匈奴入侵，赶快集中城内固守，根本谈不到驱敌，偶尔联合数县的力量，驱逐一些小股入侵的匈奴，就算是大功一件，向朝廷报捷，朝中上下都会大事庆贺。其实所报斩敌首级数，全是由割掉百姓尸体的头来充数。

更有少数不肖士卒竟杀害百姓，以首级领功。始皇听到这些恶劣事实，那天在行进路上休息中，他忍不住对任嚣说：

“任卿刚上任不久，这些劣迹不能算在你头上，但你得多费点心思想出对策。旧赵良将李牧镇守雁门关时，情形和这里类似，但他能大破匈奴十余万骑，其后十多年间，匈奴都不敢靠近赵边城。”

“臣愿尽力而为！”任嚣俯身说：“其实，假若陛下恩准臣说实话，不以臣是进谣言，诽谤历代前任，臣敢说真实情形比地方父老所说得更可怕！”

“什么？”始皇差点惊跳起来：“你说，知无不言，言无不尽，说错了朕也绝不怪你。”

“河南一带，偏僻荒凉，内地人都不肯迁移到此，因此造成人口稀少兵力薄弱。以往匈奴每年春秋两季按时南下牧马，每每有留下来过冬的。后来看到九原郡本身无力逐退，有些匈奴部落越来越胆大，就此定居下来，以抢掠秦人家畜为生，这类的匈奴年年都在增加。匈奴人数越多，地方政府越是闭关自守，不敢闻问，百姓求告无门，竭力抵抗的，全遭到屠杀之祸，最后只得自行筹钱向这些匈奴示好，并按时缴纳赋税，再过若干年，河南恐怕不再是大秦的土地了！”

始皇一开始愤怒，继而沉吟，最后他转向蒙恬说：

“蒙将军，你将此事谨记在心，回咸阳后我们要好好商议，彻底解决这些事。”

“是，陛下，臣一路上都在思索对策！”蒙恬恭敬地回答。

“可想出什么对策来了?”始皇欣喜地问，他对这位爱将一向有信心。

“大致的构想是有了，执行细节还待众臣商议，由陛下圣裁，只是怕这个构想思虑尚不成熟。”

“说出来听听，说错了不要紧。”始皇微笑着鼓励。

蒙恬指着阳光下闪烁耀眼的德水说：

“依臣的想法，事情要分两部分进行。第一部分由地方政府担任。”

“任卿，你听好了，有什么意见等下可提出来。”始皇转向任嚣说。

“臣洗耳恭听。”任嚣靠得蒙恬更近一点。

“对付匈奴的‘麻雀战法’，地方政府应实施全民皆兵和‘坚壁清野’的策略。散居的民众应纳入大寨，无论男女老幼，皆应接受军事训练，并以行伍编组，平时各行其业，战时各自有任务。一日有警，牛羊家畜应赶入大寨，农作物需提早收割，来不及收割的农产品及纳入大寨的财物彻底销毁，不让敌人得到丝毫。匈奴被逼攻坚，我则可以视入侵敌人的多少强弱，或集合数寨、数县力量加以围歼，或集中全郡力量予以歼灭或驱逐，这正是以前李牧用来对付匈奴的方法。这种战法无以为名，臣就姑且称之为‘张罗捕雀战法’。”

“好！”始皇不断点头：“任卿你看如何?”

“蒙将军此计甚妙，只是对已盘据在河南之地的匈奴及大股入侵的敌人，犹嫌消极保守。”任嚣委婉地提出异议。

“这本来就是暂时求得自保的做法”，蒙恬笑着说，“积极正本清源，还得靠第二部分策略。”

“哦?”始皇兴趣浓厚地问：“第二部分又怎样?”

“要想彻底解决胡患，为千万年子孙作长远打算，朝廷必须调动大量兵力扫荡河南之地，然后以河为塞连接原燕、赵、魏所筑长城，阻挡匈奴骑兵。最要紧是沿河实边，将内地黔首移来，一来可以开垦，将荒漠变良田，二来可以担任边境防卫，匈奴入侵就不会像现在这样如入无人之境！”

蒙恬侃侃而论，说得头头是道。

“好!”始皇一开始兴奋，继而沉思：“调动大军扫荡不成问题，但移民实边及修筑长城耗费太大!”

“不如此不能长久彻底解决胡患!”蒙恬意气风发地说。

“蒙将军计划可行!”始皇好大喜功的本性经蒙恬一刺激，又全部显露出来：“细节待回咸阳后召开廷议讨论。”

始皇不再说话，只是朝前望着，德水如带，群峰重叠，沿岸土地肥沃，可目前全都荒废；极目望去，视线内看不到人烟。还好胡人都是游牧民族，不惯久居一地耕种，否则这多年来的疏于经营，早让这块美地变成了匈奴国，而中原各国还不知道。若为千秋万世子孙打算，这一代应该辛苦点!

他们上了车马再往前行，几个时辰后才发现一处约有千来户人家的大寨。

“蒙恬，今日行军了一整天，士卒都劳累了，前面有个大庄子，正好休息一夜，朕也好找当地父老聊聊。”始皇对参乘的蒙恬说。

如今赵高已升为郎中令，要留在咸阳负责宫殿警卫，已换了别人为始皇御车。

蒙恬向那个大寨望去，却发现情形不对，只见寨子里火光浓烟四起，寨子外尘土飞扬，车队再走近一点，看得出正有许多穿皮革，张旃旗的匈奴骑兵在围攻这处大寨。

“说到匈奴，就真的遇到匈奴了!”始皇是首次亲身遇到匈奴骑兵，好奇远过于恐慌。

“看规模人数不少，陛下，我们得赶快应变!”蒙恬护主责任在身，反而没有始皇沉着。

正说话间，虎贲军都尉和任嚣带着探骑来报。

“启禀陛下，匈奴大约有三、四万人围攻大寨，”虎贲军都尉说：“为了安全起见，我们应该避开，另召大军来剿。”

始皇看看任嚣和蒙恬，意思是要他们表示意见。

“陛下，都尉的建议是正确的。”蒙恬说。

任嚣在一旁不说话，始皇微笑着问他：“任卿，你的看法如何?”

“臣斗胆启奏，”任嚣也是不慌不忙地回答：“为了陛下安全起见，在敌人未发现我们以前，请陛下由虎贲军护卫回程，另召九原大军来剿。而臣守土有责，愿率六千郡卒前去救援，否则将无法面对全郡子民。”

“这样兵力会更薄弱……”虎贲都尉在一旁表示反对。

“朕也有保护子民的责任，望胡风而逃，将来也无面目见天下黔首。”始皇笑着说。接着他又问蒙恬：“蒙将军，朕不想躲让，又要顾及安全，你有什么两全其美的方法?”

“臣愿率六千虎贲军攻敌，任郡守带领六千郡卒在此处高地布阵保护陛下。”

“攻敌是我的责任!”任嚣急着争辩。

“不要争了,”始皇仍然面带微笑:“朕看这样好了，步卒留下，由郡尉指挥保护朕，其余郡骑和虎贲军由你们两个分别带去破敌，朕就在前面高地观战!你们早去早回!”

一声“遵命”之下，任嚣和蒙恬各带了骑兵四千向敌阵杀去。

临行时，任嚣指着一个骑白马张华盖的胡人说:

“看他领间的白狐裘和帽上的野雉尾，至少是大都尉以上的人物，擒贼先擒王，看我为将军抓来。”

“我不熟悉胡人品级，不过我一定也会抓只老虎而不是小猫。”

两人哈哈大笑，各带属下骑兵，骤风急雨似的出了山道，分成两侧，雷霆万钧地冲向敌人后方。

始皇登上一处高地观战，四千步卒在山腰布阵，严密护卫。

只见黑盔、黑甲一色黑马的虎贲军，摆好冲锋队形，迅速而不乱地冲向敌人，初生之犊不畏虎，平日操练严格，真正打起仗来也是一板一眼。

这些个个身手不凡的年轻人，根本未想到过会真正作战，如今要真刀真枪地杀人，一个个都兴奋莫名，何况在地方部队的面前，绝不能丢皇家部队的人!

穿黄色紧身战衣的郡骑，他们的人和马的杂色一样，老少强弱都有，不过他们富于战场经验，尤其是对付这些狡猾的胡人。

天下之主始皇陛下正在看着他们，他们当然不能让这些平日养尊处优、摆摆排场，连胡人脸都未见过的漂亮小伙子，看扁九原郡的常胜军!于是个个争先，奋勇前进，他们的攻击队形可就没有虎贲军整齐，前前后后，零零落落，两千人就拖散了很远。

始皇开始还分得清这两股黑色和黄色的洪流，但等匈奴发现，调动一部分人马来抵御时，只见铁骑奔驰，尘土飞扬，黑色、黄色、白色三股人流混杂在一起，再也无法区分。

漫天的灰沙中，只听到战鼓雷鸣，胡茄声呜呜，各色的旌旗飘动。先是劲弩强弓发射的利箭，像密雨、像飞蝗，接着是短兵相接，杀声、呐喊、兵器相碰触的声音相和相杂，引起始皇一阵莫名的兴奋，他忍不住想:“让虎贲军和胡人接战，的确有如以金丸射鸟，太浪费可惜了一点，但这也是他们一生中难逢的好机会。”

接战不到半个时辰，突然另一种极凄厉的胡茄声响起，胡人纷纷撤退。

始皇这次是亲眼见到匈奴的“麻雀战术”，他们不是分成几路或几个方向撤退，而是分成无数路、无数方向，由四方八面一哄而散，秦军犹豫着不知追击哪一股才好。

匈奴马快，备马多，又是轻装，片刻之间，几万人撤退得干干净净，留下的只是人、马的尸体，伤者全都带走了。

秦军大部分进了寨子，小部分在清理战场。

蒙恬和任嚣并辔来到始皇面前，双双下马行礼。

“两位将军果然神勇！”始皇夸赞。

“全托陛下的神威，轻易将敌击退。”两人异口同声。

“两位过谦了。”始皇愉快地说。

“不是谦虚，乃是真话。”任嚣接口说。

“哦，真的？什么道理？”

“臣听到有个中原口音的人用胡语对那个大当户说，他见过虎贲军，知道虎贲军一到，陛下一定就在附近，他们怕有大部队已经跟来包围，所以赶紧撤退了。”任嚣说。

“看他们撤退这样散漫，今后如何再成军？”始皇有点不解地问。

“不然，”任嚣恭谨地回答：“胡人撤退一般都指定了三个集合点，他们各自奔向第一个集合点，到了时候就赶向第二集合点，要是两个集合点都未赶上，他们就回老家去等。”

“这倒是个奇特的撤退法。”始皇惊奇地说。

“主要原因是他们都是同族人，很多都有父子兄弟血缘关系，而且在中原无处可去，这就是所谓置之死地而后生。”蒙恬说。

“不然，”始皇摇头说：“将能带心而训练精良的部队，想必都能做到，这应该是所谓至上无形，能随各种情势变化。”始皇若有所思地说。

虽然任嚣一再劝谏，始皇应该转程回九原，或者是到下一个县城，但始皇坚持要进寨子。

县尉早就进庄通知始皇驾到的消息，村长连忙带着全村老小出迎，因为青壮年正忙着拾死扶伤。

始皇在寨门口下车步行，打量了一下整个环境。

只见寨子甚大，土砖砌的墙高两丈有余，周围还挖了连马也跳不过去的护城壕，壕底全是削尖了的木椿或是竹签，人马跌下去，准是没有活命。但如今有很多处都为匈奴用土填平。

寨墙的四角有四处城楼，和一般县城的型式一样，每十多丈还有一处传讯台，可以传递消息。

寨墙上到处躺着青壮者的尸体，有的肢体残缺，有的脑浆迸出，一看就知道是被匈奴特有的武器——狼牙棒所击死。

始皇再仔细一看，这些死者手上的武器更是可怜，有的是将竹杆木棒削尖；有的是用砍柴的斧头和切肉刀；还有些人用的是锄头和镰刀，更多的人什么铜铁都没有，干脆拿着一根木棒。

始皇看到这些死人的惨状，不禁内心愧疚，两眼欲泪。想不到他为了防止战争，下令收缴民间武器，会使边疆百姓受到如此大祸，这件事情要好好检讨，住边境蛮荒的人为了防备野兽和异族侵袭应该例外。

这个寨子的人全姓魏，祖先只有几家人从魏地移居此处，开垦畜牧，如今已繁衍到一千多户。七十多岁白发苍苍的老村长也就是这个族的族长。

他率领全村老小，由寨门沿着路的两旁跪着迎接，他满脸泪痕，哽咽着带领家人口呼“万岁!”

始皇连忙双手扶起老人，语带怜悯地说：

“老人家不要太过悲伤，都是嬴政不好，未能解决匈奴祸患!”

“陛下这样说，草民等怎么担待得起!”老村长说着，泪如涌泉般自老眼中滚滚而出：“老朽带路，请至草舍稍休奉茶。”

老人带着始皇一行人到达一处砖瓦大宅前。他沿途注意到，这个村子应该算得上是富庶，虽然一般是依土洞筑屋，但也有不少的高墙深宅，带着魏地古朴雄伟的格局。

老人一家早已打开中门跪迎，始皇急忙一一扶起，他向老村长说：

“朕是到边境巡狩，并非朝殿大典，免去这许多繁文缛节的好。”

“陛下，老朽虽然身居边荒，但仍知礼不可废的道理。”老村长执意不肯。

到达正厅，始皇居中南面坐下，老人又率全家人及村中父老跪拜行礼。众人坐定后，始皇开始说道：

“眼见匈奴逞凶，涂炭我大秦子民，朕内心实在愧疚，现已交代郡守好好拟定对策，同时回朝以后会派遣大军来河南，一劳永逸地解决这个问题。”

众父老又在席位上俯首谢恩。

“这次匈奴攻打贵庄，不知造成多少损失?”始皇关心地问。

“死伤近两百人，房屋焚毁数十间，胡人已由村后攻入村内，好在陛下王师及时赶到，否则后果更是难以设想，但就是这样……”一位父老话说到此，满脸羞愤再也说不下去。

始皇惊异正想追问，忽听大门外有敲锣的声音，随着锣声有人大声传话：

“各位大姑娘，小媳妇，大娘、小婶请注意，遇到胡人这码子事，千万别想不开做傻事，这些年来又不是你一个人碰到，谁家没有?谁也不敢

笑谁!”

接着锣声和传话声又响了几遍，随着渐行渐远，似乎是到村头去了。

“这是怎么回事?”始皇不解地问。

众父老没有答话，却全都以袖频频擦拭眼泪。

任嚣在一旁代奏说：

“胡人每攻进一个寨子，烧杀奸淫，无恶不作，在他们心目中，这是他们拼命的补偿，作战的酬劳，所以上级虽不鼓励也不禁止，任他们为所欲为，刚才传话是怕那些受辱的妇女寻短见。”

始皇怒气填胸，紧紧咬住牙齿，深怕自己狂怒发作失态，他只从牙缝里透出恨的声音说：

“各位父老，胡人的事，朕一定会尽快办理!”

正在谈话间，忽然前院里又传来小女孩啼哭的声音。

始皇正要发问，村长告罪暂离，一会回来，又是满脸愁云。他主动向始皇启奏：

“外面是一个小女孩，她母亲遭辱，父亲又作战死亡，母亲一时想不开，跳井自尽了!”

“将女孩带来朕看看。”始皇两眼发酸，有点忍不住眼泪。

近侍带上女孩，她非常乖巧，自行上前跪伏行礼，也知道口呼：

“万岁!”

女孩奉命抬头仰脸，始皇一见，不禁大为震惊，天下哪有这样相像的人?这个女孩无论长相、神情，完全神似死去的皇后，尤其那双明媚的大眼睛。

“几岁了?”始皇和蔼地问。

“十岁。”女孩回答。

还好是十岁，要是再小点，他真的会怀疑是皇后转世。

“她家里还有什么人?”始皇转向老村长问。

“她父亲世代单传，一死之后，父族方面就没有近支亲人，母亲是从很远的地方嫁过来的，亲人还有待查询!”老村长脸上也充满了怜惜。

“假若朕将她带走，收为义女抚养，有人有异议否?”始皇认真地问。

众父老纷纷避席顿首，异口同声地说：

“这是她的福气和造化，哪还有人会异议!”

始皇要近侍拿个锦垫来放在身边，他拍拍锦垫，慈祥地对女孩也是对大家宣布：

“朕不管你以前叫什么名字，今后你要姓嬴，名字叫念玉，封号幼公主。来，坐到朕旁边!”

念玉叩头谢恩，起来坐在始皇近旁，好一阵子，始皇目不转睛地注视着她，太多的怜悯夹杂着对皇后的怀念。

“念玉这个名字真适合她！”始皇在心里不断地想。

傍晚，九原城两万骑兵和两百乘战车赶到。

始皇决定留在魏村过夜。

这是魏村建立三百年来的空前大事！几百年来，从未见过县长以上的大官来过，何况是天下之主的皇帝！而且，这可能也会绝后，因为村里出了一位幼公主，换句话说，全村的人和皇室远远近近都沾了点亲戚关系。

这项喜气很快冲淡了劫后悼亡的哀痛气氛，就连刚死了亲人的家属的脸上也见到了笑容。

始皇挨家挨户地拜访村民，口口声声称他们为亲戚，更使得这些村中父老笑得合不上嘴。

始皇由此发现一个定理，离开权力中心——也就是他自己——越远的人，越存心忠厚，越纯良知恩。

他只施了这点小惠，却激起了这样大的反应，就像在水上丢一块小石子，激起的涟漪却扩散得这么大，而且久久不息。

晚上，村长用全羊餐招待始皇和从臣，宰牛杀羊慰劳军队，始皇以加倍的金子报偿，并交代任嚣协助魏村复建。

始皇发现，这里的人长久和胡人交往纠缠，饮食方面也沾了点胡风，像全羊餐是将整只羊烤好端上来，每个人用佩刀自切自用，这就是典型的胡人吃法。

他边吃边在想，以往中国忙于内战，对异族侵略总是容忍敷衍，甚至还有些君王引胡人以自重来威胁邻国，所以让胡人坐大，边境人民受尽蹂躏。

现在天下统一，他嬴政绝不再忽视这件事，他要将胡人赶回他们应该待的地方——漠北水草之地！

在席间，老村长得到始皇的同意，宣布将魏庄改名为公主寨，又掀起一阵欢欣的高潮，众人纷纷向始皇敬酒，他也就开怀畅饮。

席散已是半夜，始皇去到幼公主的卧室，近侍本来要喊醒公主接驾，始皇连忙制止。

女孩睡得正熟，白天头上梳的两条辫子已打散，像黑丝缎一样洒在雪白的枕巾上，脸却红得很像苹果，三种颜色调和成一种自然美，没有一点人工装饰。

始皇站立在床边，心中充满了父爱的柔情。

他生有儿子二十多人，女儿十几人，但想不起曾经有过这种连自己也感到惊异的温柔。

不说这样站在床前欣赏，连抱抱他们，摸摸他们头的机会都很少，更别提会激发眼前这股情愫了。

他最多在他们生下来的时候，义务性地探视他们的母亲——那些为了帮他生子女刚从死亡边缘走过一趟的女人——然后顺便看看这些皱成一团、活像没毛老鼠的小东西，顺口说一、两句夸奖的话。

然后是满月、周岁，公子照例有盛大的庆典，敷衍后宫和群臣的道贺，全都使他不胜其烦，别说是怀有做父亲的喜悦和骄傲了。

公主更连这些都免了。

也许，在皇后生胡亥的时候，他曾经有过做父亲的欣喜和希望，但那只是所有做父亲的一种梦想——这个儿子会继承他的事业，在他已建立的基础上更进一步发扬光大。

可是，胡亥越长越大，他的这股希望和梦想却越来越缩小，甚至是将归幻灭。

他常常在想，难道说上天注定要帝王寂寞孤独？一般人用尽力量所追求的权势、财富和女色，一切在他们眼中所谓的幸运和福气，在帝王看来都是理所当然的东西，有时甚至感到是一种累赘。

譬如说，他就从来没品尝到书上所形容的"管鲍之交"那种友情。连父母对他都是勾心斗角，搞政治斗争。这些儿子长大以后，他会怎样对他们，他们要怎样对他，这是谁也预料不到的事，父子为了权力反目成仇，父杀子，子弑父，可说是史不绝书。

至少，到现在为止，他对这些公子、公主，没有产生过像他对眼前这个女孩一样的情愫。

他不清楚，这种怜惜，亟欲帮她做点什么，满心希望她愉快幸福的柔情，却没有一丝要求任何回报的感觉，是否就是一般人所称的父爱？

由他对这个女孩的爱怜，他又想到天下同时失去父母的孤儿不知有多少！其中有很多是他发动的统一战争所造成的。

但他对这十年的统一战争既不愧疚，也没有什么难过的，几百年来的诸侯内战和胡人入侵所造成的人民伤亡、家庭离散破碎，岂是这短短十年战争所能比拟？

他明白，要想一劳永逸，北方胡人和南方蛮夷的问题，都得彻底大规模的解决。但那些大臣和儒生、博士又会说他好大喜功而竭力反对，他们认为中原统一，就可以安享太平日子，实在应该要他们到边境上来看看。

一叶知秋，这次巡狩北境应该是看够了，他要尽早回咸阳去，发动一场远比统一战争更大的行动！

女孩的睡姿真可爱，她小巧的鼻子有点上掀，呼气时微微翕动，羽扇似的长睫毛轻盖着下眼睑，眼睛时而在紧闭的眼皮下转动。

她在做梦，梦到些什么？这个年龄的小女孩应该美梦特别多，但她也许是例外，也许正在再度经历母受辱、父战死的痛苦折磨！

她的睡姿多像死去的皇后！假若她真在渤海成仙，她应该看得见这个如此像她的小女孩。

他爱怜地将她露在被外的手放进去，轻轻吻了她苹果似的脸颊。

他轻轻退出室外，作手势要近侍禁声，他用极细微的声音告诉他：

“幼公主醒来，不要告诉她朕来过！”

在咸阳宫议事殿中，始皇召开了一次扩大御前会议，除了三公九卿和宗室大臣外，七十博士的两位首领——旧周派姬周和原鲁派鲁青也参加了。

蒙恬别出心裁地在殿中央设置了一个沙盘模型，以蓝色表示海水，绿色显示德水及其支流，堆沙成形，上覆青苔，表现出山脉起伏，名城重镇则以白玉标明。模型范围包括原燕、赵、魏及包括咸阳在内的秦地北部。

模型按照地图制成，只是将平面变成立体，各山川大邑方位和距离都相当精确。

另外，由咸阳成扇形辐射出去的直道也用黄丝带标出，而地形上有条红色丝带和红色圆石陈列，则是众臣所不知道的标志。

始皇首先提示说：

“日前的早朝中，朕已宣布了经略北境、防止匈奴入侵的构想，并要丞相集合各有关大臣商议，今天先由蒙将军报告他的经略计划，然后请各位卿家发表你们的看法。”

蒙恬奉命起立，以一根竹杖指着沙盘模型说出他的计划——

用三十万以骑兵为主的兵力扫荡河南地区的胡人，以消灭胡人的有生力量为主，不拘一城一地的得失。再配合运用民间的全民皆兵和坚壁清野策略，拘束胡人的流窜，胡人经过重大伤亡及无处可去的打击后，一定会逃回河北山区恢复休养，以图再举。将胡人赶出河南，这是第一步治标。

至于第二步治本的计划，则是将胡人驱逐出河南之地以后，以河为堑，在河北面将原有燕赵所筑长城连接起来，由燕地辽东渤海边一直到秦地临洮，筑成一道长城，以阻挡胡人进兵。并将前置部队派至阳山，设立烽火台及巡骑，侦察胡人行动，小股加以阻挡歼灭，大股则向后传达警讯，并设法阻敌，使河南守备部队有余裕时间准备应敌。

还有第三步治根的办法，乃是要有计划地移民实边。匈奴族在河南地区所以如此猖獗，主要原因是河南人口太少，尤其是德水沿岸，数百里见不到人烟，匈奴骑兵来去，当然像入无人之境。

蒙恬最后以竹杖指着德水北面的红丝带说：

“这就是构想中要建筑的长城，而那些红色圆石则是预计沿河岸设立的城镇，初步估计大约需要四十四座，这些城镇既是边境上的第一道防线，也是开发河南肥沃土地及畜牧的初步据点。”

“将来胡人愿意与我们和好时，这些城镇也可以作为通商口岸，”始皇接着补充一句，然后又神色沉重地说：“这次到九原郡听韩广先生说，才知道匈奴——亦即所有胡人，不管是东胡，林胡和匈奴，原都是夏桀的子孙，和中原人本是同根弟兄，兄弟相残这么多年，真是悲哀！”

东胡骑兵

始皇此话一出，众大臣在席位上交头接耳，议论纷纷，脸上呈现的惊异神情，显示出他们也是前所未闻。尤其是两位博士首领，更是一脸不服气的样子。

“众卿家有什么意见，请顺序提出。”始皇继续宣布。

群臣沉默了一下，首先是国尉尉缭提出反对，他说了一大堆理由，结语是：

“大秦在南方五岭地区驻防五十万部队，加上驻在原诸侯各国防止异动的部队五十万，总共在外劳师日久的部队高达一百万之众。这次动员三十万人，后方支援人力最少也得动员二十万，秦地青壮恐怕会出动殆尽，臣没有这个能力办理此事。”

始皇一开始犹豫了一下，“再议”两个字就要说出口时，忽然想起魏庄的惨状和他自己对父老许下的承诺，他毅然地说：

“这件事不能拖。各位卿家到如今还存有一个错误观念，凡是有征伐就用到关中人力，其实天下现本为一，有时应就近动用各郡人力物力，天下事天下共同负担，并不会太沉重。”

接着丞相冯劫启奏：

“天下久战之余，最要紧的是与民休息，经略河南的事应该稍待时日。”

“丞相，假若你是住在北境，你就不会说出这种话来。”始皇不以为然地说。

然后有关群臣纷纷发言，全都反对这项计划，大部分人的理由是河南地广人稀，匈奴来来去去并不作长久停留，也没有领土野心，只是顽癣之疾，犯不着动用这么多财力、人力去经营。

始皇听得一肚子的火，他发现群臣全部是小格局的思想，脱离不了往年自秦看天下的立场，再看看这些人的确也太老。他想起了皇后的话，这么多年他只顾培养将才，治国之才已断了层。

他忍不住向尉缭和冯劫说：

“太尉尉缭和丞相冯劫都太年老了，明日起你们退休养老，朕再找能与朕从事大计的人！”

此言一出，群臣震惊，已发言反对的人不敢再说话，继起说话的人全都见风转舵表示赞成。

始皇摇摇头，笑着问李斯说：

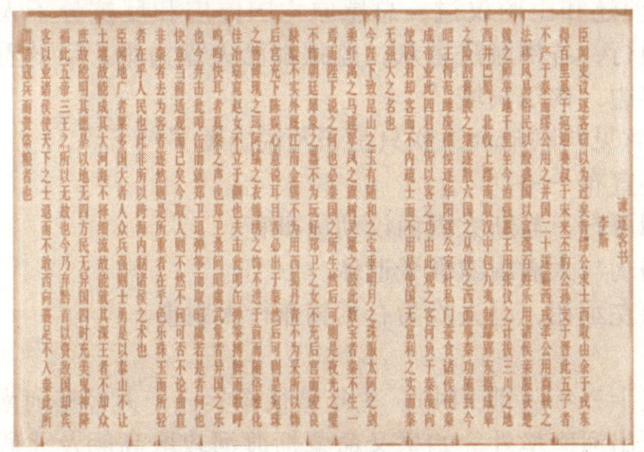
谏逐客书
李斯
臣闻吏议逐客窃以为过矣昔缪公求士西取由余于戎东
得百里奚于宛迎蹇叔于宋来丕豹公孙支于晋此五子者
不产于秦而缪公用之并国二十遂霸西戎孝公用商鞅之
法移风易俗民以殷盛国以富强百姓乐用诸侯亲服获楚
魏之师举地千里至今治强惠王用张仪之计拔三川之地
西并巴蜀北收上郡南取汉中包九夷制鄢郢东据成皋
之险割膏腴之壤遂散六国之从使之西面事秦功施到今
昭王得范睢废穰侯逐华阳强公室杜私门蚕食诸侯使秦
成帝业此四君者皆以客之功由此观之客何负于秦哉向
使四君却客而不内疏士而不用是使国无富利之实而秦
无强大之名也
今陛下致昆山之玉有随和之宝垂明月之珠服太阿之剑
乘纤离之马建翠凤之旗树灵鼍之鼓此数宝者秦不生一
焉而陛下说之何也必秦国之所生然后可则是夜光之璧
不饰朝廷犀象之器不为玩好郑卫之女不充后宫而骏良
駃騠不实外厩江南金锡不为用西蜀丹青不为采所以饰
后宫充下陈娱心意说耳目者必出于秦然后可则是宛珠
之簪傅玑之珥阿缟之衣锦绣之饰不进于前而随俗雅化
佳冶窈窕赵女不立于侧也夫击瓮叩缶弹筝搏髀而歌呼
呜呜快耳者真秦之声也郑卫桑间昭虞武象者异国之乐
也今弃击瓮叩缶而就郑卫退弹筝而取昭虞若是者何也
快意当前适观而已矣今取人则不然不问可否不论曲直
非秦者去为客者逐然则是所重者在乎色乐珠玉而所轻
者在乎人民也此非所以跨海内制诸侯之术也
臣闻地广者粟多国大者人众兵强则士勇是以泰山不让
土壤故能成其大河海不择细流故能就其深王者不却众
庶故能明其德是以地无四方民无异国四时充美鬼神降
福此五帝三王之所以无敌也今乃弃黔首以资敌国却宾
客以业诸侯使天下之士退而不敢西向裹足不入秦此所
谓藉寇兵而赍盗粮者也

李斯的谏逐客书

“李丞相，你的看法如何？”

李斯连忙启奏：

“陛下圣明，天下之大，人口之众，不怕人力不够用，今后出兵不能只指望秦地，而是应该楚地有事用赵齐之兵，赵齐有事用魏楚之兵。这次经略河南可动用天下之兵，天下之财，人力财力不患不够！”

始皇哈哈大笑说：

“到底是李丞相明事理!”

他这句话有双重意思，一方面夸奖他的想法和自己相同，另方面也是讥刺他见风转舵得快，为什么刚才不发言支持。

始皇随即又问御史大夫冯去疾：

“御史大夫，你认为怎样?”

“臣的看法是，如今天下统一，过去所忽视的边患问题必须一劳永逸地解决，何况河南之地土地肥沃，谚语说：‘河水百害，唯利一套。’河套就是指河南地方，经营得法，不只是解决了胡患，而且无形中增加了广大疆土。”冯去疾俯身说。

始皇正要发话，只见丞相冯劫、太尉尉缭、博士首领鲁青和姬周纷纷避席顿首，尤其是尉缭性急，叩头流血直谏：

“臣等对陛下的决定以为不可，天下久战之余，需要休养，内地青壮人力重整家园都嫌不够，哪还有余力移民实边?希望陛下明察，不要为了胡人枝叶问题而动摇国本，千余年来胡患无日没有，但都未伤害到中原，等到内地生养复元，再解决这个问题也不迟。”

始皇强忍住怒气问蒙毅：

“廷尉，你呢?”

“太尉日前还和臣商议过，总感原六国俘虏和反抗分子人数众多，秦法初在天下通行，各郡触法者众，监狱都已人满为患，臣的看法，不如要这些人移民实边，构筑长城。”

“蒙廷尉意见与朕暗合，朕只是未及说出罢了!”

始皇带笑宣布——

蒙恬计划可行，与新太尉商议动员事宜。

左丞相冯劫与太尉尉缭准予退休。

命李斯为左丞相，冯去疾为右丞相兼行太尉事。

始皇帝三十三年（前214）。去年蒙恬领兵三十万经略河南，几个月时间就将匈奴赶出河南境外。始皇又命蒙恬渡河攻取高阙及北假，将胡人赶到阳山以北，在这一带建立前哨阵地，监视敌踪屏障后方。并自榆中沿着河水一直到阴山，划为四十四个县，县城就建在河边，作为堵塞边境之用。在咸阳，冯去疾和蒙恬配合得很好，他们下令全国司法体系，有罪者尽量不判监禁而判死刑，然后减罚一等改成发落边境，终身不得归。受罚者因免死，全都乐意前往边疆开垦，国家也因此增加了移民实边的来源，内地监狱人满为患的状况也得到疏解，可谓一举三得。事情进行得如其顺利，再加上渤海寻仙的卢生，人虽然未回咸阳，却派人带回一张谶图，据他说是海中捞得，绢布上画得乱七八糟，根本看不出画的是什么东西，可

山海关长城

是对着阳光看，却能清晰看出一些字样——亡秦者胡也。如此一来，始皇对自己讨伐匈奴有了更安心的借口。卢生派人带来口信，卢生继续往渤海中寻觅皇后神仙洞府。另一方面，自九原带回来的幼公主念玉，经过皇室宫廷礼仪训练，换上公主服饰，更是清丽脱俗，像极了死去的皇后。加上来自民间，没有其他公主的骄横和架子，待下宽厚体贴，很快就得到宫中下人的欢心和拥戴。始皇觉得自己没看错人，当然特别欣慰。尤其是胡亥，对人横蛮不讲理，又顽皮不肯读书，十七岁的人了，虽该是早早完成了世子教育，但整天只知道嬉戏，声色犬马，博奕斗鸡，无所不为，典型的败家子弟。有真才实学和骨气的老师，教他不到一个月就纷纷求去，肯教的都是一些想借此获得异日富贵权势的软骨虫，因为他们看得出始皇对胡亥特别宠爱，而且他是唯一的嫡出公子，将来帝位非他莫属。虽然目前教胡亥常要受他的气，还得帮他在始皇面前代为掩饰谎言，但一旦胡亥登基，太子师傅顺理成章地会飞黄腾达，前途真是不可限量。而赵高名义上是他的刑名狱政老师，实际上却等于是他的总师傅。举凡聘请师傅人选，乃至考查课业，始皇全交他执行。始皇忙于军国大事，儿子女儿又多，虽然对这个最小的儿子格外偏心，但能分配到他身上的时间的确太少。偶尔发现到他贪玩不好学，赵高和其他师傅也会帮着打圆场，他最多交代赵高，以后要严加督促，赵高也是恭恭敬敬，唯唯诺诺敷衍了事。赵高在内心对嬴家恨之入骨，看到胡亥如此冥顽不化，高兴还来不及，怎么会严加督促，再说胡亥越昏庸对他赵高越有利，因为胡亥昏庸，将来得就帝位，他就可将他玩弄在股掌之上。始皇是聪明绝顶的人，不管他怎么忙，赵高等人怎么为胡亥掩饰，他总发觉得到一点端倪。于是在正式立太子上，他就摇摆不定，委决不下，在长子扶苏和幼子胡亥两者之间不知如何选择。长子扶苏好学深思，聪明睿智，对上严谨忠顺，待下宽严得宜，能得大臣及后宫所有人的敬爱，可说是最理想的太子人选。而且生母苏妃位居中宫，虽然没有正名，实际已是皇后，子因母贵，立扶苏，任何人都没有话说。但基于对死去皇后的爱恋，而且胡亥是他最小的儿子，也是皇后留下的唯一儿子，他对胡亥有一份没有理由的怜爱和偏心，不立胡亥，他实在不甘心。但要立胡亥，想起皇后临死前的哀求以及胡亥的顽劣，他又不敢这样做，他怕好不容易创下的基业会断送在胡亥手上。他知道创业不易，守成更难，以天下目前表面平定，而实际各地暗中浪涛汹涌的情势，除了他嬴政，任何人都难以控制。也许再等几年，他将各地的反对势力连根拔掉，南北外患彻底肃清，那时候谁当太子，谁继承帝位都没有太大的关系了，到时再立胡亥，让他当个平庸的太平天子。情况假若一直不能好转，那只有立扶苏，让他继续努力。更何况徐市在为他求“青春之泉”，卢生也在帮他寻找修仙秘笈，一旦成仙或是长生不老，那立太子的事就根本不是问题了。不过，自从念玉来到宫中后，始皇又燃起另一股希望。胡亥很喜欢念玉，在她的影响之下，胡亥的浪荡行为收敛很多，也肯跟着她读书，这样下去，胡亥可能会脱胎换骨，变成另一个人。他现在时常怀疑，将念玉收为幼公主，这个决定是否错了？就在蒙恬完成扫荡河南匈奴任务，正监督戍谪人犯修筑长城，始皇稍微喘了口气，心情稍微放松时，南方又传来警讯。原来，当年王翦灭楚后，挟着战胜余威，收服越南等地设会稽郡后，就班师回朝，而由裨将屠睢率领以秦军为骨干，加上楚国降军和地方部队的三十万军队继续南下，顺利地征服了东瓯和闽越，将两地合设为闽中郡。但进行到五岭（大庾、始安、临贺、揭杨、桂阳）地方，因粮秣运输困难，屡进屡退，始终不能击败南越及西瓯部队，对峙达三年之久。后来，派到该地的郡监御史史录，开掘“灵渠”，分湘江为南北两渠，引来珠江的水，漕运一通，军事行动也就便利得多，终于击败越人，尽收平地，而越人则逃入深山丛林继续抵抗。但在前不久，越人发动夜袭，在秦军疏于防备之下，征南将军屠睢遭到击杀，统帅一死，军心涣散，越人趁机反攻，秦军又退至五岭一线，所派地方官吏全遭杀害。始皇接到警讯的当天晚上，他又在南书房里转来转去，谋求对策。有了上次的经验，他决定不再召开廷议讨论，免得听到一片反对声，看到有人叩头流血，影响到他的决心。这些贪图舒适、企图心不旺盛的家伙，一定又会阻谏他：百越乃蛮荒之地，收归版图也只是累赘，犯不着动员这么多的人力、物力。自屠睢征百越以来，前后增兵数次，暴师日久的兵力高达五十万，开掘“灵渠”的人力物力还未计算在内。他转到南窗边，将南窗打开，看到的是一钩新月远挂高空，他又不禁怀念起皇后和蒙武夫妇。假若蒙武在，他会为他献策，即使是不能完全中意，也要比现在不是听到反对就是虚伪地逢迎好多了。至于皇后虽说不愿过问军国大事，但在他像今天这样委决不下时，她往往一言就可解疑。齐虹更不必说了，她狡黠聪慧，听到一个问题就能想出十个答案，总有一、两个是合他意的。越地本来贫瘠，满布穷山恶水，有的地方甚至全是树木花草都不长的荒石山，可说没有什么经济价值。而且，百越民族文化水准低落，大都过着半农半渔猎的生活。同时种族甚多，虽然各个部落也有君长之类的统治者，但不能团结，不像东胡、林胡和匈奴那样能形成强大的国家组织，除了偶尔有零星的百越盗匪越界抢劫秦人外，多少年来都没有什么威胁。这种条件的百越是否值得劳师动众，劳民伤财地去征服呢？可是，这次他们偷袭秦军，杀了统帅，又残杀中央派去的地方官吏，要是不讨伐，大秦的威信扫地，边疆民族会群起效法，以后的动乱就多了。也许当时就不该征伐南越，只是因为东瓯和闽越得来不容易，而未想到南越和西瓯如此棘手难缠，才弄得后来骑虎难下，增加兵力，开掘“灵渠”，杀鸡用牛刀，得不偿失。但现在呢？征伐与不征伐？好让他为难！另外，领军将军人选很难找，这个人需要懂得当地风俗民情，才能一边征伐一边安抚，同时他还需要刻苦耐劳，受得了蛮荒地方的瘴疠之苦，才能有耐性应付越人的游击战。王翦、王贲父子已死，蒙恬镇守北境监修长城，不能调动，他一个个仔细研讨分析其他的将领，就是找不到一个十全十美、能文能武、能用兵也能安抚蛮族的人。想得心烦，他又在书房转动起来，一面还用手敲着脑袋。突然听到幼公主在外面和近侍说话，她想进来向他请晚安，但近侍小声地警告她：“幼公主，不是奴才不为公主通报，主上正在为军国大事费神，只要看到他像关在笼子里的老虎转来转去，最好是别去烦扰他，否则惹他大发雷霆，弄不好还会打人、杀人。”她大概是给他吓住了，没说什么就离开了。可是她的来，却让他灵光一闪，由她想到北境，再由北境联想到任嚣，不错，就是他！他一切条件都符合，为什么刚才他未想到他？他自己是否思路也太狭窄了，选拔人才，老是在身边几个熟悉的人中间打转？任嚣的确是最佳人才。他是楚越边境上的人，应该熟知百越民族的习性。他随王翦灭楚，远至湘水和苍梧山之间，对那一带的地形应该很熟。他担任九原郡守，这次经略河南，收效如此之快，他执行坚壁清野和全民皆兵的策略奇佳，功劳应有他一半，他当然能够治民。他在魏庄以四千兵力攻击数万匈奴的从容姿态，谁敢说他不是个智勇双全的将才？不错，就是他！他兴奋得等不及找侍中撰写诏命，亲自用朱笔写了，喊来近侍，连夜送给左丞相李斯，要他召回九原郡守任嚣，职务另选人接替。

卢生、侯生、李斯、秦始皇、徐市

在咸阳宫南书房，任嚣由蒙毅陪同谒见了始皇，他预先就熟读好一切有关百越的资料。始皇首先说了一些南越近况，接着诚恳地说："朕经过再三考虑，任卿才是为朕分忧的最佳人选。"但令他惊奇的是不见任嚣的高兴，反而是忧形于色，因此他又加了一句："任卿莫非有什么困难?""人臣为主分忧，虽万死不能辞，何况这次任务也并非不能达成的任务。"任嚣恭敬地回答。"但朕看你似乎有难言之隐。""臣是在想蒙恬将军和王翦将军的事。"任嚣说。"蒙恬和王翦与这件事有什么关连?"始皇脸上出现些许不悦。"蒙恬这次扫荡匈奴，不到一年的时间就克奏建功，王翦灭楚也不过两年，但南越西瓯却前后十年、出动兵力高达五十万还是不能根本解决。""是啊，"始皇接口说："朕也为此忧心不已，想到要放弃，但再想到大秦声威若因此丧失，今后边疆蛮族动乱必多，所以委决不下。任卿有什么看法，尽管说来听听。""百越土地贫瘠，没有什么出产，经济价值表面上看来不高，但若从深远一层来看，大秦要接近南方海洋，打通南北水上交通，百越地区非经营不可，"任嚣以他雄浑的嗓音大声说："何况，由南海向西，还有不少的番邦异国，那里四季如春，物产丰富，可为大秦带来不少的发展机会。""任卿的话都是朕前所未闻的，朕果然没有看错人，加紧经营百越地区，卿为朕一言决疑！还有什么意见，尽管说!"始皇显得格外兴奋。“臣所以提到蒙恬和王翦奏功如此之快，百越如此难征服，乃是陛下左右未分清事情的异同，却坚持用同样的手段，当然会产生不同的结果。”“哦？任卿见解的确与众不同，”始皇赞叹：“你是否将异同分析一下？”“灭楚只是改朝换代，匈奴本来就是入侵我们国家，用武力就可解决，但经营百越是我们侵入他们的国家，只靠武力，结果必得其反。”任嚣眼睛本来就大，现在他睁大眼睛，注视着始皇侃侃而论，更是神采奕奕，精光四射。“任卿此去，有什么特别做法？”始皇有点怀疑地问。“臣有一个八字诀的政策理念，不知是否能生效，还望陛下和蒙廷尉指正。”“蒙毅，你也要用心听，看看有什么意见提出来。”蒙毅虽已官居廷尉，在始皇眼中他仍然是后生晚辈。“哪八个字？”始皇转向任嚣问。“怀柔，优遇，教养，同化。”“何谓怀柔？”始皇问。“尽可能不用武力，另外整顿军纪，将不得纵军扰民，选贤任能，地方官员欺压土著，贪污敲诈者重刑，内地移民不得歧视当地居民，多为该地区作各项民生所需建设，初期不要想该地区有多少回报利益。”“如何优遇？”“尽量起用培植当地人才为官吏，铲除原有的恶势力，当地的特殊人才可推荐到中央或别郡为官，而且初期是降格以求，破除当地人自认是受压迫者的反抗心理。”“教养呢？”“派专吏为师，教导各种技艺及中原文化，但也尊重土著原有的技艺和文化，有特别好的还可以介绍到中原来，不让当地人有中原文化驱逐当地文化和风俗习惯的感觉，而是互相交流。”“任卿的意思，是要将百越人完全变为中原人？”始皇恍然大悟。“要想彻底化百越为大秦所有，同化是最后也最有效的办法，而最好的同化手段就是通婚！”任嚣特别加重后面两个字。“通婚？”始皇哈哈大笑：“中原人愿娶百越女子，百越女子又愿嫁秦家郎？”“初期可能很难，但经过长期教化杂处，经济条件及风俗习惯相融合后，男女相悦和通婚是很自然的事，”任嚣正色地说：“而且，我们还可以用政策来促进配合！”“什么政策？”始皇好奇地问。“譬如说，大量选拔当地青年到中央或别郡任官吏，或是提高驻军待遇，让当地年轻人羡慕从军，当地青壮男性一少，适婚女性人数相对必然增加，内地去的，不管是流放或有计划地移民实边，都以年轻男性居多，时间一久，自然而然地就会通婚起来。”“妙啊！妙啊！”始皇击案大笑：“怎么以前就没有人想到？”“这样一来，若干年后，百越就没有所谓华夏夷狄之分，大秦的真正疆域也就直接涵盖南海了。”任嚣语重心长地说。“任卿此去，有什么向朕要求的？”始皇又问。“王翦将军伐楚，多要田园美宅以回陛下信任，臣此次去，路途遥远，交通阻塞，很多地方需要便宜行事，还望陛下恩准。”“这是应该的，听任卿今晚这席话，就知道你是个肯做事的人，朕授你全权行事。既然要怀柔，就不能再名为什么征讨大将军之类的，朕任命你为南海尉，收抚南海以后设郡治理，而南海尉则掌理该地区的一切军政事宜。”“谢陛下。”任嚣避席顿首谢恩。始皇又再交代蒙恬，原则上南海地区要大量移民，细节要他和任嚣商议办理。最后他又问任嚣：“这次任卿要带多少增援兵力?”“只带臣的家卒护卫和陛下的符节就够了。”任嚣微笑着说。“哦?”始皇不得不对他另眼看待。任嚣按照他的八字诀政策，只用两年不到的时间就平定了南越和西瓯，划为南海、桂林和象郡等三个郡，直到秦二世时，任嚣病死前，百越人不复反叛。

第十章

徐福东渡　求仙真相

北方匈奴赶出了河南，南海任嚣剿抚相互运用，将他的八字诀政策执行得有声有色。

在国事安定，内心较为清闲时，始皇又想起了他的求仙行动。

徐市奉派出海，几年来都没有消息，没有要求加派人手，连粮食和淡水都没回港口加添过，看样子他是找到了仙岛，难道他就此乐而忘归，忘掉为他求取“青春之泉”？

还是他带了六千童男童女归化了仙岛，根本就不想回来？还是是利用船上的武力和财物，找个海岛自立为王起来？不然不应该几年没有消息传回！

他当时也许是被徐市的仙风道骨和能言善道所迷惑，如今一有怀疑，他是越想越不对，寻长生不老之药要带那么多船和童男童女干什么？现在回想起来，真是完全没有道理，他那时怎么会相信他的？

他真后悔当时没有将徐市家人迁移到咸阳来扣为人质，唉，他对将相一直都采取事先防备，唯独对修道的人太过信任！现在他的家人也许早已迁移躲避，或者为徐市所接走，他如今对徐市可说是鞭长莫及了！

想到徐市的家人，始皇立即派出使者到琅琊追查他家人的下落，找到时强制迁移到咸阳来。

另外派出去的卢生，他倒是常有消息传回，而且是常出现在东南海边各港口，也曾几次派人来要钱要装备。不过有谣言说，卢生跑遍各沿海港口做生意，以物易物，根本就未进入远海。

当然疑人不用，用人不疑，寻仙本来就是虚无飘渺、可遇不可求的事。皇后不肯见卢生，也许是在考验他对她的信心和爱，难能可贵，他嬴政对玉姊的爱心和信心都是坚贞不移的，何况他还年轻，他还有经受考验的时间。

时候或有早晚，成仙得道则一，他不会相信这些谣言。还有侯公，七十多岁的人了，风尘仆仆地来回于咸阳和华山之间，为了求取奇花异草为

他炼丹，常要登高爬山去到云深不知处。

拿回来花草所炼成的丹药，服下以后，他倒觉得是很见效的，身轻体健，精神焕发，尤其是在御女时，更有前所未有的特殊效果。

脸色红润，肤色如玉，自称已有六十多岁而看上去四十不到的石生，则教他房中术，使用的教材是他世代秘藏的黄帝《素女经》。石生说，黄帝所以能得道，全靠照着经书上所载秘诀修炼而成，最后夜御百女，吸取这些处子的阴精，所以能白日乘龙升天，要诀是要二十岁以下的女人，超过二十五岁，即使是处子也不是上选。

后宫的处子说起来比妇人还要多，而且从小选进宫，都是从来未和男人接触过的，这应该都是上上选。但始皇照着书上练了几个月后，不说不能夜御百女，就是想征服一个女人，都得靠侯公给他的药。

几个月下来，他不但形骨消瘦，眼圈发黑，上殿前的石阶都会两腿发软，两眼冒金星。

他不敢再练，石生也不敢再要他练，只是说修道成仙有无数个法门，黄帝之法恐怕不适合皇帝。

这时候韩人韩终乘机说动始皇炼丹，他呈上他为始皇远至楚地衡山找来的药材，配成药丸要始皇服用，并教始皇吐纳打坐。他说如此外服药、内炼丹，天长日久，内丹炼成即可白日升仙。可惜的是始皇政务繁忙，不能长时间打坐不间断，并且这种修道最忌女色，初一十五必须齐戒。

几个月下来，韩终的修道法见了功效，始皇脸色不再发黄，黑眼圈全部消退，上殿阶时腿也不会发抖了。

始皇因此对韩终特别信任，同时自信找对了修仙法门。可是除了这些以外，再也见不到其它效果，他免不了又要问韩终。

“朕修炼了这么久，效果是少许有的，但不知道多久才能炼成内丹?”

“修道成仙全靠天赋和机缘，陛下在泰山亲耳听闻上帝宣示，陛下为他的骄子，天赋应是任何人所不及，再遇上臣，可说机缘也超过一般人，成丹应该是没有问题的。”

“这样炼法到底要多久才能成丹?”始皇不放松地追问。

“很难说，”韩终脸上也出现难色：“有人三年五载就炼成，也有人三十年五十年也炼不成的。”

“韩先生炼丹多少年了?”始皇问。

“臣十年前在衡山得逢异人。”

“这样说先生已炼了十年，不知丹炼成了没有?”

“要是丹炼成，臣早就飞仙了，也遇不着陛下了。”韩终笑着说。

“先生蒙异人传授，十年都炼不成丹，那朕要炼到何年何月？朕都是四十多望五十的人了，还有多少时日可炼?”始皇有点沮丧地说。

茅焦、异人、嫪毐

“这倒不必担心，臣也是五十多岁才开始，现在不是越炼越年轻?”韩终陪笑着安慰地说。

始皇注视韩终很久，才觉得安慰地说：

“果然如此，朕倒是可以等的。”

一高兴，始皇又酬谢他黄金五十两。

徐市和卢生在海外帮他花大钱找长生不老之药，而这几个人轮流奉召和始皇谈论修仙之道，也是时有赏赐。

当然，始皇对这几个人已开始失去信心，找他们只不过是消闲性质，真正的希望是放在徐市和卢生身上。

卢生方面有消息了，这次他不是托人带信，而是亲自在咸阳南书房参见了始皇。

当他叩头行礼，始皇亲手扶他起来时，看到他满布风霜、被海风吹得黝黑的脸，内心有点不忍，也有着感激，传言真是不可信，看他这副样子，哪像经商致富，优游在各港口的样子!

卢生从怀中取出一幅非丝非布的锦帕呈上，上面有几行字迹，始皇接在手上一看，仿佛入眼很熟，再仔细一看，竟是皇后手笔，始皇大吃一惊地问：

“先生从何处得到此物?”

卢生不慌不忙，徐徐就座，然后又拱手行礼说：

“幸不辱命，这次远至渤海之中，在辽东与辽西之间，得皇后梦中指引到一仙岛，得谒皇后仙颜。”

“真的?”始皇惊喜得差点从席位上跳起来。

“臣不敢欺骗陛下!”卢生正色地说。

“先生请不要见怪，朕一时高兴过度，失言了。”始皇抱歉地说。

“臣不敢，”卢生在席位上俯身行礼说：“请陛下先看过锦帕，臣再详细禀奏得见皇后仙颜的经过。”

“好，朕先看看。”始皇说着展开锦帕，原来上面写的是一首四言诗——

人仙隔绝，
有如隔世，
一旦双修，
世世夫妻。

诗中的意思非常明显，乃是说目前虽然人间仙界不能相聚，但一旦始皇得道成仙，两人在一起修炼，就能成为永远不死不离的夫妻。

始皇欣喜得有点想落泪，但他不想在卢生和近侍面前示弱，假装咳嗽两声，将眼泪强行忍了回去，他简短地说：

“先生请详述这次经过!”

“回忆起当时情景，到现在余悸犹在!”卢生脸上变得惊恐起来，似乎又回到当时的情景：“那天臣正按着皇后新近才指示的海上方位，带着两艘船航行在风平浪静的渤海上，到了晚上突然遇到海上强风暴雨，雷电交加，先是两艘船的桅杆被吹断，接着几十丈高的层层巨浪将两艘船都打得四分五裂，就在臣掉下水喝了几口水，人呈昏迷状态时，忽然听到耳边有幼女清脆的声音，告诉臣不必害怕，皇后要见的只是我一个人，而其他的人乃是要应这个劫数，所以全要死在海里。当时臣已失去知觉，等到醒来，就在一座仙府里见到皇后，奇怪的是臣身上的衣服一点水迹都没有。”

接着他又描述了仙岛、洞府和皇后的模样和谈吐，他的口才很好，再加上讲的是皇后的事，始皇听得如痴如醉。他说——

美丽的仙岛位于茫茫大海之中，岛的四周围满了白云，一年到头百花开放，四季如春。

仙洞里不分昼夜，照明用的全是鹅蛋大的夜明珠。连侍女穿戴的衣饰，其精巧美丽都是人间找不到的，更别说皇后本人了。皇后每天招待他吃的更是奇瓜异果、山珍海味，在上面住了三天，皇后才放他回来。

他有意无意提到皇后脸上的特征，和只有始皇才知道的一些两人之间的琐事，更教始皇深信不疑，这块似布非布、似丝非丝的锦帕就是中原所找不到的。

在他的话告一段落后，始皇迫不及待地问：

“先生没有船是如何回来的？”

“和去时一样，有一天睡觉醒来时已在即墨港口边。岛上三天，人间已是三个月，特地赶回禀奏陛下。”

“皇后没要先生带回修仙秘笈？”始皇提醒他说出这次行程的主要结果。

“没有，不过她那天告诉臣，秘笈没有良师指导，修炼不好会走火入魔，不如由她炼成长生不老之药，直接交由陛下服用。”

“皇后对朕真是恩深情重！”始皇叹口气，泫然欲泪。

“皇后临行时还交代，欲修炼成仙，一定要清心寡欲，居处静室，不能与一般俗人接触。陛下原有仙骨仙气，与俗人接触多了以后，俗人的浊气盖过了陛下的仙气，仙人（也就是真人）就不敢和陛下接近，陛下修道成仙也就不容易了。”

“朕日夜忙于国事，总不能不与众臣接触！”始皇为难地说。

“臣倒有个好办法。”卢生神秘地微笑着。

“先生赶快说！”始皇一副迫不及待的神情。

“陛下挑选一批从人，女子最好，因为男浊女清，女子除了每个月的月事期间外，身上没有浊气。然后再从严挑选必要的男性随员，以带仙气者为唯一入选的条件。”

“先生见过朕不少近侍，谁最带仙气？”始皇好奇地问。

“郎中令赵高！”

“哦？”始皇哂笑。

“陛下不要看赵高外表不起眼，实际上他有贵骨、也有仙骨。”卢生严肃地说。

“当然，与朕同年同月同日同时生，出生落地时也受到普天下的庆贺。”始皇不在意地笑着。

“啊！”卢生想说还好将他阉了，否则真会妨主，但想到赵高和他是一条阵线上的人，始皇生性又多疑，还是不说的好。

“这样好了，”始皇又说：“朕要赵高挑选一批男女随员，然后由先生来看相望气，不合格的再剔除掉。”

“浊气不重的人，臣倒是可以为他们祝祷去浊的。”卢生表现得非常自信。

“那有谢先生了，皇后还说了什么？”始皇还是舍不得放弃皇后这个话题。

“她要陛下多移动住处，夜宿何处不让人知，以防恶鬼的侵袭。”

“皇后真是爱朕，她说什么时候仙药可以炼好？”

“明年此日。”卢生想了想说。

“那朕派人通知琅琊郡守，再为先生造楼船十艘，这段时间就陪朕修道吧！”

卢生连忙谢恩。

于是，始皇向众臣宣布，今后他不再称朕，而自称真人，真人者真正的人也，与一般俗人凡人有所不同，乃是凡人与仙人之间过渡时期的人。

另外，他将咸阳宫与其它别宫以通道相接，他的车马在其中行走，没有人能知道，他夜宿何处，全由他亲自临时决定，令下以后，赵高和随从人员才忙着准备。因此，处处别宫随时都处于备用状态，宫室装饰，妃姬美人，近侍女官，编制全和咸阳后宫一样。

与群臣议事则全在咸阳宫朝殿。

同时他以卢生为首，韩终、石生、侯公等三人为副，另增加儒生方士三十六人，组成一个寻仙觅药小组，有的专研究古籍，寻找可能藏有神仙及仙药的地方；有的专事辨识百草，研究古方，挑选出能炼制仙丹的，来试行炼制。

这批人日夜忙碌，提炼出来的草药丸散，就用宫人作试验，没有不良副作用，再给始皇服用。

寻仙找药的行动可说是多管齐下。

始皇一直讲究重赏、重罚，这些人研究一项新发现或是新配方，始皇都有重金赏赐，但时间久了，始皇也有了抱怨，为什么配方不灵，神仙老是找不到？

这些儒生术士自有一套说法，尤其是卢生的推搪之词，总能让始皇信服。

在咸阳赵高的私宅里。

卢生和赵高在密室内谈话。

赵高虽为阉人，但身居郎中令要职，又是始皇面前最亲近的幸臣，文武百官都明白，要想获得权势，他的府第是通往始皇的最快捷径。

赵高住的私宅更是建筑宏伟，亭台楼榭，奇花异草，莫不争妍斗巧。他怀念故国，而旧六国之中，也以赵宫建筑最美、最舒适、宜于居住，而始皇就将赵国宫殿最美的一座，耗费大批人力拆掉，再原封不动的在咸阳重建，名之为“乐赵宫”。

赵高就照着“乐赵宫”再造了一座，除了规模较小，没有皇宫的标志和体制外，其它完全一样。

他虽为不男不女的阉人，府中照样是歌姬舞伎，美女如云，女婢童仆成群。据府中童仆传言，他还常会召美女侍寝，做些什么外人就不知道了。

这间密室也是仿照始皇的南书房布置，简朴舒适，却透露着方正和威严。

赵高当中高据书案而笑，卢生下坐作陪，看样子他在赵高面前，所受的礼遇还不如始皇对待他的。

“卢先生，这次你怎么弄得如此狼狈?”赵高猥琐的脸上露出的不是同情，而是不满。

“赵大人，别提了，这次能捡到一条命活着回来，已经是祖上有德了!”卢生叹了一口长气。

“详细情形说来听听。”赵高带点命令的口吻。

“本来在各港口生意做得好好的，南货北运，北产南销，赚了点利润!”

“当然，船和船上所有开销都是由朝廷支付，你做的是无本生意，怎么会不赚钱？几年下来，应该在平地治了不少产业吧?”赵高打断他的话插口说。

“别提了，这下全完了!”卢生摇头接连叹气：“这次是在辽东买了不少金沙，准备到南方去卖，利润会是好几倍，可是在港口的人对我说，主上对我起了疑心，不知是什么人在他面前告状泄了我的底。本来我是要沿着海边到即墨的，听到这项警告后，我想就到远海吧！以后主上派人问船上的人，也能有所交代，于是改由辽东直接航向临淄，谁知道就碰上了海盗!”

“那处海面是不太干净，”赵高幸灾乐祸地笑着说：“当初你为什么不将皇后的神仙洞府说成在南海，这样你可以名正言顺的绕着四海走。”

“海盗劫走了两艘楼船，将我和两名船长绑在木板上丢下海，说是活不活命全凭我们的造化，想不到真是屋漏偏遭连夜雨，在海盗船走了以后，突然又来了场暴风雨，顷刻之间，两名船长就被巨浪不知打到哪里去了，我喝了几口水也就昏了过去，醒来时发现已被一艘渔船救起。”

“听你这样说，你对主上所说的也不完全是假话，”赵高仰天哈哈大笑：“没关系，再来过！主上是个聪明绝顶的人，但只要谈到皇后和长生不死之药，他就天真得像三岁小孩，好哄极了。我真羡慕你们，信口开河，荒诞不稽，说什么都能拿到赏赐，我在他面前一言一语都得经过考虑，稍有不对就会获罪！这一年你好好吹嘘，明年此时，十艘楼船到手，我再说动主上多派点警卫，就不怕什么海盗了!”

“多谢赵大人，要不是大人提携，我也不能得到主上如此信任。”卢生一副感激涕零的样子。

“其实，卢先生，我认为你的摄魂术真有一套，再加点西域来的安息香，上次就将主上引进似幻似真的境界里，哪天有空儿，是否可以教教我？”赵高眨眨小眼睛，做出自以为神秘的神情。

“这种摄魂术乃是由西域传来，在当地又称为催眠术，可以让受术的人完全听从施术者的指挥，这是真才实学，而且要经过一段苦练，习术者还必须有相当禀赋。”卢生认真地回答。

“好了，好了，我看我是没有这种禀赋，也没有这个空闲。”

“赵大人要协助主上处理国家大事，哪有时间玩这种雕虫小技！”卢生谄媚地笑着说。

“对了，”赵高想起什么似的拍拍大腿说：“你为什么不像徐市那样要楼船百艘，童男童女再加护卫船工，人数高达万余，足够在一个小岛上称王了。”

“我没有那样的才能和志气，只想赚点钱置产，老年生活过得好点就足够了。不过日前我在即墨时，好像听人说，徐市已回到会稽。”

“他的船队回来是件大事，我怎么都不知道？”赵高紧张的从书案后面跳起来。

“他是一个人回来的，听说是接家眷，”卢生摇摇头：“那个人我并不认识，只是他跟人闲谈时，我在一旁听到而已。”

“糟了！事情糟了，主上正派了人去琅琊找他——”赵高抓抓瘦削的脸腮，沉思起来。

“这关赵大人什么事，要你帮他这样紧张？”卢生大为不解地问。

“他和你一样，都是我教他这样做，而且是在主上跟前力保的！我得赶快想办法！”赵高露出奴婢的粗鲁本色，大声吼叫起来，声音尖锐，像用铁铲刮锅底。

但卢生又不敢捂上耳朵，还得陪笑安慰。

始皇在梁山宫修炼室里，由蒙毅和幼公主侍坐，赵高则率领随从人员在别室工作。

蒙毅和幼公主是经过卢生看相望气后，认为是陪伴始皇修道的最佳人选。

其实，他这样说也只不过是预先逢迎始皇的旨意而已，因为他知道，始皇对幼公主有种移情作用，看到幼公主就像看到死去的皇后，或者更为恰当地说，就像见到他和皇后所生的女儿，一时看不到她，心里就像缺少什么似的。

至于蒙毅，他曾居廷尉，大秦如今重法，要亲自和始皇共同谋求对策和解决的问题太多，也无法阻止他们见面，何况卢生也看得出，始皇对蒙毅的感情错综复杂。

他将他看成是未来丞相的最佳接班人，他欣赏他的才识，更喜欢他的翩翩风度。始皇偏爱仪表出众的人，他用的侍臣没有一个不是英武潇洒的，只有赵高例外，那是因为他对他这个儿时玩伴的怜悯，盖过了对他猥琐面貌的厌恶。

他将蒙毅当作蒙武的替身。在所有大臣中，他最信任的是蒙武。他聪明却不露锋；他率直却不会当面给他难堪；他能事事猜透他的心意，却不刻意逢迎或是横逆；他是就说是，不是就说不是，在有所争执时，都会为他预留台阶，让他下得了台。因此，无论国事或私事，他都能敞开和他畅所欲言。

像中隐老人这种良师和蒙武这种益友，真是可遇而不可求！而在蒙毅身上，他找到了和蒙武相同的气质，却不像蒙武那样消极于政治。他希望将他培植起来为继位者所用，不管是胡亥或扶苏，相信他都会辅佐得很好。

最重要也是最微妙的是：由于皇后和齐虹的亲戚关系，他爱屋及乌，将蒙毅当作自己的晚辈甚至是儿子。扶苏虽好，但和他亲近不起来，胡亥虽然亲近，却太没有出息。出于另一种移情作用，他将蒙毅看成是两者优点加起来的综合体。

始皇对蒙毅的这种感情，不但卢生看得出来，所有朝中大臣和宫内侍臣，人人都心中有数。

此刻，始皇身穿一件白色道袍，宽袖细腰，摆长拖地，头上戴的是一顶黑纱道冠，高耸细长，看上去倒也有几分仙气。他案前一座大香炉，正香烟袅袅，散发出特有的香味，味料是由侯公在华山采回的药材所制成。

幼公主坐在他的右侧，看着弥漫上升的香烟发呆，受不了香味的刺激，接连打了几个喷嚏。

始皇正在与蒙毅讨论增加谪戍人员到北边筑长城的问题，听到幼公主打喷嚏，他回过头来爱怜地说：

“天气渐渐凉了，要注意加添衣服。”

幼公主不回答，只是吃吃轻笑。

“有什么好笑的，要你多加衣服，不要只顾着看起来轻盈，受凉生病味道不好受。”始皇俨然一副慈父口吻。

“幼公主的身材，穿再多也会是轻盈的。”蒙毅在一旁说。

也许是进宫以后营养好，幼公主发育得很快，出现了女性的第二象征，虽然离及笄之年还有段时间，却已变成亭亭玉立、玲珑有致的少女体态。

“不是笑加衣服的事，而是看到父皇穿着道袍，一副潇洒脱俗的样子，和蒙大哥谈的却是杀人滴边的恐怖的事，所以忍不住发笑，还企父皇恕

罪。”幼公主顽皮地说。

“你对真人修道有意见？”始皇欣赏她的娇态，不在意地问。

“怎么敢有意见？只是想起家乡的两个故事。”她仍然收敛不住脸上那股顽皮的微笑。

中隐老人生前喜欢用说故事来启发他，而很少有大臣敢在他面前说故事。因此一听到她要说故事，始皇不禁又想起中隐老人，激发了潜伏已久的童心，他高兴地笑着说：

“好啊，看不出你还会说故事，早知道你会说故事，每天都要你说给真人听。”

“儿臣只有两个，说完就没有了。”幼公主赶快为自己留后路，保留不说的权利。

“哪有这么啰嗦，快说！”始皇笑着喝斥。

“儿臣遵命！”幼公主规规矩矩地忍住笑俯身行礼：“第一个故事是真人真事。有一次下雪天，有一个年轻人又冻又饿，昏倒在村长老爹的门口。那几年匈奴没有入侵，年成也好，家畜牛羊养得又多又肥，家家粮食吃不完，怕堆囤霉烂都拿来喂牲口，所以有人饿倒在门口，还真是稀奇事。”

“北境竟也如此丰裕过？”始皇惊奇地说：“后来呢？”

“老村长给他灌姜水，喝热粥，总算把他救活了，但他年纪轻轻，身体也壮，就是不肯干活，只是饭来张口，茶来伸手，整天在野地找来找去。”

“他在找什么？这种好吃懒做的年轻人应该发配去筑长城！”始皇听故事入神，说出了孩子气的话。

“村长也是这么说，不过那时候还没有长城可筑，”幼公主露齿微笑，神情像极了死去的皇后：“他最后忍不住，有一天对年轻人说，救急不救穷，救一时不救永久，年轻力壮，总该干点活养自己，然后存点钱娶老婆。年轻人说，他家世原本不错，他父亲一心问道，养了很多修仙炼丹的师父，上山下海找仙药，最后把家财散完了，仙也没修炼成，前几年去世了，任何财产都没留，却留下一大堆修仙炼丹的秘笈，现在他就是按照这些秘笈寻药修炼。”

“村长听了一言不发，只关照全村谁也不要给他饭吃，过了没两个月，他又瘦又饿的回到村长家门口，村长拿了一根牧羊杖和镰刀对他说——给你两样修仙秘笈，吃饱了干活，干活累了，倒头就睡着，这就是活神仙。想想看，别这样傻，真正能自己修炼成仙的人，还会靠别人养？”

始皇听到这里，脸色大变，蒙毅不免着急，为幼公主捏一把冷汗。

“还有一个故事呢？”始皇问。

他额中央那根青筋猛跳，表示他在勉强压制怒气，对一个活像玉姊的小女孩，他无法发怒，何况是他自己要她说的。

可是幼公主不知是没看到始皇愠怒的脸色，还是初生牛犊不怕虎，敢于逆披龙鳞，她笑嘻嘻地又说：

“那次是在匈奴入侵寨子以后，几乎家家都有死人，伤者更是满布全村，号叫呻吟，将整个村子变成了人间地狱。上天见怜，那天意料之外来了一个救星，一位仙风道骨，相貌清奇的儒生出现了！他自己带了一些金创药，然后指名十几种药草，要寨子里的人去找，那些药草本就是极其普通的东西，墙边、路边，野外长得到处是，可惜以前不知道这些野草的治伤功能。那位儒生所配的伤药真是神奇极了，不管伤多重，一敷上去立刻止血，三天结疤，七天脱疤，再深、再大的伤口，也只会留一点创痕。除这以外，他开刀取箭头，接骨拉筋，以及各种疑难杂症，莫不手到痊愈，寨子的人不知道他的姓名，都称呼他活神仙。”

“他治伤收不收钱？”在一旁听得津津有味的蒙毅此时也插口问。

“当然收钱，有时候还收得很贵。”幼公主俏皮地说。

“那还算什么活神仙！”蒙毅失望地说。

“就是因为收钱收得恰到好处，更显出他是活神仙，”幼公主神秘地说：“他不是看伤的轻重收费，而是看伤者的贫富收费，所以伤轻而有钱者收的费，说不定比伤重而家贫者收的还要多好几倍。”

“这不是不公平吗？”蒙毅有点不服地问。

“可是他有他的算法，穷者出的钱虽少，却是他们生活所必须，富者出的钱虽多，在他们可是多余的。千金对富人来说，有时候还比不上一个铜钱对穷人的重要！”

始皇的怒气如今已逐渐平息，他注视着这个美丽的小女孩，忍不住在心里想，到底是从民间来的女孩‘就跟死去的皇后一样’明白民间的疾苦，他那些自幼锦衣玉食，在宫人保姆之手养大的公主，哪懂得这么多！他兴趣渐浓地笑着对蒙毅说：

“听故事不要打岔，让她说完再议论。”

幼公主笑笑又继续：

“当然，对有些赤贫的人，他不但不收费，反倒贴出营养费。他说截长补短天之道也，所以物盛则杀，水满则溢，月满即亏。亏贫养富人之道也，所以往往是贫者越贫，富者越富，他乃是替天行道，平均一下财富。说也奇怪，他不知从哪里打听到的，所收的费用竟和伤者的财富成比例，而在他走的时候，他也未带走分文。村长在他走后曾赞叹说，这才是真正的活神仙！”

“故事说完了？”始皇笑着说：“想不到我这个女儿这样会说故事。”

“这不是故事重点，父皇是否还想听下去?”

“当然，当然，真人想听的是重点!”始皇抚须哈哈大笑。

幼公主喝了口茶又说：

“有一天，一位村中父老忽然宣布，他梦见神人对他启示，这位活神仙真正是上帝派来救世的南极仙翁，他有长生不老、使死人复生的法术。这下不得了，全村的人纷纷焚香膜拜，哭求他将他们家的死人变活过来。”

“这不是胡说八道，强人所难?”始皇不自觉地说出这话，但说出以后大感不对，自己不也正是在求长生之术?他的神情非常尴尬。

但幼公主视而不见地往下说：

“那位活神仙一再声明，他不是什么南极仙翁，只是会点医术罢了，连他自己也不相信世上有什么神仙和长生不老的人，否则他自己就不会老成这个样子了。但他说什么村人都不肯相信，日夜都有人点烛焚香围着他苦苦哀求，说就算是不能使他们心爱的人都活过来，至少也要让那些新战死、尸体还未烂的亲人活过来。”

始皇低头若有所思，蒙毅一直摇头，不知在想什么。

幼公主注视着始皇焦黄的脸，她脸上忽然现出怜惜：

“这样求了几天几夜，活神仙吃不好又无法睡觉，自己差点就要变成死人了。最后他受磨不过，只得说——好了，每家都将想活过来的死人名单开上来。村民高兴的纷纷开出名单。活神仙说——首先你们要去盖房子容纳这么多的活过来的人，然后再算算家里的开销，复活的人和没死的人一样，要吃要喝，还有别的支用，你们负担得了吗?于是大家面面相觑，半天作不了声，因为按照所开名单，至少村子要扩大五倍，于是很多人打了退堂鼓。但有些富人和有新战死者的人家还是不甘心，坚持哀求。活神仙又说——好了，开剂药方给你们。大家拿到药方一看，倒是几味极普通的草药，只是药引却是：以家里从未死过人者的头发三钱，烧成灰和药吞服。这下大家都傻了眼，也都明白过来，没有死去的祖宗，哪有活着的自己?所有的人都不死，这么多新生的人如何养?地上会变成什么样子?”

“故事完了?”始皇失神地抬头问。

“讲完了，”幼公主突然悲从中来，起身跪伏在地叩首，两眼含泪地说：“故事半为真实半为杜撰，还乞父皇恕罪!”

始皇爱怜的抚摸着她的秀发，柔声地说：

“你的故事讲得很精彩，朕怎么会见怪。”

“父皇救儿臣于危难孤苦，恨不能折寿让父皇长命!”幼公主哽咽地说。

“朕知道你的孝心。”始皇又陷入沉思。

“父皇日夜为国事操心，现又居无定所，食不定时，再以尊贵的身体学神农氏尝百草，儿臣为父皇担心。”

“朕自有分寸，用不着你操心。”

“但父皇很明显地瘦了。”幼公主抬起头来，泪汪汪地看着始皇。

“真的吗？朕觉得近来的精神更好。”始皇摸摸自己凹下去的脸颊。

幼公主还想说点什么，蒙毅拼命向她使眼色。

始皇这时看到山腰有大队人马过去，他乘机转移话题出这口闷气。除了死去的皇后和中隐老人外，从没有人敢说故事来讽刺他，连王翦和蒙武都不敢。但他无法对这样爱他的小女孩发脾气，现在正好找到发泄处了。

他找来赵高指给他看：

“真人在这里清修，哪来这么多的人马嘈杂？”

“奴婢刚才就查过了，乃是李斯丞相行猎，路过此地。”赵高恭谨启奏。

始皇站在阳台上看去，只见骑马车十多乘，前后面的随骑好几百人，还有几十条猎狗由养狗人牵着，奔跑吠叫，好不热闹。而丞相令旗翻飞，在阳光下鲜艳耀眼得很。他忍不住看看站在四周的近侍，哼了一声说：

“李斯真是会摆威风，比真人私下出游带的人还多！”

秦始皇帝不满的话，很快由李斯安排在他身边的耳目传给了李斯。

李斯深怕受责，以后出行也就轻车简从，尽量减少跟随的人。

但这更引起始皇的怀疑和恐惧。这还得了！他曾下令，他在后宫的行动，近侍不得透露给任何人，违令者死！谁知道他在梁山宫随便一句话，立刻就传到李斯的耳中，很明显的，他的近侍已有人为李斯所收买。

他下令赵高彻查。

在梁山宫地下室。

这里潮湿阴暗，不分日夜，四周墙壁还不时渗着水滴，唯一提供室内光源的是壁上燃烧的桐油火把。火把的火焰时大时小，室内也随之明暗不定，更增加了阴森之气。

赵高将这里权当审讯法庭，他高据席案而坐，矮小的身体，猥琐的面目，虽然望之不似人君，但在阴森的气氛衬托下也有几分威严。

地上跪着十几名当天轮值的近侍和郎中，一个个脚镣手铐，蓬头垢面，早已吓得浑身发抖，几名宫女更俯首低泣，什么话也说不出。

“你们中间谁泄露了主上的话，赶快承认，不要连累大家！”赵高尖锐的声音在空旷的石室内回荡，特别刺耳。

跪在地上的众人没有人说话。

“看来不用刑你们是不肯说实话的，”赵高大声恫吓：“来人！让他们转过身去，参观一下刑具。”

几名如狼似虎、挺胸凸肚的刑卒走上来，将这些平日娇生惯养的内侍，像赶小鸡似地推拉着转过身去。

在黯淡的火把光下，排列着各式各样稀奇古怪的刑具，显得狰狞可怕。

最普通的拷打用的是鞭子，这种特制皮鞭上带铜刺，轻轻一鞭打在背上就是鲜血淋漓。

再顽强的有二龙凳，也就是将犯人的双腿紧绑在一张凳子上，然后在脚下面垫砖头，膝关节向反面扭，其痛楚任何人都难以忍受。垫一块砖头不招，再垫第二块，铁打的汉子也受不了。

再有就是用火烙，在火盆里烧红的烙铁一放到胸口上，就听到“滋”的一声，接着是一阵肉焦味，受刑人此时受不了痛，昏厥过去，用凉水喷醒再问，不肯招再烙，再硬的英雄也禁不起连烙上三记。

最残忍的是“断龙爪”刑。这种刑法是利用特殊刑具拔指甲，不肯招供先拔一根手指的指甲，十指连心，这种连心的痛，神仙也熬不过。拔去指甲还有可怕的后遗症是手指不能碰任何东西，稍一碰及就是钻心地痛。

另有一种看似轻松却难以忍受的刑法是“洗仙脚”。这种刑法是将人绑在长凳上，用猪鬃刷刷脚心，犯人忍不住痒一直大笑，最后笑得眼泪、鼻涕、尿溺齐出，真是求死不得，求生不能，别的刑法会痛昏过去，不能连用多次，而这种刑法要用到你笑着说愿意招认才会停。

一个敞着衣襟、胸毛接连着虬髯，一道粗黑通到底的刑卒，用雷鸣似的吼声介绍完这些刑具，有几名胆小的宫女早已吓得昏过去，几名刑卒连忙在脸上喷水，又让她们醒过来，然后拖拉这些人回转身体，面对着赵高跪下。

赵高先发出一阵鹭鸶般的笑声，然后故作仁慈地说：

“你们都是自小入宫，幸受主上恩宠，才得选拔为近侍，这次为什么要泄漏主上行踪?”

众人大声齐呼冤枉，尤其是几名宫女更是哭泣着说，她们身居深宫，连丞相府在咸阳哪条街上都不知道，如何能通风报信?

“大胆，不想认罪还要狡赖，当天只有你们这些人在场，不是你们，难道说还会是蒙廷尉和幼公主?”他过一会儿想起来什么，又补上一句：“难道会是本郎中令吗?”

众人之间一阵窃窃私论，赵高耳朵尖，仿佛听到一个童稚的声音细语：

“这可说不定!”

赵高仔细循着声音方向看去，乃是一个只有十六、七岁的小郎中，因系宗室，父亲又在灭楚战争中阵亡，特准入宫任职。赵高暗记在心，并不立即发作。

“有人承认，本宫会为他向主上求情，最多不过罚‘鬼薪’三年，到皇陵去守墓，砍宗庙所需燃薪。要是经过严刑逼供才肯招认，到时候就是死刑，甚至是灭族!”

众人面面相觑，互相讨论了一下，又齐声喊道：

“启禀大人，我们真的没有做，要我们怎么承认?”

赵高先是哈哈一笑，然后凶狠地说道：

“你们久居深宫，不知大秦法律的厉害，借这个机会给你们先上一课!”

赵高教惯了胡亥刑名之学，胡亥在上课时总是跟他瞎缠胡闹，急着放学去玩，根本就不想听，赵高一直感到怀才不遇，除了借着这个机会表现自己一番，同时还有进一层的深意。

“你们知道吗?泄主上之密，按大秦律法应当处死，而死刑却有十二种——当众斩首谓之弃市；私室以剑穿心名戮死；拦腰而斩，上身痛苦得满地爬行，血流尽而死谓之腰斩。

车裂就是用五部车子将人拉成五段；阬就是活埋，这用不着解释，磔就是一刀刀肢解致死；凿颠就是击碎脑袋；抽胁就是抽筋拔骨；釜烹用不着解释。戮尸、枭首以及夷三族（父、母、妻等家族），不用解释，你们也会明白。至于具五刑处死，就是先削鼻，再砍断左右脚趾，鞭杀后，再悬首城门示众，将尸体当众剁成肉酱……”

“不要说了！不要说了!”一名宫女尖叫着，又吓得晕了过去。

“好吧，既然这样怕，就乖乖承认吧，本宫保证自首的人最多谪边北境，或是罚城旦，日夜守城门四年。”

这些人议论一阵，还是没有结论，几名宫女更是披头散发，拼命向这些郎中近侍叩头，嘴里哭喊着：

“你们这些平日自命为大丈夫的男人，一人做事一人当，有胆做就应有胆承认，不要连累我们这些无辜的女子!”

“不错，”赵高点头微笑：“但男人没有承认以前，你们这些女子也脱离不了关系!”

隔了很久，还是没有人承认，赵高又嘻嘻作鹭鸶笑：

“既然好话说尽，你们都不知趣，看样子是不见棺材不流泪，本宫非用刑不可了，来人!”

“在!”十几名刑卒齐声应诺，就像震天霹雷一样惊人。

“大刑伺候!”

“是!”十几名刑卒跑步各就刑具位置。

赵高眯着鼠眼在人丛中寻找，最后目光停留在那个小郎中身上，他指着他轻声细语地说：

“将这个俊秀的小伙子留下，其他的关到隔壁囚室里，让他们再考虑考虑！”

“是！”几名刑卒将这些垂头丧气和痛哭喊叫的男女带走。

隔壁囚室宽大空旷，里面只铺着一些草堆垫。这就是这些平日锦衾绣被的男女杂居的地方，监禁了这几天，他们不得不以身体互相御寒，一天两餐只有清水和硬得像石头的粗馍。

这处囚室只有一扇有铁护栏的窗子，正好就对着赵高所在的囚室。现在大家带着既害怕又好奇的心理挤在窗前观看，想知道赵高要如何对付这个小郎中。

窗口太小，只容得三、四个挤着看，其他的男人就围在附近听室外动静和观察者的报告。女人则坐在地上，又想听又怕听，有几个还在低泣。

“你叫什么名字？”赵高在问。

“我叫嬴取。”这个小郎中说话还带着童音。

“这小子有种，立而不跪！”在窗口正中窥视的那名郎中说。

“现在本官问你，这次是否是你泄密？”赵高的声音和蔼。

“不是我！”小郎中回答得斩钉截铁。

“那你知道是谁吗？”

“不知道！”语气仍然坚决。

“你不怕受刑吗？”赵高的声音已带着杀气。

“不知道就是不知道，我不能胡乱冤枉别人。”

“好吧，你人虽小，骨头倒是很硬，让你试试是你骨头硬，还是我的刑具硬，来人！”

“先用鞭打，看他皮肉硬不硬？”赵高冷声说。

“是！”

“他们将他绑在柱子上，脱去了上衣，刑卒现在取出鞭子，还好是没带铜刺的！”占据铁窗中央的郎中一一转述。

此时传来阵阵皮鞭抽打的声音。

囚室内的男人个个胆战心惊，女人都蒙头塞住耳朵。

“看不出你这小子倒蛮有种的，连哼都不哼一声！”赵高冷哼了一声，尖声高叫：“用烙铁！”

只听一阵“滋——滋”，接着是嬴取一声痛苦的嗥叫，像被刺中的野兽，听了使人毛骨悚然。

“这小子晕过去了，刑卒在他脸上泼水，胸前好大一块烙印，肉全烧焦了！”那名窗口的郎中继续转述。

“求求你不要再说了！”一个蹲在草堆前面，两手捂着耳朵的宫女哭着说。

“说还是不说?”赵高这次不再作鹭鸶笑，而是像只猫头鹰在叫：“再烙一次!”

又是烙肉的滋滋声和肉焦味，又是嗥叫和泼水声，这样接连两次，只听到刑卒说：

“启禀大人，囚犯因熬刑不过，咬舌自尽。”

“哼，拖下去埋了!”赵高似乎意犹未尽地说：“便宜了他!”

“他们在帮他解绑，尸首倒地了，他们就将他在地上拖，像拖条死狗一样!”那名在窗口的郎中仍然在活生生地描述：

“啊，好可怜，细皮嫩肉的胸部全变得血肉模糊。”

“不要说了！不要说了！求求你!”几名宫女拥抱成一团哭泣：“这真是天降横祸，我们什么都不知道!”

这时只听到赵高在交代典刑：

“今天这个小子算有种，但已破坏了本宫问案的兴致，明晚再开始问，不相信不会问个水落石出来。”

“是，大人。”典刑恭敬地回答。

“注意不要再有人自尽。”赵高的声音。

“来时我已搜过身，他们可能用来自尽的东西都已没收了。”典刑回答。

“好，多注意点。”

众多的脚步声，关铁门的声音，最后整个地下室一片可怕的沉寂。

“都走光了，这间囚室的门锁着，铁门也上了锁。”窗口那名郎中转过身来，脸色苍白，在桐油灯黯淡的光照下，像张死人的脸。他对周围这些充满沮丧绝望的可怜人说：

“各位，明天晚上又不知道轮到谁，你们怎样想法我不管，我自己是觉得活不下去了，与其这样受尽痛苦凌辱而死，不如早寻个痛快了断!”

“不错，要是让我这样脱掉衣服受刑，让父母所遗的清白身体受辱，还不如早点死!”一名宫女也气节凛然地说。

“现在我们身上能寻死的东西全拿走，连裤腰带都没给我们留下，想死，拿什么来死!”

“我这里早准备好了东西，”那个先前独占窗口的郎中诡秘地说：“我藏在他们找不到的地方了。”

他取出一包药物来，乃是宫人都熟悉的“鹤顶红”。

“想死的就来拿吧!”他慷慨地说：“要死就死在一起，黄泉路上彼此也有个照应。”

众人都纷纷上前来要，他一一发放完毕，然后体贴地说：

“服药不要有先后，免得后死的人害怕，听我喊一二三，就一起吞下去。”

十几个男女围成一个圆圈，他正好在圆圈中央，当他喊到“一”时，就有半数的人吞服了，包括所有宫女，在喊到“二”时只有这位郎中没有吞服，因为他要喊“三”。

等到他喊“三”时，所有的人都倒了下去，他也跟着倒了下去，可是并没有吞药，反而是过了一会儿，爬起来一具一具摸尸体探鼻息。确定所有的人都断气后，他走到门口用力擂门。

一会儿铁门开了，囚室门也开了，赵高带着典刑和两名侍从，笑容可掬地走进来。

“办好了？”赵高微笑着问。

“幸不辱命！”这名郎中恭敬地回答。

“全死了？”赵高又问。

“属下一一检查过。”

“办得好！”赵高向两名随从示意。

两名随从一人一只手将这名郎中的手反绑。

“大人，这是做什么？”这名郎中惊呼。

“十几个人都死了，你一个人独活，让我怎样向主上交代？”赵高又作鹭鸶笑。

“赵高，你这个阴险毒辣的小人！”这名郎中自知绝望，破口大骂。

“别逞一时口舌之快，你难道不想全尸走得痛快，要像今晚那个小家伙一样？”赵高脸色变得铁青：“念在你帮本宫做了点事，我亲手送你上路。”

说完话，赵高亲自从袖中取出一包“鹤顶红”，捏着鼻拉开嘴，整个硬倒了下去，再将他嘴合上，想吐都吐不出来。

没过一会儿，只见他的挣扎逐渐微弱，两名随从将他丢在地上让他断气。

典刑吓得脸色苍白，两腿像瑟弦一样，不停地抖动。

“没你的事，听话一点，就没你的事！”

“属下知道。”典刑结结巴巴地说。

“你知道什么？”赵高和蔼地问。

“嬴取熬刑不过，咬舌自尽，其余的人畏罪自尽。”

“对，就这样呈报上来！”赵高笑着点头。他又转向两名侍从说：“还有你们两个，你们又看见什么？”

“小人什么都没看见。”两名侍从齐声回答，声音发抖。

“好！有时候装聋装瞎，比自认聪明好！”赵高又作猫头鹰笑。

赵高将典刑的报告转奏始皇。始皇皱皱眉头说：

“这样还是没查出泄密的人！”

“泄密者一定在这些死者当中，不过陛下要是不满意的话，奴才可以再扩大侦办。”赵高唯恐天下不乱地说。

始皇沉默不语。

在一旁侍坐的蒙毅启奏说：

“如此一来，后宫人员有了前车之鉴，相信不会再发生类似的事情了。不过大臣收买君王身边近侍做耳目，这是自古以来难免的事，只能今后清查防止，臣不认为该因此而兴大狱，连累太多人！”

“蒙廷尉说得对，郎中令，今后要严密防止类似事情。”始皇转头对赵高说。

“奴才遵命！”赵高行礼退出，忍不住一脸的笑。

那夜始皇独宿咸阳宫，没有召妃姬侍寝。

虽然他居处不定，但批阅奏简文书却从来没有松懈过，都是随车带着走，他规定自己每天必须批阅一石（百二十斤）奏简才能休息。

今夜批完这些奏简后，他已觉得精神支持不住，经过幼公主提醒后，他发现自己的身体是越来越差。他不敢再找侯公、石生他们开方配药，因为服了他们的药后，一时感到体力充沛，男人的需要特别旺盛，但过了一段时间会加倍觉得疲惫。

经过太医的诊断，他是操劳过度，肝火上升，除了服药清心以外，还需多休养，禁戒女色。

戒女色对他不是难事，但要他闲着什么事都不做，他还是死了的好。于是每逢太医说他又操劳过度时，他总是笑着为自己解嘲：

“朕已听了你一半的话，你该满意了。”

今晚他休息得特别早，睡得也好。睡到半夜，忽然闻到一阵熟悉的焚香味，身边响起一阵轻微悠扬的琴声。

那种似醒非醒，似真似幻的气氛又笼罩住他，他想睁开眼睛，却觉得好沉重，怎样也睁不开，只得静静躺着听琴。

弹琴的是高手，弹的是皇后最喜欢的一首曲子，而且歌词也是她最喜爱的——

初识卿兮发覆额，
桃花灿兮小楼西。

沧桑尽兮成眷属，
长相守兮莫分离！

他和着琴声在心中一遍又一遍地默念着这首歌，不自觉眼泪汩汩流出。在皇后死后，每逢听到宫人弹这支曲或唱这首歌时，他都会忍不住地流泪，何况是在这种似睡又醒、感情最脆弱的时候。

琴声忽歇，正在他极力想睁开眼睛让自己清醒时，只听到有人在他耳畔细语，像是皇后的声音，但要年轻得多。这个声音单调而一再重复：

“你睡着了！你睡着了！你在梦中！你在梦中！”

“我在梦中，我在梦中！”他跟着在心中默念。

“小柱子，我是玉姊，念你对我用情之深，怜你相思之苦，特地来看你！”这个声音清脆甜腻。

“玉姊！”他想大声欢呼，可是却听不到自己的声音。他挣扎着想睁开眼睛坐起来，但身体和眼皮都好沉重，完全不听指挥。

“玉姊，你的声音好年轻！”他发出呓语。

“傻瓜，玉姊现在是神仙，当然会越来越年轻。”

“让我醒过来，好好看看你。”他要求。

“此时此刻，醒也是睡，睡也是醒，似梦似真，情调岂不是更美？”她轻轻吻着他的耳根。

耳根是他的敏感点，这只有皇后和几个他比较喜欢的妃子知道。

他男性的欲火燃起，一发不可收拾，但他却发觉自己无法主动。

她为他脱去了衣服，然后他感觉一个赤裸光滑的女体在拥抱他，亲吻他，为他做着《素女经》上记载的各种动作，但动作却非常生涩。

“不是玉姊，也不是任何一个妃姬，她还是个处子！但哪个宫人这样大胆，敢于如此戏弄我！”

但他这种愤怒没有维持很久，因为很快他就进入欲仙欲死的境地，情欲的浪潮淹没了他所有的思想。

激情过去，他真的睡着了。

不知睡了多久，耳边又听到刚才那个声音在喊：

“陛下，醒醒，陛下，醒醒！”

这次他是真醒过来了，他发现身上已穿好睡袍，但脸上湿湿的，似乎有人用冷水为他擦过脸，他翻身坐起，在灯光下看到一个宫女跪在床前。

“你好大的胆子！”始皇怒喝。

但看到这名宫女不是别人，正是上次装皇后尸主的人，也是他平日爱乌及屋最宠爱的侍女，再想想余味未尽刚发生的事，他不禁心又软了，他柔声地问：

“为什么你要这样做?”

“为幼弟伸冤!”宫女仰起带泪的脸，在始皇眼中更为楚楚可怜。

“你幼弟是谁?有什么冤?”

宫女将嬴取的事说了。

“赵高敢这样胆大妄为?不过他是奉朕命行事，虽然做得过分一点，倒也无可厚非，刑重致死，畏罪自尽乃是常有的事，”说到这里始皇沉吟一下又问：“你为什么要这样做?”

“奴婢早知道幼弟这件事动不了赵高!”宫女已经硬咽着说下去。

“那你就用这种蠢办法?”始皇厉声地说：“你认为朕是可以用女色诱惑的吗?”

“奴婢绝无这种愚蠢想法，陛下后宫三千佳丽，奴婢还不至自信狂妄到这种程度!”宫女擦干眼泪坚强说。

“那是为什么?”

“奴婢要揭发赵高一项阴谋，欺骗陛下的大罪行!”

“哦?”始皇摇摇头：“他会有什么阴谋?”

“他联合那些术士用安息香和催眠术欺骗陛下。”

“你的话作何解释?”始皇仍然不太相信。

宫女将赵高串通卢生要她假装皇后附体的事说了。

“真有这种事?”始皇惊问，但依旧有些许怀疑。

“奴婢预料到空说无凭，所以不惜亵渎陛下，将安息香和催眠术的效用从头到尾表演一遍。”

“唉!”始皇叹口长气，神情变得非常沮丧。他虽然知道赵高为人卑下，但一直认为对他是绝对忠诚的，真是想不到会这样!

何况他做了这样久的神仙梦，一下就从云中跌下来，跌得粉碎。

“你为什么不早说，你参与其事，要朕如何安排你?”始皇声色俱厉。

“奴婢早就安排好了后事，先父随王翦将军征战多年，为国捐躯在楚地，母亲早年去世，奴婢只有嬴取这一个幼弟相依为命，他死了，奴婢活着也没有什么意思。”

“你叫什么名字?你如何安排自己的后事?你的生死操在朕的手上!”始皇装成不悦地说。

“奴婢名叫嬴英，要生操在你的手上，但死你管不了!”嬴英昂然地说。

“你说什么?”始皇着急地下床来拉她，但她全身痉挛地倒在始皇怀里。原来刚才她趁着擦眼泪的时候，早就吞下了毒药。

“嬴英!你为什么这样傻?嬴英，听不听得见朕的话?朕会严办

赵高!”

“谢谢陛下……”她微笑着闭上了眼睛。

在发生嬴英事件的同一个傍晚，也就是始皇正忙着批阅那一石奏简，犹未休息就寝的同时。

卢生、侯公、韩终和石生几位儒生兼方术大师正在卢生住处聚会。

卢生住处虽装潢布置得仙里仙气，但童婢成群，起居用具豪华，不像一般流浪在街头的方士。

他坐在密室的主位上，脸在烛光照不到的阴暗处，显得格外的神秘。

他背后神案中央有两幅画像，一幅是老子李耳骑青牛出散关，一幅是孔子孔丘着儒服、儒巾，佩长剑。

神台上香炉袅袅，中间供着鲜花水果。

卢生首先发话：

“我得到消息，徐市这次回会稽接家眷，虽然会稽郡守得到消息慢一步，没有抓到他，但他派来咸阳和赵高联络的人却在下午被捕，我们得趁早作打算。”

“徐市在嬴政和赵高面前都比我们得宠，扳倒了他，我们正好趁此机会出头，这是个好消息!”白发苍苍的侯公说。

“你真是祭祀前的太牢（牛）不知死活!”石生插口说：徐市滞留海外不敢回来，嬴政追查，就会查到赵高和我们这些人的关系，我们一个都跑不掉。”

“那是你的说法，你教嬴政的《黄帝素女经》，完全是不登大雅之堂的房中术，将他练得中气不足，眼圈发黑；我给他的药却是补气强身仙方，长久服用就是不能成仙，至少可以延年益寿。”侯公反唇相讥地说。

“延年益寿？哼，乃是和兄弟我相辅相成的壮阳药吧？要不是韩终兄的丹药和练气，嬴政恐怕早和他先父见面去了!”石生不甘示弱，又还他几句。

面色红润、自称六十多岁、但看上去如四十岁的韩終，面带不屑，始终未发一言。

“现在不是吵架的时候，我请各位来只是转告这个消息，怎样打算全在你们自己，我本人是准备今天晚上就走，韩兄，你的意下如何?”

韩终被指名发表意见，他不得不说：

“徐市迟滞不归，总会有他一套说词，再加上赵高素得嬴政宠信，只要他美言几句，兄弟相信不会有事。再说，像嬴政这样坚信求仙之道，出手又是如此大方的主子，哪里还找得到?”

“当然，韩兄是靠真才实学，能让嬴政信任，像卢兄和兄弟这种故弄玄虚、左道旁门之术，迟早会被揭穿。有人说，得意不可再往，夜路走多了总会碰上鬼，又说知足常乐，这几年我们虽赶不上徐市，但嬴政所赏赐的也够我们养老了，我赞成卢兄的意见，要走趁早。”石生不客气地说。

“就是要走也总得准备一下，”侯公说：“这几年，我看准咸阳附近的建筑用地会涨，因此买了点地，必须处理掉！”

“唉！”卢生叹口气说：“嬴政虽然一时迷于仙道，但他到底是个权力欲极重的人。天性刚愎自用，专任狱吏，以刑杀立威，其余朝中大臣莫不是奉迎意旨，尸位伴食而已，这种人不要说求不到仙药，就是求得到，我也不会帮他求。侯公，你那点地皮算什么？嬴政答应明年给我楼船十艘，人员任我挑用，我都不等了，你还等什么？留得青山在，不怕没柴烧，韩兄，你说不对？”

“我想不急在一时，我放了点债在外面，也得费点时日去收。”韩终回答。

“好吧，话说到这里为止，散会以后我就要走了，”卢生微笑着说：“后会有期！”

“你就这样走？”侯公惊问。

“当然，房子是租的，童婢是嬴政赐的，一部安车，一名书童赶马，足够了。”卢生微笑。

“兄弟也是如此，各位请了。”说着石生起立告辞，翩然而去。

“识时务者为俊杰，石生之谓乎！”卢生望着石生出门的背影赞叹。

“那些研究小组的成员如何？要不要转告？”侯公问。

“人多口杂，传出去可不是玩的，各听天命吧！消息晚一点，他们总会得到，让他们自己去作打算！”

“卢兄去哪里，以后是否可以联络？”韩终问。

“目前尚无定处，我等名士日后总是打听得到的。”卢生见韩终和侯公想要留下，他当然不能给他们出卖他的机会。

众人行礼道别，脸上都装出惜别依依之情。

始皇下令彻查卢生装神弄鬼事件，廷尉蒙毅奉旨办案，先将郎中令赵高扣押，再去捉拿卢生时，却发现他早在夜间逃亡，于是将侯公、韩终及几十名研究小组成员全部收押。

侯公及韩终这时才佩服卢生有先见之明，但是悔之已晚。

始皇痛心神仙梦的破碎，再加上“一夜皇后”嬴英死在他怀里，凄恻的表情令他难忘，他决意扩大侦办这件案子。一夜之情使他有愧于心，他追封嬴英为哀妃。

他向蒙毅交办此案时，特别加重语气说：

“朕对赵高一向不薄，并且信任有加，他竟串通术士来欺骗朕，丧心病狂，卿要确实查明他的动机严惩。至于卢生、侯公等人，朕可说是尊崇备至，视为上宾，花费了这么多的钱，原来是个大骗局。徐市滞留海外不归，卢生、石生逃亡，着予通令天下追缉，赵高等人要速审速决！”

“臣遵命！”蒙毅急忙大声回答。

蒙家人和死去的皇后一样，都是见到赵高那副丑陋猥琐的长相就想吐，但蒙毅为人忠厚，并不想乘机落井下石，而是想尽量加以开脱。

为了顾及始皇的面子，蒙毅没有将赵高等人押到廷尉大牢，而是监禁在梁山宫地下室赵高所设的临时审讯室内，这正应了“作茧自缚，天道好还”这句俗话。

那天夜里，蒙毅首先提讯赵高。

室内的各项刑具，在摇晃的桐油火把光下显出狰狞可怕的面目，阴森潮湿的石壁还在渗着水滴，周围站立众多凶神恶煞般的刑卒，所有情景就和他当时审讯那个小郎中完全相同，只是主客易位，如今他是受审人。

“赵高，你将和卢生等人串通欺君之事痛快招来。”蒙毅说话相当客气。

在说话中，他用手指了一下所有刑具，含蓄地说：

“这些东西，都是你设计制作而用在后宫人员身上的，构造之巧连廷尉刑具都自叹不如，你自己应该知道厉害。”

赵高当然知道厉害，在他手下用刑致死，或是熬刑不过设法自尽的人，并不止嬴取一个。他知道以他养尊处优惯了的单薄身体，任何一样刑具都会送掉他的命。

因此他心一横，决定什么话都和盘托出。他装出一副可怜的样子，用两只戴着手铐的手，擦拭着眼泪：

“蒙大人什么都用不着问了，一切我都承认，只有一样要蒙大人开恩的是，将来呈奏我的口供时，请将我这样做的动机详细明白转呈主上。”

“本廷尉也非常奇怪，以你目前的权势地位，要什么会没有？偏偏要和这些术士串通欺骗主上。”蒙毅说。

“其实犯官也是一片苦心，为了主上好。”赵高泪如泉涌地哽咽着说。

“你有什么解释，本廷尉会一字不漏转奏主上。”

“当年主上泰山封禅后，就一心想求长生不老，后来正好有徐市向我进言，他到过海外仙岛，犯官心中虽然也有所怀疑，但见到主上日夜不安的样子，为了想求主上心安，所以将徐市推荐给主上。”

“那徐市滞留海外不归，甚至将家眷偷偷接走，却又派家仆来与你联

络，你又作何解释?”

“徐市因找不到仙岛，所以数年不敢归来；派家仆联络，只是要犯官在主上面前代为说情，言他找到‘青泉之泉’就立即回来。同时他要这名家仆传言，所以找不到仙岛，乃是每逢快接近仙岛时，就会有水怪从中作梗，因此要想找到仙岛，就必须先找到能制伏这些水怪的能人。”赵高口才很好，说来头头是道。

“那卢生之事你又作何解释呢?”前一件事蒙毅似乎完全为他所说服。

“自皇后去世，主上一直闷闷不乐，龙体日益清瘦，食不下咽，睡不安寝，这是后宫人人都知道的事。犯官看这样下去，主上身体一定会衰弱，国事也会因此荒废无人治理。恰巧卢生有次闲话，说他曾从西域异人习得催眠术，可以将人催眠到半醒半睡状态，而催眠者就能左右被催眠者的意志。为了缓和主上思念皇后之苦，所以犯官和卢生就商议这次的行动。我做这两件事本意都是为主上好，蒙大人开恩，在主上面前多加开脱。赵高不死，定当粉身回报，即使不能挽回，赵高在阴间也会结草以报!”

说完话，赵高满脸泪痕，跪在地上叩头如捣蒜，很快前额就血流如注。

蒙毅没有什么好再问的，就使赵高还押，单独囚禁在先前宫人集体自杀的空室里，再继续审问其他的人。

赵高虽然没受到一点刑法，但单独关在这样空旷的大石室里，除了草堆没有任何卧具，冷得牙齿打颤，双手抱头蜷伏在草堆里面。

他鼻子还闻得到尸臭味，闭上眼睛，就仿佛看到那些人披头散发，嘴边还挂着血丝向他索命。带头最凶猛的是那个小郎中，他张开没有舌头的血盆大嘴要咬他的头。

他又冷又饿，又倦又困，却是不敢闭上眼睛，实在支持不了而睡着时，立刻就为各种恶梦吓得惊叫醒来。

这几夜的经验使他养成以后常做恶梦的习惯。

始皇在南书房接见廷尉蒙毅，听取赵高案结案情形，幼公主侍坐。禀奏完案情及赵高的解释后，蒙毅说：

“按律赵高当灭族，诸生应处死，但赵高的解释并不是没有道理，念在他本意不恶，还请陛下宽恕。”

“朕倒是头次见到这种怪事，廷尉为犯人求情!”始皇笑着说：“但你可曾想到，赵高气量狭小，睚眦必报，这次你不管判他什么罪，他将来都会报复。”

"蒙毅是以事论事，赵高行为当诛，但存心可悯，"蒙毅争辩说："而且他知道臣是奉命行事，又在帮他说情，他怎会转而恨臣？"

"不可，赵高是条毒蛇，只要碰到他，他咬人是本性，并不需要任何理由。处死他，免灭族。"始皇语气坚决地说。

蒙毅还想再争，却看到幼公主在向他使眼色，他一时会不过意来，幼公主开口说话：

"蒙大哥，你就照陛下的意思办理。按理说，赵高是陛下儿时的玩伴，又是胡亥公子的师傅，陛下与赵高的关系，比你和赵高的关系亲密得多，陛下如此决定，当然自有他的深思。"

"到底还是幼公主明理。"始皇夸奖一句。

蒙毅不便再说什么，始皇正想跟他谈别的事，幼公主突然又说：

"父皇，儿臣在上苑栽上几株异种花，不知道名字，听闻蒙大哥是园艺专家，儿臣想带他去看看。"

"好吧，"始皇答应："朕还要和蒙毅商量正事，早去早回！"

蒙毅满头雾水的跟着幼公主出到外面，才抱怨她说：

"我和陛下正在谈正事，你为什么这般孩子气？"

"你不是想救赵高吗？"

"是啊，这跟你拉我出来有什么关系？"蒙毅还是不懂。

"看赵高那副讨厌的样子，你为什么要救他？"

"这不是讨不讨厌，而是理应如此。第一，他做这件事的本意不坏，第二，他父亲曾为庄襄王替死，杀了他，主上日后也会后悔。你刚才为何阻止我劝谏？"蒙毅叹口气说。

"第一，以你的身份，你阻谏不了父皇，弄不好还会受罚，"幼公主学蒙毅说话的口气。"第二，据我所知，救赵高的有力人士就快到了，你留在那里反而误事！"

"是李斯？"蒙毅问。

"李斯在父皇面前说话的力量还不如你，当然另有别人，"幼公主叹口气说："其实像赵高这种人死一百个也不嫌多，你知道吗？据宫中有人告诉我，那天泄密给李斯的人就是赵高本人，他和李斯本来就是狼狈为奸的老搭档，朝里宫中，互通声气，一下害死这么多人！"

"死无对证，主上既然不愿追究，我也不愿为此兴大狱。"蒙毅也叹了口气。

正说话间，只见公子胡亥带着两个老妇人来了，其中一个更是一边走，一边嚎啕大哭。

"这两个老妇人是谁？"蒙毅大为吃惊："竟敢在宫中哭闹，而且没有人管!”

“这两个人你不熟，可是后宫的人都怕她们，来头可比你要大多了。”幼公主笑着说。

“那会是谁?”

“跟在胡亥后面的是父皇的奶娘，披头散发，哭着撒泼的是赵高的老娘，她可也是自小抱着父皇的。”幼公主脸上浮起顽皮的微笑。

“难怪你要借口将我拉出来。”蒙毅恍然大悟。

“你留在那里，父皇和你都会很尴尬，”公主忽然又正色地说：“你到底想不想救赵高？想救的话，你在外面呆一会儿，让我助他老娘一臂之力；不想救，我们就到上苑去赏花。没有骗你，的确有几株我不知名的异种花开了。”

蒙毅站在原地，沉默不语。

幼公主叹了口气说：

“明知道是毒蛇，可是没犯着你，就不忍心打死它，你存心太仁厚，怎么当廷尉！你在这里等一会儿，我进去看看。”

幼公主进得南书房，就看到一幕感人的场面。

始皇坐在书案，神色不安，口中连连喊着：

“赵妈，奶娘，并不是朕不通融，而是赵高犯了国法，理当治罪。”

奶娘则跪在一旁，口中喃喃有词：

“陛下，就念在赵高小的时候，样样让着你，事事都护着你，就饶了他这一次吧!”

赵高的老娘则是一言不发，只顾磕头，额头鲜血涔涔而下。

始皇瞪了胡亥一眼，意思是怪他不该找这个麻烦。胡亥低下头，装着看不见。

始皇看到幼公主进来，像是见到救星一样，连忙问她说：

“蒙毅呢？朕和他还有重要公务要谈。”

幼公主行礼说：

“他正在帮儿臣鉴别几株花，恐怕还得等一会儿才会来。”接着，她又装得不认识这两个老妇人的样子，站到胡亥身旁，细声地问胡亥：“小哥，这是怎么回事?”

胡亥只望了望始皇，没有答话。

“哦，你还没见过？这一位是朕的奶娘，另一位是赵高的母亲，现都居住在长安，她们是为了赵高的事求情。”始皇淡然地说。

“哦，这位大娘好可怜，额头流血流成这个样子，还要叩头，痛不痛啊?”幼公主装出和她年龄相称的天真娇憨，再偷偷看始皇一眼，看到始

皇脸上已出现不耐烦的神色。

她熟知始皇的脾气，这表示他开始有了反应。

果然，始皇向侍立在两旁的近侍说：

“去上苑把蒙廷尉找来，另外将这两位大娘请出宫去！”

近侍一声“遵命！”，就要执行，幼公主制止他们，一面向始皇说：

“启奏父皇，蒙大哥现在弄得满身是泥，仪容不整，如何来见父皇？等他整理好，他自会回来。至于这两位大娘，就交给儿臣处理吧！也许比较方便些。”

始皇看到她肯接这两个烫手山芋，当然高兴地准了，同时他也想看看，这个鬼灵精的女孩，如何处理这个连他都感到棘手的问题。

秦始皇兵马俑

奶娘一听始皇要赶她们出宫，伤心得大哭起来，紧皱着布满皱纹的眉头，也跟着磕起头来，嘴里还嚷着始皇的小名：

“赵哥儿，你不能这样，求求你，千万不能杀赵高，他可是陪你从小玩到大，一直在伺候你的人，他对你始终是忠心耿耿的。再说，他父亲替先王死了，只留下这半条根！赵哥儿，你就行行好吧！”

赵高的老娘听到她的话，更是悲从中来，放声痛哭，头磕得更勤了，鲜红的血迹染在白色的羊毛地毯上，显得恐怖吓人。

侍立一旁的近侍都垂下头，闭上眼睛，不忍再看。

胡亥也随着跪了下来，可是他知道始皇的脾气，不敢说任何话。

两颗满是白发的头越磕越快，一起一伏，就像两道白色浪花，两个老妇人的哭声越来越大，越来越凄厉，还加上奶娘的大声哭喊：

“赵哥儿，行行好，赵哥儿，行行好!”

始皇眉头紧皱，额头中间那根青筋直跳，似乎已忍耐不住，就要大发雷霆。

幼公主却明白最后一击的时刻到了，她走到两位老妇人中间，一只手拉一个，不让她们再磕下去，她先向赵高的母亲说：

“主上现在这样大了，自有他的主张，再不是你抱着帮他把屎、把尿的小时候那样听话了，再说赵高已被阉了，又不能传宗接代，你真想不通，还要为他守这么多年的寡!”

听到她这样说，赵母更大声哭号起来，像头受伤的母狼。

接着她又转向奶娘说：

“奶娘，你这样大的年纪了，还是这样不懂事，你自认为主上样样都会听你的？现在主上可不需要再吃你的奶，而且你也已经没有奶可以给他吃了!”

奶娘反而停止了哭，两眼看着始皇，泪如泉涌。她哽咽着对始皇说：

“赵哥儿，早知道这样，我绝对不会来，这多年来，我从来没请求过你任何事，这次我只当是你和赵高的私事，他这样做，也是为你好，你们小时候还不是骗来骗去，想不到是犯国法的事，奶娘冒犯了你，让你为难!”说完话，她又跪下叩头。

“不要说了！不要说了!”始皇突然暴怒，两手一挥，书案上的竹简纷纷落地。

他站起来，向幼公主大吼：

“你去告诉蒙毅，他想怎么办就怎么办！不要有人再来烦朕就好!”

“好了，没事了!”幼公主安慰两位不知所措的老妇人说：现在走，正是时候。”

幼公主心细，她看到始皇的眼睛竟也湿润了。蒙毅将“装神弄鬼”案审理终结，赵高削去官爵，废为庶人，依旧在宫中服务。其余研究小组成员，年轻者谪边服劳，年老不堪服役者解回原籍，限制居住，交地方官看管。蒙毅对自己办理的这件案子深感满意，首犯赵高既然都不死，其他从犯——其中很多是不知情的人——当然也不该死。

但这项判决却产生了莫大的后遗症，这些儒生术士无论服劳役或是回原籍，全都成为反始皇的有力宣传者。

皇后已死，神仙梦又破碎，南方任嚣、北方蒙恬都做得很好，虽然黔首辛苦一点，但发配筑长城的都是些罪犯，省得监狱人满为患，这是好事。

只是国事清简，始皇意志消沉，两者加起来使得始皇动辄发怒，专事挑剔大臣宫人的毛病，使朝中后宫人人自危。

丞相李斯明白这种情形全是因他而起，始皇的神仙梦不醒，就没有这许多麻烦。

第十一章 大兴土木建阿房宫

始皇虽然有君王“轻商重农”的传统观念，但对有特殊成就的却不能不优容礼遇。譬如有一巴蜀寡妇名“清”者，祖先开到了丹矿，代代专利致富，而巴寡妇能守祖业，用自己的钱组织家丁自卫，不受外人欺侮，始皇曾予召见，并在她故乡永安县为她筑：“女怀清台”以示表扬，将山名都改为清台山。

他接见程郑自不能算意外或空前的行动，他想亲自听听程郑扩建咸阳宫及陵墓的意见。

因此，他命赵高在议事殿朝议室准备接见程郑。

谁知道当天他驾临朝议室时，意外地发现，他不但能亲耳听到程郑的计划，而且还能亲自看到。

程郑是有备而来。他聘请了齐国最著名的大匠（工程师）田齐，动用了数百名工匠，在短短数天内制好两座精巧且唯妙唯肖的模型，举凡内外及细部结构，莫不按照正确的比例缩小。

田齐是已故巧匠大师公输班的再传弟子，带了数十名弟子应聘前来。

程郑首先要田齐介绍咸阳宫殿。

按照田齐的设计，是计划将渭水南边的上林苑整个和咸阳宫连接起来。

“这样大的工程当然得分段完成，”田齐用一根玉头金杖指着模型说：“第一期工程是在上林苑中建朝宫，也就是百官朝观皇帝、奏议军国大事的宫殿。”

田齐又说：

“第一阶段是先兴建前殿，按照臣的设计，这座前殿东西宽五百步（每步六尺），南北深五十丈，殿上可坐万人，殿下平台可竖立五丈高的旗杆。第二阶段是以此殿为中心，周围修筑阁道，自殿下直抵南山，在南山顶上建筑宫阙，然后再筑复线道路，自前殿向北渡过渭水，和旧有的咸阳宫相接。”

“这座前殿想好名字没有?”坐在正中席位上的始皇问。

“臣怎敢僭越!”田齐躬身为礼:“还有待陛下命名。”

“没有名字，解说起来甚不方便,”始皇沉吟着说:“由于它是附着于咸阳旧宫，就暂时称为‘阿房宫’好了，待宫成后另行命名。”

“臣遵命,”田齐躬身继续解说:“第三阶段则是以阿房宫为中心，周围两百里内建行宫两百余座，以前六国及匈奴、西域各国宫殿作为建筑外形，内部装饰布置不同，甚至最好里面的妃姬宫女也以该地人立之，这样可以象征出陛下为天下之主。”

“不错，真是不愧为巧匠大师的再传弟子!”始皇击案大为高兴。

始皇起立，绕着模型走了一圈，东摸摸，西看看，又问了一些问题，然后复座说:

“还有陵墓部分，继续解说，用不着顾忌，让朕亲自参与营构身后安息之地，这应该是件乐事!”

李斯等人总算舒了一口气。于是田齐又恭身为礼，用金杖指着第二座模型说:

“陵墓工程也是分为三个阶段。第一阶段是将骊山挖空，这个阶段大致早已完成，但停工日久，积土重聚，很多排水设施已摧毁，还得再加修缮。”

“嗯。”始皇像是突然想起什么，没有说话而沉思起来。

李斯等人看他这种样子，全都担心起来，田齐也不敢再说下去。

过了很久，始皇才好像从梦中清醒似地对田齐说:

“说下去，朕在听。”

“第二阶段是在挖空处设置宫殿,”田齐以金杖指着模型的第二部分说:“臣经过实地勘察，发现地下有一道向北流的泉水，为了保持陵内干燥，必须用人工设障改道，使之向东西流。”

“宫殿内部的布置如何?”始皇开始感兴趣了。

“一如地上宫殿，应有尽有，除了宫中执事，另外还设有虎贲军和卫卒，预计和真人真物一样大小。”田齐恭敬地回答:另外，为了防止有人闯入，分在各入口要冲处设置机关强弩，只要触动机关，飞蝗箭就会自动发射，同时算好角度，任何人或野兽都逃避不过。”

“真是巧思!真是妙想!”始皇接连赞叹。

“还有，臣在地下宫殿也设置具有前各国特色的陈列室，分别放置前六国的奇珍异宝。另在起居殿周围以水银作百川、江河和大海状，利用阶梯原理，使之流转不息。另设置人造苍穹，上置各个星座，日月运转与真天空无异;下则制作天下名城都邑及各山脉模型，排列位置一如实地，象征为天下之主所居。”

“朕不喜黑暗，墓内灯光该如何办?”始皇心情放宽，竟说起调侃话来。

“哦，臣早想到了这点，”田齐说：“陵内广设长明灯，以人鱼膏为燃料，可以长久不熄。”

“人鱼膏？朕倒从来没听说过！”始皇兴趣更浓厚了。

“此鱼出产在伊水，外形略似鲇鱼，但生有四只脚，身长一尺多，肉粗糙不能食用，其皮坚厚，可以锯断木头，而用肉所熬成的膏，可以在封闭不通风处燃烧，而且持久。它的颈子上有小孔用来呼吸，会叫，声音像小儿哭啼，所以名为人鱼。”

“这种鱼难捉吗?”始皇问。

“不难，伊水中甚多，因肉不能食，当地人也只捉来熬油点灯，只要出重金购买，来源应该不会短缺。”这是程郑代田齐答复的。

“而第三阶段的浩大工程就是覆土，”田齐指着模型的完成形状说：“原有的除用土来覆盖不够，还要从别处运来，完成以后大致是这个样子——高五十余丈，周围大约五里余。”

“两处工程要花费多少人力?”始皇问田齐也是自问。

“据估计，需要七十万人，五年的时间。”田齐回答：“不过，最困难的是骊山附近多为土山，好石料还得自远处运来，而上等木料则要运自楚地及巴蜀。”

“好，让朕和大臣们商量后再说。工程太过浩大！”始皇又陷入了沉思。

始皇在朝议室召开兴建阿房宫及其山陵墓会议，参加者有左、右丞相李斯、冯去疾，廷尉蒙毅，赵高、程郑、田齐及掌管山林及税收和少府等有关人员。

始皇首先提示说：

“兴建宫殿及陵墓，实际上有其需要，但想到费用浩大，所需人力众多，朕也有所委决不下。希望各位卿家尽量发表看法。”

左丞相李斯第一个发言：

“古人说，人有三不朽：立德、立功和立言。今陛下统一宇内，永息战争之祸，德过三皇五帝，乃是立前人所不能之德；平定海内，放逐蛮夷，建万世之功，是谓立自古以来空前未有的大功；陛下改订法制，与民便利，更是立前人所未曾立过之言。陛下兼具大德、大功及大言三不朽，宫殿及陵墓也必须与此相配，故臣认为非兴建不可。”

其次是右丞相冯去疾说话，表示反对：

阿房宫

“陛下所立的德、功、言既已能永传后世，何必要再劳民伤财，多此一举？何况尧舜屋梁都用原木，连树皮都不刮掉，屋顶盖的茅草都不修剪，黔首到如今还歌颂德行不止。禹王治水，三过家门而不入，亲自操作铁杵，将膝盖小腿上的毛都磨光，直到如今家家户户都仍在感怀他的治水之功。孔丘生前不得意，但著《春秋》，乱臣贼子闻之胆寒，传诵到如今不衰。可见立德、立功、立言必须有益于世，方可传之不朽。陛下之功、德、言都已远超过三皇五帝，不必再用美宫高陵来彰显。何况，目前正在修建万里长城，拒挡千百年来的胡人之祸，修成之后自会永传万世，足够表现陛下之功德。”

“不然，”赵高接着表示异议：“陛下日夜为黔首忧心操劳，兴建宫殿也只不过是表示天下黔首对陛下的一点感恩。至于陵寝，陛下为开天辟地以来第一个始皇，当然应该与众不同，以天下之大，大秦国势之盛，兴建一座较大的陵寝，算不得是劳民伤财！”

接着轮到廷尉蒙毅发表意见，他忧形于色地说：

“北方筑长城，所需人力甚多，南北两方要移民实边，更要有大量的黔首迁移。但中原人一直安土重迁，所以筑长城也好，移民实边也好，目前全靠利用流谪人犯。最近地方纷纷上报，流放人口已不足，现必须分配黔首服徭役来充数，假若再用大量人力来兴建宫殿和陵墓，天下初定，黔首尚未安定，恐怕会引发民怨，望陛下三思！”

始皇看了看蒙毅，脸上微露不满，本来李斯等人已更坚定了他主张兴建的决心，而那些本来想提财政困难的少府等官员，也不敢再表示反对，而蒙毅却……

程郑这时俯首行礼向始皇说：

“小人本来没有资格在朝议中说话，但承蒙陛下恩宠，特别命小人与会，小人不敢不说出心中肺腑之言。”

说到这里，他停下来察看始皇的脸色，只见始皇点头微笑，他才又继续说下去：

“小人以在商言商的观点来看，兴建这两项大工程不是劳民伤财，而是创造了更多的就业机会。自从统一战争结束，各国君主贵族逃亡的逃亡，当俘虏的当俘虏，昔日繁华景象不再，而众多的工艺巧匠，不会耕种，又力不能负重，纷纷失业，变成名邑大都的流民。兴建这两项工程不但能使这些工艺巧匠得到工作，无形中减少了作奸犯科，间接也促进了经济繁荣。”

“程先生妙论，真是朕前所未闻，可见看事情不能食古不化，专从一个观点去看！”始皇哈哈大笑，大有“深得吾心”的表情。

接下去你来我往，赞成与不赞成的两派唇枪舌剑，纷纷引经据典或根据目前状况彼此辩驳。

最后还是始皇下了结论——

阿房宫和骊山工程同时按田齐的设计立即动工。

除工艺巧匠外，所有粗活苦工调各地方七十万犯人充任。

阿房宫和骊山工程同时进行得如火如荼。

最早的工程是平地基、除土，并修筑往北山采石及蜀、楚伐木的产业道路。

咸阳突然增加了七十万劳改犯，景观为之大为改变，运石挖土，装载木头，新解来的劳改犯络绎于途。

地方上起先还是送来重刑犯，后来重刑犯不够，改用轻刑犯，最后轻刑犯也不够，得征集未犯法的普通百姓服徭役，这造成了地方官吏借机发财的好机会。他们超额征集，有钱人就出钱买脱，没有的人就只好上路。征集的都是负担主要家计的青壮男子，走了以后，一家人生活立即成了问题。

再说，两处工程始终要保持七十万人，但途中脱逃的和因营养不良、旅途劳累而病死的更多，十个人当中能真正送到施工处的，不到六、七人。

到了施工处，生活条件恶劣，营养更差，工作紧张吃力，再加上管理人员的虐待，一个月下来又会病死很多人。

蜀地、楚地多山林大泽，再怎样防范，每天都有大批逃亡的人。派出一千人，真正运木料回来的，有时还不到五百人。

于是又向地方要更多的劳改犯，地方又征集更多的善良普通百姓，造成更多的家庭破碎，陷于饥寒困境。

再加上李斯和赵高的主意，为了表示天下黔首对始皇帝的爱戴和拥护，两处工程的经费全由盐税中捐出，盐税增加，向官方承包盐买卖的盐商借此机会高抬盐价，弄得很多穷人都吃不起盐，大骂嬴政荒唐。

因“装神弄鬼”案而遣返回乡的儒生和术士，本就怨恨在心，有了这个机会，他们更是对始皇为了一已之私，弄得天下不安的行动大肆攻击，而这次的攻击言论，更能得到百姓的共鸣。

但始皇不知道这些。在他的想法，这些做工的人都是犯法的人，他是给他们机会改过自新。

每逢他去视察工地，看到的都是众人在辛勤工作，工地一片振奋气象，他所过处全是“万岁”的呼声。

有的还会有劳改犯代表上来献书，感谢伟大的始皇帝给他们劳改的工作，让他们有赎罪自新的机会。

这时，他会向跟在身后的李斯、赵高和蒙毅说：

“你们看，这些虽然都是些犯罪的人，但他们多爱戴朕，愿意为朕效劳。”

赵高现在是工程总监，主管两处工程的进行。

他从不带始皇去看劳改犯的营地，始皇看不到这些人每顿吃的是两个黑硬得像石头一样的杂粮粗馍，喝一碗清得像水一样的咸菜汤。

这些人住的是土洞，几十个人睡在一长排的草堆上，盖的是脏得发黑、又臭又硬的破棉被，上面布满了吸血的虱子——它们不但吸这些可怜虫的血，而且还让他们睡不着觉，明天得拖着睡眠不足的身子去做苦工。

程郑的眼光果然很准，阿房宫一动工，咸阳附近的土地立刻节节上升，他出资金，李斯和赵高出权力，很快就收购了城郊所有的土地，然后小块小块地卖出去，三个人转手之间就得到别人几十辈子都赚不到的财富。

这些事始皇都不知道，他始终被蒙在鼓里，直到有一天，楚地传来劳改犯暴动的消息。

据报告，暴动乃是由昔日楚国名将项燕之子项梁和一个大盗黥布带头，他们杀了押解的兵卒，数千劳改犯一哄而散。

项梁自从昌平战，楚国败亡后，他护送亡父项燕的灵柩回到下相老家，将父亲埋葬后就隐居起来，一心一意教导他二哥项仲所留下的遗腹子项羽。

等到始皇帝三十五年（前212），项羽已是十八岁，已完成将门之后的各种教育。项梁一直怀着复国之志，因此带着项羽渡过淮水来到中原之地，目的是要实地对项羽进行兵要地形的教育。

项羽如今已身高八尺有余，天生神力，能够举鼎，可是不喜读书，对剑术也没多大兴趣，却喜阅读兵法，一心要学万人敌之术。

他虽然脸上稚气犹在，可是已满脸虬髯，虎背熊腰，尤其那对环眼天生异相，竟是双瞳仁。他中气十足，说起话来就像打雷一样，他一怒吼，胆小的人都会吓得半死。

可是当他们叔侄来到大梁住在客店后，因为缺少身份证明文件，就这样糊里糊涂被当作无业游民送到骊山劳改。

到达骊山营地，项梁第一个感觉就是：“好多的人！”

将近三十万的劳改犯，集中住在这个方圆十多里的地区，人密集得就像蚂蚁。他们掘洞为居，黄土坡边到处都有这些人蚁。

他们和工蚁一样，生命中除了做苦工以外，没有其它目的。

在这里的人又分成几类，可以由衣服和住处分辨出来。

穿戴黑盔、黑甲的是防护军，他们负责这个地区的安全，防止劳改犯逃亡，镇压可能发生的暴动。

大约有一万多防护军在地区外围形成包围圈。他们设置路障，划定劳改犯的活动范围，超出范围就视为逃亡，格杀勿论。

他们住在平原和山顶的黑色帐篷里，在劳改犯的眼中，他们都是毒蛇，一堆堆的帐篷就是蛇窝。

穿黄色短装、手执皮鞭、腰跨佩刀的是监工人员，他们中间也分成好几个不同阶级，按衣袖上的黑线多少来区分。

他们住在山边临时搭成的木屋，按照阶级，有数人住一间的，也有一个人住数间的。

他们的职责是督工，依勤情考核劳工，按职权给予赏罚或呈报上级，但多半时间是在用鞭子打人，或是辱骂咆哮。

穿蓝色衣服的是工匠，他们都是来自各地的工艺名匠，或精土木，或精冶金，或通机关之学，或有其它一技之长。其中有用重金礼聘而来，也有的是劳改犯身份。

他们住在陵墓内尚未完工的宫殿里，吃的、用的都较好些。

穿赭衣蓝色背心短装的是一般劳工，他们是良家子弟被征集服徭役而来，做的是挖土、覆土，或是运粮、种菜、送饭等较轻松的工作。

他们住在山麓的茅屋中，和劳改犯隔得很远，行动较自由，可以在住宿区活动。

最后也是最多的一种是劳改犯，在骊山约有三十万，他们穿的是赭色短装，头发被剪短，一眼就看得出来。

最粗重、最危险的工作都是由他们担任。

他们分组住在黄土洞里，碰到雨季，泥土松动，一个洞里几十个人被活埋乃是常事。

这些劳改犯按军事编制，十人为一伍，设伍长，十伍为一卒，设卒长，十卒为一旅，设旅长，以上各长全由劳改犯自行选出。十旅为一师，设校尉，五师为一军，设都尉，整个劳改营分为六军，设工地总监，以上人员由官方派出，并各设有本部，有固定的人员编制。

项梁叔侄和其他十几个新由大梁押来的人，被编在同一卒里。

他们一路上结交了三个朋友——

第一个是黥布，六县人，二十多岁，五短身材，眉清目秀，瘦削的脸上充满精悍。

少年时曾有术者为他看相，说他“当先受刑而后为王”。这次他犯了强盗杀人罪，在脸上刺字发配骊山服劳役。他常对项梁取笑说：“相者前半段话应验了，后半段不知怎样?”他原名京布，为了这次受黥刑改名为黥布。

第二个是魏豹，前魏国宗室，长兄魏咎曾受封为宁陵君。秦灭魏后，魏家抄籍为奴，魏豹兄弟也变成了秦功臣的家奴，魏豹不服，多有怨言和反抗，受罚，发往骊山服劳役。

他长得一表人材，隆准星眼，面如冠玉，但自小娇生惯养，身体柔弱，经过长途跋涉后，更是虚弱不堪，凡事全靠项梁和黥布照顾。

第三个是彭越，昌邑人，本是渔夫，难以维生，干脆就在江上当土匪。这次被捕原判死刑，县令见他年轻，身体魁梧，相貌堂堂，舍不得杀，改判发配骊山服役。

项梁叔侄和他们意义相投，很快就结成莫逆之交，相约未来天下有事，五人同心合力做出一番事业来。

报到的当晚，项梁就体会到什么是生不如死的滋味。

他们两卒两百人睡在一个窑洞里，分成两个通铺，中间只留下一条通道，勉强让一个人通过。

两个人合盖一床破棉絮，棉花挤成一团不说，且黑硬得有如石头，不知有多少人盖过，上面各种气味都有，体臭、汗臭、脚臭，还带着血腥味。

据说，有些劳改犯受不了这里的精神肉体双重虐待，用破碗割喉自杀，血溅得整个棉絮都是。当时就用这床棉絮包着遍身是血的尸体丢在坑里埋了，棉絮却又拿回来给新补充的人盖。

项梁叔侄两人合盖的这床棉絮血腥味犹浓，项羽不断嘀咕，闻味道是刚包了死人不久。

就在他倦极朦胧要睡时，棉絮上的虱子和铺草下面的跳蚤一起出动，爬得满身都是，左抓右痒，根本就睡不着。项羽向项梁咕哝说：

“这么多的虫子咬，怎么睡?”

“忍着点，不要心浮气躁，一下就睡着了，你听听看，别人不都睡得很好?”项梁只得这样小声安慰他。

“项羽注意一听，寝室内果然是鼾声此起彼落，还有不少人说话，其中竟还有人吃吃在笑，不知道正做着什么好梦。

项羽好不容易让倦意压住了痒意迷糊了一下，只听到屋外锣声大片，看看洞外，天还没有大亮。

“起床！起床!”有人在洞里喊。

洞外有人挑了两桶冷水来，也跟着喊：

“洗脸水来了!”

于是众人一窝蜂地向水桶挤去，拿出算是面巾的破布往水桶里面浸水。有的前面的人破布还未碰到水，就被后面的人一把拉开，还有更后面的人开骂：

“这么多人一桶水，你怎么一个人霸住不放。”

沾点水，擦擦脸，将破梳子在头上划两下，表示梳洗已毕，接着是早餐。

几个炊事站在桌案前，桌案上放有几桶杂粮糊，众人拿着破碗，挨着次序每人装上一碗，装到的人就蹲在地上呼噜呼噜地喝起来。

有的人还未喝完，那边锣声又响了，值日伍长吆喝着：

“站队点卯!”

于是大家将破碗收进袋子里，排队点名。这里的人都没有名字，只有一个编号，而且这个编号永远存在，拥有这个编号的人无论是逃亡、自杀或病死，都会有新人顶替。

在点卯的时候，骑着马、执着皮鞭的监工人员就到了。

“快点！快点！不要误了开工时间!”他们毫无目标地吆喝，皮鞭随之而下，谁倒霉谁就挨上。

项梁这个卒的工作是吊运石块。骊山不产石头，要从北山运来，运到工地凿成形，再由项梁等人将石块吊放在建筑物上。

这是极为消耗体力的工作。他们运用一种田齐新发明的名为轴轳的机械，一头以网袋装石块，一头用人力或是马拖拉，将石块升高放上建筑物。

项梁等人一个上午工作下来，手和肩膀都为粗糙的绳索磨破了皮，再碰到绳索就如刀割似的痛。

身体上的伤痛犹可忍受，最不能忍受的是监工人员的辱骂和不问理由地鞭打。也许他们也是有一肚子怨气无处发泄，就发泄在比他们可怜十倍的劳改犯身上。

他们以辱骂和鞭打劳改犯来泄恨，甚至是取乐。

项梁等人身强力壮，又是自小练武，只是不习惯做粗活，基本上身体远支持得住。但当他们看到很多尚未成年的孩子及白发苍苍行动困难的老人，也做这种苦力工作，项梁忍不住心酸。

他注意到一位瘦削的老人，佝偻着身子跟另外十多个人抬一根大木头，几个年轻人偷懒松肩，后半截木头的重量全压在他身上。

他承受不了倒地，整根木头滑落压在他身上，他叫喊呻吟，却换来闻声而来的监工人员一阵鞭打。

“快点起来，别赖在地上装死！”监工怒喝着。

项梁实在看不惯，丢掉手上的工作，以自己的身子护住老人，忍着痛代替挨雨点似的皮鞭。

项羽也跟着跑了过去，一把就将木头这端抱起，有人将老人从木头下拖了出来。

“这小子好大的力气！”旁观的众人忍不住喝彩。

这名监工也惊奇得停下鞭子。

项梁弯下腰去检视老者的伤势，只见他面如金纸，嘴边溢着鲜血，瘦嶙嶙的胸部上肋骨已断了好几根。

“谢谢你。”他只呻吟了一声，头一偏就断了气。

这老者相貌堂堂，留着三绺清须，看上去像是亡国公子或者士大夫之流，项梁不禁想起自杀殉国的父亲。

就在他发呆的时候，监工人员的鞭子又落在他身上，像狼嗥一样地骂着：

“娘贼，好管闲事，自己的工作放着不做！”

项梁尚能忍受，项羽火爆的性子却已发作。他一手夺过鞭子，横头竖脸地鞭打得这名监工哀哀叫。

“好啊！打得好！”有人大叫：“这小子打得好，大快人心！”

“今天算是出了口气！”也有人如此喊。

“唉，这傻小子胆大包天，等下有罪受了！”有人为他担心。

“打啊！打啊！大家快来看啦，有人打监工，今天算是大开了眼界！”更多的人向四处喊。

劳改犯纷纷丢下手上的工作，围拢看这项前所未有的奇观，大伙鼓掌喊好，一下子就围了好几千人。

其他监工人员也纷纷骑马赶到，但看到群情激昂怕引起暴动，不敢阻止。

“赶快调军队来！”骑在马上不敢冲进人堆的大监工说。

“谁要是调军队来，大伙今天反了！”听到这句话的人都鼓噪起来。

众人也跟着起哄，大监工一时束手无策。

这时候项梁已夺下项羽手上的鞭子，自己好言地对监工道歉。

一会儿，只见千马奔腾，戟光戈影，镇压的军队到了。劳改犯刚才嘴硬，一看真刀真枪来了，大家急忙散去，又回到各人的工作岗位上，只剩下怒气未息的项羽和还在忙着道歉的项梁留在原地。

监工们看大监工在场，倒也不敢乱来，只是七嘴八舌地向大监工报告刚才的经过。

那个惹出事端的监工反而呆在一旁说不出话。

“你处理事情根本不对，为什么不先救受伤的人？”大监工骂那个监工说：“不问青红皂白反而打他？”

“到底是大监工明理。”附近的劳改犯纷纷议论。

“但是此风不可长，这个小子先押回师部。”

在军队包围监视下，项羽被五花大绑起来押走。

炎热的秋阳下，一群衣衫褴褛的劳改犯走在崎岖的山路上，他们有的牵着马拉的平板车，有的徒步而行。一个个形容憔悴，步履艰难。

但骑在马上的押护兵卒却并不放过他们，对走不动而落后的人，不是大声叱喝就是用鞭子抽，要他们加快脚步赶上去。

骊山陵墓需要上好的木料，咸阳附近山上出产的木料都不能用，一定要产自巴蜀和楚地的。

产地有专人专管在冬季伐木，到了春季雪山溶化，顺着溪水流入河流，扎成木排由江水（长江）而下，再溯汉水而上，到汉水尽头改从陆路运到骊山。这段陆路虽然经过整修加宽，但仍要翻山越岭，通过重重山沟。

这些负责运木料的劳改犯，乃是以旅，也就是一千人为单位。这项工作算是骊山劳役中最苦的一种，不但要负重搬运，而且要长途跋涉。

项梁叔侄和黥布、魏豹和彭越等五人也在这群人当中，他们共同负责一部双马拉的马车。

项羽上次出事，有关上级念他年轻不懂事，以及怕事件扩大，只将项羽狠狠地鞭打一顿，然后单独监禁一个月，放出来转到木料搬运队，而项梁等人则是自愿申请的。

这些人在到达目的地以前，要经过好几天的翻山涉水。到了夜晚宿营，为了怕逃亡，有时会借用县城都邑的大牢，小小的空间，硬是将一千人塞进去，往往腿都伸不直，更别说睡觉翻身了。但他们也得你靠我的背，我枕你的腿睡，因为明天还有漫长的路要走。

他们比较喜欢的是宿在野外，运气好的话，附近有条山溪或河流，可以在晚饭后痛痛快快地洗澡，虽然洗澡前后还要点名清查人数，够麻烦的。

但是，在野外宿营有样最痛苦的事——睡觉的时候，每五个人的手都要捆连在一起，翻身或小便都要让五个人全知道，这也是防止逃跑的措施之一。

平常，押送的兵卒来回巡视，劳改犯之间几乎没有机会谈知心话，只有晚饭后到天黑前这段时间，兵卒放松了警戒，准许他们在警戒圈内自由活动，这时候他们才可以聊聊天，唱唱歌什么的。

那天晚饭后，项梁等五个人又聚在一起。彭越四周张望无人，卫兵也离得很远，他长叹一口气说：

“难道我们就要长久如此下去?”

魏豹笑着说：

“不想这样有什么办法？只有过一天算一天了！”

彭赵见项梁不作声，盯着紧问了他一句：

“项兄意下如何?”

项梁没作回答，项羽却雷鸣似地抢着回答：

“这样下去不累死也得气死！我看干脆找个机会走了算。”

“我又没问你，”彭越说：“小孩子多什么话！”

“你不是问项兄意下如何吗？不问我问谁？”项羽不服气地说：“喊我‘小孩子’？你只比我大几岁。”

“项羽，跟长辈说话要规矩点。”项梁责备他说。

“怎么样，你季父如此说了，你再无话可说了吧?”彭越高兴得哈哈大笑。

项梁正色地说：

“项梁有几句肺腑之言想说，但未说之前，项某有一个请求。”

“是否要我们保守秘密？”魏豹自作聪明地问。

“虽不中亦不远也，不过比这更进一步！”项梁略带神秘地说，然后，他看了一向沉默的黥布一眼。

“项兄有请求，先说出来听听。”黥布这才答话。

“多日相处，患难见真情，我等意气相投，何不结为异姓兄弟，来日有事也可互相扶持。”

“固所愿也，不敢请耳！”魏豹高兴得跳起舞来。

“说话不要文绉绉的，我听不懂！”彭越却不高兴。

“我是说很愿意，只是不敢先请求。”魏豹摇摇头解释。

“那当然好！”彭越又兴奋地说：“不过我是个打渔的，而且还干过土匪，只怕委屈了项兄这位名将之后。”

“什么名将不名将，国破家亡，同是天涯沦落人！”项梁叹了口气。

“你呢？”魏豹转向黥布问。

“还是你的话，固所愿也，不敢请耳！”黥布笑着回答。

“你们都结拜兄弟，那我算什么？”项羽大叫，声如虎吼。

魏豹连忙掩住他的嘴：

“你想将守卫喊来，是不是？”

“彭越、黥布，年纪比我大不少，喊他们叔叔不冤枉，你只比我大个三、四岁，凭什么？”项羽还是不服气。

“看你平日聪明，这件事上怎么这样糊涂，结拜不能分两批吗？”项梁哂笑。

“两批？”项羽会过意来，指着魏豹大笑：“我说吧，凭你也想当我的叔叔？痴心妄想，做白日梦！”

于是，他们撮土为香，咬指和血为盟，香烛和酒全都免了。项羽、彭越、黥布先行祝告天地，结为生死异姓兄弟。接着项羽和魏豹也拜了八拜，义结金兰。

在三人当中，项梁三十六岁，最长，成为大哥。彭越三十二岁，居次，为二哥。黥布二十八岁，最小，是三弟。

项羽和魏豹方面，项羽十八岁，而魏豹二十一岁，他只得心不甘情不愿地喊他大哥，因为在外表看来，长相威猛的项羽要比娃娃脸的魏豹大上许多。

在路上，在宿营，一股谣言像野火似的在这群可怜人中间传开，弄得人心惶惶，时时不安。

这个谣言说，嬴政已经决定，为了怕泄漏陵墓秘密，在陵墓造好以后，凡是参与建墓的人全部处死！

开始时人们都当这是笑话，三十万人同时处死，这要多少的地方来埋？多少的人来执行？但传言者的解答是——白起长平之战一坑就是四十万赵国降卒；嬴政一声令下，就将屯留几十万人迁到临洮；天下豪富迁到咸阳十二万户，算算有多人？各国宗室大臣、旧时贵族、富商臣贾、江湖游侠，谪往北方筑长城、南方实边，谪配巴蜀的人，又何止百万？

嬴政好大喜功，做惯了大手笔，坑个三十万刑犯又算得了什么？其实按照秦法，他们中间大部分的人都是该死的，让他们多活几年，在嬴政只不过是利用他们的剩余价值，说不定他还认为是对他们宽厚仁慈！

逐渐谣言越传越真，甚至如何执行，日期怎么定都传得活灵活现。说的人一多，不相信的人也不能不相信了。

于是所有的人口中不说，心中不得不自己作打算。

挨苦受欺只是为了希望熬过这五年，回家当个良民重新来过，这样一来，等于是执行前还要增加五年苦役，那不如现在死还痛快些。

情绪不佳，相互吵架打架，不听卫卒指挥，甚至是挨骂还嘴的问题层出不穷。

押送这旅劳改犯的只有一卒卫卒，不过一百多人，再加上负责指挥工作的大监工一人，监工十多人，全部加起来不到一百三十人。

负责整个行动的监工察觉到，这些反常情形的发生全归诸一个主要原因——这个谣言。

经大监工和卫卒卒长及全体监工商议的结果，做成几项决定——

一、本旅行进太快，和本队距离太远，一旦发生事故，得不到支援，同时也造成劳改犯太过疲劳，因而情绪不佳，即日期每日行程减少二十里，多增加休息次数及时间。

二、卫卒及监工改善管理态度，主动关怀劳改犯，并多与他们交谈，一方面可减少劳改犯的反抗心里，一方面追查及解释这个谣言。因为既属谣言就不能公开解释，以免越描越黑，只能私下沟通。

三、全力追查谣言来源，任何人——包括劳改犯——查获造谣者重赏，劳改犯举报者调轻松的工作，回骊山后报请上级减免劳役刑期。

这三项措施一经宣布，谣言果然扑灭了，谁都不敢向谁先提起，怕遭检举，让对方捡便宜立功。减免刑期，调任轻松的工作，在他们来说是比天还大的喜事。

而卫卒和监工改善态度以及减少行进里程，两者也收到相当的效果，吵架打架和反抗的事件少了不少。

但这个谣言不再出现在每个人嘴上，却在个别的心中酝酿发酵。

大监工怕上级指责，一直不敢将这种情形上报，只想缩短和本队间的距离，有事能得到支援。

项梁将这一切都看在眼中。那天宿营晚饭后，他们五人照例聚在一起聊天。

彭越首先说：

“大哥，谣言的反应越来越淡，再等几天，本队跟上来，或者是到达了目的地，想行动就不容易了。”

项梁沉吟了一下问：

“你所接触的那些人反应如何？”

“全都怨恨在心，只是谁都不敢再提。”彭越回答。

“你那边呢？”项梁再问黥布。

“情形差不多。”黥布回答。

项梁转身又向两个小的说：

“你们再去找平时熟悉的那些年轻人说，队伍所以行动减慢，乃是想等到本队赶上来，就要清查谣言的事，到时候恐怕会严刑逼供，凡是说过这个传言的都会遭到严惩，到时候不知会有多少人头落地。”

“遵命。”两个小的奉命找年龄相当的人聊天去了。

“明晚看情形。按计划行动，你们多准备一下。”项梁说。

“我们知道，大哥。”两人同时回答。

第二天傍晚，大队在一处山神庙宿营，大监工和卫卒卒长以及众监工宿在庙内，其余卫卒轮班看守这些劳改犯。

项梁所属这卒劳改犯正好分配在神庙前的广场上，算是所有士卒当中宿营位置最舒服的。

散步时间刚完，各卒劳改犯纷纷回营地准备点名时，突然吵闹声大作，项梁叔侄、黥布、魏豹等四人共同制服彭越，用他的腰带将他五花大绑起来。

他们所属的劳改卒卒长走过来叱喝：

“看你们平日很要好，什么大不了的事要打架？”

“启禀卒长，这件事情你管不了，这个家伙刚才跟我们胡说八道，我查到他就是专事造谣的人，我们要押他去见大监工大人领赏。”

劳改卒长一听是这样重大的事，也不敢再事阻拦，怕别人说他包庇，追查起来受不了，只有默默让项梁他们走。

“总算是抓到你这个混帐东西了，造谣牛事，害得人心不安。”为了装得逼真及吸引群众，项羽一面拳打彭越，还一面打雷似地吼叫。

一下子山神庙门前就围满了看热闹的人，劳改犯及没有轮值的卫卒都有。

此时大监工、卫卒卒长及劳改旅旅长正在商谈明天的行程，听到外面嘈杂，派护卫出来查看，听说是抓到了造谣犯，自是喜出望外，要庙门口卫兵立即带进来。

项梁等将五花大绑的彭越推拉到大监工席案前，将他往前一推，大声喝道：

“见了大人还不下跪！”

彭越趁势前扑，没有下跪，却双臂一伸，五花大绑自松，他一手抱住大监工，一手抽出大监工腰间的佩剑，一剑就割下了他的头，提在手中，一脚将尸体踢得老远。

事出意外，卫卒卒长、劳改旅旅长以及两名护卫一时反应不及，等到他们清醒想拔剑时，彭越已连杀两名护卫，项梁和项羽抢过剑来，一个挟持一个，剑已放在旅长和卒长的颈子上，黥布和魏豹也夺过剑来。

庙门口的两名卫兵只听厢房乒乒乓乓，不知道发生了什么事，未奉召又不敢过去察看。

他们心想，大监工一定是恨死了这个造谣的人，所以一见面不分青红皂白先来一顿狠揍。

他们反而紧把住庙门，不让任何人接近。

这时天色已晚，各卒各伍纷纷烧起火堆，准备过夜，而聚集在庙门口广场的人也越来越多，大家都在等消息看结果。

屋子里，项梁将剑架在卫卒卒长的颈子上说：

“传令你的人，不准带兵器到广场集合！”

“你们跑不掉的！”卒长倒也是条硬汉。

“那要不要先杀掉你，让我们自己来集合？”彭越的剑划破他的上衣，剑光直逼心口。

“陈兄，事到如今，即使能制住他们，你也脱离不了关系，只有听他们的。”劳改旅长在一旁劝解。

“旅长总算是识时务的俊杰，”项梁笑着说：“按军律，遇事不能护卫长官而致死者斩，就算我们走不掉，你回去还活得了吗，卒长大人？”

卒长一经点醒，脸色苍白，立即找来卫兵，传令全体兵卒徒手在庙前广场集合，所有担任警戒的也撤出参加。

“不要想玩什么花样！”项羽说，用剑抵着卫兵的后心。

他和魏豹一人押一个卫兵前去传令。

没一会儿功夫，卫卒劳改犯全部集合在庙前广场。

项梁押着卒长和劳改旅长，彭越高高举起大监工的头颅，虽然天色已暗，在灯笼火把的照耀下，看得依然清晰。

一千多人鸦雀无声，都想知道发生了什么事情。

项梁要卒长先说话，他虽然有点不甘心，但在剑尖抵住背后的情况下，他只有大声宣布：

“大监工被杀，我们回去也只有死路一条，希望各位自作打算，从现在起，我不再是你们的卒长。”

台阶下面众人一阵混乱，有些兵卒还想反抗，纷纷被群众制服，乱脚乱拳，踢打个半死。

“各位安静下来！”项梁大声一吼，压住了全场：“不要殴打卫卒，因为他们和我们一样，也是受压迫的可怜虫！”

群众停止打卫卒，蹦跳起来欢呼。

“大家静一静，”项梁连作手势要众人静下来，接着他又说道：“嬴政为了一个人生前的享受和死后的风光，害得我们这样劳苦，害得多少家庭破碎，妻离子散！而且我们所听到的不是谣言，陵墓筑好之日，就是我们殉嬴政死之日，所以我们要早作打算，对不对？”

“对，不错！”一千多人犯怒吼。

“因此我杀了大监工，其余的人不可为难！”

“只要他们不反抗，我们就绝不为难他们！”群众中有人大声喊。

“听到没有？大家都懂事得很，不要作无谓反抗。”项梁撤回指着他后心的剑。

“以后我们要怎么办？”众人中有很多人这样问。

彭越笑嘻嘻地站出来说：

“各位有三条路可以选择，第一条，会水性，喜欢在水上讨生活的跟着我！”

“我们跟着你！我们跟着你！”许多人鼓噪。

随后黥布也站到前面来说：

“愿意占山为王，收买路钱的跟我！”

“真不赖耶！”更多的人异口同声：“干老本行，做无本钱生意真不赖耶！”

“好了！愿意跟这位彭大哥的站到左边，想跟这位黥布大哥的站到右边，想自找出路的留在中间不要动！”项梁随即宣布。

群众中一阵窃窃私议，最后绝大多数都分成两边站好，中间只留一百人都不到，卫卒更没有个留下。

“看到了吧？”项梁笑着对卒长说：“你的部下都很聪明，知道回去不会有好日子过，你自己呢？”

“你呢？”卒长反问项梁。

“我留在中间自找出路。”项梁回答。

“我跟你一样！”卒长说。

“那还要请你帮忙作这里的善后处理。”

“当然应该效劳。”卒长脸上毫无惧色。

项梁这时才仔细打量这位卒长，看上去不过二十出头，剑眉星眼，紫膛色脸上无须，身体细长，非常英俊，不禁起了惺惺相惜之意。他说：

“闹了这大半天，还不知道贵姓大名？”

“陈豨，”卒长随即反问：“足下尊姓大名？”

“项梁”。

“原来是昌平一战以五万军队力敌秦军二十万的项将军，失敬！失敬！”陈豨神色立刻变得恭谨起来。

商鞅量，战国时期秦国的量器，有明确的铭文注明是商鞅变法时所制造。此物为一级文物，藏于上海博物馆。

“囚犯之身，往事不值一谈。”项梁也客气地说。

彭越和黥布将要跟他们的人都编好队，然后陈豨将车辆马匹、兵器粮食分给两人，再个别分一些给那些自谋出路的人，趁着暗夜各自走了。

项梁带项羽向魏豹等人告别说：

“记得和下相联络，异日有事再相扶持！”

叔侄二人驰马走了。

这一千多人就这样消失在山林泽中。

李斯和赵高得到报告，只下令各有关郡县严加缉拿，不敢让始皇知道。

始皇犹自陶醉在自己的幻想里，他要建前所未有的宏伟宫殿和陵墓，而且每次视察工程时，他都会有种成就感的满足。

在劳改犯的“万岁”声中，他错觉到这些人都感激他的宽大，乐意为他这位伟大的天下之主效劳。

秦自商鞅变法以后，就以男耕女织，人民各安百业，夜不闭户，山无盗贼而自豪。

天下统一后，原先六国之地虽有零星山贼江盗出现，但人数极少而且没有组织，都是时聚时散，干完一起就走。

自从彭越带领众人在江上为盗，黥布占山为王后，其他前六国将领及游侠纷纷效法。秦国本部以外，盗贼增多，但各地郡守都不敢呈报，怕惹恼始皇受到处分。

这些情形始皇也不知道，他还认为天下都治理得和咸阳一样井然有序。

第十二章 偏爱法家 焚书坑儒

有一天，始皇自阿房宫视察工程回来，心情特别好，下令晚间置酒咸阳宫，大宴群臣，除朝中大臣外，另特邀七十位博士参加。

别的君主召宴，多是声色欢娱，酒酣耳热，君臣尚能忘情尽欢。而始皇乃是个工作狂，每次召宴，酒过三巡，话题又会扯到国事上去，人人皆以赐宴为苦，但又不能不去。

这天晚上，始皇意外地不谈国事，只是频频赐酒，还有歌舞助兴，可是酒酣耳热，博士领班姬周和鲁青率领众博士起立，来到始皇席前敬酒。

敬完酒纷纷复座，这时候周忠臣想乘机歌功颂德一番。他也上前敬酒说：

“昔日秦国疆域不过千里，全赖陛下神灵明圣，所以能平定海内，放逐蛮夷，如今普天之下，凡是日月光辉照得到的地方，莫不诚心悦服。而且陛下创先所未有的制度，以诸侯封地为郡县，今后得永享太平，无战争的祸患，黔首人人安乐，万世无忧，自古以来，没有任何君王能比得上陛下的威德。”

始皇听到他的话，高兴地哈哈大笑，他举杯说：

“说得好！朕就喝你敬的一杯！”

博士齐人淳于越看不下周青臣拍马屁，他在宴席位上俯身举杯敬始皇说：

“殷周所以能享国长久，相加起来有一千五百余年之多，原因是在能广封子弟功臣作为辅助，正如同大树的根一样，向各方向蔓延，占地广阔，树自不容易为风吹倒，也经得起干旱。今陛下拥有海内，而子弟全为匹夫，没有尺土之封，如果权臣中有人生异志，外有何人能救？”

始皇开始面露不悦，但淳于越装着看不见而继续说下去：

“古来制度都是经过长期的考验，能流传下来一定有它的好处。所以有古人说，利不十倍就不要改制，未经过实验的制度骤然实施，乃是件很危险的事。现在青臣不但不劝谏，反而当面歌功颂德说阿谀话，他不是忠臣!”

周青臣气得满脸通红，正想站起来反驳，始皇做手势制止住他。始皇紧盯着这位白发苍苍的老博士看了很久，心里在想：

“废封地，建郡县，制度已行了将近十年，今天你还在旧事重提，而且态度这样恶劣!”

他本想斥责他，但再一转念，他也是为了他好，才肯这样直言，不应该怪他，看样子这项制度还是有很多人内心不服，尤其是这些书呆子，不如趁现在大家都在，痛快彻底地讨论一下。

于是他挥了挥衣袖，正在奏乐的乐队和舞池中的舞伎全都停了下来，他轻声对侍立在旁的近侍说：

“要他们都退下!”

近侍大声传命，乐工舞伎鱼贯退出。

殿中响起一片窃窃私语，全怪这个老头子淳于越杀风景。在平地言论自由惯了，来到咸阳旧习难改，说话还是这样冲头冲脑，几年难逢的不谈政事君臣同乐，就给他几句话弄得夭折。

“好吧，”始皇面带微笑地说：“相信很多人对这种新制度不太赞成，今晚我们彻底讨论一下。”

首先是左丞相李斯发言。

“五帝都各有各的制度和行事法则，夏、商、周也各有各的治国要领，并非代代相袭一成不变，为什么?”说到这里，他转身面向群臣，做了一个夸大的手势：“这并不是一定有意和前代唱反调，而是因为时代环境变了，制度和治国法则就不能不跟着变。现在陛下乃是创万千年来空前的伟业，要世世代代的万世传之无穷，岂是你们这些食古不化的儒生所能懂得?刚才淳博士说的是三代故事，各位想想三代算得了什么，能指挥的兵力不过万乘，控制的范围不过千里，怎么能来和陛下比?”

李斯这番话是捣翻了马蜂窝，淳于越带领着七十博士纷纷还击，七十位博士至少有二十位发言，全都是引经据典，侃侃而论，当然李斯在当场也有党羽帮他辩驳。你一段问难，他一番责备，最后变成了儒家和法家的思想大战，而且双方的措辞都充满了辛辣刺激。

始皇一直保持沉默，听得津津有味。

不知不觉已过夜半，双方的辩论还没有结论。

这些博士气日只知皓首穷经，著书立说，对说话没加研究。书呆子大部分直爽，尤其是齐鲁两地来的博士，只要他们认为是真理，想到什么就说什么。他们以为是在攻击李斯等人订立的政策和制度，却不知句句都伤到始皇自认是超过三皇五帝的得意创举。

始皇听到后面越来越不耐烦，心里一直在想：

“朕花了这么多经费养你们，给你们这样尊贵的客卿地位，原来你们整天研究的就是如何反对朕的新构想，真是一群食古不化的愚儒!”

等到天色快明，始皇终于打了个呵欠，意兴阑珊地说：

“辩论到此为止，李丞相将这次议论作对策奏朕。”

博士们不得不停止发言，尚觉意有未尽，却丝毫未发觉一场空前绝后的浩劫即将来临。

左丞相李斯和他的法家门客，整整花了十天的时间拟好了一封对策上奏始皇，对策内容大致是：

“昔日诸侯相争，各有其国，而且是争相招士，所以养成私人教学和游学的风气。现在天下已经统一，法令从一而出，百姓应当努力从事农工，士则应该学习法令制度和各种刑法。但现在这些儒生所教出来的士人，不学习时下有用的实际学问，整天只知道钻研古书，乱发议论，妖言惑众，导使黔首对陛下所创的法令制度起怀疑，为害之大，不是任何罪行可以比拟的。

同时，这些人只要说到有新法令颁布，就用他们所学的那套旧经典一一驳斥，不但个人在内心不服，而且出外就群聚非议。以批评陛下来成名，以唱反调为高明，哗众取宠，成群结党来专门制造谣言诽谤政府，这种情形要是不迅速设法禁止，就会造成百姓不再信服政府任何行政措施的危机，必须要禁!”

接下去李斯在对策上提出禁止的具体办法：

“臣请求，凡是非秦国历史的所有史书全予以焚毁，不是掌管图书的官方博士类人员，任何人不得私藏诗书及诸子百家的书，这项命令交由郡守、郡尉等地对官执行查禁，搜出的书简全部加以焚毁。

另外，凡是有两人以上集合讨论诗书的，论斩弃市，以古制来批评责难现今制度的灭族，官吏知情不报者同罪。接到焚书令三十天内不执行的，无论官吏百姓，一律判劳役四年，谪配北边筑长城。实用学问的书简，如医药、卜筮、园艺等例外，有人想学习政治、刑名法令之学，可由官方办理的学校教授。”

始皇看到李斯的这封对策，可说是文情并茂，极具说服力。里面痛陈以古非今的错误，并报告天下各地都出现了这种乱象，尤其以齐鲁两地最为严重。

自从鲁人孔丘私人办学，有教无类，儒家思想深入了这两地的各个阶层，讨论政治不再是士大夫和贵族的专利，再加上孔丘孙子子思的门人孟轲，早些年来游说各国，大事宣扬“民为重，社稷次之，君为轻”的以民为本的理念，齐鲁两地的百姓莫不景从。

再者，平地多年没有战争，民间富裕，百姓有闲暇和余力来讨论理念和政治，士大夫学术结社清谈，市井贩夫走卒谈论行政得失，批评官员私德，久已成了风气。

齐法宽松，历代齐王和宰相都采用无为而治的作风，一旦将严酷的秦法加在头上，执法官员——尤其是由皇帝直接派出的郡监御史——莫不以苛察为名，借执行法令之便，勒索贿赂，要求好处，处处引起人民的反感，更觉得还是古制比今制好多了。

当然，李斯没有明言中央政府派出官员的种种劣迹，而是将齐鲁两地不安的情形全归诸古书，以及钻研、教授古籍的儒生。

李斯最后的警语是：再不查禁古籍，再不禁止儒生私人办学和结社，很快中央集权的新制度就会遭到质疑和挑战，尤其是孟轲“民为重”的学说，更直接动摇皇帝的统治权威。

看完这大堆沉重的书简始皇的心也跟着沉重起来。

他习惯性地又在南书房室内踱平方步来。

“朕是始皇帝，一切应该由朕开始!”他想：“但焚烧所有古籍，这是件大事，应该好好考虑!”

始皇带着近侍护卫，上了午门城楼，只见城下跪着黑压压一片人。他仔细一看，带头的正是博士齐人淳于越，跟他跪在一起还有二十多位博士，后面则是数千名白姓。

始皇不悦地问：

“淳先生，有事可以向朕当面说明，为何带了这许多黔首同来?”

“他们不是臣等带来，而是一路上自动跟来的。”淳于越跪伏着说。

“平身起来说话，”始皇大声说：“你先要众人散去，有事进宫来说。”

但众百姓听到始皇说话，先是高呼万岁，接着群声如雷的喊着：

“我等要听陛下亲口答复，否则跪死在宫门口!”

“淳先生，这是怎么一回事，他们要朕答复什么?”

众百姓异口同声各说各话，顿时现场一片嘈杂，淳于越站起来挥手，要群众安静后又复跪下。

“外传李斯丞相上奏陛下，要焚毁天下所有经典古籍，不知可有其事?”

“李丞相虽然上奏，但决定权在朕，朕仍在考虑中，你这样聚众要胁，该当何罪?”始皇已忍不住愤怒。

“臣罪该万死，但焚毁古籍，断绝数千年的思想源流，这件事不仅事关天下治乱，而且涉及后世万代子孙，臣不得不冒死劝谏。”淳于越俯地叩首说。

“这件事朕自有考量，你先带着黔首散去。”始皇强自再忍住怒气，和言悦色地说。

“这事由臣引起，臣万死不能辞其咎，但求陛下亲口答应不予批准，让臣等及百姓安心！”淳于越又再顿首。

“朕说过自有考虑，难道说你一定要当面逼朕屈从？”始皇怒声说。

“臣劝陛下分封子弟，也是为了巩固国本，愿大秦千代万世流传下去！”

“朕并没有怪你！”

“臣怒斥周青臣谄媚，也是为了陛下好，但想不到引来丞相如此议论。”

“朕说过决定权在朕！”始皇不耐烦地高声说。

“请陛下亲口允准，否则一旦焚书令下，陛下在历史上留下污名，臣亦成为千古罪人！”淳于越叩首流血。

“不要理他，这个老头子真顽固！”始皇一拂袖转向蒙武说：“让他们跪在那里，看他们能跪到何时！”

蒙武正待进言，只见淳于越忽然翻身跌倒，滚了几滚，腿一伸直，就不再动弹，博士中有人围上来查看，原来他早已服下剧毒，此刻是毒杀身亡。

“让朕去看看。”始皇就要下城楼。

“群众不久就会发生骚乱，陛下还是先回南书房。”蒙武劝阻说。

果然始皇还没有下得城楼，就看到人群乱奔，全围挤上来看淳于越的尸体，你推我挤，竟有人互相殴打和践踏。

在混乱中有人高声骂：

“嬴政，你要是焚书，你就会留下千古骂名！”

“嬴政，你这个昏君，你连桀纣都不如！”

“不错，桀纣虽然暴虐，还不至于愚蠢到焚毁古籍！”

蒙武忧心地看着始皇，深怕他一怒之下，下令将这几千人都坑埋了，这在他不是不可能的事，他急忙对他说：

“陛下，群众一骚动起来就是这样，请陛下移驾回南书房！”

众近侍也来相劝，谁知始皇不怒反笑，冷静地看着城下像开水沸腾般地乱哄哄的民众，静听着百姓的怒骂，转脸对蒙武说：

“你看看，这就是阅读古籍的好处，他们知道有桀纣，也知道拿来和朕作比较！”

“群众都是这样，仗着人群遮掩壮胆，什么平时不敢讲的话都敢讲出来，请陛下息怒。”蒙武为这些群众说好话。

“蒙武，不要担心，朕现在是一点怒意都没有了。”始皇微笑着说。

他这一微笑，反而使蒙武更为忧心，因为他熟知始皇的脾气，他只要在怒极时转为微笑，下面一定是出人意料的残酷行动。

“虎贲军为什么还未出动驱散民众?”蒙武接着在心里想。

就在这时，响雷似的马蹄声从城两侧响过来，黑盔、黑甲、黑旌旗的虎贲军出动了。

跪求和叫骂的民众全都纷纷向四处逃散，逃慢的挨着一顿鞭子，只有二十位博士仍围在淳于越的周围不去。

抓了两百多名没来得及逃走的群众后，虎贲军都尉来到城下，下马行军礼启奏：该如何发落这些群众和跪在淳于越尸体周围不走的博士。

始皇看了一眼蒙武，转脸对那都尉说：

“将他们都放了，家里人都在等他们吃晚饭呢!”

丞相李斯的奏议得到批准后，他立即召集所属百官紧急策划并雷厉风行地执行。

首先他以始皇的名义诏告天下，限期焚书，令下三十日不烧者，黥为城旦，发往北边筑长城。

然后由朝廷派出监御史到各郡监督执行；郡则派监察人员到各县；县则派检查人员到乡里。

开始还有人观望，也有人赶快挖地窖、筑复壁，将书藏进去，这项行动不能请人，也不能在白昼公开进行，只能利用深更半夜，邻人、家人都睡着时，一个人偷偷起来摸黑做。

因此，许多白发苍苍的老学究，平生第一次拿起锄头或泥锹，弄得满手都是水泡，但他们为了保存传统文化，只有兴奋和喜悦，没有半点怨悔和恐惧。

这类行动以齐鲁两地进行得最为积极，也是若干年后古文（大篆）经典出土的唯一来源。

还有的人怕藏书迟早会被找到，干脆将自己的脑子变成书窖，三十天内日以继夜地背诵，能记多少算多少。他们也有集体合作的，大家分配你背《周礼》，我背《诗经》，他背《春秋》、《易经》……等等，这是日后由他们自行写出，或他们口述，而别人用今文（小篆）记载的古籍众的多来源。

当然，他们为了怕其中有人背叛，全都经过神前发誓、歃血为盟等郑重的仪式。

不过，也有更多的人按照规定将书简交出去。

于是古籍竹简，羊皮、丝绢手抄卷，以城、乡为单位集合起来焚烧，岂止是汗牛充栋，简直是堆集如山。

北自辽东，南至南海，东自平地，西至临洮，只要是大秦统治权能及的地方，只要是中原文化所流到的处所，这三十天内，每天日夜都在焚书。

在眩目的火光下，几千年来先圣、先贤的智慧结晶，无数工匠巧艺体力的付出，全化成飞烟灰烬。

群众有的就近围观，有的含泪忍住心痛，远远看着多少代遗留下来的传家之宝，花费了多少祖先心血和时间才能保存完美的宝贝，顿刻之间变成乌有。

本来群众多数时间是对立的，一件事有人喝彩，一定有人会怒骂，但这些围观焚书的人，全都是一个模样，一种心情，他们沉默含泪，在心头流血。

没有人愿喝彩，更没有人敢怒骂，他们只是沉默，只是心头流血。

三十天内，朝廷、郡县使者奔驰不断于途，有报成果的，有请求叙功的，但也有要求罚罪的。

原来，始皇诏命刚下，不但民间，连很多官员都心存观望，认为这只是一声迅雷，响过了就没事，因为焚尽天下古籍，这就跟下令天下都不准吃杂粮只准吃面一样荒谬！一样无法执行！连李斯派出的监御史都大部分存有这种看法。

更重要的是，无论大小官吏都是读过书的，多多少少对这些古籍都有一份浓厚的感情和甜美的回忆，毁掉这些古籍也等于否定了自己所有的过去，他们还有什么可以向一般不识之无的平民、略通文字的商人自傲的？

结果是李斯看到大小中央地方官员都在虚应故事，他动用了最可怕的特务组织，查报了一些执行不力的官员，处以抗命罪名，处斩的处斩，下狱的下狱，这下大家才相信是玩真的了，再也不敢松懈，都认真执行了。

三十天内焚书虽然热闹，害了不少的官员定罪，但事情的最高潮还在三十天限期过后。

各级政府组织成搜查队，挨家挨户的搜查古籍，不但翻箱倒柜，而且也拆墙毁室，遇有可疑的地方，更是掘地三尺。

清廉的官吏是含着泪忍着心痛执行命令，不肖官员正好借此机会大发焚书财。收贿赂可以睁只眼闭只眼，没钱送，目不识丁的人家也可以整个翻过来。

更恐怖的是各级政府厉行检举及连坐措施，检举者有重赏，知情不报者同罪。于是邻居检举邻居，同事告发同事已不算稀奇，父亲举发儿子，儿子举发父亲，兄弟互相告发的情形更是层出不穷。

这种时候最危险的是枕边的妻子，哪天你说梦话无意中泄漏了秘密，过两天你们吵了架，或者是动了老拳，妻子一气之下就出去检举。

在这个时期里，各级政府忙着抓人、审问，接受检举，再追捕犯人所招供牵连出来的人，这样株连的范围越来越大，人数越来越多，不但监狱人满为患，有的贫苦县连囚粮都发不出来，只有下令自备囚粮坐牢，等待押解到北边修筑长城。

这样造成妻离子散的破碎家庭不知有多少，各地解往北边筑城的犯人更是络绎于道。

秦国本部早已习惯了这种严法酷刑，虽有怨言，还不至于公开反抗。齐鲁等地却是自由惯了的，文风最盛，藏书也最多，株连的人当然也多，他们感到无法忍受，总要采取点行动让始皇明白民怨，稍事宽容收敛一点。

无视于偶语弃市的禁令，有些学者仍秘密集会，他们集合在地窖里，上面派出把风者，夜夜讨论对策。他们派人到齐、鲁、燕、赵各地联络，筹划起一次全国的示威运动。这些学者不只是儒生，还有杨、墨、阴阳、杂家等等各派，甚至包括了不读书的市井游侠，因为他们的组织为秦所彻底摧毁，现在真正成为无墓的游魂。

这里面主持鼓动和联络的，正是那班因“装神弄鬼”判罪，遣返原籍限制居住的儒生兼方士。他们最恨嬴政，而最唯恐天下不乱。他们彼此熟悉，联络起来也方便。

这些人的行动尚未酝酿成熟，一点星星火花却点燃了反焚书的野火。

鲁地曲阜，孔府大成殿前，一千多名县卒和两万多名民众对峙。县卒有骑马的，也有徒步的，全副甲胄，如临大敌，全都静肃地等待上司进一步命令。另外，在他们背后还有数百名拆除工人，手执拆除工具，有的站着，有的蹲着，不耐久等的咕哝着。

两万多民众席地而坐，将大成殿多层团团围住，一个个俯首低眉不说话，却个个紧咬着嘴唇，脸上流露与大成殿共存亡的决心。群众有孔家子孙，也有闻风来增援的外姓人，男女老幼全有，还有怀里抱着孩子的妇女。

带队的县尉正在和群众代表，也是孔家族长的孔鲋理论。这个年轻的小伙子对满头白发的孔鲋倒算恭敬，他说：

“孔先生，这两名牧童拿着竹简玩，上面刻的是易经部分文字，可说是人赃俱获，抵赖不掉的。而且他们也招认了，当天晚上看到很多人搬重东西进去，这还有什么话说？”

说到这里，他用脚踢了踢跪在前面、全身五花大绑的两个十岁左右的孩子说：

“你们在哪里捡到这几块竹简？”

“在大成殿后面的草堆里。”两个满身是伤的孩子说。

“当天夜里你们好奇，又守在这里看，看到什么？”

两个孩子面面相觑都不肯说。县尉踢了其中一个孩子一脚，大声叱喝：

“告诉你们族长，你看到些什么？”

“很多人……很多人搬东西进去，”孩子嗫嚅地说。

“孔先生，现在你亲耳听到了。”县尉得意地说。

“就是搬东西也不一定就是搬古籍，里面摆设先祖的旧物甚多，而且前两天你们也搜查过，没有什么古籍，你们该放手了。”孔鲋挽着花白胡子沉着地说。

“所以我们怀疑这里面有夹壁，要拆开看看。”县尉诡异地微笑。

“拆大成殿？绝不可能！”孔鲋坚决地说：“先祖孔子去世第二年，鲁哀公于旧居建大成殿祭祀先祖，历代鲁君及各国诸侯莫不视为圣地，只有历年修建，从没有人动过这里一砖一瓦一小撮土。连中原视为南蛮的楚人亡鲁后，楚王也是年年派人来祭祀，你想拆，你担当不起这个责任！”

“孔先生，你要讲理，我也是奉命行事，不要让我们为难，”说到最后，他语带威胁地说：“不要逼在下动武！”

孔鲋仰天哈哈大笑，随即又脸色凝重地说：

“那很简单，要拆大成殿，先杀了老朽，然后踩着这两万多人的尸体过去。”

“不错，放马过来，踩着我们的尸体过去！”

静坐的一层层民众全都站起来怒吼，吼得县尉震耳欲聋，紧皱着眉头，他向后走到队伍前面，小声对左尉说：

“这件事很棘手，本乡本土的事怎么忍得下心动真刀真枪？县令倒躲得快，就是不亲自露面！”

“大人别忘记县令也是孔家子孙，要他来主持拆祖庙，当然不敢来。”

“派去报告郡守的人怎么还没回来？他是秦地人，事情比较好办些。”县尉紧皱的眉头一直打不开。

“就是朝廷派来的监御史亲自来办这件事也很难，别忘了县卒大部分是本地人，而且姓孔的特别多！”

“你不要说话老是教本官‘别忘了’，你才要‘别忘了’，虽然你姓孔，等下行动你也得先带骑卒打头阵，这是命令！”县尉没好气地说。

“遵命，但大人别忘了还是等郡守指示来了，再行动比较好些。”

“本官知道！”县尉不耐烦地用手上马鞭击打着皮靴。

就在这时，一部马车后面跟着数十骑护卫向这边驰来。县尉松了口气说：

“看样子是郡守大人亲自到了，这个烫手山芋终于丢得掉了。”

但等到轿子到达面前，下来的头戴高冠、身穿红色锦袍的不是郡守，却是朝廷派来的监御史。

县尉这下心情更为轻松，连忙上去行了个军礼。还未等到他开口说话，这位军人出身的监御史早就怒吼起来：

“怎么到现在还不采取行动？”

县尉苦笑着，指指狂呼嘈杂的群众。

“你有千余兵卒在手，还怕这些手无寸铁的老幼？”监御史不屑地说。随即他又叱喝：“要你的人开路，让工匠好进去工作！”

县尉连声称是，转身下令骑卒开道，却没有一个人理他，原来八百名兵卒中间竟有一大半是姓孔的。

监御史见状，气得哇哇大叫，抽出佩剑指着县尉的胸口说：

“阵前不进，按军法从事！”

县尉急得向左尉说：

“孔鲢，按照先前计划，你带骑卒冲锋带路，违令者斩！”

县尉也拔出佩剑指着左尉孔鲢的后心。

孔鲢哭丧着脸大声喊着：

“兄弟们，成冲锋队形冲开一条路来！”

他一马当先冲入民众群中，其余骑卒亦十马一排接着冲上来。孔鲢一边冲一边在喊：

“族内父老兄弟姐妹，拜托让条路出来！”

百姓一看骑卒真的冲锋起来，全往两边逃散，大人叫，小孩哭，乱成一团，很快就有人被马踩伤踢死，或是逃走时被人挤倒在地，众人就从他们身上践踏过去。

“孔鲢，你欺祖叛宗，一定不得好死！”人群中有认识他的齐声痛骂。

但冲到第二层时，里面的人早就有了准备，他们有的带着绊马索，有的拿着木棒，齐心合力将这些冲进人群的马绊倒，将马背上的人击昏后绑起来。冲入人群的孔姓子弟骑卒不等他们打，早就跳下马来束手就擒，口里还不断叫着伯伯叔叔，拜托他们在身上敲点伤痕出来，等下好交差。就这样半真半假，打打绊绊，八百名兵卒全当了民众的俘虏。年轻好玩的孔家子弟，很快利用他们族兄弟骑卒的马匹和兵器，成立了一支“孔家骑兵队”，来到最外层抵拒剩下的一千多名步卒。

“反了！真的反了！”监御史气得怒吼，转向身后的护卫说：“快去找郡守调动大军，孔家人抗拒官军，造反了！”

护卫奉命掉转马头正要走时，只听到耳边有人说：

“不必去找，本官已经来了。”

原来郡守在半路得到消息，弃车换马，只带了几名随众赶到。

郡守邓铿在马上和监御史见了礼。

“邓大人对这件事如何处理?”监御史问。

“平息民怒为先，”邓铿坚决地说：“让下官先和他们的族长谈谈!”

“看你对主上如何交代?”监御史愤愤地说，随即登车而去。

“下官自会交代。”郡守不理他，下马自行去找孔鲋。

两人达成协议，只要邓铿任郡守一天，绝不动大成殿一草一木；孔家交还八百骑卒和马骑兵器。

军队撤走，民众回家，但很多百姓不放心，仍露宿在大成殿附近的树林中。

郡守和监御史回到薛郡，两人都上奏简互告对方。

始皇在接到薛郡郡守和钦派监御史的互控奏简同时，也接到来自齐、燕、赵等地各郡的紧急报告。

曲阜孔子大成殿事件已引起一连串浪潮，主题已不在焚书，因为书已经焚了，再反无益，而是只要求不要再追捕人和拆房子查搜。

在这些因“装神弄鬼”事件被遣返原籍的儒生的联络和策划下，首先是儒生带首民众向当地郡守县令请愿，郡守和县令的答复是抓更多的人，拆更多的房子。

于是民众发动罢市抗议，三三两两闲逛街头议论时政，正好符合偶语弃市的要件，于是更多的人下狱。

原先已消声匿迹的市井游侠，如今又出来展开活动，他们袭击官员和执行焚书令的办案人员，一天数起，弄得到处风声鹤唳，草木皆兵。

各地郡守都要求更大的生杀之权，甚至有要求朝廷派遣大军以防民乱。

始皇那天召集李斯和蒙毅到南书房商量对策，正好长子扶苏有事来见。他见南书房有客，正想退出时，始皇唤住了他。

“抚苏，你也坐下来听听，看看有什么意见，这样大了，也该学习一点政事了。”

扶苏奉命坐下，始皇免不了打量了他一眼。只见他长得和自己极为相像，只是嘴唇稍厚，红润有如涂丹。在一般人来说，这是忠厚仁慈的好相，但始皇认为，当一个天下的统治者，忠厚只是表示无能，而仁慈更是软弱的表现。

他应该是二十八岁了吧？始皇对儿子、女儿的年龄始终弄不清楚，在他自己二十八岁时，已当了十五年秦王，经历了重重政潮、征伐等国内外大风大浪，而扶苏还在过着后宫的公子生活，没经历过战争，连政事都没碰过一下，这是他的幸还是不幸，很难说。

但他决定，从现在起，扶苏必须接触军国大事。

于是他首先对李斯和蒙毅说：

“天下一统将近十年，赵齐等地却传来不安的消息，这种现象很不好，你们两人负责执行这项焚书政策，应该检讨一下哪里出了毛病。”

李斯咳嗽两声，清了清喉咙说：

“这项政策是为了千秋万世作打算，原则上是绝对不错的，只是执行上发生偏差，这是下级人员的问题。不管怎样，这项政策必须贯彻到底，养成黔首守法的习惯，不然，今后任何法令一出，黔首先是议论，然后抵制，甚至是反抗，这会造成整个行政的瘫痪，所以臣主张严厉处罚所有肇事的人。昔日商君变法之初，大家都说太严厉，然而十年后，秦国大治，这些批评的人又改口对商君赞扬，但商君却将这些人都调配到边疆去，以后就没有人敢议论法令了，可见政令是用来要人民遵守的，而不是用来讨论的。”

他的话刚说完，蒙毅发言表示反对：

“焚书令已经执行了，当然要贯彻到底，但目前最重要的是如何解决所引起的民怨，如何安抚赵齐等地的不安，再谈原则未免太迂腐了一点。”

始皇点点头说：

“好，现在我们就将重点放在解决眼前的问题，丞相，你的看法如何？”

“臣主张曲阜大成殿非拆不可，因为大成殿不拆，就没有理由拆查别人的房子，不拆查房子，人人都将书藏在复壁里，焚书令就形同具文。另外，臣已查出，联合鼓动赵齐等地风潮的人，正是那些遣返原地限制居住的儒生，非加严惩不可！”

始皇看了蒙毅一眼，叹口气说：

“朕对这些人可算得宽厚了，想不到暗中捣鬼的仍旧是他们。廷尉，立刻传诏追捕这些人，并严加审讯，找出同党，务必要一网打尽。”

“臣遵命，”蒙毅俯身回答：“但大成殿事件臣主张不必拆。”

“哦？说说理由看！”始皇惊讶地问。

“凡事需讲求证据，才能依法执行，只凭有可能就拆房子，那天下所有的房子都有藏书于复壁的可能，是否都要拆呢？何况，曲阜大成殿有如孔族家庙，拆人家庙和挖祖坟一样，都是最会招致民怨的大忌。”

“丞相，你认为廷尉的意见怎么样？“始皇问。

李斯当然不服，于是两人就一个谈原则，一个谈实际地争论起来，久久仍不能决。最后始皇注视着扶苏说：

“听了这老半天，你可曾将事情来龙去脉听清楚了？”

“儿臣已大致明白。”扶苏回答。

“那你有什么看法？”始皇微笑着问。

“儿臣认为立法宜严，但执法宜宽，因为人事千变万化，并不是区区几条死法令所能包涵应付的。譬如说，秦地黔首不注重读书，焚书令很容易执行，而齐鲁两地文风甚盛，几乎家家都有藏书，执行起来当然比较困难。尤其是孔子在那里被称为圣人，要拆他的祀庙，恐怕会招来更大的风暴，所以儿臣建议，挑拨恩怨的人必须严惩，而大成殿就不必拆。”

始皇听了连连点头，似乎觉得不够，又问了一句：

“还有呢？”

“儿臣认为父皇还可以派人去安抚一下，恩威并济，双管齐下，相信事情很快就能平息。”

始皇转脸问李斯和蒙毅说：

“扶苏的意见，两位卿家认为怎样？”

两人一致赞同。

“那要派谁去呢？”始皇沉吟着自言自语。

他看看李斯，李斯赶快把头低下去。他似乎心里明白，一切事情由他而起，到了平地，恐怕刺客游侠都会纷纷找上他。

“李丞相政务太忙，抽不开身。”始皇看出他的心意，笑着主动为他解围。他又看看蒙毅，在心里想——蒙毅似乎又不太够份量……但他不便说出，口中却言道：

“廷尉去，别人会认为要兴大狱，不但不能缓和民怨，也许更会制造紧张……”

“儿臣愿代父皇宣抚赵齐两地黔首，解决曲阜大成殿问题。”扶苏明白始皇要他自告奋勇。

“嗯，你也该出去走走了，丞相和廷尉认为派扶苏代朕去如何？”

“那是再理想没有的了！”两人异口同声地说。

于是始皇结论——

派公子扶苏代皇帝巡狩赵、鲁、齐三地。

立即逮捕先前由咸阳遣返限制居住的儒生，并扩大侦办。

扶苏决定这次代父巡狩要轻车简从，只带少数护驾人马。他的同母兄弟纷纷表示反对，理由是人马带少了有损皇帝威仪不说，要是路上遇到乱民和刺客怎么办？

“那不是正好少了一个和你们争立太子的人！”他开玩笑地回答。

其实，他心里一直没有立太子继皇帝位的想法，因为他认为立胡亥是理所当然的。不过，他的确想借这次巡狩之便，探访一下真正的民情，好带回来作父皇施政的参考，专注重威仪，不能和民众接触，只听到一些阿谀之声，就失去了这次出巡的本意。

于是他取道魏地，经过赵齐，最后目的地是鲁地曲阜，解决大成殿问题后再由楚地回咸阳。

一路上他明令地方官免掉接送等繁文缛节，也不要他们随时相陪。每到一个地方，他只带着两名侍从，就在市井茶楼逛了起来。

就这样，他见到了真实的民间痛苦，也越看越感到心惊。

父皇夜以继日地辛勤工作，想要为民兴利，传令下面，经过层层的歪曲，效果适得其反。

他经过沿途和地方官及父老的亲切谈话，明白到焚书令对绝大多数的民众并不发生影响，一个县城中找不到几家藏有古籍的，百分之九十九以上的人对这些书烧不烧也漠不关心。农民工匠绝大多数不识字，就是认得几个字，也不会读这些艰涩的古籍；商人虽然识字，忙着赚钱还来不及，哪有时间关心这些？剩下真正在闹的，只有这些靠古籍为生的儒生和其他各家学者。

但焚书所引起的后遗症却是可怕的，诸如地方官员乘机勒索；仇家借此诬告兴讼；儒生学者在中间挑拨煽动，说这些古籍都是上帝借由圣人传下来的启示，嬴政烧这些书就是亵渎上帝，背逆天意，天下人都会跟着他遭殃。

这些古籍扶苏都读过，在他的看法并没有这么神秘，有的是掺杂着神话的历史，有的是记载某些帝王的片段谈话，还有些载明当时的礼仪制度，虽然上面也提到了上帝，但决不是上帝借着这些圣人所说的话。

但经过这些在平民眼中认为是圣人的儒生和学者一渲染，他父皇就变成逆天的万古罪人了。

他最担心的还不只是这些，而是一路上所见的是不得休息的人民和破碎凋敝的农村，这在他回咸阳后，可要好好地劝谏父皇。

因此，他一路上安抚百姓，告诉地方官焚书令到此为止，不要再乘机勒索贿赂，更不得以嫌疑的罪名拆人房屋，除非真正抓到了证据。

他沿途办了几名借焚书令贪污和报私仇的高级官员，谪放到北边修长城，黔首人心大快。他还将民众所提意见全都记载下来，作为日后劝谏父皇的根据。

他所到之处，民潮一一平息，地方父老称庆，互祝将来会有这样仁慈的好皇帝。

最后他抵达目的地曲阜，首先由郡守和孔鲋等人陪同祭拜了孔子陵墓，然后辞退郡守等人，单独来到大成殿，在里面看到孔子生前的种种遗迹，不禁肃然起敬。他要从人备好三牲香烛，再度祭拜孔子和从祀的诸贤人，然后摒退左右，偌大的大成殿里只剩下他和孔鲋两人。

他微笑着对孔鲋说：

“令先祖孔圣述而不作，整理五经，对中原文化影响之大，前无古人；再加上著《春秋》，如椽之笔使得乱臣贼子人人恐惧，世上少了好多坏事!”

孔鲋早已得到扶苏一路上作为的传闻，对这位年轻公子印象特别好，再加上他祭拜孔子陵墓和神主的恭敬，他更是恨不得扶苏马上继位做皇帝。但一想到大成殿拆不拆还未成定案，他神色黯淡地说：

“整理五经如何？著《春秋》又如何？还不是一把火烧得干干净净!”

“孔先生，你也认为一把火能烧尽天下所有的书吗?”扶苏意有所指地问。

“……”他不愿回答，也不能回答。

“父皇这样做都是一些腐儒惹恼的，一天到晚引经据典，以古非今，其实环境人事都在变，礼仪制度也必须变，才能配合得上。”扶苏先为他父亲作了辩护，然后语气一转地说：

“真正有价值的东西是火烧不掉的，一定会流传下去。”

“……”孔鲋想的仍然是大成殿能否存在的问题。

“先告诉孔先生安心，所有古籍，包括五经和《春秋》，朝廷都保存了完整的两套，在这次以古非今的政潮过去后，再找工匠复刻或手抄不是件太困难的事，先生可以转告其他儒生学者宽心。”

可是孔鲋双眉仍然紧皱沉默。

“我明白先生心里在想什么，”扶苏狡黠地说：“我答应先生不拆大成殿……”

孔鲋闻言，老泪脱眶而出，跪在地上接连叩头：

“老朽感谢公子！感激公子!”

扶苏连忙扶起他说：

“不过我也有一项请求，希望先生能答应。”

“公子请说。”孔鲋高兴地说。

“告诉我，大成殿有没有复壁？”扶苏笑着说：“在先祖神主前面是不能说假话的！”

“有！”孔鲋横着心说。

“有没有藏古籍？”

“有！”

“先生倒回答得痛快，不怕我反悔？”扶苏仍然笑着说。

“老朽不但相信公子不会反悔，而且知道公子将来继位后，古籍文化一定会更发扬光大。”

“隔墙有耳！”扶苏掩住了他的嘴，随后松了手又说：“我对这并不是作妄想。只是用这来向先生证实，有价值的东西，先生会拼了身家性命来收藏，别人也会，何况还有这里，扶苏指指自己的头：“藏在这里的人更多！不过，先生的话也让我多一层放心。”

孔鲋这下完全了解，在焚书的事上，扶苏是和他站在一边的。

“明天我就要回咸阳了，希望先生能转告民众，不要再听信那些愚儒的挑拨，其实他们中间有人以装神弄鬼求取仙药来欺骗父皇，遭到治罪也是应该的。”

“老朽遵命！”孔鲋躬身长揖。

扶苏赶快回都。

在咸阳宫南书房里。

始皇凝视着滔滔不绝报告这次巡狩经过的扶苏。

其实不需要他作报告，他每天做了些什么，随行人员就有人向始皇作密报，再加上地方官的反映，扶苏的整个行程，无论巨细事情，他全了如指掌。

始皇此刻的心情是喜怒参半。喜的是这个外表俊美看似柔弱的儿子，内里却遗传了他性格上所有的优点，处事明快果断，不受传统惯例的限制，而且比他更强的是他外圆内方，所作的决定人人乐意接受，所到之处，好评像潮水一样涌到咸阳他的耳中。

怒的是他敢于擅作主张，无形中就中止焚书令，不让地方官再雷厉风行地彻底追查下去。

有了这么个超越（违背得不露痕迹）自己的儿子，始皇心里矛盾得很。

等到扶苏报告完毕，起立复座后，始皇微笑着说：

“扶苏，一去就是几个月，这次辛苦了你。”

“为父皇办事，儿臣怎么敢说辛苦。”扶苏谦让。

“如今有赖我儿能干，各地风潮大致平定，咸阳这方面，愚儒装神弄鬼，以古非今挑拨黔首的案子也已结案。”

“有多少人受到株连？”扶苏关心地问。

“不多，”始皇笑笑说：“四百六十多人。”

“准备怎么处理？”扶苏关心地问。

“丞相和廷尉拟议的是‘坑杀’。”

扶苏避席顿首，急忙劝谏：

“父皇，千万不可，现在天下初定，而这些人都是各地精神和舆论领袖，杀了他们会引起黔首不安。”

“这些人其中有以装神弄鬼欺骗朕的，也有以古非今诽谤朕的，不严加惩治，如何警告天下！”始皇气愤地说。

扶苏本来想另外找时间详细禀奏民间疾苦，但情急之下，顾不得始皇情绪的好坏，他侃侃直言，将所见的严法峻刑所产生的流弊全都全盘托出。

始皇脸色铁青，不发一言地静静听着，额头中间直通发际的青筋激烈跳动，这是他即将狂怒的前兆。

但扶苏决心不顾一切将话讲完，最后他泪流满面地哭谏说：

“父皇日夜为天下黔首操劳，但经过层层扭曲以后，造成的却是这样恶劣的后果！”

“我儿，很多事情现在你还不懂，”始皇尽量压住怒气说：“民可使由之，不可使知之，一百个人有一百个意见，你到底听谁的？而且声音叫得越大的，往往是越没有痛苦的人，所以统治者应该有自己的主见！”

始皇习惯性的站起来在室内走动，一边向扶苏说话，也像是自言自语：

“愚儒以古非今，认为应该分封，却不想这是战祸的根源，他们根本是闭着眼睛在瞎吵。黔首怪朕不该动用这么多人力，但尧舜以来，闹了多少次饥荒，饿死了多少人，他们计算了没有？朕修道路，兴水利有什么不对？”

始皇走到跪着仰视他的扶苏面前，注视着他怒声地说：

“天下都拿修筑长城和移民实边的事来指责朕，他们应该到北边去看看，那里的黔首过的是什么日子！天天生活在死亡的阴影下，几年辛苦所得的一点成果，一天就可以全部为匈奴所拿走，不彻底解决这个问题，匈奴之祸就会逐渐蔓延到内地来，他们不懂，你是朕的长子，你应该懂！”

始皇越说越气愤，但突然停住，声音变得出奇的柔和：

“扶苏，朕命你去上郡监蒙恬军，看看真正的民间疾苦，还有，学习一点军事，对你将来会有好处！”

始皇终于还是照丞相和廷尉所议——坑杀了那四百六十名儒生。

第十三章 沙丘之变

始皇帝三十七年（前210）十月。始皇出游，左丞相李斯及廷尉蒙毅从，右丞相冯去疾留守。少子胡亥爱慕请从，始皇许之。幼公主恰好生病，不能随驾，始皇甚感遗憾。赵高此时因监工骊山陵墓有功，复任为中车府令，此次随行，为始皇御车。李斯及蒙毅联合上奏，请调回长公子扶苏回咸阳留守。始皇是何等聪明的人，早看透了他们的心意，只托言扶苏监筑长城事务繁忙，不准这项建议。蒙毅和张良只有徒呼负负。蒙毅奉始皇命，令张良随行，项伯单独留在咸阳感到无聊，向蒙毅告辞，回老家下相探亲去了。十一月，始皇行至云梦，望祀虞舜于九疑山，然后乘船由江水直下，经丹阳起陆来到钱塘。会稽太守及鄣郡太守均来迎接陪侍，南海尉任嚣也在会稽等候。到达钱塘后，始皇即召集当地父老探问民情，父老经过太守交代，当然只说些民风淳厚，秦法便民等歌功颂德的好话。始皇听了自然大为高兴。那天始皇驾车出游，返回行宫途中，为了表示亲民，下令不许清道，一路上都有成千上万的民众在道旁围观，街道两旁更是连屋顶上都站满了人。始皇的车驾一到，民众纷纷跪下齐呼万岁。始皇的辒辌车，当天是由赵高御车，公子胡亥参乘，始皇在万岁声中频频左顾右盼，向群众挥手致意，心里却在想："我的辛苦还是有代价的，这些黔首都爱戴我！"过一会儿他又向公子胡亥说："你看到了吗？这些黔首都是自动自发来的，受全民的爱戴就是君王的最大报酬！""儿臣也作如此想法。"胡亥说。"但自古至今，历史上哪有像陛下这样事必躬亲，勤于治政的皇帝？"赵高在一旁乘机拍马屁。"不然，黄帝擒蚩尤，战于涿鹿之野；尧王亲九族，章百姓，合和万国；舜和禹亲政爱民，治洪水，使得天下百姓都能安居乐业，自有朕不及之处。"始皇谦虚地说。"父皇也有礼让的时候！"胡亥笑着说。"三皇五帝和陛下相比，只是如以烛火比日月罢了，"赵高谄笑地说："以前五帝之国，地方不过千里，诸侯服不服，来朝不来朝，全都没有力量管制，哪像陛下这样天下政令统一，德服诸夷！""唉，话虽是这样说，但百废待举，统一天下已十年，仍然有做不完的事，黔首不得休息，朕也无法安心。”始皇叹口气说。“这都是以前所谓贤君无为而治的结果，现在事情堆在一起，让陛下操心。”赵高说。“看这么多的事，恐怕朕是不能做完了！”连日旅途，始皇脸上已出现倦容，他喟然叹说：“朕到底已是五十岁的人了，以前读古籍读到过孔丘所说的：‘天若假年，五十以学易。’现在朕才完全体会出他说这句话的心情。”赵高一听始皇这样说，暗自在心中警惕，看样子始皇又想起了立太子的事。他连忙在御者座上回首恭身说：“陛下正富春秋，而且只要这次战败海神，去除求取长生不老药的障碍，陛下就会寿与天齐了！”“但愿如此！“始皇不再说话，陷入沉思。两旁欢呼万岁的声音，他听而不闻；围观下跪的群众，他也视而不见。他想起海神挑战的事，连带想到大秦没有一支强大的楼船军。海神应该说得不错，“三山六水一份田“，海中不但有岛屿，海外一定还有其他的国家。秦一直处于内陆，虽然也设有楼船将军之职，但水军一直不强大，只能用在江河支流上，作运补及护航之用。原楚国江上水师，虽有点规模，但自天下统一后，大多解散改作民用，尤其是骊山陵墓、咸阳阿房宫的修建、石头木料的运输，全用到这些船，船上的战斗设备早就拆除掉了。照说，原齐、燕临海，而且海岸线极长，但它们只以大海为屏障，假想敌完全是来自西方的秦国强大陆军，根本未想到向海洋发展，所谓的水师也只能在江河上担任巡逻、护航及运粮等任务。始皇又想到：现在大秦已打通了渤海、黄海、东海及南海等四海，因为缺乏强大的海上水师，所以海面上海盗横行，各自占海岛为王，甚至还向过往船只收保护费，不然就连人带船掳走。男的当奴隶，女的姿色好的，留着做头目的妻妾，姿色较差的，就做为喽啰公共的泄欲工具。众多案件报到各郡守那里，郡守想处理都没有这个能力，只有向上呈报，但太严重的案情怕始皇动怒，还都隐瞒下来，只是辗转传入他的耳中。始皇想：这是否就是海神所谓的侵入他的领域？嗯，他要建立强大的水师，这是一举两得的事，既可以保护由南到北的贸易船运，同时还可以开发附近的岛屿，进一步探找出海外之国。当然顺便也可以寻觅仙岛，找那长生不老之药！谁是编练水师的人选呢？几个曾任楼船将军的人，在他都认为不够理想。任嚣，对，就是他！以他的才干，又担任南海尉这么多年，正是最好的人选，他正好在会稽等候，见面时要和他好好谈这件事。正在他想得入神的时候，突然觉得车子剧烈震动，六匹黑马人立长嘶，赵高连声吆喝。“有刺客！”有人高声叫喊。周围郎中拔剑将始皇座车团团围住，形成人马墙层层护卫。

虎贲军都尉带着众多兵卒拥着一对男女上前禀奏。“启奏陛下，只是一对拦驾告状的男女，臣罪该万死，护驾不周，惊动陛下。”始皇没有答话，只看了这对男女一眼。只见男的面目清秀，唇红齿白，称得上是一表人才，年龄不会超过二十，而女的大约十五、六岁，面貌和男的长得极像，看上去像一对兄妹。“你们有什么冤枉?”始皇和蔼地问：“为什么不去向所辖县府申诉?”“天大的冤情，不止关系小人兄妹而已。”男的侃侃而言，似乎并不恐惧这个传言中动辄坑人的皇帝。这时蒙毅已下车，走到始皇车前行礼。“廷尉，这对兄妹拦舆车告状，该如何处理?”始皇问。“请陛下交臣处理，问明案情再行禀奏。”“别难为他们，”始皇语气柔和得连自己都感到奇怪：“和你同车带回去吧!”两人闯驾，旁观民众全都看得清清楚楚，大都等着看始皇大发雷霆杀人，一见竟是这等轻易打发，全都跪下狂呼：“始皇帝仁慈！陛下万岁！万万岁!”只有急忙赶到的会稽太守，早已吓得满身冷汗。“走吧，没事了。”始皇说。车队在万岁声中，又慢慢启动。晚间，蒙毅来行宫回报审讯结果。原来正如始皇所猜测，这对男女果然是兄妹，一名吴鸿，一名吴秀。自幼父亲去世，母亲改嫁，兄妹相依为命成长。母亲改嫁时，吴鸿才八岁，全靠他帮人做杂工，以及邻居帮助，兄妹两才能长大。“哪有这样狠心的母亲!”始皇勃然大怒，他想起自己淫狠的母亲，也回忆到八岁和皇后同游邯郸的情景。“据吴鸿供称，这里的文教风俗并不如父老们所说的那样好，而是淫风极盛，未婚前滥交成风，桑前榆下野合，习为常事。即使婚后，男女交往也不避嫌，通奸杂交都是司空见惯的。吴鸿母亲就是丈夫还在时，便与别人有染，丈夫一死，就丢下一对小儿女不管，跟那个男人私奔了!”“事隔这么多年，吴鸿还为此拦朕车驾告状?”“不是，而是为了一件更重大的事。”“哦?说来听听。”“原来这地方还有一项行之千年的恶俗，就是所谓钱塘君纳姬。每年钱塘君生日就要扩大庆祝，以盛大仪式将刚及笄的处女丢入江内，谓之送亲。”“钱塘君何许人也，谁人所封?”始皇印象中没有这位神。“相传钱塘君为海神之子，由海神所封。”“这就是说今年纳姬选中了吴秀?”始皇这下明白吴鸿冒死拦驾告状的原因了。“正是，陛下圣明!”蒙毅极带感情地说：“本来可以用钱贿赂巫婆另行选人，但兄妹生活都感困难，哪有这个余钱!”“钱塘君选姬是如何一个选法?”始皇开始感到兴趣：“大概说给朕听。”原来钱塘君选姬，乃是由地方巫者在生日前一月宣布，说是由钱塘君托梦要几月几日几时生的女孩，长得是个什么模样，然后就到处找。其实，巫婆早就打听好哪家有这样的女孩，她一般都是找有钱无势家的女孩，父母赶快送钱要她另找生辰八字相同的女孩，或是自己出高代价，买没钱家女孩代死。“这种淫风佚俗，难道地方官都不管吗?”始皇击案大怒。“不是不管，而是不敢管!”蒙毅摇头叹口气说：“天下刚统一，大秦派的郡守首次到任，下令禁止此事，竟引起一场民间大暴动，钱塘江流域附近县的数万民众包围郡守府，最后郡守答应不管这种风俗，才算妥协。”“朕怎么不知道有这回事?”始皇怀疑地问。“郡守当然不敢上报，”蒙毅微笑：“地处偏远，平日就法令不行，民间信仰高于法律!”“不行，这件事必须制止。"始皇坚决地说。"陛下，事关民情，必须慎重处理，交给臣来办吧！"蒙毅深怕始皇的刚愎脾气会造成大灾难。"不，事关风俗教化，本是郡县父母官的职责，既然他们管不了，而朕正好在此，这就是朕无可旁贷的责任。朕代天牧民，郡守县令又是为朕分担职守，他们负担不了，当然由朕亲自来。""交李斯丞相办理吧，何必陛下亲担烦忧！"蒙毅还想力谏。"民间如此信仰钱塘君，是否有什么灵验?"始皇对蒙毅笑着说。"每年钱塘君生日都逢大潮，而且江水时常泛滥为害，据臣问了一些父老说，那年就是因为没有纳姬，所以江水泛滥成灾，因此才酿成暴动。"蒙毅回答。"那以后年年纳姬，是否就没有水患了呢?""应该还是有吧，"蒙毅回答："据郡守说，三年前就有一次不小的洪水，淹没了不少田地房屋，夺走了不少生命。""那证明不是钱塘君纳姬的问题，而是水利没弄好。"始皇微笑。蒙毅看着始皇半晌无语，心里在想——多英明睿智的皇帝，为什么逢到自己长生不老的事，就变得如此迷信幼稚！始皇无语地站起来，在室内走来走去沉思，很久很久才又复座，他徐徐地对蒙毅说："你还有什么意见?""是否要找李斯丞相来议事?"蒙毅小心翼翼地问。"不必了，朕已决定如何办理，你记下来转告会稽郡守，用不着朕另下诏命。""是。"蒙毅恭身答应。此时近侍拿来笔墨和白绢。笔为羊毛制成，由蒙恬最新发明，书写便利迅速，比以往用竹、玉和金属制成的硬笔方便多了。始皇郑重的一个字一个字地念出："第一，命会稽太守立即传朕意旨，永远废除钱塘君纳姬风习。第二，限三个月内拟定浙江（钱塘江）整治计划上奏。第三，二天后另召集一批父老来与朕话桑麻，告诉他朕会亲自按这些人的话，一一到现地去证实！"

三天后，始皇本来约定接见父老的时间订在晚上，而且有一次盛大的赐宴。但在一早他就被近侍吵醒。近侍慌慌张张地启奏："陛下，行宫外围满了好多民众，说是来请愿的，正与禁门郎中大吵大闹！""有这样的事，"始皇简直不能相信自己的耳朵，他不耐烦地说："传虎贲军都尉派人驱散！""是！"近侍行礼正要告退。另一名近侍又进来报："李丞相及蒙廷尉求见。"始皇昨夜睡得很晚，今天一大早就被吵醒，很想骂人、揍人甚至是杀人，但看到近侍满脸惊惶、惧怕他发脾气的样子，又有点于心不忍，他知道若不是发生了重大的事，近侍绝不敢惊吵他的睡眠。他忍住满腹怒气说："好吧，要人进来服侍朕梳洗，让他们在外面等一会儿。"等他梳洗已毕，来到临时朝殿，只见李斯、蒙毅、虎贲军都尉等人，全在殿中等候，见他到来，一起行礼迎接。只见李斯满脸着急，会稽太守更面无人色。始皇看着神色稍微镇定的蒙毅问："有什么事故发生吗?""启奏陛下，禁门外正有数万黔首聚集，要求陛下收回成命。"蒙毅恭身说。"哦?"始皇不在意地笑了笑，装作不知地问："什么成命?""废除钱塘君纳姬的事。”蒙毅明明知道始皇是明知故问，但不得不硬着头皮言明。始皇没有作声，只是用威严的目光扫视诸人，当他的目光最后停留在会稽郡守身上时，郡守肥胖庞大的身子，竟像被挑动的弦一样，浑身都在颤抖。“他们平日都是用这种方式向官府谈事情吗?”始皇语气平和地问。“不……不……不是。”郡守声音颤抖，结结巴巴地说。“好，你们都跟朕到外面去看看。”始皇言罢，起立向外走，李斯等人紧紧跟随。他们上了行宫平台，民众一见始皇出来招手，有一半的民众跪下口呼万岁，另有一半人静立不动，其中更有少数人举手高叫起来：“陛下，你在这里只停留几天，我们却要子子孙孙世居于此!”“对了，洪水淹没田地，你也不会没饭吃，淹也淹不死你家的人!”有人作更激烈的发言。“你这样做，是会遭神谴的!陛下!”“嬴政，你凶狠不顾人，总不能不怕神明!”喊声中，竟然有人敢直呼他的名字。“……”“……”众多的声音混在一起，像大江波涛，更像雷鸣。始皇脸色平静，就像欣赏窗外暴风雨的雨景，他要近侍搬来席案，就在平台前坐下来。群众前面，身穿白色宽袖宽袍、头戴鸠冠的巫婆，带领一干穿着白袍、未戴冠、披散长发的男女弟子，在群众前面起舞，口中狂喊：“吾乃钱塘君是也!嬴政胆敢侵犯到孤家头上，必须加以惩罚!尔等百姓千万不能听信他的，免得遭受洪水淹顶之苦!”钱塘君神威真的非同小可，巫婆一开口说话，全场数万人竟鸦雀无声的静止下来，连小孩的哭叫声都没有了，始皇看得暗暗皱眉。“丞相，你看如何办理?”始皇问站立在身旁的李斯。“陛下，民意……”李斯的话还未说完，始皇就微笑地打断他说：“这不是民意，而是神意!”“陛下明鉴!神意……”李斯的说话再度遭到打断，始皇突然失去笑容，严厉地对他说：“也是巫婆之意!”李斯恭身肃立一旁，不敢再言。始皇又声色俱厉地将会稽郡守召到前面来说：“这是你平日养痈成患的结果!”“臣罪该万死!”会稽郡守跪伏在地浑身颤抖。“现在该如何处理?”始皇叱问。“交由臣去处理。”郡守犹豫地说。“去吧，已经找到朕的头上，用不着你代为出头了!”始皇叹了口气，面色变得缓和起来。他又向侍立一旁的蒙毅问：“廷尉，假若交由你来处理，你要如何做法?”蒙毅没有答话，考虑起来，始皇没有催他，只是又向台下群众中望去。只见四方八面还不断有群众扶老携幼而来，人越集越多，有的还手捧燃着香烛的香案，口中高叫万岁。巫婆和一班男女弟子舞得越来越激烈，叫喊声也越来越大，全是以钱塘君的口吻直呼嬴政的名字挑战。始皇叹口气向群臣说：“白起坑赵降卒四十万，这里大约有五、六万人吧，尽皆坑杀并不为多，只是还有这么多焚香燃烛，口呼万岁的善良黔首!”他说话时，额前青筋直跳，表示他已动了杀机，蒙毅连忙跪倒在地，急声说道：“臣已想好对策，请陛下回驾，这里交由臣来处理!”始皇沉吟了一下，微笑着说：“好，朕授你全权办理，该果断时就该果断!”接着他又转向李斯等人说："跟朕一起下去吧，你们留在这里没有用处。"

蒙毅走到平台前面，向群众挥手要求安静。

看到始皇离去，群众先是一阵错愕，继起的是极度的混乱。有人哭着喊万岁，也有人跪地哭泣，更有人高声叫骂。

失去了主要敌人和观众，"钱塘君"也走了，巫婆和她的那些男女弟子呆立当场，停止了舞蹈和狂喊。

蒙毅一挥手，全场都静止下来。他大声喊着说：

"陛下已全权交由本官处理此事，大家稍安勿躁！"

群众静了下来，有人窃窃私语：

"这人是谁？身着红袍，腰系玉带，官职不小！"

"看来如此年轻，皇帝怎么会全权交他处理？"

"……！"群众私议越来越大声，现场又逐渐混乱起来。

"我是廷尉蒙毅，已蒙皇帝诏命办理此事。"

他这句话一出，群众有了信任，又开始平静地等他说话。这时他先转身对虎贲军都尉说：

"你先带一万人马，守住各处通道，只准出不准进！"

"得令！"虎贲军都尉下去调动兵马。

然后蒙毅又大声转向巫婆说：

"你既然是奉神命行事，现在请上来与本官一谈，本官乃是奉人君之命，应该够资格与钱塘君商议！"

巫婆听到蒙毅如此说，她不但不敢上前来，反而率领男女弟子往人群中躲，有的人恶作剧将他们推出来，他们又往人堆中挤，群众中开始有了嘻笑声，有人说：

"你是神君代表，还怕什么人君代表！"

"蒙毅！你这样亵渎神明，你会遭到天谴的！"她尖叫着往人多的地方挤，群众又将她挤拉到最前面。

"怕什么，就去跟他谈！"有人虔诚地说："神会显灵保护你！"

"平日拿钱塘君欺压蒙骗我们，现在怎么啦，见到大官就不灵了？"有人信心开始动摇，怒骂起来。

蒙毅本来想派人直接逮捕巫婆，却怕激生民变，杀戮太多，一见部分群众信心动摇，他大声宣布说：

"大家已见到巫婆的心虚，她根本是装神弄鬼吓人！各位不要再上她的当，现在各自回家！本官自会公平处理这件事！"

蒙毅此话一出，平时不满巫婆行为和信心动摇的群众纷纷离去，巫婆在人群中大叫阻止，但大部分的人都不理她，不到半个时辰，人已经走掉大半。

闻风而来支援的人，被虎贲军挡在外围进不去，看到包围圈内出来的人，纷纷上前来问，明白里面的情形后，纷纷散去。

不到一个时辰，包围圈内剩下的“死忠”民众已不到一万人，而且没有了老弱妇孺。他们围绕巫婆和她的弟子而坐，不再出声，似有誓死保护他们的决心。

蒙毅见时机已到，他又再大声宣布：

“现在给你们最后一个机会，限半个时辰以内走开，否则以聚众威胁官府论罪！”

这项罪名一加，片刻间，群众又走掉一大半，剩下的只是一些死硬分子，巫婆一见大势已去，这时“钱塘君”又到了，她便带着弟子站到平台下面，两眼紧闭，浑身颤抖，又狂舞狂叫起来，俨然是男声君王口吻：

“吾乃海神之子钱塘君是也！蒙毅，你为何阻挡孤家纳姬？”

蒙毅心里暗笑，但在表面上不得不尊重民俗，他站起来拱手行礼回答说：

“我乃奉命行事，身不由已，还望钱塘君恕罪。”

“你可转告嬴政，别阻拦纳姬之事，此事行之已有千年！”

“贵神既为龙又为神，纳姬应纳海中鱼虾，甚至是南海的美人鱼，再不然也是阴间鬼魂或仙人，为什么偏好凡间活女子？”

“这是孤家的事，用不着你们过问！”“钱塘君”怒斥。

“如今天下统一，你要的是大秦子民，就不能说不关我们的事了！”蒙毅一面口中吆喝，一面也在心中想——为什么装神弄鬼的事一再被拆穿，还是有这么多人相信，连英明的始皇帝都包括在内！

“钱塘君”不再回话，只是“附体”在巫婆身上怒吼咒骂：

“蒙毅，假若你不听孤的警告，一意孤行，你将死得很惨！嬴政的王朝也将不保！孤要发动洪水，淹没附近十多个县！”

“假若你要这样做，上帝自会找你算账！”蒙毅哈哈大笑。

他再看看计时用的香已燃完，半个时辰已到，他对侍立在一旁的虎贲军都尉下令：

“派人马包围住这几千人，看他们无水无食能维持多久，等他们饥渴得不能动时，再进去抓人！”

这是一个庄严盛大的行列，也是一个稀奇古怪的行列！

最前面是黑盔、黑甲、黑旌旗的六千虎贲军开道，接着是六部辒辌车，坐在第一部车中的始皇卷起车帘，让万民能瞻仰他的容颜，随后是各大臣的车驾，再后面又是殿后的六千虎贲军。虎贲军后面步行的，却是数千聚众闹事的囚犯。

最后几部车，则塞满了巫婆穿白色法袍的男女弟子。巫婆仍然是鸠冠白袍，独乘一部车，远远看去和往日一样神气，但就近一看，才看得出她形容瞧悴，脸上原来已够深的皱纹，如今变成车辙痕一样横竖交叉。

再看清楚点，还看得见她是老泪纵横，啜泣不已。

在殿后的郡卒前面，几部双马拉的马车，坐着身穿白色法袍的张良和从人，他要为今天的始皇祭江仪式赞礼。

江边风大，江中更是浪涛滚滚，正是涨潮最大的时刻。天气虽冷，空中也密布阴霾，有着要下雪的征兆，但江边还是围满了民众。

见到皇帝亲临已是一生难逢的盛事，何况是他要亲自和江神斗法。

始皇一下车，围观民众纷纷跪倒高呼万岁。

江边早准备好了祭礼三牲和香烛，张良一到，便开始举起法仗作去，口中念念有词。

巫婆也被带到江边，要她作法请钱塘君附体，怎么再三的请，钱塘君就是不敢上身。

奉常少卿焚化了李斯所撰的祭祷文，内容大要是：

“江神既然是龙又是神，纳姬应纳江中鱼虾，或者阴魂仙人，为什么偏要凡间活女子？朕为天之骄子，奉天帝命代牧万民，就有保护子民不受逼迫伤害的义务，希望贵神能上体天帝好生之德，以后改用选中女子的神主牌位和生辰八字代替。”

前面几句话为蒙毅和“钱塘君”对话时所提，禀奏始皇后，始皇大为欣赏，用作祭文的主题。

轮到始皇行礼时，他只长揖三次，并不跪下，因为按照道理，山川江海都应在他这位天子的管辖之下。

他等候了片刻，钱塘君仍然不肯附身，当然就没有回答，他有点不耐烦，向侍立在一旁的蒙毅说：

“要钱塘使者巫婆下去讨回音吧！”

蒙毅答应了一声：“是！”就命侍卫将巫婆抬起要往江中丢。这时巫婆全身颤抖，但却是被吓的，而不是钱塘君附体。

“陛下饶命！”巫婆尖叫。

始皇转过头去，装着听不见。蒙毅调侃地对她说：

“你最少也丢了二三十个年轻女孩下去，现在也让你尝尝被丢的滋味！”

“老婆子也是奉神命行事！”巫婆试图用神的权威作最后挣扎。

“那你就更应该下去，讨来回音赶快回来，”蒙毅又大声喝了一声：“丢送神祇启程！”

几名彪形侍卫，合力将瘦小的巫婆高举过头，摆动几下再合力丢出去，巫婆惨叫一声，落到白浪涛涛的江中，宽大的白色法袍还让她载浮载

沉很久，最后一股大浪将她卷了进去，再也不见踪影。

蒙毅向跪在面前的二十多个巫婆男女弟子说：

“你们的师父要是回来晚了，你们要一个接一个去催！”

二十多个人叩头如捣蒜，额头都见了血，齐声大喊：

“小人等只是奉师命行事，还望大人饶命！”

始皇拱手而立，等了片刻，微笑着向李斯等群众说：

“看样子钱塘君架子很大，朕站在这里等候，他还故意迟延，我们回去等吧！”

始皇和众大臣登车回程，围观群众纷纷跪下狂呼万岁。其中有的人是衷心愉快，他们平日受制于巫婆和“死忠”于她的信徒，受害也敢怒不敢言。

有的人虽然还是相信钱塘君有灵，但这样一来，他们更相信始皇是天下之主，钱塘君不敢和他斗，因此就算淹死了他的代言人，他仍然迟不见面。

但还是有些深信的人，眼睁睁地等着看巫婆安然无恙地回来，心里害怕不久就会淹洪水，同时埋怨始皇得罪神明。

回到行宫后，始皇下诏——

一、会稽郡守监督不周，听认邪俗横行，立即削爵撤职，降为庶民。

二、钱塘县令对此坐视不问，甚至有推波助澜之嫌，着予削爵撤职，罚到北边筑长城。

三、五千愚昧信众，聚众威胁官府，本应处死，姑念无知，发放骊山筑陵。

四、一千巫婆弟子，妖言惑众，本应弃市，枭首示众，念其年幼，男的发往北边筑城，女的收为宫奴。

其实照始皇的原意，干脆全坑掉算了，由于蒙毅一再苦苦代为说情，始皇才作了如此判决。

始皇办完这件事，仍感意犹未足，那天他不快地向李斯和蒙毅说：

“朕奉天命牧民，但以往只注重法令制度及各种工程建设，疏忽掉民俗教化，但真正治民根本在于转风易俗，教化黔首于春风化雨之中，丞相、廷尉在这方面都有协助朕的责任。”

“是，陛下，臣今后在挑选郡守和县令时，一定会注意到这点。”李斯唯唯遵命。

“以臣之见，会稽与前闽越接界，受到闽越族人风俗影响甚大，淫风极盛，而五伦亲情甚为淡薄，这不是一朝一夕可以纠正过来的。”蒙毅也接着禀奏。

始皇点头称是，继而长叹一声说：

“朕每至一地，只能作短暂停留，风俗教化乃长远之事，而且郡守县令推出来见朕的地方父老，全是报喜不报忧，朕也无法得知真正民情！”

“现在吴鸿兄妹还在臣处，何不找来问个明白。”蒙毅在一旁启奏。

“对啊，立刻将他们找来！”始皇高兴地笑了。

吴鸿兄妹被带到始皇面前，跪下行礼高呼万岁已毕，始皇赐席要他们坐下。始皇对这对俊秀兄妹越看越爱，不觉动了怜惜之情。他首先问吴鸿说：

“看你面目清秀，举止有礼，甚为讨人欢喜，你是否读过书？”

“小人八岁父死，母亲改嫁，妹妹只有三岁，全靠邻人见怜，给点杂工做，勉强养活兄妹两人，哪有钱入学读书！只是在放牛之余看点简册，学学书写，晚上得到一位儒生指点，倒也读过一点诸经百家，只是……”说到这里吴鸿再也说不下去，因为他想说的话是——现在陛下下令烧书，已经是无书可读了。

“只是什么？”始皇微笑着问。

“只是因无良师教导，没有什么进展。”吴鸿话锋转得极快。

始皇一时高兴，转向李斯说：

“你认为孺子可教吗？”

“刻苦向学，生性聪明，反应极快，应该是个可教之材。”李斯对吴鸿倒也是衷心喜欢。

“那要他向你学刑名狱政之学吧！”始皇高兴地说。

吴鸿看了看妹妹，犹豫着不知谢恩。还是吴秀灵敏，立即避席顿首代兄道谢：

“谢陛下鸿恩！”

始皇注视了吴秀一会儿，心想真是十步之内必有芳草，这女孩秀外慧中，敏慧程度和幼公主相近。幼公主既不愿嫁胡亥，胡亥却一直在等她，已经二十一岁了还未娶正室，这个女孩倒可一试，胡亥应该找个深知民间疾苦的女子来匡正他。他心中如此念转，口里却问吴鸿：

“你幼妹都知道代你谢恩，你反而犹豫不决，有什么困难吗？”

“臣兄妹相依为命……”吴鸿也避席顿首启奏。

始皇没等他将话说完，便打断他的话，慈祥地微笑说：

“兄妹情深，这表示你天性淳厚，但是，傻孩子，丞相府这样大，还怕容不下你一个妹妹？”

始皇言罢哈哈大笑，众人也跟着笑。始皇再转眼看胡亥，只见他目不转睛地看着吴秀，他又笑着说：

“吴秀！”

“民女在！”

“假若你喜欢住宫中，可以任你挑选。”始皇口里这样说，眼睛却是看着胡亥的。

这次可是轮到吴秀犹豫了，她欲语含羞地低着头。

“朕明白你的意思，你怕宫女嫁人不便，耽误了青春，那是以前的事，朕的后宫宫人足三年即可志愿择人而嫁。再说，朕不是要你去充当宫女，而是要你去陪伴幼公主。”

这次吴秀谢恩谢得特别快。

始皇忍不住微笑，众臣看到始皇难得像今天这样好兴致，也都凑趣地跟着哄堂大笑。

接着始皇又问了吴鸿一些风俗民情，发现他年纪虽轻，却富有分析事物的能力，而且在谈话中，不时出现精辟独到的见解，不由得对这对兄妹更加怜惜，立意要培植他们。

经过和吴鸿的一番谈话，始皇对这个地区的民间疾苦，有了更深刻地了解。

原来这个地区淫风盛，还有一个基本的辛酸原因。

这个地区极为贫困，很多家庭只有一间茅屋以蔽风雨，男女老幼大小杂居一室，自小对男女之事耳濡目染习以为常，乱伦的事也司空见惯。

另外，因为多数人家贫困，娶不起妻，所以流行一种租妻习俗。某甲可用若干租金向某乙租妻若干时间，有的是约定时间归还，也有约定不限时间，直到生孩子才还，甚至有要等到生男孩才归还的。

当然租金多寡视承租人的心愿及女人姿色而定。初时这种习俗完全是为穷人着想，娶不起妻子而想延续香火的，可以用少数的租金完成心愿；生活不下去或是有急难的，也可借着出租妻子，贴补家用或救一时之急。

但后来延伸到富人也插上一脚，看到某贫家妻子貌美，就用点钱租回来享用一段时间。

于是，这中间的纠纷就层出不穷。有的女人贪慕富贵，时间到了不肯回去；有的怀念丈夫和孩子，在别人家度日如年，受不了思念之苦，或受到虐待，在别人家自杀的、逃跑的，这场官司就打不完。当然其中也有仙人跳骗钱、威胁恐吓等等诉讼，常教地方官头痛。

最要紧的，生的孩子也常会闹纠纷，时间拿捏不准，算算都有可能，生男孩两家抢着要，生女孩两家都不承认等等问题，不但会打官司，有时还会引起打杀，甚至是两族之间的械斗。

始皇一边听一边摇头，他感叹地对李斯等人说：

“调和鼎鼐，移风转俗是丞相的职守，听讼直断是廷尉的责任，你们两人有什么办法?”

李斯和蒙毅两人都低下头，半晌无语。

“唉，你们一时想不出，回去思出对策再来奏朕！”始皇长叹了一声。

始皇经由李斯丞相下诏，命令代理郡守及各县令（长）——

一、注意教化伦理，长幼有序，男女有别，不得杂居一室。

二、禁止租妻习俗，违者男发边筑城，女收为官奴。

三、男女通奸野合，两皆未婚者即行婚配，男方终身不得休此妻。

四、已婚男女通奸，男发边筑城，女处死。

五、已婚女子与未婚男子通奸者，女处死，男发边筑城。

六、已婚男子与未婚女子通奸者，男发边筑城，女收为官奴。

七、强奸或胁迫成奸者，男犯处死，女犯者收为官奴。

八、已婚男女私奔者，男处死，女有子者处死，无子者收为官奴。

九、未婚男女爱恋，受宗族父母反对而私奔者，准予成婚，但终身不得离异。

另外，始皇召集了代理郡守和有此不良风俗的各县令（长），明示他们，严刑峻法只是治标，想治本先要使黔首富裕，所谓衣食足而后知荣辱，仓廪实而后知廉耻。修筑堤防，防止水患，挖渠道，建水库，将荒地变良田。始皇并当面交代丞相李斯，回咸阳后即派水利人才来协助，并派遣园艺和纺织专家来此教男耕女织。

始皇并且亲自视察各个官衙，发现行政效率太差，尤其是诉讼案件堆积如山，一件案子经年累月都不判决。始皇当然明白这是贪官污吏索取贿赂的花招，他一气之下，将这些查有拖延实据的官吏全部革职，发往北边筑长城，一时之间，官吏个个胆寒，而黔首人人称快。

由于吴鸿事件的鼓励，敢于到行宫告御状的民众逐渐增多，先还是由李斯或蒙毅处理，发还给所属各县或郡审理，但有很多是不服郡守的判决，只有由蒙毅亲自审问判决。

那天始皇半开玩笑地对蒙毅说：

“朕这生几乎所有的事都经历过，就是没问过案，蒙卿，这几天忙得如何?”

“前太守昏庸无能，凡事都拖，积压的不服案件，全都告到行宫来了。”蒙毅哭丧着脸启奏。

“好了，让朕明日亲自来处理，尝尝问案的滋味。再者，告来的有什么最疑难的案件没有?”

“越是重大案件，牵涉多，证据也必多，反而容易处理。只有一件看似无关的案子，拖了几年，经乡里调解不成，告到县、郡，总有一方不服，其中还曾引发一场两姓间的大械斗，死伤了不少的人，案子仍然没有解决。”

“哦？还有这种事?”始皇惊诧地问：“是件什么案子?”

“租妻生子案，”蒙毅笑着答复：“但愿陛下这项禁令生效，永远不再发生类似事件。”

“案情怎样？说来听听。”始皇大感兴趣。

“有某甲向某乙租妻一年，言明有无生子到期都得归还，但某乙妻至某甲处不满足月生下一子，某乙就说这个儿子是他的，因为照生产月份就可知道，而某甲却坚持说孩子是到他家才受孕，只是生下不满足月而已。”

始皇听到这件案子不由想起自己的身世，脸上流露出伤感，但他装着不经意地问：

“母亲本人应该知道，怎么会酿成如此大事？”

“那个母亲先前说是带孕过来的，后来经过某甲的威胁，又改口说儿子的确是某甲的，然后经不起本夫某乙的苦苦哀求，又再说是某乙之子，甲乙反复威胁哀求，母亲只有说她自己也弄不清楚！”

“县令和郡守如何判呢？”始皇问。

“县令判在某甲处生的就该属某甲。某乙不服告到郡守，郡守改判按月份算，不可能七个月生子能养活，改判为带孕出租，儿子应该是某乙的。某甲又不服，于是演变成大械斗。”

“孩子今年多大了？”

“三岁了。”

“那应该看得出像谁了。”

“难就难在这一点，这男孩子长得和他母亲一模一样，和两个男人都有点像但又不太像！”蒙毅叹口气说。

“竟有这种巧事！”始皇大感兴趣地说：“明天让朕亲自看看。”

次日，始皇派人在行宫门口贴御榜，公开接受有冤屈者告御状，并在进门处设置大鼓一面，有申告者击鼓，就有近侍出来接待，这种击鼓告状后来经始皇变成制度，命令全国施行，成为后世的通规。

始皇为了表示亲民及公平，也在御榜上宣告，审判时，黔首可自由旁观，但不得喧哗滋事。

那天，始皇据高案而坐，下设左右两个席位，分坐着李斯丞相和蒙毅廷尉，庭中布满近侍和郎中。

始皇这次将从中隐老人那里学来的“一心多用”技巧，发挥得淋漓尽致。

他同时询问几个人，要这几个人同时答复，他口中又在询问别的事，而手上还不断地批阅文件，速度几乎是别人问案速度的十倍。另外，他的判断准确明快，语词中偶尔亦出现机智幽默的话语，使得观审的人忍不住，顾不得喧哗的禁令而哄堂大笑。

他一个上午就清理了蒙毅多日来堆积的所有案子。

不但观审民众叹服始皇帝真是神人，李斯和蒙毅这也才明白，始皇为什么能一天批阅一石（一百二十斤）的奏简，而且每一道朱批都让他们心悦诚服。

上午休审时，庭中诉讼两方和观审人员，以及围聚在行宫外看热闹、打听消息的民众，全都自动地跪下高呼：

“始皇帝天纵圣明！万岁！万岁！万万岁！”

始皇用过午膳，休息一会儿，接着御审租妻亲子案。

行宫内外、刑庭周围全都挤满人群，郎中左令忧心忡忡的向始皇禀奏要限制观审人数，以防不测，始皇笑着说：

“你看不出吗？黔首真心喜欢朕！”

郎中左令也就不敢再说什么了。

近侍带上诉讼两方，分别跪在左右，中间跪着那个带着孩子的母亲。

两个男人都长得一副憨厚模样，典型的种田庄稼人，女的虽然是荆钗粗服，倒也是收拾整洁，颇有几分姿色，他们全都低着头，准备听皇帝的问话。

那个三岁的孩子，长得的确俊秀可爱，难怪两家都抢着要，不惜刀棍相见。

他不耐久跪，也不怕生，装出一副懂事的样子，压低了声音问母亲：

“妈，跪够了没有？”

说着就要站起身来，他母亲将他按下跪好，再压低他的头，他偏偏要将头抬高，两只黑白分明的大眼睛盯着始皇看，时而转动眼珠摇摇头，像有要向始皇问话的可能。

始皇也注视了他很久，的确，正如蒙毅所说的，单凭长相，他也看不出这个可爱的孩子该属哪个男人。

他先简单地问了姓名年籍，然后问了问案情，要两个男人各自申辩理由。

两个男人开始还能按照规矩，一个接着一个讲，跟着说得越来越激烈，竟忘了是上面坐着的天子在问话，两人针锋相对，直接你一句我一句地吵了起来。

始皇坐在上面，只微笑地看着他们吵，坐在下面的李斯和蒙毅当然没有制止的余地。

最后始皇一拍惊堂木，两个男人才觉悟到自己是跪在皇帝面前，赶快低下头沉默。

孩子给这一拍，吓得哭着往母亲怀里钻。

“王氏，”始皇改问女人说：“你身为母亲，应该知道孩子属谁！”

“民妇不知道，真的不知道。”王氏就此始终哭着，翻来覆去就是这

句话。

两个男的又开始吵起来，周围的民众忘了是在坑人不眨眼的始皇面前，又都窃窃议论起来，人多口杂，虽然每个人都认为自己很小声，但音量的总和，就像大群蜜蜂嗡嗡不断一样。

始皇再拍惊堂木，众人才恍然大悟身在何处，全都吓得不敢再出声，此时庭内静得连掉根针在地上，也能听出声音来。

始皇沉声徐徐地说：

"此案缠讼三年，为此械斗死伤人员无数，罪魁祸首全在这孩子！"

庭内外观众莫不诧异，连李斯和蒙毅也忍不住转头看始皇，不明白他的用意。

始皇接着用最缓慢的速度一字一字的吐出：

"朕现判决：为了根除祸源，将这孩子用白绫绞死！"

两旁持白绫的刑卒上来抓住孩子。

全庭一片哗然，但见到虎贲军及郎中剑出鞘，全付戒备，也不敢公然反抗，人人都在咕哝着咒骂。

始皇用似箭的威严目光扫视全场，然后厉声地说：

"敢喧哗妄动者死！"

全场又是一片肃静。

此时母亲抱着孩子，伏俯在地上狂喊：

"皇帝！杀了我吧，都是我不好，我真的已弄不清谁是孩子的爸爸，因为在我出租以后，为了夫妻感情难舍，我还时与本夫偷偷相聚！"

承租女人的男人，这时怒气冲冲地看着女人，但屈于始皇的君威不敢作声。

始皇语气稍微缓和地问两个男人，对判决有什么意见。

"小人遵命，没有意见。"承租女人的男人说。

"皇帝，这样可爱的孩子你也要杀？上天是有眼睛的，断给他吧，小人以后不敢再说什么了！"出租女人的男人断断续续地将话说完，伏俯在地，泣不成声。

始皇惊堂木一拍，捻着五绺短须，仰天哈哈大笑。他的笑声将包括李斯在内所有的人震惊得莫名其妙。

在众人惊诧的目光中，始皇蔼然微笑地说：

"朕费了这大半天的事，终于帮孩子找到了父亲！"

他转向那个正在啜泣的男人说：

"不管你是否是这孩子的生身父亲，但你是他真正的父亲，朕相信你也会是个好父亲。这孩子朕判给你！"

正哭泣着的夫妇喜极相拥而哭出声来，孩子坐在地上，莫名其妙地瞪着始皇看。

全庭内外民众先是一片愕然，会过意来，全都跪下高呼万岁！有的人甚至感动得流出泪来。

“皇帝英明，万岁！万万岁！”的声浪，由庭内传到庭外，再由庭外传到行宫门外，传遍了整个钱塘。

始皇本想由钱塘渡浙江到会稽，但天气突然转坏，海水大潮，江面浪涛汹涌，船根本无法通过。

蒙毅转告张良的话，向始皇禀秦说：

“陛下，据张继推算，这是钱塘君有意报复，兴风作浪阻碍行程，陛下还是稍避其锋，等风平浪静后再说。”

始皇先是笑了笑，接着正色说：

“钱塘君纳姬本是巫婆借机诈财，朕将愚昧乡民的迷信都改正了过来，朕自己怎么还能相信这种无稽之谈？再说，即使钱塘君要与朕作对，他只是管辖区区浙江的江神，而朕是代天牧民的天子，怎么能对他畏缩？”

于是，始皇一行人不顾江上风浪，改由钱塘西方一百二十里江面最狭窄处渡江。

到达会稽时，南海尉任嚣已在会稽等待多日。

始皇住进会稽太守事先准备好的行宫，当晚就召见任嚣。

任嚣首先向始皇禀奏了经略南海地区的大概情形，经过数年的经营，任嚣的计划一一付诸实施，不但原先动乱最多的南荒地区变得安定，而且中原文化也遍及关中、南海、桂林等三郡。

再加上积极推行同化通婚政策，短短几年间，就已收到很显著的效果。任嚣乐观地对始皇说：

“只要这种情形继续下去，若干年后，将没有什么中原人和南越、西瓯人之分，很快就会产生一个新种类的大秦人。中原人文化水准高，但身体孱弱，不能刻苦，缺乏与大自然搏斗的坚忍；南越人文明程度低，但体格强壮，天生就有冒险犯难的精神，两者通婚的下一代，就会兼具两者之长，更适于在那个地区生存发展。”

“要是生出来的下一代兼具两者之短呢？”始皇笑着问。

“就跟果树插枝接种一样，大致上会是品种越来越好，兼具两者之长。臣刚上任时，就积极推动通婚，最早民族通婚所生的下一代现在都好几岁了，经过臣仔细观察的结果，兼具两者之短的不能说没有，但绝对是极少数的少数。”

“经过仔细观察？”始皇不解地问：“你如何观察法？”

“臣在新建城邑都广设学校，聘请中原去的饱学之士教学。”

其实任嚣口中所谓的饱学之士，就是那些因焚书令而被贬到南荒的儒

生，只是他不敢明言。

“那教材呢？”始皇有所发觉，直视任嚣追问。

“大部分都是与开垦有关的农渔园艺等实学。”任嚣有点不自在。

“其余的小部分呢？”始皇毫不放松地逼问：“你没有严格执行朕的焚书令？”

“臣罪该万死！”任嚣避席跪伏在地。

“为什么朕这样信任你，将南海三郡事务全权交托你，准你便宜行事，你却胆敢违背朕的禁令？”始皇额上青筋激烈跳动。

“陛下可否容臣禀告？”任嚣虽然态度恭顺，可是语起并不卑柔。

“你说！”始皇仍充满怒气。

“臣认为过与不及皆非好事！”任嚣毫不畏惧地说：“凡事则要因人因时因地而异……”

“你这样说是什么意思？”

“以臣之见，诗书礼乐诸经和诸子百家之说，在中原被各家尊奉过度，成为不可怀疑不可增删的圣人之学，所以才有诸儒生用来诽谤朝廷新的制度措施。但在南荒，中原之学本就缺乏，要是将这点中原文化精髓尽皆除去，臣不知如何同化南越之民，恐怕逐渐来到的中原人，反而会被当地人同化，成为化外蛮夷！”

始皇听完他的话，脸色稍微缓和一点，连他自己也不知道该如何处置任嚣。他想了很久，总觉得任嚣的话不错，过犹不及，都不是好事，中原儒学太盛，应该加以减杀，而中原人去到南荒，在当地的生存条件绝不如当地人，所凭的就是这点文化上的优势，所以应该提倡。但无论如何，任嚣仍是违背了他的禁令。按律，增删命令者处死，他能处死任嚣这种既忠又能干的臣子吗？

想来想去，他都感到左右为难，最后他只有逃避这个问题。他柔声地对跪伏请罪的任嚣说：

“复座吧，现在不讨论这个问题，朕希望你能确实推行同化政策，将南荒真正变成大秦整体的一部分，而不只是块赘瘤。”

“多谢陛下！”任嚣满心欢喜地回座。

过了一会儿，始皇又问：

“朕以前听闻东海中有仙岛，不知南海中有没有？”

“南海中不但有岛，而且还有大片陆地，这是遇风渔船回来所报告，仙岛之说，臣不敢妄加批评。”任嚣恭谨地回答：“不过南海和东海中，海盗都猖獗非常，危害商船和渔船，这是个亟待解决的问题。”

始皇一时没有回答任嚣的问题，而是抚案大笑，将任嚣吓了一大跳，他小心翼翼地说：

"陛下，臣有失言之处，还请陛下恕罪。"

"任卿所说正是朕心中所想，何罪之有，"始皇说："只是为我们君臣想法一致而高兴罢了！"

"陛下也想到了这个问题？"任嚣也高兴起来："臣已拟定了一项建立水师计划，陛下是否愿意过目？"

"当然，当然，"始皇连声说："以往大秦局促于内陆一地，心中根本没有海洋这样东西，前齐楚和燕国虽然临海，但战争目标在对秦，所以没顾到海上武力，才让海盗千百年来都能在海上横行。现在天下统一，不管对付海盗保护客商，或是将来向海外发展，都必须建立强大的海上水师，单靠现有的一些楼船已经不够。负责策划的人，朕早就挑选了你，而你又一见面就能提出完整计划，怎能要朕不高兴得笑出来！"

任嚣从袖中取出一卷羊皮卷要近侍转呈始皇。

按照任嚣的计划，全国设水师将军一人，专管海上水师军务，以和现有专管江河巡弋漕运的楼船将军职权分开，不得混淆。

水师本部设在会稽，下分设东海和南海两水师都尉，东海水师母港设在即墨，南海水师母港则设在南海港。

两水师都尉下再分设若干少尉，下辖若干战船，分驻于沿海各港口，平时巡弋护航，有事可集合或分遣作战，乃水师的战术单位。

始皇大略翻阅了任嚣的计划，觉得他真是个人才，他忍不住对任嚣说：

"任卿建议南、东两水师都尉由前楚原两楼船将军担任，那水师将军呢？卿心中是否有适当建议人选？"

"臣在南海受陛下所托，经过几年的经营后，大致已具规模，水师计划既是臣所拟订，将军之职当以臣担任最为合适。"

始皇惊诧地看着这位头大眼大，说话声音也大的南海尉，心中不免想：南海尉管理整个三郡，军政事务皆可便宜从事，名为南海尉，实质上可称得是南海王。如今一切都已具规模，他正是可以开始享受辛劳成果的时候，却自荐出任船都尚不知在哪里的水师将军，真是个想做事的人！

但他口中却带点调侃意味地说：

"古人内举不避亲，任卿却是更进一步自举不避身！"

"毛遂自荐，最后结果圆满，臣不敢让古人专美于前。"任嚣笑着说。

"南海经营虽大致就绪，但后继人选也非常重要，任卿心目中可有人选？"始皇又问。

"继任南海尉最好是由陛下从朝中选派官员担任。"

"为什么？就你的副手中挑人继任不好吗？"

"边疆之地黔首，心目中只有南海尉没有朝廷，这也难怪他们，因为

他们离咸阳太远，民风习性也有所隔阂。所以南海尉一职，不宜专任太久。”

“太久易生叛心?”始皇追问一句。

“臣对辖内官员派遣，也以官不属地，而吏尽量聘用本地人为原则，这样做是求得有个制衡。”任嚣不回答始皇问的敏感问题，只间接的作了答复。

始皇注视他良久，最后感叹地说：

“人臣都能像任卿这样，君王哪会有这么多的猜忌!”

“假若君主都像陛下这样对臣下推心置腹，也少了不少叛臣!”任嚣同样发出感叹。

君臣两人相视微笑。

“就如卿所建议，朕回咸阳后召开朝议，让他们先了解建立海上水师的计划，决定南海尉人选后，再召任卿回朝。”始皇考虑了一会儿说。

“这项计划花费不少，海盗之痛，咸阳又感受不到，以后向海外发展的利益，目前更是看不出来，依臣预料，势必会遭到不少大臣反对，说是好大喜功，劳民伤财。”任嚣担心地说。

“这不必去管它，大秦一直局限于关中山区，这些人的胸襟和眼界都嫌狭窄了些，这是朕常要带他们出来走走的主要原因。放心，朕决定支持你，宁可阿房宫及骊山两地工程停止!”

“那真是沿海黔首之福了!”任嚣避席顿首。

“不必多礼，”始皇摆手微笑：“请复座，明日陪朕上会稽山祭大禹!”

次日，始皇率领群臣登会稽山，在大禹墓和庙祭祀完毕，在会稽山顶，立碑颂扬秦德，文与书都是由李斯所撰写，字大四寸，用小篆体，其文曰——

皇帝休烈，平一宇内，德惠修长。三十有七年，亲巡天下，周览远方。遂登会稽，宣省习俗，黔首齐庄……皇帝并宇，兼听万事，远近毕清。运理群物，考验事实，各载其名。贵贱并通，喜否陈前，靡有隐情。饰省宣义，有子而嫁，倍（背）死不贞。防隔内外，禁止淫泆，男女洁诚。夫为寄豭（公猪），杀之无罪，男秉义程。妻为逃嫁，子不得母，咸化廉清。大治濯俗，天下承风，蒙被休经……从臣诵烈，请刻此石，光垂休铭。

当然，始皇没有下山，驻跸大禹庙内，其他从臣和虎贲军则在山顶搭营。

虽然已是十一月，但江南气候温和，寒流未至，当天并不十分冷，庙内近侍生起火盆，更是室内如春。

庙为坐北朝南，面临南海，阵阵海涛声声入耳。

始皇端坐在大禹神主牌位前，远眺月光下的大海和山麓处处营火，不禁陷入沉思。

大禹治水，三过家门而不入，亲自操劳，连小腿上的毛都磨光了，虽说是后人颂德不止，但他的功绩又留在哪里？河水、江水千百年后，又继续泛滥为患！

他的人又在哪里？只留下没有香火的败圮破庙数间，以及黄土一抔！

他始皇呢？功过三皇，德超五帝，建立了空前未有的中央集权大帝国，再过几十年，他又在哪里呢？

也许他会留下一道雄伟的万里长城供后人景仰，让后人认为他建长城防胡患的功劳，和大禹治水安民居处同样伟大。但也许后人也会和目前一些短视的臣民一样，咒骂他好大喜功，劳民伤财，长城是建立在黔首的血汗和枯骨上！

这些批评咒骂他的人都没到过北边，千百年来，胡人入侵，制造了多少白骨和血泪，他们又知道吗？

也许他不该建造的是阿房宫和骊山陵墓。徐市的“青春之泉”虚无飘渺，死后再雄伟的陵墓他也无法感受。

他应该像大禹这样，只留几间破庙和一抔黄土供后人凭吊，也就够了；或者干脆像中隐老人一样，死后骨灰洒在德水流入大海！

始皇想到生与死的问题，越想越感到迷惘，终于他发现自己是属于剑及履及、起而力行的类型，不适合做这类的空洞冥思。明天他就要起程前往东海，假若海神真的要向他挑战的话，应该遇得上海神。

海神说怕他长生不老以后，总有一天会入侵他的地盘。他到底是神，真的有先见之明，今天白天他和任嚣所商议的，不正是征服海洋的开始吗？

一想到征服海洋，刚才思索人生意义和生死问题的迷惘，就像见到阳光的朝雾，没过一会儿就完全消失得无影无踪。“陛下，夜深了，该休息了！”

耳边近侍的催睡声，将他吓了一跳。

会稽郡的事情处理完毕后，始皇经吴县渡江水（现长江）至海，乘楼船北上，目的地是琅琊，他始终忘不了琅琊山上的美好风光。

在船上，他时时是由蒙毅和张良作陪，反而将李斯和赵高丢在一旁。

东海上一路风平浪静，始皇及从臣所乘的那艘楼船，既大又设备舒适，生活在上面，感觉不出和平地有太大的差异。

时值仲冬，海上甚寒，但船舱内生起火盆，焚着玉兰花香料，温暖和芒香犹如置身于春天的花丛里。

始皇喜欢听张良谈东海轶事，花山仙迹。他看出这个俊秀的年轻人，不仅博学多才，而且比常人多了一种不臣君王的飘逸之气，这种人，君主只能以之为友为师，绝无法要他作你的不二忠臣。

始皇在想，中隐老人年轻的时候，大概就是这个模样吧？他始终以未能见到恩师年轻时的倜傥洒脱为憾事。

始皇本身所学也甚博杂，再加上多年的行政经验，认人识人可说中肯绝顶，不太会看走眼。

开始时，他见到张良这种英才，还想笼络收为己用。他认为只要过不多久，让他多点实务上的经验，将来会是他留给子孙的宰相之材。

但看到张良这股“仙气”，他打消了这个主意。

可是他绝未想到张良会是在博浪沙投掷大铁锥，差点要了他老命的那个“盗匪”。

在张良这方面，他先前还单纯认为始皇只是个专制、富于谋略的独裁者，但经过多日的深谈以后，他发现始皇不仅雄才大略，处事明快，有他独到的见解，而且他最大的长处是知人善用，将合适的人放在合适的位置上，而且是什么样的人他都敢用，也用得很好。

也许，他唯一的缺点是他太过于自信，像李斯、赵高这种毒蛇似的小人，他也敢养在身边。

张良知道，只要始皇在一天，天下想乱都乱不起来；但他一死，天下想不乱都不行，扶苏仁慈，能得民心，立扶苏也许可使天下生民逃过又乱一次的浩劫。

张良有时对自己也感到奇怪，自遇黄石公后，思想竟会有如此大的转变，以前他时时志在复国，自认为和强秦——尤其是嬴政——有着不共戴天之仇。但自受到黄石公的教导以后，他的眼光和胸襟都放大了。

韩王算什么？嬴政又算什么？他们谁能为天下人谋福，就应该受到爱戴。嬴政做事也许过于急一点，但除了建阿房宫和骊山陵墓外，其余的工程都有它们的必要。

也许嬴政在这点上做得太傻，他想将数千年来君主及诸侯荒淫懒散所留下的担子，一个人一下就整个挑起来，他做得真是吃力不讨好！

他同时也看得出，始皇这次海上之行，名义上是要找海神决战，除掉海神阻碍他求取长生不老仙药，实际上他是想发展海上武力，消灭海盗，向海外作进一步的扩张。因为每到一处港口，他都会要从臣找当地父老记录港口潮汐、气象、水文、吞吐量和其他各有关资料。

只是，始皇有这个习惯，在事情未成熟前他绝不声张，这是独裁者处事明快的秘诀，但也是独裁者的悲哀，因为他们不知道先发动民意和制造民意。

张良只将发现到的这些事放在心里，连蒙毅他都不提起。他和始皇经常谈到的，只是如何与海神决战的神（鬼）话！

那天海上无风，阳光也特别好，始皇半躺在锦垫上，蒙毅和张良陪侍谈话。始皇一时兴起，笑着对张良说：

"张生对东海神仙之事甚熟，朕这次到海上，是为了向海神进行决战，张生对海神的由来是否清楚？"

"臣略知一二。"张良恭敬地回答。

"说来听听，蒙卿也注意听，这就是所谓知己知彼，百战不殆，知天知地，胜乃可全！"始皇闭目养神而听。

"海神相传姓敖名广，身兼东海龙王，另有三个兄弟分别为南、西及北海龙王，都为神龙所修炼而成，经过上帝封命，敖广为金龙所变，神通及地位都非兄弟所及，因此封为海神，掌管四海，而所有通海的江神、河神全都是敖广的儿子。"张良津津有味地说。

"这样说来，上次附体在你身上的就是敖广了？"始皇问。

"正是。"张良回答。

"他说朕是天上掌管天池的乌龙，这是为何？"

"举凡人间帝王将相都是天上星宿下凡，敖广的话大概不会假。"张良说过一次鬼话，就只好逼得再说一次。

"敖广即然为神，朕目前为凡人，是否能斗得过他呢？"始皇口中如此问，心里想的却是能否征服海洋，找出海中或海外土地。

"人定胜天，以陛下的智慧和毅力必能征服四海，何况只是一个敖广！"张良看出始皇问的话中有话，也就用弦外有音的话回答他。

"不错！"始皇似乎也懂了张良的弦外之音，仰天哈哈大笑："张生真是善解人意，朕正是要连败他们兄弟——东南西北四龙王，连他的儿子江神、河神也要纳入朕的掌握，只准他们造福黔首，而不准为害朕的子民！"

"陛下的心愿必能达成！"张良语带鼓励地说："只是事缓则圆，凡事不能操之过急，需要一步步地来。"

"当然，当然，"始皇仍然带笑地说："朕会逐个逐个地击败和征服。"

海风转大，近侍催始皇下舱休息。

"你们在打些什么哑谜？"蒙毅私下问张良。

张良微笑不语。

当晚，始皇心情特别好，也许是和张良的一席谈话，又引发了他的雄心壮志。

近来他老是失眠，常觉浑身倦怠，小腹上方肝的位置，常常隐隐作痛，细摩之下，会发现有硬块。

据御医诊断为操劳过度，肝火太旺，除了应多休息外，应服药清消肝

火。始皇听到御医的话还是那老一套，忍不住笑言讽刺：

“朕现在从早到晚躺在软榻上和人谈山海经，算不算是休息?”

随行的也有几名妃妾，以往始皇治失眠的良药就是行房，一阵激情过后，要近侍将女人带走，他很快就能入睡。近来医嘱不准他近女色，他只有靠饮点御医所配的药酒，微醺而后睡着，但饮量越来越多，又遇到御医的反对，他们的立论是酒伤肝，不能多饮，戒除为妙。

今天他照着御医限制份量喝了几杯药酒，却不像往日那样昏昏欲睡，而是越想越兴奋。他在想他伟大的海上水师；他在计算新造一千艘海上战船要费多少时间、多少钱，工匠要从哪里找。

的确，阿房宫可以停建，工匠木料用来造战船绰绰有余，还有骊山陵墓，他不急着死，现在建不建都没有关系，这些哪比得上拥有一支强大的海上水师!

嗯!一千艘战舰，每条船上除开舵工及其他工作人员外，应该能载全付甲胄骑卒一百人，千艘的总容量就是十万骑兵，当然，要是载的是步卒，那数量还可加两倍。

一支十万骑兵的部队，就足够驰骋任何地方了。

当然，船上除了用帆作动力以外，船两侧都要设桨，不要像他现在所乘的船这样，海上无风，就全靠船后的两支橹在摇。另外，船上要装置特大的劲弩和投石机，可以发射利箭巨石，也可以发射火箭和油弹攻击对方船只。

战船本身不只是作运兵之用，本身就应该是一个战斗利器。

还有，每艘母船至少要附十艘子船，以便没有码头的浅水沙滩，所运的部队也可以登岸。

还有……还有……

一样接一样的构想和计划，像海中波浪似的，一波接一波涌入他的脑海。

他仿佛看到自己率领着这支海上雄师，接连征服海外一处又一处的地方。每到一处，那里的人民穿着中原所见不到的奇装异服，用他听不懂的语言，跪伏在地上喊“万岁!”他要派人教他们用秦语喊“万岁!”这应该是最容易不过的。

距离近的，可以纳为大秦版图建郡，一切照新收地处理，设官分职一如内地。路途太遥远的，就派遣教化人员在该处宣扬中原文化，一如现在的藩属。

这时候典客的编制太小，已经不够用，应该扩大，也许另成立一个专营海外领地的机构会更方便。

他要多找一些像任嚣这类的人才，分别镇抚各领地，用他的治番八字诀："怀柔，优遇，教养，同化。"来将这些地方一一转变成大秦的版图。

到时候，他的出巡不再像如今这样只限陆地和沿海，而是要乘风破万里浪，巡视一次海外领地，恐怕就得费时一年，那朝中要何人留守呢？

的确，应该是立太子的时候了！但要立谁？胡亥？他太愚蠢，无法独当一面。再说要是建立了横跨海内外的偌大帝国，他继位后会无法控制！

立扶苏，也许太过仁慈宽厚，恐怕斗不过李斯和赵高这班小人，不过没关系，他会像现在这样，走到哪里就将他们带到哪里，在他的眼皮下面，他们不敢轻举妄动，只有他才能要他们尽心力，而这两个人都是极有才干的，值得利用。

等到扶苏立位，当然可以让他们退休，甚至是杀了他们！

也许，太子只是留守，永远也不会继位……因为……因为……他这次战胜了海神……海神叫什么名字来着？……哦，他叫敖广……他只要战胜敖广……去除了去仙岛的障碍……他取服了"青春之泉"，就会长生不老！

哈，太子不再是继位者的专属称号……而是……而是留守者的尊称……太子……留守……

始皇朦胧入梦。

始皇梦到自己徒步行走在茫茫大海上，没有船只也没有从人。他习惯了在众人拥戴下出行，环顾左右寂无一人，心上有股难以形容的孤独和寂寞。

还好，他的龙泉宝剑在腰，给了他不少的抚慰。

迎面打来的浪涛像小山，奇怪的是都没有撞击到他脸上，而是从他的脚底平滑过去。

他始终是走在怒涛奔腾的波浪间，但也一直是如履平地地向前行。

他远远看到一处海岛，很像徐市口中形容的蓬莱仙岛，在梦中他仍记得现在时值仲冬，那岛远望去却是一片碧绿，青翠欲滴，岛中央最高的山峰没有冒烟，也是绿油油的长满丛林。

他继续往前行，仙岛越来越近，他仿佛看清了岛上的城市街道和港口，还有在上面走动的行人。

啊，一切正如徐市所形容的，黄金、白银为宫阙，奇石铺路，珠玉嵌墙，只是周围海中看不见徐市所说的火轮船。

大理石建筑的码头上，逐渐聚满人群，他越行越近，似乎能看清码头群众的人头。忽然他看到码头上的人都纷纷下跪。

"万岁！万岁！"

始皇大感诧异，岛上今天有贵宾来？但他环视四周，浪涛汹涌的海面上，仍然只他孤寂一人，难道说他们是在欢迎他？正在他狐疑之间，这次他清晰地听到他们在高呼：

“始皇帝万岁！功过三皇，德超五帝的秦始皇万岁！万万岁！”

群众的“万岁”声，盖过了海浪的声音，就像暴风雨中的雷声盖过风雨声一样。

不错，他们是在欢迎他的！

始皇高兴得难以形容，想不到不用战船，他的声威已传到了仙岛，难道说徐市已比他先到一步？

他兴奋感动，真想不到仙岛上的人这样爱戴他，看样子，他要求点“青春之泉”应该没有问题！

他踏着波浪而行，越过层层波浪，有如平地。

突然，天空乌云密布，亮起火蛇似的闪电，雷声此时又盖过了群众的“万岁”声和海浪声，等到雷声过去，仙岛不见了，在他前面海中不远处，一字排开大约十几个龙头人身的怪人，全都宝剑在手。

当中一个金龙头的怪人，未说话先仰天哈哈大笑，笑了很久才止笑说道：

“嬴政，你果真来了！”

始皇想起金龙应该是海神兼东海龙王敖广，他礼数周到，拱手施礼说：

“嬴政并没有入侵你领土的野心，只是想到仙岛求取一点‘青春之泉’而已，为何要阻挡于我？”

“你这几天心中想的是什么，不讲出来，凡人不会知道，难道孤家这个神也会不知道吗？嬴政，你太小看了神的神通了！”

始皇听他这样，明白今天不能善了，也就缓缓拔剑出鞘，只见龙泉宝剑恰似一泓秋水，在闪电中熠熠发光。始皇大声喝道：

“敖广，认得此剑？”

敖广及从人一见龙泉剑，惊吓得都不由自主的退后半步，敖广更是惊呼出声：

“龙泉剑！”

“不错，”始皇傲然地说：“天下第一名剑，专斩孽龙的龙泉宝剑！”

相传龙泉剑为黄帝所遗留，他曾用这把剑砍下蚩尤的头，而蚩尤化作一条无头赤龙飞去。

“说到孽龙，你才是将天下弄得大乱的大乌龙！”敖广狠狠地骂道：“你不但弄乱了陆地，还想翻江倒海搞浑海洋！”

“龙泉剑下历来不斩无名之人，你我都是帝王身份，在你身边的这些孽龙又是些什么？”始皇执剑喝问。

“嬴政，你真是孤陋寡闻！”敖广说：“让孤家为你一一介绍。”说罢敖广又是仰天一阵狂笑，笑声使得天地风云为之失色。

敖广指着左边一个白色龙头、身穿白色锦绣龙袍的人说："这是孤的二弟西海龙王敖智！"

始皇点头为礼，因为他记得中隐老人的话，越是会咬人的狗越不会叫，斗剑时期大喊大叫的人，全是胆怯心虚，借着骂人来壮胆，本身早就失去冷静，未出剑就输了一半。

敖广又指着右边的一个红色龙头、身穿红色龙袍的人和黄龙头黄龙袍的人说：

"这是孤的三弟南海龙王敖仁，四弟北海龙王敖信，其余全是我们的太子，担任各江河之神，用不着再介绍了。"

"父王请慢，还有孩儿要自我介绍一下。"随着说话声从列队中走出一人。

始皇定睛一看，原来是一条小金龙，凭直觉他要比其它的龙年轻得多。

"嬴政，你还认识我吗?"他一出来就出声怒吼。

始皇轻蔑地摇摇头。

"从来没见过。"

"我乃钱塘君是也，"这个金色小龙说："还说没见过，你破坏我的好事，打破数千年来的成规。"

"原来是你这条淫龙，朕正要斩你为你所害的数千女子偿命，祭祷那天你为何不敢出面，现在才仗人多势众?"

钱塘君气得满脸通红，也不请示父王，举剑就刺。

"孩儿小心，你一个人不是隐者之剑的对手!"

但他的喊叫还是慢了一步，只见始皇用了一招"指地问天"起手势，轻巧的拨开钱塘君的剑，顺势来一招"横扫千军"，以剑作刀横削，一颗龙头就飞上了天，无头人身一逢血箭喷了出来。

"我儿!"东海龙王敖广出声痛哭。

其余龙王及龙子、龙孙皆惊呼失色。

"嬴政，你心狠手辣，不顾都是龙族的道义，今天非要你碎尸万段不可！兄弟孩儿们，不要管什么单打独斗规则，大家一起上!"

十几个龙头人身的龙王及龙子、龙孙一拥而上，将始皇围在中央，纷纷从各方面围攻，始皇使出隐者之剑中屠狗者所用的那招，群龙兵器一一被他击落丢手，最后只剩下敖广一个人剑尚在手。

群龙跳出战斗圈外，面面相觑，不知该怎么办，大家全知道龙泉剑专斩孽龙的厉害。

敖广带着哭声嘶吼：

"嬴政，你杀我子，孤家不会与你善罢甘休!"

始皇横剑在胸，心定气闲地笑着说：

“敖广，还有什么绝招，全都使出来好了！”

只听敖广突然一声龙啸，大海跟着翻腾起来，无数鱼、虾、蟹、龟等水族，纷纷露出水面，各拿奇形怪状的兵器，向始皇围攻上来，一时间攻得始皇手忙脚乱，顾到左方就顾不到右边。

这时候，只见东海龙王敖广一声石破天惊地长啸，像条金色长虹似地跃起，一剑直刺始皇胸前。

始皇感到一阵疼痛，胸前伤口鲜血汩汩流出，他一心慌，脚下踩空，他不再是踏凌波浪如履平地，而像是掉入悬崖，一直在往下坠落。

他耳边还听到敖广得意的大笑，说话的声音像发自空谷，满耳周围都是回音：

“嬴政！你胸部中我一剑，用不了多久你就会死……你就会死……哈哈……哈哈……我会随时跟着你，看你死时痛苦的样子！哈哈……哈哈……”

始皇从梦中惊醒，全身都流着冷汗，摸摸胸口，真的在隐隐作痛。

值夜近侍听到他在梦中的叫声，也连忙赶进舱来。

“陛下又做恶梦了？”近侍关怀地问。

“嗯，没事了，你出去吧！”始皇有点腼腆而不耐烦，就像惯于说谎的孩子又被别人视破一样。

恶梦！恶梦！他这一辈子都为恶梦所困扰！

始皇的船队继续在海上航行，到达离琅琊不远的地方，风浪突然转大。

始皇想起梦中敖广所说的，他要随时跟着他，看着他痛苦地死，因此，他绝不能示弱。虽然几天来他都感到胸部隐隐作痛，有时还会轻微发烧，他仍装得若无其事，照旧在甲板上晒太阳，和蒙毅、张良聊天。

有天他实在忍不住，将那晚的恶梦告诉张良，要他为他解梦。

张良恭敬地回答说：

“梦其实有很多种，有能解释的，也有不能解释的。有的梦是日有所思，夜有所梦，白天对某个人或某件事想得太多，这个人或这件事，就会出现在梦中。”

“照你这样说，朕是白天想这件事想得太多，所以才会有此恶梦，”始皇双手放在胸前，却不愿说出胸口疼痛的事。

“还有哪些梦是无法解释的呢？”

“大部分的梦都不需要解释，很多人在睡觉时，受到外界的刺激，也会以梦的方式表达出你的反应。譬如说，有水偶尔滴在脸上，人就会梦到下大雨；蚊虫在耳边叫，有时会反应在梦中出现打雷的现象等等。”

“前几天晚上可没有蚊子在耳旁，可是朕却梦到闪电打雷的声音。”始皇不服地说。

“臣只是举例而言，不一定某种刺激就会产生某种固定的反应，梦中的反应乃是千变万化的。”

“这样说来，圆梦者所说的梦能预兆，乃是无稽之谈了？”始皇怀疑地问。

“不然，”张良摇头说：“梦有时是某种事情要发生的先兆，这种梦是可以作解释的，不过这种梦要具备三个条件。”

“哦？要具备哪三个条件？”始皇的兴趣被提起来了。

“第一，梦必须完整。第二，梦必须清晰。第三，醒来时必须是在半夜。”

“朕这个梦都合乎这三个条件，应该属于可解释类了！”始皇半信半疑地说。

“正是。”张良说。

“那敖广说是要随时找朕报仇，我们应该预作防备。”始皇有点担忧地说。

他没告诉张良敖广说要等着看他死的话，他讳言死，根本不愿提到“死”这个字。

“陛下放心，这可由臣来安排。”张良安慰他说。

“你要如何安排，可否先告诉朕得知？”

“海神只有在梦中才能以人形出现，他要是随时都窥视在陛下左右，那一定是化作海龟或大鱼，所以陛下可以在船上安排强弩和巨网，发现有巨大的海族，就加以捕捉或射杀。”

“这个安排甚好，只要敖广敢纠缠不清，出现在朕眼前，朕就要亲手加以捕捉或射杀！”

始皇开心地笑了。

海上风浪加大，近侍又来催始皇下舱休息，始皇也感到身体倦怠，想小睡一下，于是交代了蒙毅准备捕杀海神事宜，他就下到卧舱去了。

在恭送始皇下船舱以后，蒙毅半埋怨半开玩笑地对张良说：

“你对主上所说的话，到底是真是假？”

张良长长叹口气说：

“说一次谎话，为了要圆谎就得继续说无数谎话，说到后来，连自己也弄不清到底是说真话还是说假话了，可见装神弄鬼的事是做不得的，哪怕目的是完全正确的。”

蒙毅面有愧色的沉默，避开张良的目光，看到海上远方去。

张良接着正色地说：

“我刚才对主上所说有关解梦的事，的确是真话，有的梦确实可以预兆未来的事！”

“那你对主上的梦，要如何解释呢？”蒙毅转过脸来，急切地注视着张良问。

“主上的梦，可说是真假参半，部分是预兆的，部分是日有所思，夜有所梦的。”

“你解释来听听。”

“大战敖广，斩杀钱塘君，这些梦境的出现，乃是听我谈‘山海经’听多了，而且他早存有杀钱塘君为民除害，以及击败海神，求取仙药之心，所以凑合起来在梦中出现！”张良笑着说。

“那敖广刺他的那一剑呢？”蒙毅追问。

“这是某种不良预兆！”张良忧形于色地说。

“不良预兆？我听某个博士说过，根据《周公解梦》此书，被人刺，见鲜血，乃是上上大吉？”蒙毅立即反驳。

“《周公解梦》乃是后世阴阳家，假借周公名义所杜撰，根本是些信口雌黄之谈！”张良轻蔑地说。

“那依你要作何解释呢？”蒙毅反问。

“廷尉要听真话，还是要听敷衍讨好之言？”张良认真地问。

“那还用得着说，当然是听真话！”蒙毅也严肃地回答。

“主上被敖广刺那一剑，表示主上原先的肝疾，鲜血直流，预兆病情会突然变得严重。”张良沉吟地说。

“真的？”蒙毅惊问。

“廷尉，你应该看得出近日主上脸色焦黄，精神不振，和我们言笑都是勉强装出来的，这都是肝疾恶化的象征！”

“那该如何是好？”蒙毅急得没有了主意：“在这路途当中！”

“李斯和赵高都是小人，主上病情有变，廷尉就随时不可离开主上身边，提防他们动手脚。”张良张望四周无人，压低了声音说。

“他们敢加害主上？”蒙毅也压低了声音，但语气充满愤怒和怀疑。

“这他们绝对不敢，”张良抚慰他说：“张继是指立太子之事。”

“张先生的意思是……”

“始皇此刻假若有事，必然会立扶苏……”

“我明白了。”蒙毅点头说。

两人会意，但都陷入了沉思。

为了讨始皇欢喜，张良建议在楼船船头、船尾及两舷，派人准备连发劲弩和巨网，凡发现有水物即予射杀或捕捉。但至琅琊的一路上，并没有什么重大发现，射杀的只是一些小鱼小龟，网到的也是一些小蟹小虾，没有疑似敖广的大东西。

更可证明没抓到敖广的是，始皇几乎夜夜都做恶梦，敖广不是和他恶斗，就是哭喊着要他偿还儿子的命。

到达琅琊港口，始皇上岸休息，船队也借这段时间补充粮食，加添淡水。

果然琅琊太守向始皇禀奏了一件怪事，就在始皇梦斩钱塘君那一夜，浙江水突然低落减退，大潮时也到达不了平时的水线。会稽太守乘此大好机会发动黔首修堤，预计堤防修好后，水患从此根绝，而同时进行的渠道和水库建筑好以后，沿江荒地都将变成肥沃良田。

始皇当然高兴听到这项好消息，因此更确信那天晚上的梦是真实的。

连带更增强了他求取长生不老药的信心。

在琅琊台上住了几天，眺望秀丽的山景和壮阔浩瀚的大海，始皇觉得精神好了不少，虽然御医和几位近臣都已知道他的肝病越来越严重。

蒙毅好几次想提立太子的事，全都为始皇兴高采烈的态度所打消，他不忍心破坏他的好兴致。

李斯和赵高同样想进言，可是他们不敢。

始皇亲眼看到他自己的成果，二十八年前初登琅琊，这里只是一处荒凉没有人烟的偏僻的海岸，自他下令迁移三万户来此，如今已蔚成大邑，不但渔耕发达，也建立了良好港口，商贸四通八达，几乎可直追即墨。

在流连不舍的情况下，始皇又登船北行，这次主要目的是北部海域，他要探勘北方港口，也希望在海上找出敖广刺杀或捕捉。

不过，他对琅琊的依恋不舍，自己有了不祥的惊觉，他自知有病，但并不认为有多严重，但对琅琊那种依依不舍之情，却表示他的意志力已逐渐衰退，是因为他老了？他才五十岁，祖父秦昭襄王在他这个年龄，正是积极向外发展，意气风发，不可一世的时候。

还是他真病得严重，以致意志消沉，压制不住对旧昔事物的依恋？

他这辈子都紧记恩师中隐老人在教他帝王之学时，所告诫的那番话。老人说——

一个称得上好的君主，必须意志力坚强，而要做到意志坚强又必须紧守“不依、不恋、不怨、不悔”四项原则。

“不依”，帝王的生涯本来就是孤独寂寞的，他站在所有人之上，只有别人依靠他，他绝无法依赖别人，否则就会造成大权旁落。

“不恋”，在事物方面，留恋旧的，就不能开创新的；在人的方面，惜恋旧人就不能大刀阔斧地提用新人，会造成腐化、老化；而在个人感情方面留恋往日事物，就没有精力和勇气向未来挑战。

“不怨”，君主要有“有功分众人，过由一身当”的担待和宽大胸襟，这样才能受到底下九臣的敬重和心服。有功归己，有过怨人，一定会造成众叛亲离的结局。

“不悔”，再大的失败，只要保持君主的权力，就有重新来过的本钱，时间和精力用在追悔过去，不如用在开创将来。

始皇自信平生都能做到这四项原则，所以能统一天下，威慑群臣，没有任何臣子敢自夸他是朝中不可或缺的人，但现在，他凡事都想找蒙毅和赵高商量，对琅琊台竟怀着“美好时光不再”的缅怀心情。

他是老了？

还是真的病得很重？

一百余艘大楼船，以战斗队形分成数列、数行在大海上航行，乘风破浪颇为壮观。

每艘船上准备好了连发劲弩和巨网，发现水物就予以射杀捕捉。

始皇全身朝服端坐头排中间的楼船船头，李斯、蒙毅和张良侍坐，赵高和座船船长两旁侍立。

他手执连发劲弩，箭已上弦，一面注意水面上动静，随时准备“敖广”的出现，一面还在看船队的操演。

座船船长也就是整个船队的都尉，他以鼓声和旗号指挥整个船队变换各种攻击队形。

始皇精神奕奕，似乎忘了身体的疼痛，他不时转过头去夸奖和勉励都尉几句。

这只是七拼八凑由江上水师楼船组合而成，就有如此相当不错的场面，要是将来一千艘海上水师建立起来，那会是多伟大、多壮观！

那天，船队进入渤海。

忽然，左侧最边上的楼船发出了短促紧急鼓声，由远至近，一艘一艘的船接连相传过来。

船队都尉命旗语手打旗问讯，接着向始皇跪禀：

“启奏陛下，左首第三号船发现敌踪！”

“敌踪？是海盗船？”始皇笑着说：“好大胆的海盗，连朕一百多艘大船队也敢打劫起来？”

楼船都尉跪在甲板上不敢插嘴，等到始皇把话说完，他才又禀奏说：

“不是海盗，乃是发现了一条小船般的大鱼。”

“真的？”始皇高兴得站了起来：“何不早说！你下令将鱼赶到中央，由朕亲自射杀！”

都尉命人打出旗号，传出鼓声，随着头排十多艘船，迅速改变了包围队形，最左侧的两艘船超前拦在前面。

包围圈逐渐缩小，每艘船的劲弩手和投石机纷纷发箭投石，却不敢直接射投在大鱼身上，而是逐渐将鱼逼向中央始皇的座船前面。

侍立在始皇背后的张良，不禁暗暗摇头，皇帝真是不好伺候，发现大鱼射杀也就罢了，还要赶来让他亲自射杀，要是跑了，又不知有多少人获罪。他因此下定决心，为某个有作为的人打天下创事业可以，绝不沦落为专伺候帝王好恶的弄臣！

大鱼渐渐被赶到中央，果然体积不小，大约有一般江船大，头上还在喷水。张良在仓海君处见过这种巨鱼，大的比这只鱼还大，当地人称之为鲸鱼。

跟他到中原的仓海力士本是以捕此种鱼为主，所以练得好手劲，能投一百二十斤铁锥。

原来当地捕鲸鱼，是以带长索的倒钩铁矛射鱼，鱼一被射中，负痛而逃，铁矛倒钩陷于肉内，血流不止，鱼就拖着渔船上下翻腾，因为这种鲸鱼和人一样，必须在水面上呼吸，所以时而水下，时而水面，拖得渔船满海跑，最后流血过多死亡，才用船将鱼拖回。

始皇全神贯注于鲸鱼，手执连发劲弩瞄准，只见大鱼到处，波涛像小山头一样拥起落下，座船也随之摇摆不定，根本就无法瞄准，他转脸问张良说：

“这是什么鱼，体积如此庞大?”

“如此大鱼，臣虽住过沧海，也是首次见到。”张良不说真话，但他也未说谎。

“想必是敖广所变，待朕赏他几箭。”始皇得意地哈哈大笑。

随着说话，始皇的劲弩发出，六支连环箭，支支射插在鲸鱼背上，但鲸鱼似乎没有一点感觉。

这时随行的渔家能手大概已认出此鱼，知道该怎么捕捉法，纷纷下了小艇，解缆向大鱼划去，就像群蚁奔向活泼鲜跳的大蚱蜢，他们手上都拿着带有长索的长矛。

这边始皇接过内侍递来的强弩，又接连发了六支箭，这次是两支箭射中大鱼的眼睛。

那边十多艘小艇也已接近大鱼，带倒钩的长矛不断射中鱼身鱼背，大鱼负痛发狂，大尾巴一扫，一道大浪迎着始皇扑来，始皇被惊得倒退了好几步，全身溅得透湿。

大鱼拖着十多艘小艇往远处逃逸，船上众士卒吆喝声如雷，战鼓敲得更为激烈。

眼看着大鱼时而水下，时而水面，翻腾疾驰，血染红了大片海水，始皇似乎又回到八岁在邯郸看人家斗狗时的兴奋。

他喜欢见到血，不管是什么血，只要是血就会使他有股莫名的兴奋。

“陛下，到舱内更衣吧！陛下的衣袍全湿了。”近侍上前禀奏，这是他对始皇的关怀，也是他的职责。

始皇粗鲁地推他，不耐烦地说：

“等等，朕要看个结果！”

他不再是五十岁的皇帝，而是八岁在街头看热闹的任性孩子。

为了让始皇看到结果，整个船队张满了帆，紧跟着大鱼逃逸的方向追，但船的速度到底比不上临死挣扎的大鱼，渐渐鱼和小艇只剩下一些小黑点，最后终于消失在海平线下。

“敖广，朕这次会抓到你！你想不到吧，实际的情况正和梦中相反！”始皇喃喃自语：“你应该知道，现实宇内是由朕在掌管！”

他又转脸问张良：

“大鱼到底会挣扎到什么时候？”

“也许半天，也许两三天，要看它受伤的程度。”张良这回说的是老实话。

“那朕恐怕等不及了！”始皇依然自说自话：“朕要下舱更衣。”

众人中只有张良懂得始皇话中的意思，他意不在大鱼，而是指求取仙药和征服海洋。

张良在想，始皇也许已知道自己病况严重。

始皇真的没等得及看捕捉大鱼的结果，因为一天以后，那些捕鲸小艇拖着小山似的尸体回来时，他正发着高烧。

御医们会诊的结论：受到风寒，引起旧疾复发。

始皇躺在病榻上，时而昏迷。当他清醒的时候，近侍向他禀奏大鱼已捕获的消息，但他似乎失去当天看捕鱼时所有的狂热，他只淡淡地说：

“朕知道了。”

但过了一天，当他高烧刚退，人稍微清醒点的时候，他主动召见蒙毅和张良到病榻前，问起捕大鱼的情形。

“陛下龙体欠安，还会想到这些琐碎小事，请多休养安神。”蒙毅不太赞同地说。

但他还是禀奏了大鱼的追捕惊险过程，伤鱼拖着十多艘小艇挣扎了一天一夜才算死，现在拖在座船的后面，等候处理。

“张生明白朕为什么这样关心大鱼吗？”始皇笑着问张良。

张良考虑了一会儿，没有答话。

“张生不必为难，有话直说，说错了，朕也不会见怪。”始皇注视着鼓励他。

张良会意，知道该说真话的时候到了，他态度诚恳地说：

“捕捉大鱼对陛下来说，象征意义大过实质意义。”

“是为了朕真将大鱼看成是敖广？”始皇露出狡黠的笑容。

“中隐老人的传人应该没有这样迷信。”张良说话的口气，没有将始皇看成是拥有无上权威的皇帝，而当成是同辈好友似的。

蒙毅深怕始皇会生气，暗暗扯了张良的衣服一下，张良依然不动声色，装作不懂。

“不然，”始皇摇摇头说：“虽然老爹灌输朕的思想，说鬼神都是聪明人用来骗无知的愚夫愚妇的，但朕总觉得冥冥之中一定有个主宰，正如同人间有帝王一样。人间有帝王，就有分担职守的将相百官；有上帝，当然也就有代上帝牧民的各种鬼神。”

始皇的这番话大出张良的意料，现在他才完全明了始皇具有一个矛盾的性格，一会儿信，一会儿不信，全看他的高兴，或者说是全看对他是否方便或有利与否而定。

“那陛下是将大鱼当作敖广的化身了。”张良也露出狡黠的笑容。

“不然，”始皇还是摇头：“敖广没有这样愚蠢，朕也没有这样笨！”

张良无话可答，只有保持沉默。

“那张生知道大鱼的象征意义是什么吗？”

张良看出始皇的刚愎性格，他绝不愿承认别人猜透他的心意，还是让他自己说出来比较好。

果然，始皇并没有等张良答话，而是自言自语地说：

“大鱼象征敖广，敖广象征海洋，朕想亲眼看到——甚至是亲手捕捉到——这条大鱼，那就象征朕将亲自征服海洋或亲眼看到海洋被征服。但当天突来的巨浪打湿朕的衣服，使得朕病了几天，无法亲眼看到捕鱼船队凯歌而归，朕不喜欢这个象征意义。”始皇若有所思地说。

“陛下真是想得太多了！”蒙毅感叹。

“不然，”始皇憔悴的脸上勉强挤出笑容：“朕这几天发烧，昏昏迷迷，做了许多怪梦，稍微清醒时也想了很多事情，总算想通了一件事。”

“陛下，什么事？”蒙毅恭敬地问。

“那就是天下之至大，非一人能治，时间之无穷，应世代相递！”

“陛下圣明！”张良用道贺的口气大声说。

“张生是否要恭贺朕的大彻大悟？”始皇笑着说。

张良被他道破心事，不禁满脸通红，不像须眉男子，反而似姣好少女。

始皇忍不住在心里想，真是个奇特的人。

“另外，朕想到立太子的事……”始皇没将话说完，却以目示意侍立榻前的近侍。

近侍会意走了出去，将卧舱外面的所有人都赶出船舱，自己就守在船舱口。

“朕想立太子，蒙毅看该立谁比较好?”始皇乏力地问。

蒙毅听到他虚弱的声音，看不到他脸上原有的刚戾之气，眼前叱咤风云的始皇帝，一病之下，竟变成一个平凡孤独的老人!

“这是陛下的家事，不容臣等插嘴。”蒙毅在席前俯身回奏。

“蒙卿这句话就说错了，立太子怎么会是朕一家的事?”始皇面露不悦:“张生，你的看法呢?”

“臣就更无置喙的余地了!”

这是张良和蒙毅商量好的对策，因为他们清楚始皇多疑的性格，急欲帮扶苏说话，反而会使得始皇反感，因为胡亥这次随时随侍在侧，而且无论怎么说，胡亥是皇后嫡出的独生子。

张良大胆判断，以目前天下尚未大定，建设工程千头万绪，民心不服，始皇自知来日无多的情况，他要立太子，一定会立扶苏，用不着他们多言。

这叫做欲擒故纵的策略!

果然始皇叹了口气说:

“爹娘疼幼儿，胡亥是朕最小的儿子，也是皇后留下的独嫡子，本应立他，但他生性愚顽，当一个太平天子尚可。现天下虽定，但民心未全附，各种建设方兴未艾，政事千头万绪，不是胡亥所能应付得了的。”说到这里，始皇仿佛很累，停下来喘了口气。

喝了一口茶，休息一会儿，始皇又缓缓说道:

“前些日子我也曾问过李斯丞相，他建议立扶苏，你们认为怎样?”

“陛下圣明。”蒙毅和张良几乎是异口同声地说。

“你们也赞成立扶苏?”始皇怀疑地问。

“臣保持初衷，不敢断言!”蒙张两人又是异口同声。

这时近侍来报，众御医等在舱外，该会诊的时候到了。

蒙毅和张良借此机会告辞。

御医诊断，始皇的病是因风寒引起，所以必须紧急靠岸，由陆路回咸阳。大队人马行至平原津，始皇病情加重，已不适合旅行，改在沙丘平台行宫休养。

始皇的病一天比一天重，脾气也变得一天比一天坏，他明知自己快死了，却不许任何近侍提到“死”字，否则就受重罚。

群臣都关心立太子的事，但谁都不敢提起，因为谈立嗣就免不掉要提到“死”字，谁都不敢触及始皇的这项忌讳，连蒙毅和张良都不敢，因为怕引起反作用。

始皇病情越来越严重，群医已经束手，但始皇严命他们不得向外透露他的病情，违者灭族，所以御医对外宣布始皇的病情，一直说始皇偶受风寒，需要休养，大小政事皆由李斯丞相处理，择要向始皇禀奏，以作裁决。

随时陪侍的只有胡亥公子，能见到始皇的也只有赵高、李斯、蒙毅及几个亲近的内侍。

有一天，随行博士联名上奏，皇帝偶染风寒，长期不愈，应该派出大臣前去泰山祭祷，并祭德水祈福。

始皇准奏，命李斯考虑人选。

李斯原本想亲自去以讨好始皇，召集蒙毅和赵高三人聚集讨论。

当蒙毅犹未到场，赵高首先问李斯：

"这次至泰山祭祷，丞相准备派谁去？"

"以亲贵关系而言，当然应该由我们三人中间选派一个人去，因为这是代表主上亲自上泰山祈福，并非一般祭祀，"李斯加重语气说："所以这个人不但要分量够，而且要有真诚爱护主上之心。"

"那我们三人中间又以谁最为合适？"赵高又问。

李斯故作考虑，很久一会儿才说：

"中车府令要照顾主上起居，当然不宜随行，蒙廷尉陪伴皇帝，主上似乎一日无他就不快乐，那只有老夫走一趟了。"

赵高听了他的话，不断微笑摇头。

"怎么？你不赞成老夫去？"李斯着急地问，大有怕赵高抢功夺宠的意味。

"我认为应该由蒙毅去。"赵高一针见血地说。

"为什么？"

"丞相，我们之间合作已久，应该无话不说，是吗？"赵高不回答他问题，反而倒问一句。

"不错，应该是知无不言，言无不尽了。"李斯点头。

"那我请问丞相，你看主上的病情到底如何？"

李斯心想，看始皇的样子，可说是病情严重，整个人都瘦得走了样，腹部肿胀，明显是积了水，命已危在旦夕，但他不愿直接回答，而是淡然地说：

"老夫只能偶尔见到主上一下，而你是时时陪侍在侧，应该比老夫清楚。"

赵高先作一阵鹭鸶笑，然后才开口说话：

"主上的病情我们都心知肚明，为了忌讳不必挑明了讲，一时有什么不讳的话，你做丞相的不在主上身边，怎么应急？所以丞相是千万不能

去的!"

"那派中车府令你去?"李斯仍然有点不服气。

"在这种节骨眼上，我才不会傻得肯离开主上身边!"赵高不屑地微笑。

他这句话使得李斯蓦然惊醒。

对啊！看情形始皇的病是不会好了，那他千里迢迢的到泰山祭祷，他要讨好谁？再说太子未立，始皇一死必有一场惨烈的政治斗争，他不在场，注定会倒楣遭祸。但他不能就此改方向松口，便假惺惺地叹了一口气说：

"我李斯承蒙皇帝厚恩，三十多年来由一无名书生，提拔到位极人臣，荣封通侯，儿子皆尚公主，女儿亦皆嫁公子。主上对斯如此恩德深重，老夫不表达一点心意，于心不安!"

赵高微笑地看着李斯，不断地摇头。他在心里想——你这只惯会惺惺作态的老狐狸，你经过我的点破后，真要你去的话，你才会着急得哭出来。

但他口中说的却是：

"丞相，打开天窗说亮话，在立太子方面，我们是立场不同的。"

"哪里！哪里!"李斯连口否认。

"我得到宫人报告，说前不久主上问到立太子的事，你建议立扶苏，可有此事?"赵高带着逼问的口吻。

"没有，没有，你别听他们胡说。"

"也许你站在大公无私的立场，建议立扶苏是对的。"赵高阴沉地说。

"不对，不对。"李斯情急，接连不承认。

"丞相是说我的话不对？还是立扶苏不对?"赵高对这个极富才能，却利欲薰心的老头子，打心里看不起。

"老夫是说我根本未建议立扶苏，那个传话的宫人说得不对。"

"好，现在谈这些无益，立太子的事，还可缓一步商量，因为在这种情形下，谁都不敢向主上提起。"

"不错，不错，"李斯乘机改变话题："我们应讨论的是派谁去祭祷山川。"

"依丞相所说，在下不适宜去，依小人之见，丞相不应离开，那该谁去，不言自明了!"赵高装出豪放状，仰天哈哈大笑，但不男不女的声音，更加尖锐刺耳。

李斯无奈地跟着笑，不知为什么，他李斯学富五车，足智多谋，遇着赵高这个阉人，却是胆战心惊，凡事不能不步步为营。

外面家仆来报，廷尉蒙毅大人到。李斯和赵高不敢托延，两人皆至门外迎接。

坐定以后，两人轮番提出理由，说以蒙毅既亲又贵的身份，乃是代表始皇祭祷山川的不二人选。

蒙毅自思祖孙三代皆受始皇恩宠，本人和始皇更是名虽君臣，情同父子，理所当然地该由他去，他欣然的一口答应了，决定几天内择吉出行。

“贤弟，你真的就这样舍我而去?”

十里长亭的送别宴后，蒙毅执着张良的手，再三盘桓，依依不舍。多日来的相聚，两人不再是宾主情谊，而是成了推心置腹的莫逆之交。

蒙毅脸上充满离愁，张良则是满脸的忧郁。

“只怪我一时感情冲动，自忖于情于理，这次祭祷之行都该我去，忘了你的叮嘱。”蒙毅自怨自艾地说。

“事已成定局，再后悔无益，”张良安慰他说：“何况事情也许不会像我们所想的那样糟，说不定因为你的虔诚感动上帝，始皇的病真会好起来。”

“但愿如此，只是按照目前主上身体状况看起来，病想好，难！难！难!”

离愁加上伤感，蒙毅忍不住两眼湿润。

张良内心感动，也不禁神情惘然，两人相对默然良久，蒙毅折下长亭边柳树上一根长枝，递给张良说：

“天涯海角，愿长相忆！说实在的，你为什么不能留下帮我?”

“多蒙蒙兄厚爱，张良只是一个亡国臣虏!”张良心中也是充满了激动，不忍再欺骗他。

“贤弟何出此言?”蒙毅惊问。

“小弟不名张继，本名张良。”接着他将自己的家世原原本本说了，当然没提博浪沙以铁锥刺秦王的事。

蒙毅听得目瞪口呆，想不到多时来倚同心腹的人，却是一个胸怀复国的亡国余孽。最后他叹口气说：

“往事已矣，现天下一统，贤弟不该再存这种地域观念!”

“早就没有这种狭窄的偏见了，不然我会赞成立胡亥，不会费这么多的事，装神弄鬼帮你促立扶苏了。”张良强笑着说。

“功败垂成，只怕我这次离去，事情会有变。”蒙毅又懊恼起来。

张良仰脸看天，日头还未正中，他执起蒙毅的手说：

“时间还早，说实在的，我也舍不得就此上路，来，让我们进入亭内小歇，以茶代酒，小弟为你借箸代筹一番!”

蒙毅命从人再摆出茶具，重新生火煮茶。两人再进入亭内坐下。

“蒙兄去后，这里可能发生三种状况，”张良喝了一口热茶说道：“一种状况是蒙兄祭祷回来，始皇病情好转或是没有恶化，那就一切照我们的原计划，什么都不要说了。”

“那第二种情况呢？”蒙毅急切地问。

“第二种情况是蒙兄回来，始皇已有不讳，但明示诏立扶苏。这时你只要防备朝中其他公子有变，以及各地引发的动乱。但这些可能性不太大，你只要会同李斯丞相及各大臣维持朝中秩序，等待扶苏回来发丧继位即可。怕只怕发生第三种状况……”

“什么状况？”蒙毅插口问。

“那就是等你回来，始皇已去世，而诏立的是胡亥！”

“那又怎么样呢？主上一直想立的就是胡亥。”蒙毅不以为然地说。

“这里面一定有诈，因为依小弟判断，在目前这种状况下，始皇绝不会立胡亥。”

“你是说李斯赵高他们可能矫诏立胡亥？”蒙毅不相信地摇摇头：“他们不敢，再说李斯一向都是主张立扶苏的，继位的事需要经由丞相之手公告天下，单凭赵高一人无法弄鬼。”

“但你不要忘记，赵高虽名为中车府令，而且一直委屈为始皇御车，可是印玺和文书全由他掌管，无异掌握了整个宫中枢密！”

蒙毅蓦然一惊，喃喃着说：

“那该怎么办？我是否该请求另派人去？”

“事已如此，后悔无益，你要求改派别人去，会伤到始皇的心，因为他认为这些大臣中，唯有你会真诚为他祈福。”

“那该怎么办？贤弟何以教我？”

“以我这些日子观察所得，不管胡亥是始皇本意所立，或是矫诏所立，今后政局会由赵高所主导。”张良忧形于色地说。

“这个我知道，胡亥从小就在赵高的管教之下。”蒙毅点点头说。

“那扶苏和蒙家就危险了！”张良感叹地说。

“何以见得？”蒙毅并不完全相信张良的警告。

“扶苏几年来监北地蒙恬军，和令兄处得很好。”

“这我知道。”

“胡亥和赵高怕扶苏有异心，必定会先除去扶苏的势力，也就是令兄和那三十万大军。”

“……”

“蒙家一直受始皇宠信，远超过所有将相，早已成为朝中大臣的妒忌目标，一时有事，幸灾乐祸的多，愿加援助的可说寥寥无几。”

“那蒙家要如何自保？”蒙毅这时才真的完全醒悟，长叹一口气说：“蒙家自先大父蒙骜，家父蒙武，一直到我们兄弟，只知忠心报国，并未刻意邀宠!”

“只是树大招风，这是一定的道理，别人只妒忌蒙家得宠，不会管宠信是怎么得来的!”张良也跟着长叹一声。

“那该怎么办?”短短的一段谈话中，蒙毅连说了几个“该怎么办?”显示他已慌张得失去了主意。

张良环视周围，只见群仆正围在山坡远处聊天，不会听到这边的话，他压低声音说：

“假若有这种情况发生，蒙家唯一自保之途，只有破釜沉舟的做!”

“如何破釜沉舟?”蒙毅不解问。

“只怕你们兄弟做不到!”张良注视着蒙毅说。

“说说看，让我衡量一下。”蒙毅催促说。

“一旦胡亥立位，赵高势必煽动胡亥除掉扶苏，免留心腹之患，连带将蒙家连根拔除，不仅是你兄弟二人，恐怕会是灭族之祸!”

蒙毅由心底冒出寒意，但他不能不承认有这个可能。

“蒙家将如何自处?贤弟有以教我!”蒙毅恳切地说。

“拥兵自保，待势而动，这是蒙家唯一自保之道!”

“胡亥如要加罪，一定是反叛罪名，那岂不正应了这个罪名?”蒙毅摇头说。

“扶苏和蒙家可效昔日赵国李牧故事……”

“怎么做法?”

“不奉诏，不言叛。你应早些通知令兄和扶苏预作准备，令尊虽在渭水躬耕，自认已在尘世外，但覆巢之下没有完卵，弄不好还成为要挟你们弟兄的人质，所以你应及早通知令尊和其他家族，以投亲名义提早迁往北边。而你祭祷山川已毕，假若得知始皇已驾崩的消息，也就不必再回去复命，直奔北边令兄军中。”

“只怕家父和家兄都会说我危言耸听。”蒙毅有点懊恼地说。

“不然，”张良笑着说：“依我判断，只要你将始皇病重的消息传回令尊处，令尊就会迁地为良，不过不一定会去北边。”

“难道说，贤弟比我这个做儿子的更了解自己的父亲?”蒙毅有点不服。

“也许令尊和张良乃是同道中人，淡泊名利，知机先着，一切以养生恬适为主，能为则为之，不能为则高蹈远飞，绝不像一般所谓忠臣烈士或贪夫夸士，自起名利之火。至于令兄和扶苏，那就看你如何说服他们了。”

“这又要惹出一场刀兵之祸，蒙毅兄弟于心不忍。”蒙毅低头叹息。

“我的看法不同，”张良说：“只要扶苏和令兄不公开言反，胡亥和赵高不敢轻撄三十万精兵之锋，再说朝中大将也没有一个是令兄的对手。”

张良侃侃而论。

“……”蒙毅陷入沉思。

“这样一来，胡亥在位若贤，扶苏和令兄可加以辅助，若赵高以恶济恶，胡作非为，引起朝中宗室和大臣反感，民间不安，扶苏可以名正言顺讨伐，这就是所谓进可以攻、退可以守的上上之策。”

蒙毅仍然沉默不语。

“临别之言，望廷尉留意，否则听从乱命，不但扶苏公子及蒙家遭殃，而且会祸延天下百姓。始皇帝加在民众身上的压力已到极限，始皇因为英明勤劳，尚能控制。最要紧的是因他年事已高，有志之士尚怀一点希望，等待仁慈的继位者。假若年轻的胡亥继位，再变本加厉地增加百姓的负担，一旦反抗发动，将如星星之火可以燎原，一发就不可收拾。”

张良注视蒙毅，只见蒙毅还是低头无语。他抬头望望天际，日头已经当中，他充满离愁地说：

“蒙兄，时间已不早，小弟该上路了。”

蒙毅握住他的双手说：

“假若扶苏能继大位，还望贤弟出山辅助。”

“到时候再说吧！”张良洒脱地笑了：“只希望蒙兄能谨慎而又果断地度过这一关。”

“贤弟放心，我虽然离开主上身边，还是留得有人，有所动静会先通知我。”

“那小弟就放心了，我会永远记得和蒙兄这段交往。”张良诚恳地说：“送君千里终须一别，就此告辞！”

张良爬上一部单马安车，自行御驾，绝尘而去，犹时时回头挥着手上的柳枝。

蒙毅伫立远望，一直到车后尘灰散去，仍舍不得走。

始皇躺在病床上，近日来也都处在昏迷状态，今晚夜半，他突然清醒过来。

内寝沉寂，只有一名轮值的小近侍坐在昏黄的灯光下，头一点一点的在打着瞌睡。

往日见到这样，他一定会加以叱责，甚至是交近侍总管严罚，但今夜对这个只有十多岁的半大女孩，却有着说不出的一股怜惜。

俗话说得真是一点都不错，“有福之人人服侍，无福之人服侍人！”十多岁的孩子应该是最贪睡，雷都打不醒的年龄。

他不想惊醒她，虽然他感到有点饿。

中隐老人告诉过他，身为帝王，应该凡事都以理智判断，不能带一点感情成分，譬如，眼前轮值的这名小近侍打瞌睡，按宫规，不出事杖责二十，因而误事者论斩，绝不能因为她年幼长得可爱，就动了怜悯。

中隐老人说，帝王动了感情，就表示他的统治人格已经软化，乃是帝王的一大危机。

他为什么近来常出现这种统治人格软化的现象？是因为他知道自己在世的日子不多，对这个世界产生了依恋，因而对周遭的人和事，动不动就会感到伤感和怜惜，还是因为在这几天的断断续续昏迷中，他想到和梦到的都是充满着柔情的人和事？

刚才他还梦到了皇后，病后这段时间，他几乎每天都会梦到皇后，中间偶尔会掺杂着其他的人：中隐老人、名义上的父亲庄襄王、生身父亲吕不韦、母亲赵太后……等等，但都没有像梦到皇后这样真切，两相面对，就像生前一样。

刚才他梦到的皇后着的是仙女装，宽大的绿袍，大袖细腰，头戴珠珞冠，长长的珍珠串成排地覆着额头，看上去比着皇后服更多一份飘逸。

她无限怜爱地抚摸着他苍老瘦削的脸说：

“嬴政，你辛苦了几十年，如今是该休息的时候了，看，你好可怜！”

“可怜？”当时在梦中的他不服气地笑了：“朕拥有宇内，贵为天子，富贵为前世任何帝王所不及，你还说朕可怜吗？”

皇后笑了，就像听到他八岁时说错话那样笑了，轻蔑而带着姑息。

“我说得不对吗？你有什么好笑的？”他有点生气。

皇后耐着性子，就像十三岁时抚慰他刚愎的脾气一样，挂着甜甜的笑容说：

“人间本就是苦难，乃是上天责罚生灵的牢狱，权势越大的人也就是受罚越重的，寿命长也就是刑期长，你懂得吗？”

“玉姊，你的话我听不懂！”他困惑地摇头。

“就拿你来做比喻吧！你自认功过三皇，德超五帝，实际上情形也是如此，但想想看这几十年你过的是什么日子，所以你要明白一句话：‘最好不生，次好早死！’没有犯天条造下罪孽的生灵，不会罚到世间受苦，这就是‘最好不生！’刑罚期短，活得短，最好是出娘胎生下地就夭折，这是‘次好早死！’的解释，你懂了吗？”

“我不懂，我也不想懂，”他嬉皮赖脸地说：“为什么我掌握天下大权，享尽人间荣华富贵，后宫三千。一声令下，千百万人随之迁移，一皱眉头，千百人头落地，你反而说我不如刚出娘胎就夭折的婴儿！”

“痴儿，痴儿，你真是至死执迷不悟了！”皇后娇嗔跳脚地叹息。

他注视着皇后娇艳的脸颊和轻盈的体态，有如十七、八岁的处子，真是越长越年轻了，再想想自己比她还小五岁，却是半头白发，脸有皱纹，垂垂老矣，这也许是仙界人间最大的好坏区别，仙界自然而然永葆青春，

但在人间，以他天下之主的权势财富，却换不来片刻时间的留驻。

他不禁又想起徐市和他的“青春之泉”。

皇后仿佛能看穿他的思想，微笑着说：

“痴儿，你现在总算开始有点开窍了！”

他凝视着皇后的娇态，忍不住有点意乱情迷起来，他上前想拥抱她，口中说着：

“玉姊，好久没亲近你了，让我抱抱！”

“别碰我！”皇后怒叱：“你的混浊之气会弄脏了我！”

看到他难过沮丧的样子，皇后似乎不忍，又展开笑靥说：

“时候快到了，我俩会永远相聚，痴儿，你这样急在一时干嘛？”

他从梦中醒来，也是昏迷中清醒，心中还残留着梦中的感性温馨，久久不能自已。

也许皇后的话说得对，“最好不生，次好早死！”他认真仔细的回忆和检讨他这一生起来。

的确，不管他外表是多尊荣显赫，日夜都有多少人围拥在他的身边，服侍他，守候他，护卫他，但自懂事以后，他心中总存在着一股孤单寂寞，怎样都排遣不去。

婴儿期，不记事，他不知道自己是怎样渡过的，但能肯定的，他那个名义上的父亲，也就是给予他世间地位权势的父亲庄襄王，看他的时候一定不会有好眼色。

自他懂事以后，他就最怕“父亲”那种综合着痛恨、厌恶、耻辱却又带几分怜惜的复杂眼神。

“父亲”从来不抱他，从来不像别人的父亲那样，将他抱在膝上亲他、吻他。

阴阳家将男女之气也分成阴阳，一个孩子的长成，不但需要母亲女性阴气的滋润，也得靠父亲男性的阳气来培植，阴阳之气相交培养，才能成长出一个各方面都健全的人。所以修道的人讲求吸取日月精华，只是日的阳气或是月的阴气，都不能使一个人或其他生灵修成正果。

这种说法听上去荒唐无稽，但想想也有几分道理，这辈子他最遗憾的是，从未闻过男性身上那股微带汗酸的粗犷味道，他只记得这些女人的脂粉味和阴柔气息。

然后是“父亲”立为太子，在秦国广纳姬妾，却将他们母子丢在赵国几年不闻不问，让他被那些同年龄的孩子喊为“弃儿”，受尽了欺凌和侮辱。

邯郸几年应该是最富欢乐回忆的童年，留下的只是和一个孤独老人浪游市井，看尽人间惨痛的辛酸回忆，除了和皇后短短的那段温馨，但即使是这段温馨回忆，其中仍然是怅惘的成分居多。

再后来，以十三岁的稚年成为秦王，国事又有可靠的大臣处理，照说这段日子应该过得充实而充满欢乐。但事实上不然，母亲的公开淫行，使他成了群臣和百姓的笑柄。

在上位者被臣属轻视，而又不是因为自己的过错，这种羞惭夹杂着愤怒的难堪滋味，非亲身尝试，绝对无法体会！

然后是和亲生父亲吕不韦的政治斗争；同父异母弟成蛟的反叛；母亲情夫嫪毐的叛乱！

明知道是母亲的情夫，是她淫行的罪魁祸首，还得让他裂土封侯，别人事先造成事实，事后还要他签名用玺，以他的名义发表。

这是多大的屈辱！非身受者，谁能体会？

再然后是逼死生父，放逐亲母，让他受尽群臣的责难和背后的辱骂，说他是枭獍禽兽，杀父食母，连尚知反哺的乌鸦都不如。

但谁知道他这样做的苦衷？谁知道他下这个决心时所遭到的内心痛苦？

他不这样，很快秦国就将成为商人的王国，以吕不韦为核心的官商勾结集团，很快会掌握整个秦国经济筋脉血管，全国人民都会变成这些商人的工奴和农奴！

他能向群臣和民众这样解释吗？就是解释，又有几个人愿意听、能够懂？事后秦国国力大增，能够以一国之力气定天下，这次政治也是经济的政变，占着关键地位。

没有人体谅为了国家而牺牲生父的苦心，对他的回报反而是全国一致的唾骂。

孔丘说得对："民可使由之，不可使知之。"骂就让他们骂吧！

还有他那位可怜的母亲，"父亲"在世时是弃妇，死了以后她成为寡妇，境遇和他一样堪悯，但她是母仪天下的太后，如此不知检点，他不羞辱她一下，让她收敛点，他怎么面对全国甚至是天下？

右史在秦王行事史上已为他记上了一笔——

××年××月，秦王政逐母并扑杀两同母异父兄弟。

当时、现在以及后世的人看到这段史实，肯定都会骂他残忍，骂就让他们骂吧！

接着是六国战争，他担了多少惊，受了多少怕？虽然他没有亲冒矢石，可是在后方面对不可知的焦虑恐惧，比其亲临战场，一切情况明朗化的情形，还要可怕、可怜得多！

然后是修道路、建水利、筑长城、开发南疆，样样都有人反对，件件都有人在背后骂，几千年来懒散惯的民族，想一下推动起来，真还不

容易。

为了后代子孙的富强，就让他多挨点这一代人的骂吧！民可使由之，不可使知之！历史要怎样写，后人要怎样相信，那是他们的事。

打瞌睡的小近侍也醒了，她惊惶地四处张望，看是否有人，然后悄悄地走近卧床，察看始皇是否醒了。

始皇本想责备他几句，最后还是闭眼装睡，他在思考问题的时候，不愿意和别人说话。

小近侍认为他是睡熟的，又回到原来的位置坐下，这次大概精神养足，再不敢打瞌睡了。

真的，也许他犯的天条，比这个小近侍重多了，所以到人间受的罚也重。这个小女孩只要能偷偷在值班时睡一会儿，就会产生莫大的满足，只要下班无事就可以做着少女的美梦，三年后轮换出宫，存点嫁妆私房钱，就可嫁个如意郎君。

而他是孤单、寂寞，为别人受惊担怕到死！

想到死，他突然惊觉，中隐老人的“不依、不恋、不怨、不悔”的帝王八字诀，又浮上心头。

过去的怨悔无益，他还有很多后事需要安排。

立扶苏继位，在目前这种情形下是无可质疑的了，虽然他心中仍有所遗憾，不能立他和皇后所生的唯一爱子。

他应该交代扶苏，他还年轻，有的是时间，可以慢慢地来，前六国贵族及囚儿人数减少，工程应交由全国地方分担，不要将建设重担像他一样一个人独担。

他应该开始注意与民休养。阿房宫工程应立即停止，不要再扩大，骊山陵墓能省则省，能停则停，这些囚犯可以转用到筑长城及实边上去。

还有，秦法已经够严，他在世时是因为天下初定，残余反对势力犹存，他不得不用峻法严刑，今后新主即位，天下人都希望松一口气，扶苏可借这个机会行仁政。

他曾答应过以武力夺天下，然后以仁政治民，可惜他命短，要做的事太多，不能实现对中隐老人的诺言，扶苏应该可以为他实现。

还有，扶苏的资质比不上自己，应该要他广纳众议，集思广益……

要注意培养人才，免得到时人才断层，无人可用……

还有……

还有……

平时对这些儿子们似乎是无话可谈，到了临终前，却发现有这么多事情交代不完。

千头万绪，他的胸口又感作痛，头晕耳鸣，作呕想吐。

他闭上眼睛养神，什么都不去想，过了一会儿，舒服一点，他想起刚才想要交代扶苏的话，应该立即记下来，并写下诏书，明令扶苏继位。

诏书写好，明天就召集群臣发布，命令扶苏赶回咸阳为他办理丧事。他想，他是不会活着回到咸阳了，沙丘离咸阳，经由直道也有足足两千里。假若病势轻点，他要立即赶回咸阳，要扶苏在九原直道启端迎接他。

不过，看自己的病势，算了，他拖不了那么久，现在最重要的事是将要交代扶苏的事先写出来。

“来人!”他用力喊出，惊恐地发现到，喊出的声音却是如此微弱。

小近侍闻声连忙跑过来，跪伏在地行礼：

“陛下有什么吩咐?”

秦始皇陵机关暗器

“将笔墨和锦绫准备好，朕要写点东西。”

“陛下龙体欠安……”小近侍非常体贴。

“不要啰嗦，照吩咐做!”他斥责中带点笑意。

小近侍一切准备好以后，将始皇扶坐到书案前。开始时始皇还想强示硬朗，不要她扶，谁知下床脚一落地，就像踩在云端，一点都着不了力，头一晕眩，差点跌倒，小近侍连忙扶住他，但他人高体重，小近侍用尽全身力气才勉强顶住。

“陛下，还是上床休息，奴婢去传侍中来记录。”小近侍恭声劝谏。

“不要你管，快扶朕坐下!”始皇有点不耐地说。

始皇坐正，要小近侍在枕边取出他随身携带的密玺，他手头无力，要她先在锦绫上盖上，然后他提笔写了称呼和勉励话，刚开始写下第一句正文——

以兵属蒙恬，与丧会咸阳而葬。

他只觉得胸口暴痛，头脑一阵昏眩，连人带笔扑在书案上，再也没坐起来。

小近侍不敢声张，轻泣着赶快找赵高去。

赵高得到消息，带着一名心腹近侍匆匆赶到。他们连忙将始皇扶上床，始皇只指着书案上的信和玺，断断续续地说：

“玺和信派人传给扶苏！”

说完话就气绝身亡。

赵高最先有要喊“来人”的冲动，但他立即冷静下来，要心腹近侍守住内寝门口，不准任何人进来。

他先摸摸始皇的鼻息，确定他已死，而且体温也在逐渐下降。

他拿起书案上未写完的信，看了很久，心中产生极大的矛盾。

他转头看看僵卧在床的始皇，狠狠在心中骂着：

“看你在世时威风不可一世，到如今躺在那里，还不是和死狗一样！”

他在室内又来回转了几趟，两只鼠眼向天，不停地转动，最后他咬咬牙齿，将信封好，连同玉玺装入自己的袖袋里。

他将心腹近侍喊进来，在他耳边说了几句话，等到近侍离开，他大摇大摆地在书案前坐下，将小近侍喊到面前，问了一点始皇死前的情形。

这时候他的心腹近侍另外又带了两个宦者来，他们不怀好意的围住小近侍。赵高也一改刚才和蔼的态度，凶巴巴地说：

“你照顾主上不周，以致主上跌倒身亡，该当何罪？”

“中车府令请饶命！”小近侍跪在地上，不停地磕头，哭得像个泪人儿似的：“大人，这不能怪奴婢！”

赵高态度又突然转变，装出一副怜惜她的样子，和言悦色地说：

“想活命并不难，只是回答我一句话，主上驾崩了没有？”

小近侍转头看看僵卧在床上的始皇，结结巴巴地说：

“刚才奴婢探过鼻息，确定主上是已经断了气。”

“大胆！”赵高又沉声怒喝说：“你是在找死！”

小近侍浑身颤抖，不知道该如何回答。

“主上活得好好的，正在安寝，任何人都不得打扰，对不对？”

“主上正在安寝，任何人都不得打扰！”小近侍为了保证赵高不会生气，只有照着他的话说。

“对了，除了我以外，任何人问起主上都要这样说，明白吗？”

“奴婢明白。”

“好，起来吧！”

“多谢大人。”

小近侍磕了头，正要爬起来，赵高忽然又说：

“等一等，嘴上无毛，年纪轻不懂事，再加上女人话多，我不能相信你!”

“大人饶命！大人饶命!”小近侍叩头流血。

“这样吧，”赵高缓缓地说：“要命就不要口，为了防止你控制不住自己乱说话，把这瓶药喝下去!”

他的心腹近侍从袖口取出一个小药品，另外两名近侍上来一边抓一手，心腹近侍抓住她的头发，硬将她的嘴拉开，整瓶喑哑药都倒了进去。

小近侍不敢挣扎，从此也不能再说话。

“好好听着，”赵高神气地说：“从此由你照顾主上的起居，不准任何人进来打扰，听清楚就点头，否则就要你的命!”

小近侍连连点头，泪像泉水一样从秀丽的眼睛中涌出来。赵高又交代心腹近侍一些事情，然后讽刺地跪倒在床前行礼：

“陛下请休息，奴才告退!”

第十四章 二世而亡的大秦帝国

密室中灯光昏暗，胡亥与赵高面对面相对而坐。

胡亥刚祭拜过始皇的遗体，脸上的眼泪犹在。

他真的不敢相信，刚强自信、自号“真人”、追求长生不老的父亲，说走就走了！他这下总算明白，为什么一个皇帝的死，要称作“山陵崩”。

至少，他胡亥失去了这座大靠山，立即要面对风险水恶、错综复杂的政治斗争，眼前就有处理不完、千头万绪的事情，他真的害怕面对。

他像一只尚不会飞的雏鸟，突然失去母鸟，茫茫然不知何去何从，头脑里塞满了东西，却又好像一片空白。

赵高坐在灯光阴影处，两只小眼睛闪闪发光，就像一尾躲在洞中的毒蛇，正盘算着如何吞噬这只孤独无依的雏鸟。

在他们共坐的席案上，摊放着始皇要交付给扶苏的玉玺和书信。赵高看到胡亥没有了主意，只知道哭泣，他不得不先说话：

“公子，你必须要为自己作打算，等书信和玉玺送出去就来不及了。”

“师傅，”胡亥擦干了眼泪说：“父命难违，父皇既然要传位大哥，我也没有什么话好说。”

“真是没出息！”赵高狠狠地骂了一句。别看他在始皇面前卑躬屈膝，一副奴才相，在胡亥这里，他可是十足的师傅架势。

“老师，你曾教过我，兄弟应该礼让，并以吴国延陵君季子札为例，要我学他的宽大胸襟，何况父皇尸骨未寒，就违背他的遗命，另有企图，真是于心不忍。”

听了胡亥的话，赵高忍不住在心里骂——这个浑小子，真不知道死活，事到如今，还这样傻呆，以我之矛，攻我之盾。他难道真不明白，那次这样教他，乃是在始皇面前暗赞始皇和长安君成蟜的友爱，因而使得始皇龙心大悦，对他又有了进一步的信任，放心大胆地将胡亥交托给他。

但赵高口里所说的又不一样，他叹口气说：

“公子在这样危急的时候，还记得我教你的友爱，可称得上是性敏好学了，可是事情有经有权，有常有变，有时候你也应该学学权变。”

“这件事是父皇亲笔遗命，还有什么权变可言！”胡亥顽固的脾气倒有点像他的父亲。

“唉，公子，”赵高有点不耐烦：“怎么和你说不通！你想想看，你是皇后嫡出的独子，按什么道理都应该你继皇帝位。”

“可是父皇有遗命，他有随意传位给任何一个儿子的权力。何况大哥是长子，苏庶母虽然未立皇后，实际上她掌管后宫、母仪天下这么多年，在群臣和黔首心目中，她早就已是皇后，扶苏大哥也算得上是嫡出。”

“你这个孩子怎么啦！”赵高板起师傅面孔训人：“总是以一些歪理来帮别人说话，真的是过年的鸡鸭不知死活。”

“老师请讲，胡亥是怎么不知死活？”胡亥不服气地顶嘴，这是他对赵高的老习惯。

“古时公子都有封地，不当帝王也就罢了，总还有一个地方可以安身立命。如今大秦已废弃了封建制度，始皇帝有子二十余人，得位者拥有天下，不得位者无立锥之地，相差何止天壤之别？”赵高想以富贵贫贱来打动他。

“没有关系，父皇生前所赐我庄园田地，黄金珠玉，够我和妻子儿辈子都吃喝享用不完了。”

赵高在心里想——这个浑小子既不贪图权位，又不爱慕富贵，看样子只有用生命危险来威胁他。

他装着一副欲言又止的样子对胡亥说：

“有些话我本来不想说，怕你认为我是在挑拨公子兄弟间的感情。”

“老师，你我师徒之间还有什么不可说的。”胡亥虽浑，倒也知道尊师重道。

“你是否知道苏妃一直和皇后不睦？”赵高眯起鼠眼，故作神秘状。

“我可看不出来啊！”胡亥惊诧地说：“苏庶母在母后生前，一直很尊敬母后，母后去世后，她每见到我，都会含泪告诉我一些母后生前的事迹，盛赞她的仁厚。”

“女人嘛！总是会以眼泪鼻涕来做假的，”赵高故意叹了一口气：“其实她生长子却不能立后，早已恨死了后来居上的皇后，我就亲耳听过，她背后向一些妃姬辱骂皇后，说什么其一个二嫁女人，不但生前僭居皇后位置，连死后也霸住不放。”

母亲是二嫁夫人，乃胡亥一直引以为奇耻大辱的事，只要宫中有人提起，他不将这个人置之于死地就绝不罢休。赵高这句话终于击中了他的要害，他气得满脸通红地说：

“苏庶……不，苏妃真的敢这样说母后？”

“唉，公子也不必生气了，她的儿子马上就是皇帝，你再生气也拿她没办法了。如今最要紧的是如何防备她得权以后加害于公子。”赵高看到这一招生效，忍不住在心里偷笑，但表面上依然装得诚恳。

“她真会加害于我和家人?”胡亥心动地问。

“女人的嫉妒心，使她们什么事都做得出来!”

“那我该怎么办，想安安稳稳做个庶民都不可能?”胡亥开始着急。

“公子聪慧，该知道怎么办!”赵高鼓励地说。

“由我来当皇帝，就不怕他们加害了，”胡亥自然而然得出这个结论：“但要怎么个做法?”

“公子果然聪明过人，”这是平日赵高教胡亥功课时的口头语，现在又顺口溜出来：“只要公子肯为，臣自然会将一切安排妥善。”

这是赵高首次向胡亥称臣，他俨然已将胡亥看成是二世皇帝。

当晚深夜，胡亥将李斯召进行宫，秘密告诉他始皇的死讯，并带他到寝内悼拜始皇的遗体。

李斯先瞻仰了一会儿始皇遗容，随即跪伏在地，还怕惊动宫内其他的人，不敢放声大哭，只能饮泣吞声，喃喃有如自语地说：

“李斯本只是上蔡闾巷一布衣，幸得陛下知遇，得以位极人臣，官为丞相，爵至通侯，子孙皆至尊位重禄，本想尽一己之忠，多为陛下效犬马之劳，不想天下假年，哀哉!”

李斯是何等聪明人，他到达宫内，看不到一点始皇驾崩的迹象，明白这里面一定有问题。他哭的话也是说给赵高听的，意思是告诉赵高，凡事都得经过他丞相这一关。

胡亥以孝子身份在一旁答礼。

悼拜完毕，赵高单独将李斯迎入密室，两人坐定后，李斯先开口发问：

“中车府令是否知道胡亥公子如何替主上发丧，是先将丧讯送咸阳，还是在此立即公告天下?”

赵高诡秘地笑着，从袖口中取出始皇赐扶苏的玉玺和书信说：

“这是主上赐扶苏公子的东西。”

李斯检视了玺书以后，宽慰地笑着说：

“主上虽然一时猝崩，未来得及书完全信，也未明言立扶苏公子为太子，但他未赐书给任何公子，而只要他命丧咸阳，并将玉玺遗赐给他，要他继位的意思很明显，尤其他身为长子，更是名正言顺。”

赵高仍然坐在他常坐的烛光照不到的阴暗处，就像藏在洞内的毒蛇，你捉摸不到他脸上的表情，他却能看清你的任何动静。

李斯虽然自认为足智多谋，在别人眼中也是个诡计多端的老狐狸，可是他见到赵高，心中总是带着三分恐惧。

赵高未说话，先做他惯有的鹭鸶笑，然后才说：

“丞相所言有理，而且丞相也是一向主张立扶苏的，可说是宿愿得偿。”

“……”在未弄清赵高的真正用意前，李斯不敢随意答话。

“但是，”果然赵高并没有等他回话，而是自顾自地说下去：“丞相要弄清楚一件事，扶苏继位对丞相并没有好处。”

“李斯承蒙主上恩遇，以一布衣不次拔擢，得到今天的地位，当然应贯彻主上的遗志，辅佐扶苏公子，”李斯坚决地回答：“有否好处就在所不计了！”

赵高先是嘻嘻一阵鹭鸶长笑，然后又冷哼了几声，他压低声音说道：

“只怕是你个人单方面想得好，扶苏公子继位，还轮得到李丞相你辅佐吗？”

“此话怎讲？”李斯惊问。

“我承认，主上二十多个公子中，以扶苏最为杰出，刚毅而又仁厚，能得民心，尤其这几年监蒙恬军，无论在军政各方面的表现，都受到朝中大臣称赞和北边父老的好评。修筑长城这样烦难的苦役，幸亏他调配得宜，抚慰有加，总算没有闹出像骊山那次服役者叛逃的事件。但是，丞相，你可想到与我们私人之间的利害关系？”

赵高一边侃侃而论，一边注意观察李斯的脸色。他见到李斯一时神情数变，明白他的话已打动了李斯的心，因此他暂停说话，等待刚才一番话在李斯心中发酵。

果然，李斯沉默不语良久，最后才挣扎着说出：

“以古今历史来看，凡是废长立幼，违逆天命的，最后都会弄得国破家亡，社稷不安，李斯还是人，不敢做这种逆天又逆主上的大逆不道之事！”

“唉！”赵高叹了一口气说：“丞相怎么这样不通权变？说实在的，胡亥公子这个人也不坏啊！赵高教了他这么多年，对他可说完全了解。虽然他不善言辞，但仁慈笃厚，轻财重士，乃是其他公子所比不上的，何况他是皇后遗留的独子，也是主上生前最疼爱的儿子，丞相明白吗？主上所以迟迟不肯立太子，就是想等他学有所成，有所作为表现！”

“这点我承认，也明白。”李斯点头说。

“这还有什么话说？扶苏立，你我将来连立锥之地都没有，尤其是扶苏早就讨厌我们两个人，说我们一个是毒蛇，一个是狐狸，只会合起来狼狈为奸逢君之恶，只要他能登上皇帝之位，首先要开刀的就是我们两个！”

“扶苏公子这样说过吗？”李斯半信半疑地问。

“丞相相信也好，不相信也好，总之扶苏继位，丞相和将军的位置一定是蒙毅和蒙恬弟兄二人。”

“这我倒是相信的。”李斯说。

“胡亥公子承诺，只要他能继位，你的通侯位置将世代勿替，永远传下去，”赵高装出语重心长的意味说：“丞相，现在这一刻，屠刀还操在我们手上，为什么不制人机先，反而要授刀柄给别人，听任别人的宰割?”

李斯仰天长叹，眼泪泉水似地涌出，他叹息说：

“时也，运也，既然命该如此，李斯还有什么话说，我一切听胡亥公子的。”

就在这时，密室的门开了，胡亥笑嘻嘻地走进来。

赵高首先参拜，小声轻呼：

“陛下万岁!”

李斯不得不跟着行礼。

三人接下去彻夜会议，得到了多项结论，其重要者如下——

一、目前知悉始皇驾崩的，除了他们三个人以外，只有三名近侍，两名宦者是赵高的心腹，那名宫女则已变成哑巴，而且限制在始皇遗体附近照顾，因此不怕走漏消息，不过要留意防范有更多人知道。

二、因为始皇死在都城以外遥远的沙丘，为预防在北边的扶苏及在咸阳的诸公子有所异动，以及防范各地异议分子的骚动，所以不公开始皇的死讯，而命那名宫女待在辒辌车中假扮始皇，奏事、上食如故。不过为了怕泄密，对群臣宣布，始皇龙体欠安，不耐接见群臣，有事一概由丞相综合转奏，后宫事由中车府令转奏。

三、由李斯模仿始皇笔迹拟定亲笔诏书，盖用密玺及国玺，明令立胡亥为太子。

四、由李斯模仿始皇笔迹拟定亲笔诏书，责备扶苏在边地没有建功，反而多次上书直言诽谤皇帝用民太苛，并因不能归都立太子，日夜有所怨言，赐剑自裁。蒙恬与扶苏日久，应知其谋，既不匡正又不上报，为臣不忠，赐死，大军交由裨将王离率领。

五、即日起程经由九原直道返咸阳。

六、始皇遗体以薄棺装置辒辌车中。天气燠热。尸臭外泄，为了防群臣起疑，购鲍鱼一石放在车中，以混肴尸臭。

三人会商完毕，天已大亮，胡亥向两人道谢说：

“胡亥得以继位，全靠丞相和师傅支持，大恩不言谢，今后治理天下，胡亥年幼，仰仗两位的地方甚多。”

李斯和赵高连称不敢，跪伏行礼参拜。

胡亥意得志满地走了，看不出一点丧父的悲伤。李斯看到这种情形，暗暗叹息，告辞赵高回住处，犹在心中高喊，被逼上了贼船！

他想到大秦刑法严峻，民众赋税劳役又如此重，天下民心皆怨。始皇在时，英明勤政，尚能勉强镇压。他这一死，尤其是除掉颇有改革希望的扶苏和忠心耿耿的蒙恬，让胡亥和赵高这种人来胡搞，天下会大乱，到时候还是要他来收拾。

想到今后要听顽劣的胡亥的命令，要和小丑其面、心如毒蛇的赵高共事，他的背脊骨上像泼了一盆冷水。

怨叹归怨叹，木已成舟，想悔已难，再想到要是扶苏立位，讨厌他的蒙家会当权，他的日子也不会太好过。何况，赵高虽然狠毒，他总是个阉人，管不到宫外的事，因为自嫪毐事件发生后，始皇就定下规矩，宦者严禁参与政事，并不得封爵，今后朝政还是会由他主导，只要将赵高敷衍好，两人可将胡亥玩弄于股掌之上。

想到日后的独揽大权，他不禁独自发笑。

稍事休息，起床后他就以始皇的名义发出一道道诏命：

“——命郎中左令准备行宫出发事项，三日后取道井陉、九原直道，直返咸阳。

立胡亥为太子，并立即公告天下。

——派太子胡亥舍人为使者，赐书扶苏及蒙恬于上郡。

——通令各郡，遇蒙毅于途者，扣留之。

李斯将所有的诏命和书信写好，送交赵高用玺发出，他自感已经变成始皇，一扫以前凡事都得请示，都得唯唯从命的郁闷。

太子舍人颜取，奉命为始皇帝使者至上郡蒙恬军中。

扶苏及蒙恬开中门迎入，并摆设香案跪听诏命。

在颜取宣读诏命已毕，将诏命交于扶苏，三人交谈了一会儿，扶苏含着眼泪送走使者，派人安顿颜取及从人到宾馆休息。最后是扶苏自裁，颜取将蒙恬移至阳周囚禁，他自己急忙回咸阳等候始皇回驾。

但等到胡亥回到咸阳，他接到的消息却是始皇驾崩，明令发丧，胡亥太子立为二世皇帝。

他到此才完全明白，传言果然非空穴来风。

同时，囚禁在阳周的蒙恬，除了也听到这个消息外，还得知蒙毅在祭祷山川回程途中，在代州遭到逮捕。

他知道蒙家这下是完了！

始皇三十七年（前 210）八月，始皇车驾经由九原，从直道至咸阳，发丧，太子胡亥继位，号为二世皇帝，九月，葬始皇于骊山。

十月改元，为二世皇帝元年，胡亥年二十一岁。大赦罪人，李斯仍为丞相，赵高为郎中令。胡亥年少贪玩，不理政事，多为赵高代行，朝中大权实际落在赵高之手。

元年十月，二世下诏：

“始皇帝功过三皇，德超五帝，寝庙祭牲及山川百祀，应将始皇列入，并增重其礼，故令群臣议立始皇专庙。”

始皇葬礼及覆土，再加上建始皇庙，全都是浩浩大工程，征用徭役及材料无数，黔首叫苦连天。

等到始皇棺椁入穴，赵高为了整肃宫中异己者和敲诈钱财，提出了一项奇特而又残酷的建议。

在准备覆土尚未开始的前几天，赵高启奏二世说：

“始皇陵墓范围既大，内里宫室和地上宫殿一样，而且从前六国掳获来的奇珍异宝，大都陪葬地下，其中虽然设置了机关弩矢，可以防止盗墓者的闯入，但这些机关都是工匠所设置，或本身起盗心，或无意间泄露了机密，都会危害到始皇陵墓的安全。因此臣建议，封穴覆土之际，所有知道机密的官员、监工、工匠及劳改犯，全部封埋在墓穴之内。”

二世未问任何理由，予以批准。

接着赵高又上了第二道奏简：

“后宫始皇御幸过的妃姬宫人不下数百，有子者固应留在宫中，按照规定，无子宫人三年应从志愿出宫，但经过始皇御幸过的，再嫁实在不太合适，应该全部用作殉葬。”

自周以来，贤王为了殉葬礼俗太过残忍，多半已改为用陶俑陪葬，赵高这项建议是对宫中来个大扫除。

因为凡是受始皇御幸过的女人，不管得宠与否，身份就与一般宫人不一样，她们自命是始皇宠爱，对赵高更是不看在眼中。

赵高这项建议正是针对这些恃宠而骄，常给他气受的女人而来。

这两项建议对赵高来说，还有一种极具经济效益的附加价值，因为二世授权他全权办理，只要他大笔一挥，说谁该殉葬就该谁，他并要心腹传出风声，只要有钱就可以买命。

这两类要殉葬的人，在事先都遭到囚禁，美其名为优待保护，得到消息的家人和亲朋，莫不极力设法营救。

于是赵高府中门庭若市，这次发的财比上次炒地皮还要来得多。

剩下一些平日与赵高不和，或是宁死也不愿向他屈膝，或是实在没有钱可以赎命的人，数目仍然不少；应陪葬的宫人逾百，该殉葬的官员、监工、工匠和劳改犯，总计超过五千人。

这两种人的殉葬，分成两种截然不同的方式举行，宫人是在白天以公开仪式送进陵墓，而后者则是在一个月黑风高的夜里押进陵墓，将陵墓外的石门封死，全部活活地窒息在里面。

赵高当然忘不掉尚分别囚禁在阳周和代城的蒙恬兄弟，他一再上奏，应该早日加以处决。

胡亥对蒙家总有那么一份感情，再加上幼公主从旁说情，胡亥有了释放蒙恬兄弟之心，赵高大为紧张。

那天，赵高在下朝后对李斯说：

“如今大事已定，丞相侯位将世代勿替地子子孙孙传下去。”

“这都是赵大人协助。”李斯回答。

现在李斯见到赵高心中所存的那种压迫感，随着赵高的扩张权力，是越来越沉重了。不错，赵高目前还遵守两人事前的约定，赵高管宫内，李斯管外府，但他发现到赵高控制了二世，就等于控制了他这个丞相和全国。

赵高对他态度越和蔼恭顺，他越感到胆战心惊。

“丞相志得意满之际，可曾记得一项心腹之患？”赵高眯起一双鼠眼作鹭鸶笑。

“什么心腹之患？”突如其来的话，李斯一时会不过意来。

“在阳周的蒙恬，在代城的蒙毅！”

“哦！”李斯沉默不语。

说实话，李斯并不想杀蒙恬兄弟，反而觉得留着他们可以牵制赵高，到底他和蒙恬兄弟才是同类。

“前次我帮丞相除去扶苏，丞相得长居丞相位，并为子子孙孙保住通侯爵位，这次丞相应该协同我永除这项心头之患。”赵高见他沉默，索性点破了说。

“以郎中令和皇帝如此亲近尚不能说服，老夫隔着一层，说话能够有效吗？”李斯明为捧赵高，实际上乃是推辞之语。

“当然，以丞相一人的话，不会比赵高有效，”赵高居然当之无愧地说：“但合两人之力，效果就足够说服主上了。”

“那要如何说法？”李斯怕再说下去赵高会翻脸，不得不应付。

“主上如今想释放蒙恬兄弟，主要是由于众大臣和幼公主的反对，而蒙恬拥兵却没有反叛，使得主上怀念旧日情份。他始终认为蒙恬兄弟是人才，始皇在世时也一再向他提起，他们是他留给他的宰相和将军之材，希望他能善加珍惜运用，”赵高说到这里顿了一顿：“留得蒙恬兄弟在，丞相的位置迟早是蒙毅的！”

“老夫老矣，不能当一辈子丞相，当然迟早会交给年轻人。”李斯叹口气说。

“但丞相不要忘记，通侯之位世代勿替，却是赵高为你争取来的，”赵

高按捺着不满，反作鹭鸶笑："更不要忘了，沙丘之谋，蒙恬兄弟早已察觉!"

李斯呆了一下，又长叹一口气说：

"老夫但听赵大人的!"

"据我所知，主上最恨别人说始皇该立扶苏不应立他。"

"真的是这样吗?"李斯听得心头一震，赵高也知道当初他反对立胡亥的事。

"所以，我们只要加蒙恬兄弟这个罪名，主上一定会将蒙恬兄弟治罪。"

"赵大人没向主上提过这件事?"李斯吞吞吐吐地说："据老夫所知，蒙恬兄弟好像没有公开反对过。"

"这种事始皇不会问我，所以由我向主上讲，主上恐怕不会相信。你是丞相，在这方面说话比我有力量，再说，欲加之罪，何患无辞，丞相说他曾反对过，他就是反对过，而且以他们兄弟和扶苏的交情，这样说也合情合理，谁都会相信。"

赵高眯着眼睛，注视着李斯等他答复。

"好吧，"李斯无奈地说："什么时候觐见主上?"

"我赵高见主上还要等待什么时候?"赵高狂妄地笑着说：

"现在就随我去!"

赵高带着李斯去见二世的时候，二世正在抱着女人喝酒。天气虽然已是严冬，但室中壁炉生着熊熊炭火，二世和女人们都穿得极为单薄，这些女人更是只身裹薄纱，曲线玲珑，凸凹分明。

二世左拥右抱，周围还围着一大堆女人，有的为他捶背按摩，有的用樱桃小口喂酒给他喝。

他本人的手脚和嘴巴也一直没空闲过，东摸摸，西捏捏，左咬、右咬，碰到的全是香滑脂腻的肉。

他常感叹，父皇真傻，整天只知埋首奏简伤脑筋，说什么为黔首谋福利，为生民开万世太平，一劳永逸，牺牲这一代，永久造福后世千万代，到头来为天下百姓埋怨。

父皇真笨，不知道女人如美酒，要一小口一小口地闻着香味，然后一点一点地吞下去，让口中随时充满甘醇芳香。

父皇玩女人，就像喝开水，只是为了解渴，完全未体会到真正的女人味道，就像有些人将上好的美酒拿来牛饮，喝完就沉醉如泥，这怎么算得上懂得啤酒?怎么说得上懂得欣赏女人!

正当他对女人们大发这些妙论时，忽然近侍来报：

"丞相李斯和郎中令赵高求见。"

听到李斯，二世皇帝皱起眉头喃喃地骂着：

“这个老家伙这时候来干什么？赵高也真是的，他一个人来，还可以陪朕喝几口酒，哼几阕赵地小调给朕和美人们听听，带李斯来干什么！”

女人们一听到丞相老头到，全都拿着衣裳，掩住暴露部分，嬉笑惊叫地跑了。

二世用袖子擦擦嘴边残酒，整理了一下衣冠，极端不耐烦地对近侍说：

“宣！”

近侍走到门口大声喊叫：

“主上宣丞相李斯及郎中令赵高觐见！”

李斯和赵高行礼完毕就席落座，李斯看到二世醉眼惺松，闻到室内弥漫不散的女人香味，明白自己来得不是时候，但既来之则安之，而且还不能不说上几句劝谏的话，以示他的忠诚。于是他委婉地说道：

“陛下年富春秋，喝多了酒会伤身体。”

“嗯，”二世不耐烦地哼了哼，不答李斯的话，反而转向赵高问：“老师带丞相这种时候来，是否有什么紧急要事？”

“正是。”赵高对二世没有李斯那样畏缩。

“什么事？”二世惊奇地问。

“据北边传闻，王离军军心不稳！”赵高有意加重语气。“蒙恬已被囚禁，事情不是已经定了吗？”

赵高不答话，却以目向李斯示意，催他说话。

李斯只得硬起头皮说：

“事情难已暂时确定，但蒙恬在军中的影响力太大，而且扶苏公子奉诏自裁，他却一再要求申辩，可见他早就怀疑沙丘之谋。”

“管它什么沙丘不沙丘之谋，”二世哈哈大笑说：“如今朕已是二世皇帝，任何人再也无法否认，何况扶苏已死，将他们兄弟再囚禁一段时间，他们自然会为朕所用。父皇在生时常交代朕，他们兄弟都是将相之材，要朕善加珍惜运用。”

赵高先前对他所说的话，现在经由二世亲口证实，李斯听了暗暗心惊，看样子非除去这两个人不可了，否则哪还有他李斯在朝中生存的余地？于是他硬起心肠说谎：

“陛下，蒙恬兄弟向来仇恨陛下，绝不会为陛下所用！”

“为什么？”二世带点不相信的口吻。

“老臣亲耳听到先皇问蒙毅，立太子该立谁，蒙毅回答应立扶苏。先皇又问立陛下你不好吗？蒙毅的答复很难听，老臣不敢照述。”

“说，你只是转述蒙毅的话，朕不会怪你！”

李斯越是不说，二世越好奇。

“他说……”李斯欲言又止。

“快说！他说什么?”二世明知不是好话，怒气已渐渐堆积。

“陛下请恕老臣罪，老臣就照实转述了，”李斯欲擒故纵：“他说陛下顽劣成性，好色贪杯，同时，同时……”

“同时什么?”二世声色俱厉。

“同时……他说陛下才智资质都属平庸，绝成不了一个好皇帝!”李斯迟疑了一下，也是因为他要争取点时间，对二世下最中肯的评语。本来他想用“低劣”两个字，但他怕太严重，二世真会迁怒到他这个“转述”话的人。

“气死我也!”

二世起立大叫，双手一挥，席上玉盘玉杯乒乒乓乓跌碎一地。

这种暴怒的脾气倒确实像他父亲。

躲在邻室的这些女人，不知发生了什么事，全都惊惶地贴着隔门听。

“杀了他们！杀了他们!”

二世愤怒高叫起来，声音也像极始皇，现出狼音豺声。

胡亥听了李斯的话，就再听不进任何人的谏言。

幼公主见数谏不听，甚至出动了二世最喜欢的侄子公子婴前来说服。

公子婴比二世小不了几岁，但少年老成，喜读书，颇有才智，始皇在世时，也非常喜爱这个孙儿，有意拉近他们的距离，希望能在胡亥继位后，以他的才干辅佐胡亥。奇怪的是，他俩性情完全不同，胡亥却凡事都肯听他的。

公子婴身高八尺，龙眉凤眼，年纪虽轻，却有帝王风采，始皇常开玩笑，为了这个孙儿的长相，他实在应立子婴父亲为太子。

公子婴劝谏二世说：

“古来君主听信谗言的，没有一个有好下场。故赵王迁杀其良将李牧而用颜聚，燕王喜用荆轲之谋而背秦之约，齐王建用后胜之议杀故世忠臣，这三位君主都是因为听信奸人之言，失国遭祸。蒙家兄弟为秦的大臣谋士，陛下想诛杀，臣偏偏以为不可。诛杀忠臣而立无节行的人，会使得内臣灰心而在外将士心生离意!”

他所谓的无节行的人，当然意指李斯和赵高。

他胡亥不听，派遣御史曲宫赴代，传诏蒙毅说：

“先皇本来准备立朕为太子，你反对而口吐不实诬蔑的批评，丞相认为你不忠，应该灭族，朕念在你先世忠良，实在不忍，乃赐你死，这也算对你宽厚了，希望你好自为之!”

蒙毅向使者说：

"先皇册立太子乃国家大事，只会要群臣议论，绝不会私下问某个臣子。何况今上为皇后唯一嫡子，最受先皇宠爱，先皇走哪里就带到哪里，就像最后一次巡行，先皇二十多个儿子一个不带，只带今上一人，明眼人一看就会明白先皇的意思，蒙毅再笨，也不会笨得违背先皇的心意，而对今上乱加妄言批评。"

"这个本御史可管不着，"曲宫冷冷地说："我只是奉命来监督你自裁的!"

蒙毅又叹口气说：

"昭襄王杀武安君白起，楚平王杀伍奢，吴王夫差杀伍子胥，这三位君主都是犯下杀忠良的大罪，所以至今天下人都认为是大失策，最后的结果都是导致祸身殃国！希望大夫明了这一点。"

曲宫虽然听得动容，但二世来时交代，不管蒙毅怎么说，就是要把他的头带回来。于是他诚恳地对蒙毅说：

"廷尉执法这么多年，应该知道秦法的严峻，再多说也无益，不过本官会将廷尉这番话带回去转奏主上。"

蒙毅叹口气说：

"在下的本意也只如此，并不是想用辩口来活命!"

说完话，蒙毅拔出佩剑自刎而死。

曲宫命人割下首级，带回咸阳覆命。

二世另外又派使者到达阳周，转告二世的诏命说：

"你犯的过已经够多了，现在你的兄弟蒙毅又犯下欺君大罪，连累到内史你，这次内史还是认命，善以自处!"

蒙恬从容地笑着说：

"前次在上郡我就有了死的准备，但为了平民怨安军心，才自愿改为囚禁于此，不过，蒙恬在死前有些话要向使者禀明，希望使者代为转奏。"

使者听了面有难色地说：

"前次使者颜取为内史求情，现已获罪，丞相和郎中令向主上奏劾，说他懦弱无能，未能达成使命。有辱主上或丞相的话，在下不敢转奏。

蒙恬见这位使者年轻却老实，不忍心再为难他，因此仍然微笑着指点他：

"你这次来是要带蒙恬的首级覆命?"

"正是。"这位年轻使者为他一言道破心事，不禁有点脸红起来。

"放心，这里是阳周，不会再有军民来阻拦，即使是有，我也一定会自刎将首级交给你。"

"多谢将军。"

"那能不能转告在下的话给主上?"

“将军，请让在下自己选择，能转奏者转奏，不能转奏者省略掉如何?”使者坦白得很。

“使者这样说，我就完全放心了，你一定会将话带到。”

“将军请说。”

“让我先说个故事给你听。”蒙恬闲情逸致地说。

“将军!”使者高呼：“临死依然如此闲雅，真神人也！只是在下不能转奏主上，岂不是浪费了将军此刻这样宝贵的时间?”

“不然，”蒙恬笑着说：“主上最喜欢听故事了，假若你覆命时，主上问你在下有什么遗言，你应说我跟你讲了一个故事，即使你不想转奏，主上也会逼你说出。”

“真的?”使者半信半疑：“请讲。”

“以前周公辅佐成王时，周成王尚在襁褓之中，周公旦担任摄政，每天都背负着成王上朝，最后天下乃大定。成王小时有病，周公自己将手指甲剪下来沉于河水而祭祷说：‘王还小，根本不懂事，政务全由旦代为处理，假若有什么罪过，理应由旦来承当灾祸。’这件事由史官记录藏在记府，这是可以查考的。等到成王长大，能够自己亲政时，有人向他进谗言说：‘周公旦早就想作乱了，假若陛下不早作防犯，恐怕会有大事发生。’成王一听大怒，周公旦为了避祸逃到楚地。后来成王在记府看到这段记事，感动得流泪说：‘谁说周公会造反?’于是杀了进谗言者，而迎接周公返回国都。”

使者亦深为感动地说：

“主上不问起，在下亦会转奏这段故事。”

蒙恬又长叹一口气说：

“我说这些话并不是求脱罪，而是希望能因我的死使主上有所反省，以为万民造福。”

“将军所言甚对，但在下只是奉命执法，不敢想及其他。”使者有催促的意思。

“自吾先人至于子孙，积功讲信在秦三世了，如今我将兵三十万，虽然身被囚禁，但是说反立刻可反，使者相信吗?”蒙恬注视使者说。

“相信，相信，当然相信，”使者连忙摇动双手：“将军千万不能这样!”

“要做早做了，不会等到今天!”蒙恬长叹：“我何罪于天，为什么要无过受罚而死?”

使者在一旁不敢作声。

很久，很久，他才缓慢地说道：

“筑长城，自临洮至辽东，城堑万全里，其中免不掉会断绝地脉，也许这就是我得罪于天的过错吧！”

说完话，他自袖口取出毒药吞了下去。

二世在宫内玩女人游戏生厌，酒池肉林，索然无趣，他有天闲得无聊，烦闷地向赵高说：

“朕年少立位，黔首都未能信服，先帝巡行各郡县，表现了声威，使得海内怀德而畏威，朕如今只待在宫中不外出，显得德威都差先帝一大截，无法使黔首信服。”

“陛下想显声威还不简单吗？”赵高笑着说：“只要再循先帝巡行路线走一遍，在先帝立的碑上面加刻一笔，陛下的声名就跟先帝一样威盛了。”

“这倒是个好主意，”二世闻言大喜说：“那你会同李斯丞相准备出巡事项，准备好就立即出发。”

赵高知会了李斯，商议的结果，决定按始皇旧日路线，车队照旧时编制出巡，李斯、赵高等大臣从。

一路向东，经过原赵、齐等地，由海南下至会稽，二世旧地重游，上次只是有无皆可的小配角，这次却是所到之处万目所视、众口所论的焦点，感受当然与前大为不同，想法也就不一样。

但二世发现，巡行并不是件好玩的事，除了车船劳顿以外，又要应酬地方父老和意见领袖人物，还要接见官员，解决一些政务上的难题，烦都将人烦死了。虽然凡事都有李斯代为出面处理，他却不能不装出微笑，或是肃容端坐待在现场，听一些鸡毛蒜皮民间自认为大事的小问题，不懂装懂，叱责一些失职的地方官员。

最讨厌的是，为了表示和父亲一样开明亲民，他每到一处稍大都邑，都会接受民众陈情，但这些人说的方言，十句中他只懂两句，就是话语晓得，陈情的内容他也无法懂，因为他对一般的风俗民情都茫然无知。因此他无法解答这些陈情事件，有时勉强解答，也是牛头不对马嘴，将陈情人都弄糊涂了。

看人担担不吃力，他只看到当日父亲在会稽表现的神采，书案前跪着数十人，父亲同时问十多个人的话，手上还在不断书写，真的是够威风够刺激，但是轮到他来，单独一个陈情人又哭又喊，又是下跪叩头流血，就会使得他惊慌失措。

最后，陈情的事只有完全交由御史大夫嬴德处理。

民众对这位年轻俊美的皇帝，开始时抱着很大希望，他们都认为快“变天”了。这位新皇帝脸上没有他父亲那股阴沉肃杀之气，应该是个仁德宽厚之君，但经过多次接触后，才发现他只是个“绣花枕头”，外表华丽，里面塞的全是稻草。

众随驾大臣原先因二世深居宫中，很少和群臣接触，众臣对他多少有点神秘意味的敬畏，但这次随行，看清楚他只是个傀儡，被赵高玩弄于股掌之上，他们除了担心以后，对二世也起了轻视之心，凡事对二世反而不如对李斯和赵高顺从恭谨。

二世发现到这点，常向赵高发怨言，赵高更加得意，对他的抱怨一笑置之。

最大的后遗症是，因这次出巡显露出二世的愚蠢无能，引发了赵高蛰伏已久的异志。

赵高在内心中常以和始皇同年同月同日同时生为傲。他一直在想，始皇既然贵为开国的天下之主，他至少也应封王侯。

帝太后将他阉掉，使他失去这项雄心；男性器官被去掉以后，他对为侯为王完全绝望，一心一意只想寻机会对嬴家子孙行报复。但始皇在世时，连这方面的事他都不敢痴心妄想。

因为，不知为什么，在始皇面前，他只能做一条忠狗。始皇一怒，他就浑身颤抖；始皇稍加颜色，他就会打从内心感激得流泪，这不完全是装出来的，真实成分居多。

始皇有股控制他身心意志的魔力！

现在这项魔咒已随着始皇的死而解去，他已是个自由人。

如今蛰伏心中已久的野心蠢蠢欲动，就像惊蛰季节第一声春雷响后，在泥土下急欲出头的冬眠动物！

巡行到会稽原吴地时，有齐人蒯通求见，自言少时曾得异人传授，精通易理及相人之术。

蒯通来得正是时候，赵高大喜，立即接见，迎入宾馆密室。

两人行完宾主之礼，各自就席落座后，赵高首先问道：

“蒯先生此来，有何见教？”

蒯通不说话，先看了看室内侍仆，赵高明白他的意思，向左右宣布说：

“这里不用伺候了，没有吩咐不准接近！”

左右退出以后，赵高笑着对蒯通说：

“这间密室声音再大也不会外泄，先生可以畅所欲言，不必有什么顾忌。”

蒯通打量着赵高，赵高也仔细地先为蒯通“看相”。

只见蒯通身高八尺有余，四十多岁，相貌清奇，举止潇洒飘逸，的确有股仙风道骨的韵味，先声夺人，赵高就有了信服之心。最后他忍不住又催问说：

“先生不远千里，风尘仆仆要见在下，还望不吝指教。”

“果然如我所料！”蒯通不答赵高问话，反而先自赞叹起来。

“先生所料为何？”赵高好奇地问。

“先师授业时，曾对通说过，当时尚是秦王的始皇，生辰八字为有历史以来的最大奇数，正月正日正时生，理当成为统一天下，为万世开太平的明主，尔后果然证实其言。始皇一统四海，开疆辟土，成为历史上版图最大的真正独掌实权的君主，这是不争的事实。”

“不错，不错。”只要提到始皇，那股魔咒的威力又出现了，赵高端坐肃容，连声称是，但是心里却老大不高兴，老远跑来找他，要谈的却是始皇！

但听到蒯通又说：

“在下前不久才知道一件大事！”

“哦，什么大事？”赵高插口问。

“郎中令大人你是和始皇同年同月同日同时生！”

“不错！”赵高傲然地回答，但接着又紧张地问：“这怎么会是件大事？”

“具有这种生辰八字者乃是开国天下之主，怎么不是件大事？”蒯通兴奋地说：“大人想想看，一生下地就受到普天下同庆，这是多可贵的天命！”

虽然明知密室内外无人，但赵高一阵紧张，仍然以手指唇作了一个禁声手势，亲自起立巡视室外，然后再紧闭室门回座。他故作姿态地正色说道：

“先生，这乃是灭门大事，不是随便说得的！”

“那在下告退了。”蒯通起立欲行。

赵高连忙起立，双手将蒯通按住：

“先生真的以赵高为愚鲁，不肯赐教？”

“在下素闻郎中令足智多谋，气魄超人，才不辞劳累，千里迢迢赶来，想不到大人如此畏首畏尾！”蒯通气愤地说，音量并未放小。

“先生错怪了，赵高陪笑着，就在蒯通席位对面坐下：

“求先生赐教！”

蒯通注目细细地看了一遍他的脸相，然后要他站起来走几步转身，看看他的背，最后请赵高复坐。

“先生看到些什么？”赵高迫不及待地问。

蒯通长叹一口气说：

“相君之面，不过丞相，相君之背，贵不可言，只是可惜了一点！”

“哪点可惜？”赵高身为阉人的自卑感又来了。

“大人生于子时上半时还是下半时？”蒯通不答反问。

“下半时。”赵高说。

“那就无妨了！”蒯通脸上充满喜悦和兴奋，他微闭双目，摇头晃脑地说：“始皇生于子时头，时性属阳，大人生于子时下半，时性属阴，天时运行，阴阳交替，莫非……莫非……”他不再说下去。

“先生！”赵高只叫了一声，却再也说不下去，因为他想起被阉，一切雄心壮志全付诸大海，尽管权势超过所有的人，仍然不能纳入正流。他又喜又悲，声音哽塞，眼泪竟然涌出，滴到脸上。

“大人，不妨，在下说不妨就是不妨，”蒯通暗示地安慰他说：“帝王本属绝对阳刚之命，大人本来阴性时辰还有妨碍，但少去那一点后，以阴滋阴，歪打正着，本来只是丞相命，现在非做帝王不可了！”

“真的？”赵高闻言狂喜。

蒯通避席顿首，缓缓言道：

“始皇阳刚之气太盛，流于刚愎而不自觉。大人乃属于阴阳性人，故可阴阳调和，在下为天下生民庆贺。”

接着两人又说了一些阴阳命理及政务刑名，赵高发现蒯通真是人如其名，不但上通天文下知地理，而且兵法狱政无一不通。

赵高深感敬佩，不禁起了揽才之意，他恳切地要求：

“先生留下帮我！”

蒯通微笑，缓缓摇头：

“在下是为天下生民求明主而来，并不是为本人谋求一官半职。”

“先生留下帮我！”赵高又再重复一遍：“我也是为天下生民代求先生。”

“在下闲云野鹤性情，闲散惯了，不惯拘束。”

“先生可居任何职务，赵高一定视之为师，视之为友！”赵高又再恳求。

“相君之面，阻碍虽多，但这些阻碍人物去除掉，自有贤士能人来助你成功大业，就如同淘尽石沙，金子自会出现。”

“那留下长谈一夜如何？赵高应当设宴款待，以谢先生指点。”赵高谈兴未尽。

“也不需要了，宜谈则谈，言尽则止，再谈下去反而变成多话了。”蒯通微笑拒绝。

说走就走，蒯通起立告辞，赵高亲自送到大门口。蒯通行礼告别时，意味深长地说了一句：

“再见之日，当在咸阳朝殿！”

赵高目送蒯通行云流水般的洒脱背影，心中爽然若失。

送走蒯通以后，赵高一个人又回到密室，兴奋得无法静坐，在室内走来走去。他不断在心里想——

看来这是天意，也是我命中注定的，帝太后大概也知道我赵高的命好，所以心狠手辣，想用去势来破解，想不到歪打正着，正好成全了我！这是她万万想不到的吧？

正月正日正时生，命中注定要开天下风气之先，我赵高就创下一个阉人——不，这个名字太难听了，今后我要命令宫人称宦者为公公，一般官员民众应称呼太监——当皇帝的先例。

不过将来传位怎么办呢？我总不能当个绝代皇帝，当然我也绝不会自称秦三世，开玩笑，秦三世，那不是比胡亥还小了一辈！事成一定要改朝换代，国号到时候再说罢！

那我要传给谁呢？我没有儿子。而且永远不会生儿子，对了，可以传给女婿，我那心爱的干女婿阎乐就不坏，不但生得一表人才，而且才干也是上选，目前虽仅是个咸阳令，当太子当皇帝还是够材料的。

今后是否应该调整一下职务？嗯，还是不动的好，咸阳令掌管京城军政事务，还有县卒可以调配，想办法扩大县卒的编制才是。

再不然传弟赵成也可以，兄终弟及，也是正规道理。

蒯通真是奇人，一眼就看穿了我的心意，他看相准，说话也有道理。

他说我前途有重重障碍需要扫除，嗯，让我一一记下来，看看应当如何着手。

于是他坐到书案前面，一面想一面用笔记。

首先他要翦除的是胡亥的基本党羽——同父异母的二十多个公子和十多个公主，尤其是那个鬼灵精的幼公主。

要用的办法是：让胡亥自己动手，他赵高不但不出手，而且还要在中间当好人。

其次是这些宗室大臣，这些人不整死也罢，逼他们放弃军权和政治上的权力。假若他们紧抓住权力不放，那就莫怪他赵高做事太绝，要他们的命，再不然，灭他们的族！

下一步则是要先整掉这些老臣，包括李斯，冯劫，冯去疾。

这些人不除，他赵高永远无法成事，眼前他们虽然和他同伙，但他们是忠于嬴秦的，而且在他们心底根本就看不起他赵高，他当然无法和他们共同举事。

然后是外面的这些郡县令尉监，他要一一过滤，反对他而亲扶苏的死硬派，全部加上罪名予以诛杀，中立派暂时留任，试行争取，再多派些自己的心腹。

对了，蒙毅伏法，廷尉一职还是空着的，由他自己兼是再合适没有了，这要胡亥直接下诏，免得经过廷议讨论，说不定又会出毛病。

然后，再然后，胡亥将成为一只羽毛被拔光而失巢的小鸟，他赵高是凌空飞行的老鹰，他要吞食他，他想逃想躲，都飞不起而无处可逃。

“哈哈！哈哈！”赵高想学始皇的豪迈大笑，但无论怎样努力，都发不出狼音豺声，最后还是像鹭鸶叫。

那边蒯通告辞赵高以后，行云流水般穿行在市井人群中，当他走出东门不远，一家小酒肆中走出一位年轻俊秀儒生，老远就喊着说：

“蒯先生，等得太久，我真担心你会出事！”

这位儒生不是别人，赫然是张良。

“酒楼不是谈话之所，”蒯通说：“不如买点酒菜，到江边伍子胥祠去谈个痛快。”

张良笑着举起手上大包小包酒菜说：

“我早算到先生会有此建议，看，一切都准备好了。”

“真是算尽人意张子房，贤弟，我服了你！”

两人先以酒菜拜了拜伍子胥神主，算是见过主人，然后关上祠门，两人相对席地而坐，时值早春，江南地方犹寒，他们找出一些废木，生起一堆火，饮酒吃菜，好不快活。

张良首先问了一些蒯通见赵高的情形，听到最后赵高心动，张良跪起，向蒯通叩首说：

“良代天下百姓感激先生！”

蒯通连忙扶起张良，装作不快地说道：

“贤弟这样岂不是太见外了！”

“不然，”张良一边坐下一边说：“人毒蛇之窟，与蛇谋皮，先生的胆识无人能及，张良一拜，除了代天下生民致谢外，也表示对先生的佩服。”

“别人要我去，可能我真的还不敢去，算尽人意张子房要我去，我还有什么不敢的。”蒯通言罢，哈哈大笑，但他突然脸色一整，正色地说：“但有件事我还是弄不懂。”

“先生请说。”

“贤弟先是立志复国，后又力主协助扶苏登基，现又算计嬴秦，想将它打散弄烂，天下苍生不又要遭到涂炭？贤弟的行事原则，难道是说变就变？”

“以变应变，此之谓原则不变，张良以天下苍生为重，”张良笑着说：“协助拥立扶苏，是因为判断他可以成为好君主，造福天下。如今想借由赵高搅局，打散嬴秦天下，乃是想在群雄争起的时候找一明主。原是认为天下久分必合，久乱思治会应在扶苏身上，但看到胡亥登位，扶苏惨死，乃知道合与治不是应在嬴秦，而是另有仆人，所以不管怎么变，张良的原则未变。”

“妙论，妙论，佩服，佩服，真想不到贤弟年纪轻轻，看事却如此透彻！”蒯通仰天大笑。

“先生精于看相占卜，不知可算出未来天下走势如何？”尽受别人捧，太不过意，张良也回捧一句。

“哈哈，哈哈，”蒯通笑着说：“未见其人，如何面相？占卜只能问单独一事，无法预测这么多复杂错综的天下大势，这就是所谓寸有所长，尺有所短。不过依我的判断，胡亥愚顽，赵高思动，两者加起来，比嬴政的劳民伤财更会变本加厉，而两者的聪明才智总合起来，不及嬴政百一，天下是乱定了！贤弟的看法呢？”

“我的判断是少则一年，多则三年，天下必乱，”张良沉思地说：“我们必须早作准备。”

“那愚兄明日就起程回齐，在那边伺时而动，贤弟，你呢？”

“我选择回下邳，那里有一批人等候我去率领，同时楚地组织网络中心也在那里。”张良回答。

两人相对无言半晌，突然异口同声感叹：

“天下将乱，最可怜的还是百姓！”

那天，于回咸阳途中，在杜城行宫处，二世又向赵高发牢骚说：

“大臣都藐视朕，对朕心怀不服；地方官吏仗有地方残余势力，不太听话，而诸公子见朕无父无母，又无兄弟，互相结党想与朕争位，这些情形要怎么办？”

赵高一听，正中下怀，高兴地在心里想——我正想找机会发动，而你自己送上门来。

不过，他表面装出忧心忡忡的样子，用同情的口吻说：

“臣早就看出这些，只是想讲而不敢讲罢了！”

“今天我们君臣也是师徒二人，一定要谈个痛快，找出一个彻底解决的办法来。”

二世听到赵高同情他，不像往日那样置之不理，大为高兴，立即命近侍准备酒菜，要与赵高痛饮作彻夜长谈。

君臣二人喝至酒酣耳热，二世命左右退出，向赵高许诺：

“老师，我们今夜必须商量出妥善的对策来！”

赵高叹了口气说：

“实际上臣的境遇比陛下还惨，先帝遗下的一些大臣，全是天下累世都知名的贵族世家，历代先祖都是建过汗马功劳或特殊功勋的。赵高以贱仆之子，先逢先帝恩遇，再蒙陛下行不次的拔擢，才能居此显位，管领中枢政事。那些大臣表面对臣恭敬，其实阳奉阴违，背后骂臣不知骂得多难

听，臣为了报答陛下知遇之恩，也只有认了。”

说着，赵高真的是泪如泉涌，顺着两边脸颊滚下来。

二世这时遗传自始皇的倔强脾气又发作了，他怒吼着说：

“我们师徒两人掌握着天下权柄，为什么要效匹夫匹妇的牛衣对泣！”

“不错，”赵高借此机会怂恿：“陛下要思振作，展开反制行动。”

“但要如何展开呢？”二世茫然地问。

赵高拿起一只象牙筷子，沾着汤水在席案上指点起来：

“第一，乘陛下出行之便，先整肃地方官员，除掉那些不听话的，重新安插对陛下忠诚的人。”

“但朕对人事方面不熟，是否要找李斯丞相来商量？”

“李斯丞相！”赵高冷哼一声说：“他貌似恭谨，其实内心最不服的就是他，他常自夸，追随先帝将近四十年，虽然没有汗马功劳，但庙堂策划，开国法典，甚至是制定全国车同轨、书同文，全都是他一手所为！”

“那他将先帝置于何处？”二世气愤地说。

“最要紧的，当初他是反对立陛下为太子最力的人。”赵高乘机又放了一把火。

“先整掉他！”二世双手握拳击案。

“不行，他像棵大树，枝干盘根，植入大秦各国阶层都太深，要拔掉这棵大树，必须先削灭他的枝干。”

“不错，先将他放在一边，”二世点点头：“那第二步呢？”

“第二步，是对付这些结党想和陛下争位的公子和公主。”赵高胸有成竹地说。

“他们都没有罪证，如何绳之以法？”二世摇头。

“欲加之罪，何患无辞？陛下说他们结党成群、图谋不轨，就是最好的罪名，其实他们日夜围猎夜饮作乐时所发的怨言，臣这里都有记录，罪证足够了。”

“老师怎么搜集到他们这些罪证的？”二世惊问。

赵高微笑不语，但内心却在好笑——嬴政一生英明，怎么最后生出你这种白痴儿子！

“那再下一步呢？”二世倒有打破沙锅问到底的好奇心。

“公子公主大多与诸大臣有姻亲上的关系，譬如李斯几个儿子都尚公公，而他几个女儿也都嫁的是公子，只要先铲除掉这些想谋位的公子和公主，还可利用株连追究，严办这些大臣！”

赵高说得口沫四溅，二世听得意起飞扬，他兴奋地问：

“什么时候开始？”

“立即开始！”赵高阴阴地回答。

于是，二世在赵高的协助和配合下，沿途展开一连串的血腥整肃。

首先，他逮捕了随着出巡的九位同父异母兄弟，罪名是怨怼诽谤，图谋不轨，其中六名立即在杜城处斩。

另将公子将闾同母兄弟三人囚于内宫议罪。这主要是顾虑将闾统率卫卒已久，怕卫卒会发生动乱，但逮捕以后，发现卫卒并没有动静。二世于是派使者传诏给将闾说：

“公子不臣，罪当死，著派使者监督执行，希公子善于自处！”

将闾接过诏书后，不服地向使者说：

“在朝廷之上，我从来不敢僭越为臣的礼仪；在廊庙祭祀，我从来没失去节制；主上问话，我向来小心应对，从未说错过话，怎么能说我不臣呢？死不足畏，就怕死得不明不白，只希望能见到确切的罪证和恰当的罪名。”

“这不关我的事，我只是按诏书奉命行事！”

将闾仰天大叫三声：

“天哪！天哪！天哪！——！我没有罪！”

兄弟三人互拥痛哭流涕，全都拔剑自刎。

在杜城一地，二世和赵高就以莫须有的罪名，处死了九位同父异母兄弟，十位公主也遭到赐绫缢杀。

赵高借此机会大事株连相坐，有罪的宗室、大臣及地方官吏越来越多，人人自危，只有看赵高的脸色行事。

四月，回到咸阳，又有公子十二人杀戮于市，财产尽没于官。

二世和赵高再循线索连坐牵连，整肃的大臣和宗室不计其数。

宗室和大臣全都惊恐不已，平民百姓看到这种情形，也暗自心惊。

如今始皇留下的众多子女，只剩下李斯家的没有动。

赵高在心里想，暂时不要管你们，到时将李斯这棵大树连根拔除时，覆巢之下无完卵，你们一个也跑不掉。

李斯一位女婿公子高，眼看这情形想逃，但又怕自己一个人跑了以后会遭到灭族。为了维护家人的安全，他主动上书给二世说：

“先帝在生时，臣入则赐食，出则坐轿。常赐御府的衣服给臣，也常赐中厩宝马。先帝对臣厚，不能从死，实在是为世不忠，为子不孝，不忠不孝不能立名后世，所以希望主上垂怜，准许臣从死先帝于骊山脚下，臣愿已足。”

胡亥看到公子高这封上书，大为高兴，找赵高来拿给他看，但有点怀疑地问：

“他这样做是否有阴谋？”

赵高傲然地笑着说：

“这些人现在担心自己的命还来不及，哪有时间搞阴谋！”

胡亥大悦，下诏赐钱十万补助丧葬。

最后，赵高将整肃的矛头指向宫内，除了他自己的人以外，大部分的郎官都遇到杀戮和放逐，二世的近侍全都换上他的心腹。

在整肃行动暂时告一段落以后，这时内自后宫，外至各郡重要城邑的守、尉、监、令，全都换上了赵高的自己人。

李斯等大臣已变成了毫无权力的傀儡。

二世闲来无聊，想找事做，有天他对赵高说：

“先帝为了嫌咸阳朝廷太小，所以兴建阿房宫，还未完全建好，先帝就下令停建。接着先帝驾崩，专事丧葬和骊山覆土工作，阿房宫的兴建就完全搁置，如今整肃行动已经告一段落，政局已告安定，骊山工程大致上也已完毕。假若阿房宫未完工就放在那里，乃是在彰显先帝的过失，不太适当。”

赵高听了正合心意，再兴工程，招致民怨，对他将来废二世自立有利。

于是复作阿房宫，一切按照始皇原先计划。

为了表示自己在各方面不输父亲，二世同时也派兵镇抚四夷，军队都派出去以后，咸阳兵力不足，二世下令全国征召五万材士屯卫咸阳，让他们学习射御，并教导他们养狗驯马的技术，以供上苑狩猎之用。

材士再加上建筑阿房宫的工匠囚犯，以及附带而来的人口，咸阳地区突然又增加几十万人，粮食顿告不足。

赵高想出一个绝妙办法，各地征来的材士、工匠和劳改犯，令由派出的郡县负担粮食，轮流换班的人也是如此，咸阳城周围三百里内的粮食不得买卖食用，只能供宫廷及咸阳本地人食用，违者斩首。

这一下弄得天下大乱，因为自带粮食，路上就食用了三分之二，到达地头，所带来的粮食吃不了几天就完了，要等派出的郡县送粮来，又不知要等到哪一天。

于是咸阳附近出现粮食黑市买卖，粮食价格飞涨，当地或外来的穷人连糟糠都吃不起。

到处都有饿死的尸体出现，但咸阳令阎乐是赵高的女婿，他专门报喜不报忧。

民众都摇头叹息，素称富足的关中，除了大饥荒年外，很少有饿死人的现象。

管理皇家钱粮的少府章邯，就曾向二世报告这种饿死人的现象，并提出看法，认为是人谋不善。关中的粮食随军运到外地边塞和在各地的粮仓囤积，在咸阳服役的人却要自带粮食，一来一回浪费了多少时间和粮食。

二世不懂也不愿懂，因为他从来没饿过肚子，也未见过挨饿的人是个什么样子，连这一点他都比他父皇差得太远，始皇可是呆过邯郸平民窟的。

他要章邯去向赵高报告，赵高没等章邯将话说完，就露出狰狞的脸孔向他说：

“他是看到政局已趋安定，无事找事，危言耸听？看你这个样子，很像是条漏网之鱼，嗯，公子将闾生前好像对你不错！”

章邯连忙告罪，急着辩解，他只是想为主上分忧，所以不禁多话而已。

赵高一对鼠眼炯炯发亮地瞪视他，忽而转作鹭鸶笑说：

“为主上分忧？主上本来不忧的，经你这样一说，他反而会忧起来。你要记得，以后有什么事先来找我，知道吗？”

“卑职记住了。”少府本不属郎中令管，但章邯知道赵高是实质上的丞相，他不得不讨好自称卑职。

赵高没有设法解决粮荒的事，却用二世的名义下达严格命令，凡是发现饿死者尸首的地方，乡里三老都受连坐处罚。

这样一来，路倒饿殍者是看不到了，可是到处出现月黑风高偷偷埋死人的怪异行动。

饿死没有人管，逼得饥饿的人展开偷抢粮食行为，先是偷抢有余粮的大富人家，抢偷完了，就找只有少数余粮的人，这些人仅够家人糊口的粮食被偷、被抢，被逼也参加抢偷的行列，最后人多势众，竟偷抢起官仓的粮食来。

秦国本部素以男耕女织，市无闲人，路不拾遗，夜不闭户，家家自足，山无盗贼自豪，如今首善之区的咸阳，竟出现饿死人、抢公粮的事，怎不教这些咸阳父老叹息流涕。

先是不管的赵高，现在看到事态严重，他用出最直接简单的办法，派兵镇压捕杀，现场发现者，无论青壮老弱，格杀勿论；事后追捕到的，全发配北边筑长城。

抢风暂时制止住了，偷粮事件却变多了；饿殍者的出现少了，刑场的处决犯却大大增加。

咸阳附近情况如此，全国各地情形更为恶劣。

田赋徭役重得民众负担不了，只得弃家逃亡，流浪人口增多，社会问题也就增多。

山川大泽充满了盗贼，乃是逃亡者最后的去处。打家劫舍，做无本生意，但代价却要守本份的百姓来付，因此，善良百姓越来越少，盗贼却多如牛毛。

一直在等候复国机会的前诸侯余孽，乘机招兵买马，以抢劫或向地方抽保护税为生，等待时机发动。

素来恨透了暴秦的儒生，这时是最好最有效的反抗鼓吹者，他们利用戏言、预兆和平日代人行礼或占卦，宣传天下将乱，暴秦必亡，他们创作了很多歌谣流传各地，内容全是预言秦亡之日不远。

大秦内外，京城地方，全都成了鱼腐肉烂状态，只要用指头一点就会支离破碎。

众怨像积薪一样已经堆成，现在就只差一点火种。只需一丝星星之火，整个薪堆就会燃烧起来，整个大秦帝国就会付之一炬，烟飞灰灭！

二世元年七月，戎卒陈胜、吴广为屯长，率九百名戎卒往戎渔洋，驻屯大泽乡时，遇到大雨，道路不通，怎样算都已赶不上戎期，依法，九百人都当斩。陈胜和吴广商量说：

“戎期无论如何是赶不上了，要是逃跑，抓到了也免不了一死，假若我们能鼓动众人来一个复楚行动，大不了失败也是一死，与其等死，不如为国而死。”

吴广回答说：

“不错，但是我们也应该有个行动计划，以我们两个无名戎卒，号召不了群众，成不了大事。”

陈胜望着驻地祠堂外下着的暴雨和雷电，陷入了沉思。隔了好一会儿，陈胜以拳击掌，高兴地靠近吴广耳边说：

“天下人都怨恨暴秦很久，只是没有人领导起来反抗。我听别人说，始皇临死本就遗诏传位长子扶苏，但为二世和李斯、赵高勾结起来调了包。二世杀了扶苏，只有北边百姓知道一点消息，南方的百姓是完全不知道，但扶苏的贤名却是天下人都景仰的。”

“扶苏为公子，乃是文人，总得想出一个武将来辅佐他，否则号召力还是不够。”吴广又说。

“这我也想到了，我有一位名将，不知道你赞不赞成？”

“谁？”

“项燕！楚名将项燕，甚受士卒爱戴，在昌平一战被逼自刎，但他的一些老部下因为先他离开秦军包围圈，所以到现在还不相信他已死。只要我们提出由项燕辅佐扶苏讨伐胡亥和赵高，楚地和平地的有志之士一定会望风响应。”陈胜侃侃而论。

“不错，这个主意很好，”吴广点头，但他想了想又说：

“按照规矩，行大事前，应该占卜一下，但下这样大的雨，要到哪里去找占卜人？”

“这个容易，祠堂里就睡了一个。”陈胜指着一个脸如重枣的小老头说。

“唉，”吴广忍不住叹口气：“年轻人都征光了，这种年近半百的老占卜者也拉来充数！”

“那不正好，真是合该起事，连占卜人都是现成的。”陈胜笑着说。

他们将小老头喊起来，告诉他心中有事，要他卜一个卦，看事情能否成功。

其实小老头在一旁装睡，他们说的话，他早已听了一个大概。

他从背囊中取出他的维生工具——龟壳和蓍草，将祠堂神桌上原有的香烛点了起来，口中念念有词，经过一番行礼如仪，然后查验结果。他捻着花白的胡子说：

“按照卜象，为上上吉，表示凡事可成，但是你所卜的难道是用鬼之名？”

听他这样说，陈胜、吴广更为高兴，信心百倍。

他们商量的结果，除了用这两个鬼魂的名义外，另外还得装神弄鬼一番，才能服众。

陈胜先用帛写好了“陈胜王”的字样，而且是用古体大篆所书。写了多张，偷偷塞在河边渔夫罟网中的鱼腹里，然后再派人买了这些回来加菜，割开肚子一看，好多条鱼腹中都有这种字样。

有些鱼被渔夫卖到小镇上，“陈胜王”的消息由小镇传遍了广大民间。

另外，吴广每当月黑风高、雨势滂沱的时候，便偷偷溜出去，在树林中燃起篝火，然后学狐仙叫着：

“大楚兴，陈胜王！”

闹得这些戎卒夜夜惊恐，连做噩梦，跟着兴起闹营情形，就是有数百人，一起从睡中醒来，大叫：

“大楚兴，陈胜王！”

到了白天，士卒互相谈论，在陈胜背后指指点点，但陈胜装得若无其事。

传言越来越多，越传越盛。

吴广待人仁慈宽厚，能得士卒之心。陈胜明白，要挑起事端，必须由吴广来实施苦肉计，因此他和吴广事先商量好计策。

那天，大雨停了，押送戎卒的将尉看看明天即可出发，高兴起来，喝了个半醉，他将陈胜、吴广喊到面前交代：

“明天天明时出发，今晚你们要督促士卒做好出发准备！”

陈胜没有说话，吴广却大发牢骚起来：

“将尉，出个什么发，简直是驱羊进屠场！算算限期还有几天，我们就是长了翅膀也飞不到戎地了，按律失期者斩，我们不想这样千里跋涉去送死！”

“什么？你说什么？”将尉简直不相信自己的耳朵，怀疑自己真是喝醉了：“你再说一遍！”

“我说，我们不想长途跋涉去送死，要去你一个人去！”

吴广这次是一个字一个字的说得非常清晰，将尉也完全听到了，却似乎不能完全明白吴广的意思。他醉眼惺忪地问：

“你们不去，我一个人去，这是什么意思？”

陈胜和吴广还来不及回话，将尉却像突然清醒，跳了起来开骂：

“什么？你敢说这种话，是不是想造反？来人！将他们两个绑起来！”

陈胜和吴广不动，周围闻声看热闹的戎卒也没人动手。

“来人！来人！”将尉喊了好多声，最后是他自己的几个侍卫上来，其中有个侍卫还劝告吴广：

“你就赶快离开吧，将尉大人喝醉了。”

“我走什么走？”吴广不但不领情，反而瞪大了眼睛吼：“我说的是老实话！”

“你这个混蛋！”将尉上来打了吴广一个大嘴巴：“绑起来！”

吴广被一巴掌打得鼻子流血，侍卫们七手八脚地将他绑在祠堂的大柱子上。

“剥掉他的衣服，给我用力抽！”

侍卫脱掉吴广的上衣，露出肌肉结实的胸膛，敷衍地鞭了几下。将尉嫌不够重，他抢起鞭子没头没脑先抽了侍卫几鞭，口中骂着：

“禽娘贼，要你鞭人，怎么是这种鞭法！”

他用力挥鞭，一鞭下去，吴广胸膛就见了血，长长一条鞭痕血淋淋的。

吴广闭眼咬牙忍痛，就是不出一声，围观的戎卒却大声起哄起来。

“吴广的话不错，我们不能千里迢迢赶去送死！”有人喊着说。

“你们想造反是不是？”将尉醉猫似的脚下踉跄不稳，转过身来见到人就乱抽鞭子。

“造反就造反，怎么样？”很多人大叫起来。

有一个戎卒被将尉抽得眼冒火星，怒气上升，不管三七二十一，夺过鞭子反过来狠狠抽了将尉一顿。

这下将尉的酒完全醒了，大叫着：

“反了！反了！你们胆敢打朝廷的命官！”

“反也是死，不反也是死，反就反，怎么样？”众多的人七嘴八舌地喊叫。

戍卒一拥而上，解掉吴广的捆绑，就用绑他的绳子，将将尉绑在殿柱上。挨过鞭子的戍卒，每人赏他几鞭，没有一会儿他就被打得再也不敢骂人。

“大楚昌！陈胜王！”戍卒群中有人如此大喊。

一呼百应，几百名戍卒全都欢呼：

“大楚昌！陈胜王！反还可以求生，不反死路一条！”

众戍卒纷纷跪倒在地说：

“鱼腹书，狐夜哭，全都倡言陈胜应王，大王就领导我们抗秦吧！”

陈胜推辞再三，吴广和众人一再苦苦恳求，陈胜乃表示答应。

此时在混乱中，已有人杀了将尉和左右两尉，侍卫们亦纷纷投降。

于是，陈胜起称将军，吴广为都尉，以公子扶苏和项燕之名作为号召。

国号为大楚，所有参加起义的人都赤露右臂，设坛为盟，以将尉首级祭旗，开始出发起义。

陈胜和吴广率领义军首先攻打大泽乡，乡中居民未作抵抗，纷纷投入义军阵容。

攻下大泽乡，夺得民间收藏兵器粮食，义军力量大增。转而攻打蕲县，不久攻克，收编了县卒，更多人志愿从军。

在攻下蕲县后，陈胜命符离人葛婴率兵征讨蕲县以东地区，连下铚、苦、拓、谯等大城。再挥兵围攻陈县，此时陈胜义军兵力已达步卒数万，骑卒千余，战车六七百乘，声势大振。

陈城县令望风潜逃，独有县丞率兵应战，战争失利，县丞殉职，义军一举攻占陈城。

陈胜吴广联名出榜安民，并征求民众参加义军。

数日后，陈胜下令地方三老及各方领袖人物皆来会商议事，与会人士皆一致推崇说：

“将军披坚执锐，讨伐无道，反抗暴秦，再造楚国社稷，何必要假扶苏之名，应自立为王。”

陈胜一听这项建议不错，乃自立为王，国号张楚，张者，发扬光大也。

就在这个时候，各地诸郡县痛恨秦吏的民众，纷纷起义响应，杀官吏拥兵数千，自称将军及都尉者不可胜数。

函谷关以东，情势一片混乱。

这种情形开始时，地方派使者上报，二世都认为是危言耸听，别有用心，全都交廷尉严审。

从来各郡报急的使者看到这种前车之鉴，当二世再问到时，全都这样回答：

“这些所谓义军全都是些盗贼罢了，郡守和郡尉正全力追捕中，不会有大防碍。”

二世大悦，厚赏使者。

但实际情形是，太行山以东地区已闹得天翻地覆，除了陈胜号为张楚王外，武臣自立为赵王，魏咎自立为魏王，田儋自称齐王，刘邦起兵沛县，因兵少自称为沛公，项梁和项羽叔侄，则举兵会稽郡。

直到二年冬（秦以十月为首月，冬季为年初），陈胜所派遣的周章等将领，率军到达函谷关外不远的戏城，号称大军数十万，二世这才紧张起来，急着召开御前会议，讨论如何讨贼。

会议上，李斯左丞相、冯去疾右丞相、冯劫将军等诸大臣全都面面相觑，不知该如何解决问题。

大军全派在南北镇抚四夷，长城监工防边三十万，南方新设四郡及镇守五岭要道四十万大军，两处共占用了七十万部队，一时都调不回来。

再说，王翦、王贲父子此时已死，蒙恬自杀，朝中已派不出能征惯战的名将。再加上二世和赵高最近的整肃行动，能领兵作战的将领几乎杀害殆尽。

而且关中以外地区民众都在造反，想征兵没有那么容易，关中百姓饿的饿、逃的逃，一时要组成能对抗数十万大军的部队，也是难上加难。

二世本人更是一筹莫展，凡事他都和赵高商量惯了，见不到赵高他就

王翦出征

没有主意，偏偏赵高只是个管理皇宫安全的郎中令，没有资格参加讨论军国大事的御前会议。

将军冯劫首先发难说：

“如今山东盗贼争相片来自立为王，想征讨都抽不出兵来，而建筑阿房宫花这么大的人力和物力，实在应该立即停止，将人力和物力转用在讨伐山东盗贼上！”

李斯和冯去疾也相继发言，支持冯劫的建议。

其他的大臣全都是赵高的人，至少也是见风转舵的骑墙派。他们本来想帮二世说话，但自己也拿不出办法来，而且冯去疾等人说的话理直气壮，想驳也驳不倒，于是全都静坐哑口无言。

二世遭到三位言词犀利的老臣轮番攻击，又气又急，差点哭了出来。

列席的少府章邯看到情况不对，深怕二世会老羞成怒闹出大事，他打圆场说：

“阿房宫工程可停亦可不停，只看陛下对事情轻重缓急的衡量。”

听到他这么说，三位老臣瞪着眼看人，二世则龙心大悦，终于有人为他解围，他高兴地说：

“说说看，除了停建阿房宫以外，你还有什么办法？”

李斯接着发言说：

“章少府，本相今日要你来列席的原因，就是想要你禀奏陛下，皇家度支为了修建阿房宫亏空了多少。你不报亏空数字，证实阿房宫再也修建不下去，反而说阿房宫停建不停建没有关系？”

二世不悦，沉默。

章邯只笑了笑说：

“丞相别急，请听完卑职的话再说。臣认为骊山陵墓大致上完工，可以暂停或只留少数人整理遗下未完工程。据臣估计，大约可抽调三十万人出来，足够组成一支强有力的军队。”

二世还未表示意见，将军冯劫却老气横秋地说：

“这些人大部分都是亡命之徒，将他们武装起来，要是和山东盗贼里应外合，那还得了？这个主意不好！”

“将军是太多虑了，只要赦他们的罪，保证事完以后恢复他们的自由，有功者按军功行赏，他们一定会拼死作战，而且眼前他们就有严密军队编制，只要略作调整，立即可以上阵杀敌。就因为他们都是亡命之徒，作起战来更可以一当十。”

二世大喜，侧目怒视右丞相冯去疾说：

“冯丞相，你认为如何？”

“老臣没有意见，但有一个疑问，谁去统领这支由亡命之徒组成的

大军?”

“冯将军，要派谁领军出征?”二世转问冯劫。

冯劫想了想，一半是气话，一半是幸灾乐祸，他笑着说：

“这是章少府出的策略，他领军最好!”

所有参加会议的大臣，数十双眼睛都集中在章邯脸上，想看他惶恐着急的样子。哪知章邯从袖内抽出一卷白绫，上面写满了密密麻麻的字，还夹着彩色的作战地形图，要近侍转呈二世，他胸有成竹地说：

“那是臣多日来拟订的一项转换骊山囚徒为征伐军的计划，并附录消灭山东群盗的作战构想图。”

“啊，看来他真是有心人!”大臣之中有人赞叹。

“不但有心，而且有才干胆识。”另一位大臣钦佩地说。

二世看也未看立即裁示：

“授卿全权处理，封卿为平东将军，择日拜将，丞相和将军着手配合!”

回到宫中，二世立即召来赵高，向他抱怨今天御前会议上的情形，这一来正好合了赵高的心意，二世恨恨地说：

“这三个老家伙联合起来对付我!”

“这也难怪，”赵高安慰他说：“先帝在位日久，对每个大臣的性格和底细都摸得清清楚楚，众大臣当然不敢乱说话，或有所作怪的动作。如今陛下这样年轻，凡事都斗不过他们，何必和他们公开举行什么御前会议?话稍微说错一点，就会自暴其短，天子称朕，朕者沉也，就是要群臣听不到他的声音。今后有事要他们上奏简，臣可协助陛下慢慢思考批复，只有陛下抓他们的毛病，他们再也找不到陛下的错了。”

二世当然愿意这样做，省得天天要见那几个讨厌的老鬼。但是他仍感不满意，孩子气地闹意气说：

“朕要那三个老家伙的头!”

赵高连忙安抚他说：

“陛下，现在将有事于山东，不能再节外生枝，内部起哄，等山东事毕再说。”

于是，赵高从此不但控制了朝政，也掌握了整个二世与群臣会面的管道，李斯等大臣要见二世，还得由赵高转请，实质上也就是要等他批准。

这以后，二世常在宫中与赵高议事，很少再接见群臣。

另一方面，章邯果然才智胆识过人。他率领三十万亡命之徒改编的部队出关迎敌，在戏城一战击溃了周章号称数十万的大军，然后紧随追击，在曹阳杀了周章，整个义军士气因之低落，秦军声威又复大振。

二世和赵高为了不放心章邯一战成名，会产生异心，又派长史司马欣和董翳到军中监视，但他们佩服章邯的气识，反而成为他的好友兼好部下。

三人同心合力，在城父围歼张楚主力，击杀张楚王陈胜，张楚王亡，属下将领各自领军逃散。

章邯乘胜追击，再破项梁军于定陶，项梁阵亡；再灭魏咎军于临济，楚地义军知名首领全部死亡，只剩下项羽和刘邦所率领的少数部队，奉号称为楚怀王之孙的熊心为怀王以示号召。但章邯判断他们短时间内难有作为，于是北渡河水直奔巨鹿，又在当地击溃赵王歇的主力，将赵歇围困在巨鹿。

等到情势好转，前方捷报频传，二世又想起那笔老帐，他和赵高商量以后，由赵高拟稿，下达诏书责备李斯三人，大意是：

“古时尧舜的宫殿，梁木的树皮都不刮掉，屋顶盖的茅草都不修剪，台阶只有三级，还是由泥土所堆成。而禹王治水，亲自操劳，连小腿上的毛都磨掉了，但此一时彼一时也。先帝为天子，天下已定，四夷臣服，所以作宫室以彰得意。今朕继位两年，群盗并起，君等不能禁，反而议论起先帝所为，又欲罢先帝开创的建设，真是上不能报先帝，次不能为朕尽忠效力，凭什么要霸住权位不放?”

三人接诏，多次想见二世解释，赵高都为难不予通报，只是说二世不愿见他们。

接着另找罪名要将三人下廷尉审问。

冯去疾和冯劫接诏以后，大喊：

“将相不辱!”吞药自杀。

只有李斯自认功大，还想等机会解释，让二世回心转意。

廷尉是赵高的人，按照他的意思对李斯痛加各种刑罚，强按的罪名是他的儿子三川守李由通盗，因为楚盗首陈胜，正是李斯的同乡。

李斯受不了酷刑，只得屈打成招，但他唯一的希望是，丞相身为大臣，皇帝必须在廷尉定罪后亲自派人复验，他希望在那个时候能平反，所以他一直忍耐着不肯自裁。

但赵高早就料到他的心意，他派些心腹御史、侍中装成代表二世复验的使者前去问案，李斯一想翻供，伪装者就露出真面目来，命刑卒狠狠揍他一顿。挨打的次数多了，被打怕了，最后二世派来的真正使者复审，李斯也不敢翻供，于是通盗罪名成立，判决腰斩弃市，灭三族。

正当已经定谳，二世派往三川查案的使者这时刚回来，查明李斯的儿子三川守李由并未通盗，而且已被项梁所杀。赵高警告使者，不得在主上面前乱说话，因为李斯本人已经招供定案。

赵高将审判结果及判决禀奏二世，二世大为高兴地说：

“假若不是赵卿，朕给丞相卖掉还不知道！”

二世二年（前208）七月，李斯身具五刑，腰斩于咸阳市。

那天，天又是阴阴暗暗的，乌云密布，还刮着一阵阵夹着黄沙的大风，时而远方天际闪起火蛇似的闪电，隆隆雷声从远处传来。

就在同一个刑场，李斯曾任监斩官，斩过多少宗室和大臣，包括刺始皇的荆轲在内。

今天刑场内受刑人特别多，他的父、妻、母三族加起来共有三百多人，排成好几列下跪，每个人背后站有一个手执鬼头大刀的刽子手，个个敞开前襟，挺胸凸肚，露出黑黑的胸毛。

观刑台同样是三座，正中台上坐的是二世，距离太远，看不到他脸上的表情。不！连他脸的轮廓都看不清，以往他曾经抱着坐在膝上的胡亥，如今隔他是如此遥远。

李斯在狱中曾上过三次书给他，连一点反应都没有，这点真和他父亲始皇一样铁石心肠。

左边的监斩台上坐的是赵高，他现在是达成心愿了，不但接替了李斯的位置成为中丞相，而且还坐在他惯常坐的位置，亲自将他的三族送上死亡之路。

右边看台上坐的那些宗室和大臣，不知眼前心里作何感想？他们是否在想，下一个又会轮到谁？

检讨李斯这一生，也许最大的错误，就是不该和赵高这条毒蛇打交道。他自命灵巧机智，能识时务，在别人眼中也被看成是只狡猾的老狐狸。他自认和毒蛇同处，可以不吃亏而占便宜，最多不小心时，准备让他咬上一口两口，却没想到赵高这条毒蛇之毒，无与伦比，咬上一口就会致命！

假若他当初不和赵高改遗诏立胡亥，如今即使他不能再坐丞相的位置，至少也可以优游林下，不会三族三百多口，跪在法场之上，不会身被酷刑，遍身鳞伤。

也许，他错误的第一步还可以往前追溯，他不应该看到厕所里偷吃人屎、见人犬就仓惶逃走的厕鼠，就拿来和米仓的肥胖仓鼠作比较。现在想想，瘦老鼠还不是活得很好？胖老鼠饱食终日，关在仓库里，一年到头见不到阳光，不见得比那些只要吃饱就能在田地里追逐，在阳光下跳跃的厕鼠快乐。

假若他不想当肥鼠，现在应该是读读书，写写作，在著作方面的成就不会比韩非差。

毫无疑问的，韩非的《说难》等著作一定会流传后世，而他为始皇建立的专制独裁制度，又能流传多久？恐怕到胡亥这一代，就会宣告终结，像胡亥这样乱搞下去，大秦的灭亡，只是几年间的事。

他在潜意识中是否在妒忌韩非这种自成一家之言的人，然后才会怂恿始皇作焚书之举？

不过值得安慰的是，他帮始皇精简了文字，将大篆改为小篆，今后兆亿人都会用到它，后世会为这事，为他记上一笔功劳。

他抬头看看围在刑场四周看热闹的人，看样子比车裂嫪毐和荆轲时的人还要多些。

大秦法令规定不得有闲人，游手好闲的人都要抓去北边筑城，但为什么每次行刑，总有这么多看热闹的闲人？

他再回头看看身后跪着的一漆黑压压的人群，这都是他血肉相连的亲骨肉！

多年前他单身来秦，几十年的时间，竟繁衍绵延了这么多的人！

生命多奇妙，一粒种子撒在合适的土地上，经过时间的培育，自然而然就会繁殖出更多的种子，但一场严寒、一场干旱或是洪水和火灾，又能将多年的成果毁于一日。

不过，总还会有漏网之鱼，总有任何灾害都摧毁不掉的种子，他们遇到合适的土壤，又会生生不息再来一次。

想到他早已托人带到楚地的幼子，他不禁发出微笑。

他转脸看看跪在身边的中子，也是唯一尚未结婚的。他问正在啜泣的中子说：

“儿子，害怕吗？”

“有一点。”中子不好意思地停止啜泣。

“不要想那么多，人生难免这个结局，也许年轻时死是一种福气，不必经过老、病和其他很多烦恼事！”

“爹，你现在心里在想些什么？”中子好奇地问。

“我在想，”李斯苦笑地回答说：“我答应过你，明年年初休假，带你回去上蔡老家打猎，牵着黄狗到东门去追逐狡兔，现在恐怕是办不到了！”

“爹！”儿子放声大哭。

李斯摇摇头，想伸手抚摸一下儿子的头发，但发觉自己的双手是反绑着的。他只得口头安慰他说：

“儿子，想开点，我们父子还有这么多的亲人同时死，说起来还是件难得的事！”

“爹！”儿子哭喊着。

午时的三通鼓擂起来，人群开始呐喊。

李斯仿佛听到有人喊着说：

“假若这个老家伙不一时被权位迷了心窍，以他对大秦的功劳，将和周朝的周公及召公平美，现在这样，害了自己，又误尽天下苍生！”

李斯蓦然一惊，难道这就是后世对他的定论？

他长叹一声，闭上眼睛。

一阵响雷之后，倾盆大雨下了起来。

赵高现在掌握了一切权力，包括二世的生活起居在内。以前，他劝阻二世上朝，避免他和宗室、大臣直接接触。他才能在文武百官面前摆威风。尤其是如今上朝的位置，已改在新完成的阿房宫朝殿，建筑巍峨，气派宏伟，带领着数百文武官员高呼万岁，然后由百官向他问早安，真是过瘾透了。

以前他只是掌握实权的黑牌丞相，如今他不但是名正言顺的正牌，而且是高过任何丞相的中丞相。

虽然朝中的掌权者，清一色全都是他的人，但他还是不放心，他想出一个怪点子，来测试这些人对他的忠诚。

那天早朝后，众臣奏事完毕，二世正要退朝，赵高突然出列启奏：

“陛下请慢点走。”

“什么？”二世一脸困惑地在心里想——每天四更你就来到寝宫外等我起床、梳洗、更衣，一直看到我上车才走，根本不管我猫头鹰的习性，现在我又烦又倦，只想回去好好睡个回笼觉，你又不让我退朝，要要什么花样？——但他口里问的是：“丞相还有什么事吗？”

“臣有一北边送来的珍奇怪兽，不敢自藏，想转呈送给陛下，还乞陛下笑纳。”赵高躬身说。

“呈上来吧！”二世只有这样说。

赵高向殿前一名郎中做了个手势，郎中向外传令，只见从殿门推来一部栏车，推到殿下，众臣一看，不禁窃窃私语起来。

“明明是只梅花鹿，上苑里多得很，算什么珍奇怪兽？”有人情不自禁说了出来。

赵高狠狠瞪了这人一眼，没有说话，但已暗中记下了这个家伙的名字。

“丞相，这不是一只梅花鹿嘛，上苑兽栏里，就养了很多，也能算是奇珍怪兽？”二世忍不住大笑起来。

“不然，这是林胡献来的林胡马，十万匹当中，难得挑到一匹的异种！”

“丞相说笑了，”二世不解地说：“头上长了一对大叉角，细腿短尾，黄色皮毛，再加圈圈白点，明明是只大水鹿嘛！”

“不然，陛下的眼睛恐怕出了毛病，”赵高严肃地说：“这匹林胡马乃是异种，但皮色是白的，而且并没有长角，不信可以唤诸臣来看看。”

二世要近侍大声传旨，于是文武百官也就没有了什么朝仪，就像市井中看猴子耍把戏一样，团团将兽栏车围住。

看完以后，又再按官阶排班，赵高点名一个个的问，大部分的人都答是马，只有少数人心直口快，直说是鹿，赵高只冷冷地笑着说：

“你的眼睛恐怕和陛下一样有了毛病！”

众大臣问完了，赵高又再躬身启奏：

“陛下听见了，除了少数眼睛有病的人，全都看清是马，这些人已该退休治疗眼睛了。”

二世用手擦了擦眼睛再看一次，兽栏里装的明明仍是鹿嘛！他有点神情沮丧，问侍立在身后的近侍，这些少男少女都一口认定是“马”！

“朕的眼睛也有毛病了，”二世惶恐地说：“退朝吧，朕也要去治疗眼睛了！马交上厩处理。”

二世退朝，即找来御医看眼睛，所有眼科御医会诊的结论是，皇上的眼睛好得很，就是睡眠不够一点，但也不至于将马看成是鹿。

御医也怕赵高，也将这只鹿认定是“马”。

赵高说：

“陛下眼睛既然没有病，那一定是精神有病，说不定是有异物作祟。”

于是找来太卜，命他卜卦问祖先。

太卜行礼如仪，观察卦象很久，才徐徐地说：

“陛下春秋郊祀，祭奉祖先，全都斋戒不清，此乃祖先降罪下来也！”

二世听了心中更为惶恐，原来祖先讨厌他在祭祀的前一晚还找女人侍寝，怪罪下来了。

于是传诏，居上林行宫斋戒一月，政务由中丞相赵高暂行代理。

在代理政事期间，赵将那些说鹿是“鹿”的人，全绳之以法。

二世在上林闲不住，仍是每天弋猎取乐，随行侍中都摇头叹息。斋戒期间不近女色不沾荤，但却天天杀生，这叫哪门子斋戒！可是怎样劝谏，都是没有用的。

二世三年（前207）十月，也就是二世皇帝正在上林斋戒时期，包围巨鹿的章邯军，被项羽所率的楚军击败。

这位项梁的年轻侄儿，得到项梁在定陶失败身死的消息，亲率五万军队，紧急渡河，往救巨鹿，也是为了向秦军求战，以为项梁报仇。

渡河以后，项羽下令军中只带三日干粮将来时渡船全都沉没，宿营帐篷庐舍也都烧光，连锅碗盘勺等吃饭家伙一起砸碎，以示不胜必死的决心。

到达巨鹿外围，先遇上北边增援来的王离军，予以击溃并行包围，再向前挺进，一连九次与秦军相遇，九次都将秦军重创。

然后断绝了秦军的粮道，大破秦军，杀了秦军领军的苏角，生擒王离，涉间不愿投降，自焚而死。

当时，救援巨鹿的各地诸侯军早已到达，但畏惧秦军战胜余威，皆坚守壁垒，不敢出战。等到楚军攻击秦军时，诸将都站在壁上观战。

只见楚军无不以一当十，个个奋勇争先，呐喊之声震天。尤其是项羽，身穿黑色战袍，骑着一匹纯黑的乌骑马，身高八尺有余，貌若天神，在敌人阵中左冲右突，所向莫不披靡。

诸侯诸将全都是看呆了。

在大破秦军后，项羽以战胜者的姿态召见诸侯各将，他们进入项羽军帐辕门时，莫不跪下膝行，不敢仰视。

章邯军退却到棘原，项羽军追击到漳南，两军对峙，各自整顿，准备再行决战。

赵高以二世的名义派遣使者责备章邯，章邯恐惧，派长史司马欣回咸阳见赵高解释并请求援军，赵高不见，还派人在回途中追杀司马欣。幸亏司马欣见机早，从别路逃回军中。

司马欣将赵高不见及派人追杀的情形报告以后，他沉痛地向章邯说：

“现在朝中是赵高当权，二世只不过是被他玩弄于股掌之上的傀儡。假若我们战胜，赵高会妒忌我们的功劳，也会加以陷害；假若失败，赵高必然也会治我们的罪，如今我们是无论胜败都会遭罪，希望将军多加考虑。”

正好这时，章邯的旧识陈余，也写了一封信给章邯，内容大意是：

“秦将都没有好下场，白起和蒙恬就是最好的例子。秦将建功再大不封，而有罪则诛。今将军为秦将近三战，所亡失的人员以十万数，难免战后算帐。何况，秦亡之日已经不晚了。将军孤立在外，而又有人妒忌掣肘，不是悲哀极了吗？为什么不与诸侯约，反过来共同攻秦，分平地而南面称王，不是太好了吗？”

章邯犹豫不决很久，才派始成为使者见项羽求和。和约未成，项羽又夜渡汗水，大破秦军于汗水边。

章邯再派人求和，项羽征求部下的意见，管军中粮秣的军吏说：

“粮秣所剩不多，和了也好。”

众将领都一致赞成。

项羽乃与章邯立约洹水之南的殷虚上。订约仪式完毕后，章邯流着眼泪对项羽说：

“赵高弄权，嫉害忠良，章邯也是有国归不得了！”

项羽乃立章邯为雍王，随楚军行动，而派司马欣为上将军，率领秦军先行。

行军到新安时，秦军中间出了问题。

因为平素秦派在各地的文官武将，甚至是地方官吏，对各地民众或戎卒都是百般欺凌，现在秦军投降诸侯，诸侯吏卒也乘战胜余威做种种报复行为。

于是秦军吏卒多在私下商议：

“章将军出卖了我们，他自己已封王，却要我们来受人污辱。这次反过来攻击秦地，能入关胜秦则罢了，否则又要随诸侯军回到东边，朝廷一定会杀光我们的家人。”

诸将把秦军不安的情形报告了项羽。项羽召集黥布和蒲将军来商量。两人的看法都是：

“秦军战斗力仍强，假若进关中后生变，就很危险了，不如全部击杀，单独留下章邯、司马欣带领我们入关。”

于是楚军设计劳军，在酒内下迷药，趁秦军迷醉不醒时，将二十万秦军全部坑杀。

关外秦军完全消灭，而关内也成空虚。

赵高在丞相府密室接见沛公刘邦所派来的使者，他仍然坐在惯常坐的阴暗角落，让灯光投射在客人脸上。

坐定以后，使者首先说话：

“丞相想必看过沛公的信，有了周详的考虑，希望早赐回音，以便在下返回覆命。”

“急不在这一时，沛公的信，本相已经详细拜读过，但有一、两处值得商议。”

“不知是哪一、两处?”使者问。

“第一，关中必须由本相为王，不得瓜分；第二，沛公以及任何诸侯军不得踏入关中。至于二世皇帝嘛，就让本相来处理好了。”赵高态度依然强硬地说。

“丞相这样说就不对了，”使者焦急地说：“丞相明明知道楚怀王下令，上将军项羽和沛公，谁先进得咸阳，谁就为关中王。沛公如今兵临武关，只要稍加攻打，即可破关而入；而项羽与章邯军对峙漳南正在和谈，据传章邯军已不稳，秦的大势已去。沛公不是没有能力强行破关，而是怕关中生灵涂炭，才来和丞相商量。”使者的口气也不弱。

“使者可转告沛公，函谷关、武关、散关和萧关为秦之四塞，全都是一夫当关，万夫莫开的险地，别忘了以前诸侯联合攻秦，一路顺利，直逼关前，但秦一开关迎敌，诸侯就惊惶溃败的故事!”赵高嘻嘻作鹭鸶笑，但他随之语气转得柔和："本相当然也不希望关中变成屠场，所以关外由各诸侯自行分地，本相绝不过问，秦军虽一时失利，但战斗力沛公和使者都应该是知道的，怎样都可退入关中自保，所以这两点是本相的最低要求。"

"丞相高鉴！"使者有点气愤地说："沛公不入关，项羽亦会由函谷关入关，项羽的嗜杀和沛公的仁慈，可就不能同日而语了！"

"这是本相两点最低要求，"赵高频频摇头："没有什么可再让步的。"

"丞相不能不讲理！"使者情急，说话也就不客气起来："沛公不能入关，就不能达成怀王的盟约，如何谈得上分地为王的事？"

眼看谈判就要破裂，忽然有一名近仆来报。他附在赵高身旁细语了几句，赵高脸色突然大变，但立即镇定地向使者说：

"使者稍待，老夫立刻回来。"

使者看到赵高态度突然变得柔和，而且自称由本相改成老夫，意味到事情有重大转机。

没过一会儿，赵高回来了。原来是前方来人报告项羽在新安坑杀秦降卒二十万的事。

他在想，这真是一报还一报，长期之战，秦将白起坑赵降卒四十万，如今还债仅只还了一半，关外秦军全部消灭，关中剩下的只是些老弱的地方杂牌部队。

虽然他尽量在表面上装得若无其事，但在谈判中却不再像先前那样毫不让步。最后双方达成协议——

一、准许沛公军入关进咸阳，但象征性占领后立即退军。

二、关中之地一分为二，大部分之地仍号为秦，由赵高为秦王。

三、四处关塞由双方共同管理。

四、使者即回报沛公作进关准备，决定日期通知赵高。

五、赵高这方面尽速做好迎沛公军进咸阳的各项准备，准备好立即通知沛公方面。

临行时，使者笑着向赵高说：

"韩申徒张良现随韩王在沛公军中，他要在下向丞相问好。"

"张良？"赵高印象中没有这么一个人。

"说张良，丞相也许不知道，但提张继，丞相一定会记得起这位故人。"使者说。

"是他！"赵高心中暗骂了一声混蛋，口中却问："韩申徒在沛公军中从事哪种工作？"

"他名为韩申徒，其实是为沛公运筹帷幄，主持大计，要沛公和丞相分关中而治，正是他的主意！"

“这个狡滑的混蛋!”赵高在心中暗骂。

送走使者后，赵高又呆在密室，独自思考很久，研判应该什么时候要二世退位，在沛公军进关以前还是以后?

最后他得到结论：不管何时逼二世退位，他都得要设法让二世迁出警戒森严的阿房宫。

也是巧合，二世每天在上林猎兽弋鸟，跑马走狗取乐。那天正好有一名黔首误进上林，被二世误当做是野兽，一箭穿心毙命。

二世紧张得和赵高商量，赵高教他的女婿咸阳令阎乐判定为有人谋杀此人，移尸上林，将侦缉矛头指向宫外，这件案子就变成了悬案，不了了之。

这时，赵高正好抓住这个机会恐吓二世说：

“天子无故杀害无辜之人，会遭到上帝的惩罚和鬼神的祸害，所以陛下应该避居宫外，以祛除不祥。”

于是二世移居望夷宫。

这时候，章邯兵败降楚，二十万秦军遭坑杀的消息，赵高再也一手遮天不住，终于有人向二世提出报告，二世紧张得召见赵高，赵高担心祸发，而且沛公那边犹未入关，因此他称病不应召。

二世有天晚上做噩梦，梦见自己在上林行猎，遭到一头白虎的追逐，座车的左骑马（左边最外侧的驾马）被白虎咬死了。

二世闷闷不乐，召太卜占梦，卦象现示：

“泾水作祟!”

于是二世在望夷宫齐戒，并沉四匹白马以祭泾水。

他一肚子闷气，想召赵高来商量，赵高又一直避不见面，正好这时他又得到消息，沛公刘邦将数万人已破武关，他更是急欲见赵高，赵高仍然称病不朝。

二世这下真的火大，他派使者责备赵高说：

“先帝托孤于丞相，朕也全般倚重于你。丞相前多次言，关东盗不足为患，现盗刘邦军已屠武关，正向咸阳推进，丞相又不前来议事，到底为何？奉诏后速来，否则议罪!”

赵高接诏以后，甚感为难，想去，怕与刘邦张良勾结的事，二世已经发觉，此去正好是自投罗网。但又怕再要推托不去，二世一翻脸，兵权如今还有的在宗室大臣手上。而且他自知冤家仇人多，要不是有二世当他的护身符和令牌，眼前忠于他的人，说不定大部分都会倒戈。

丁是他召来最核心的心腹——女婿阎乐、堂弟赵成和郎中令，要他们拿出主意来。

赵高首先说了丌场白：

“主上一直贪玩又不听劝谏，如今情势紧急，却又全部责怪于我。假若他听了谗言加罪于我，一定是灭族祸延整个家族，找你们三人来，因为只有你们才是我最相信的，赶快提出你们的看法，大家商量商量。”

三人都沉默很久，脸色凝重，平日他们都是照赵高命令办事的，这样重大的事情，一时他们哪来的主意。最后还是赵高打破室内的沉默，恨恨地说：

“这个小子，我一直对他不错，没有我赵高，他哪有今天！再说远一点，要是没有我家那个愚忠的傻老子帮他祖父替死，他恐怕生都生不到帝王家。现在他说翻脸就翻脸，真是无情无义！”

“不错，真的是无情无义！”三人异口同声附和，就像山谷回音一样。

“所以，他既然先不仁，我也就后不义！”

“不错，他既然先不仁，我们也就先不义！”三人仍然同声响应。

“废掉他！”赵高突然以拳击案，不男不女地尖声大叫。

这次三个人没有随声附和，而是震惊得面面相觑，意识到事态的严重性。

“你们不同意?”赵高见三人不作声，有点气愤地问。

三人依旧不说话，因为都不知道该说什么。

“你不赞成?”赵高来个各个击破，先问阎乐。然后又用威胁的口吻说：“不要忘记，你是我的女婿，灭族也会灭到你的头上！”

“一切听岳父大人吩咐，小婿唯命是从。”阎乐久处赵高的淫威之下，早已习惯讲这句话。

“你呢?”赵高又眯起他那对鼠眼盯着赵成看。

“大哥，小弟还有什么话说，灭族我和你一样首当其冲！”赵成一副豁了出去的神态。

“还有你?”赵高指着郎中令问。

“卑职一向听丞相吩咐，”郎中令硬着头皮说：“但不知废了皇上后，还要立谁?”

赵高本想指着自己的鼻子说：“立我！”但为了怕这些懦弱的家伙会更害怕，不敢举事，因此他说：

“公子婴仁俭，百姓对他都很信服，我想立子婴，各位有什么意见?”

三人当然没有意见，接下去赵高和他们商议了一下明日行事细节：如何由阎乐发动县卒，谎称有盗入宫，然后由郎中令为内应等等。

最后在临散去前，赵高阴森森地对三个人说：

“为了安全起见，让你们无后顾之忧，你们来的时候，我已命人将你们的家人全接到府中了。”

三人背脊发凉，家人已成为人质，不想举事也不可了，好阴险厉害的赵高！

望夷宫位于郊外，由郎中令带领部分郎中担任内宫禁卫，外围只有卫令骑射率卫卒千余人担任警戒。

二世一直贪玩，而且施政中心不集中在他身上，因此赵高府第和身边的警戒措施，反而较此地要森严得多。

阎乐率领咸阳城卒两千多人，浩浩荡荡地开往望夷宫。阎乐正好和赵高相反，身材高大肥硕，龙眉凤目，骑在白马上，风度颇为不凡。

郎中令则集合诸郎中，佯称宫中有大贼闯入，打开宫门四处搜索。

阎乐命城卒包围宫门，自己率领千余人进宫，郎中令和卫令骑射在门口迎住。

阎乐一到达内殿门前，郎中令打了一个眼色，阎乐大声喝问说：

“贼人入得宫内，为何不制止？”

堂堂的卫令骑射，哪里会将一个小小的咸阳令放在眼里！他反叱喝道：

“咸阳令，你别胡说八道，宫殿警卫周密，哪来的贼人？”

“看来你是通贼，所以才隐匿不报，来人，给我拿下！”阎乐神气活现地下令：“不然郎中令怎么会请求外援？”

卫令骑射简直不相信自己的耳朵，小小的咸阳令竟敢下令逮捕皇帝禁卫近臣。

就在他还未转过神来时，城卒一拥而上，将他和他的从人都绑了起来。

外面的卫卒闻声赶来，内殿宫门已关，门外城卒和他们战斗起来。平日二世待人暴戾，兴之所至骂人、打人，甚至是令交法办。所以很少卫卒愿意真的拼命，有的远远呐喊，城卒一追上就四处逃散；有的干脆束手就缚，免得事毕以后，追查起来麻烦；真正上来拼命的，全被人多势众的城卒围杀了。

没有卫令的指挥，其他的人也都找地方躲起来，等待事情过去以后再出来。

正在搜查宫内贼人的郎中，看到郎中令带着阎乐和城卒进来，开始时还不注意，一听到殿门外卫卒和城卒的杀伐，才知道事情有变。

郎中令和阎乐带着城卒往便殿上闯，警卫的郎中和武士制止不听，两相打杀起来，这些人才知道郎中令和阎乐反了，郎中和宦者有的格斗被杀，有的逃之夭夭。

二世正坐在殿上假寐，几个美女正在为他捶背按摩，忽然有几支箭射他座前帏帐，女人们尖叫起来才将他惊醒。他勃然大怒，下令左右前去拿

人，左右此时都不听话，反而东走西散，一团混乱。

二世带着女人们逃入内室，但箭矢不断射在门上，有几支劲弩竟穿透门插进来。

女人纷纷尖叫着找地方躲藏，二世终究是皇帝，他不愿太失态，勉强镇定地在书案前坐下来，再左右一看，身后只有宦官一名没有走，还是恭恭敬敬地侍立着。

“你知道是怎么回事吗?”二世还是感到摸不到头脑地问这名宦者。

“陛下不用问也应该明白，是赵丞相反了!”

“赵丞相造反?”二世仍然有点不相信地问。

“赵高阴谋造反很久，已不是一天、两天的事，连郎中令和部分郎中都换了他的心腹，这是宫中人人皆知的事。”这名宦者淡淡地说。

“那为什么不早告诉朕，乃至演变成目前这种情形?”二世埋怨地说。

“臣不敢说，要是早说，头早就被砍掉了，哪还能活到今天!”宦者苦笑地说。

这时阎乐带着兵卒踢门而入，郎中令大概心中有愧，没有跟着一起进来。

阎乐威风十足地走到二世书案前，立而不跪，他不称二世为“陛下”而称对一般人的“足下”。他说：

“足下骄恣淫佚，诛杀无辜，如今天下人都反对你，希望足下善以自处!”

“我想见见丞相可以吗?”在阎乐的威胁下，二世居然也不敢自称“朕”而称“我”。

“不行!”阎乐回答得很干脆。

“我愿意得封一郡为王。”二世自认让步地说。

“不行!”阎乐摇头。

“我愿为万户侯。”二世语其中带着悲凉。

“不行就是不行，不要啰唆那么多!”阎乐开始不耐烦。

“这样好了，我愿意和诸公子一样，带着妻子作平凡百姓。”二世哀求说。

“我是奉丞相命来诛杀足下，以报天下人，你说再多，我也是不敢回报丞相的。”阎乐脸都不转地向身后城卒喊：“来人，斩了他!”

“不要，不要，”二世摇着双手说：“留我一点尊严，让我自己来，我到底是你们的皇帝!”

他拔出佩剑放在颈上，两手颤抖，虽然剑刃割破皮，红红的鲜血流了出来，他就是无法要右手用点劲带动左手，他只得恳求地对身后唯一未逃的近侍说：

“帮帮我，我好痛！”

这名近侍含泪跪下，拜了三拜，哽咽地说：

“臣为陛下送行！”

他站起来，握住二世执剑的双手一拖，一股血箭喷了出来，二世身子缓缓倒了下来，他以两手托住。

赵高接到阎乐的回报后，立即下令诸大臣公子在朝殿集合，他则带着随从至朝殿等候。令他感到奇怪的是，朝殿上的轮值人员全都走避一空，偌大的宫殿只有他带来的几百个人，显得像旷野一样的空旷，使人有种荒凉的感觉。

他要随从人员到后宫中找人，总算拉出几十个宦者出来站班充数。卫卒、郎中，很多都是他自认为的亲信，也全都逃走了，因为有望夷宫前车之鉴，他们怕遭到第二次血洗。

这与赵高原先想象中描绘出的场面正好相反。

他脑中预绘的画面，应该是卫卒欢呼，郎中夹道欢迎，宦者宫女喜极而泣的高呼万岁。

尤其是那些阉者寺人，他们更应该拥戴他，他为他们闯出一片天来。以往阉人宦者在所有人的心目中，乃是最下贱的族类，全是些犯罪之徒或他们的后裔，在宫中做的是比宫女还低微污秽的工作。

他赵高却以阉者做了丞相，为阉者树立了一个阉者当自强的典范，现在更要做皇帝，要创造自周以来开始有阉人的历史。

赵高在大殿中转来转去，时而望一望金碧辉煌的皇帝宝座，他在心里想——

这些卫卒、郎中、侍中和宦者，全是些笨蛋，难道不明白他赵高当了皇帝，内宫的人会更扬眉吐气？

他在想——也许应该根本废除阉人这个制度。怕后宫淫秽？一般富贵人家还不是姬妾成群，也用了一大堆童仆？也许在现行的体制下，他就皇位后，应该规定文武百官中，阉人应占一定的比例，一来可以鼓励阉人上进，二来也可以巩固他的势力，说什么他和他们是同类，应该互相支持和拥护。

应召的这些大臣公子久久不来，他的脚也转酸了，信步走上宝座，身佩皇帝密玺，密玺在手，他就是真正的皇帝！

他坐上宝座，身体太小，就像猴子蹲在骏马上一样，书案太高，他只能露出一个头，看看自己怎么也不像一个君临群臣的皇帝。

忽然，整个宫殿在摇动，又发生地震了，关中地区这几年来地震接连不断。

殿中武士侍中、侍郎全乱奔起来找地方躲避，一点都不像始皇在世的样子，地震时，砖块瓦片掉在头上，都没有人敢动一下。

在他们心目中，根本没将赵高当作皇帝！

大殿整个在摇动，似乎随时会倒下来。顶上琉璃瓦竟有震碎的，墙上出现裂痕，梁上灰沙纷纷下落。

“禽娘贼的，才完工不久的宫殿就会这样，偷工减料太凶了，我……朕一定要几个人头！”

但他再一想，修建阿房宫，他自己就是总监工，各类材料的大包商全是直接向他接头的，这次他得到的油水可不少，一般富人家几十辈子也赚不了这样多！

他想到这里再也骂不下去。

余震还在继续，他开始考虑要不要找个地方躲一躲，譬如说躲在书案底下什么的。但他再想想，他是皇帝——至少是马上要做皇帝的人，不应该在群臣和宫人面前示弱，他应效法始皇，泰山崩于前，面不改色，飞蝗似的箭雨中，谈笑自若。他自己和别人都这样说过，这才像个皇帝。

接着又是一阵强震，连宝座都摇动起来，他一个坐不稳，头撞在书案角上，昏迷了过去。

在半昏迷中，他看到半空中出现始皇的脸，龙眉倒竖，长目横睁，满脸愤怒，他用狼音豺声吼着说：

“赵高，你对朕做的好事！”

声音就像霹雷，在空旷的大殿中激荡，震耳欲聋。

赵高吓得立即跪倒，全身像筛米般颤抖，叩头如捣蒜，口中还连连喊着：

“陛下饶命，这不能完全怪赵高！”

“不能怪你，那要怪谁？”始皇沉声叱喝。

“怪我，怪我，全怪奴才！”这时赵高明白抵赖也没有用，鬼神明鉴一切，跟鬼神还有什么好赖的。

“哼，”始皇冷哼一声又问：“赵高，你想当皇帝？”

“奴才不敢……”赵高又再接连叩头。

“朕南征北讨，花了十多年的工夫才一统天下，你却想一朝就从一个懵懂无知的小子手中夺去，天下有这样便宜的事吗？”始皇怒极反笑地说。

“奴才不敢，奴才不敢！”赵高只说得出这句话。

“你也不想想，”始皇以极刻薄的口吻说：“你少了那一点，还能做皇帝吗？你用什么来君临四海，找什么女人来为你母仪天下？”

“奴才不敢，陛下饶命！”

“朕才不屑杀你，自有杀你之人！”

始皇狂笑着消失在空气里。

“丞相醒醒！丞相醒醒！”有个近侍摇醒了他。

“刚才地震很大？”

“很大，很大，”这名近侍顺着他的口气说：“宫中有很多地方的宫室震垮，咸阳民间又不知道会变成什么样子！”

“嗯，”他对民间的灾情不感兴趣：“朕……本相召集的人来了没有？”

近侍犹豫了一下回答说：

“该到的……不，想来的都已经来了！”

赵高伸头由书案看过去，只见到十几位大臣公子稀稀落落地站在朝殿中间，能坐万人的大朝殿，十几个人真像沧海一粟。

“传他们上殿！”赵高对近侍说。

“陛下……”

赵高听到他这样喊，先是心头大喜，但想到始皇愤怒的脸，连忙纠正他：

“丞相宣众臣上殿。”

“丞相宣众臣上殿！”这名近侍担任传宣多年，第一次喊丞相宣众臣，真是怪别扭的。

十多个大臣公子来到书案前行礼，赵高因为太矮，坐在高大书案后面讲话太不舒服，他只得站起来说话。

他先宣布诛杀二世的经过，注意到这些人脸色冷漠，一副事不关己的样子，他暗暗高兴，看来此举并没有引起众怒。但再一看几个拥有兵权的大臣都没有来，包括卫尉在内，他不免有点紧张，再想到始皇愤怒的脸，他最后只有硬着头皮说：

“今本相为天下诛杀暴虐不道的二世，当然有责任为秦立主，但秦本来就是王国，因始皇灭六国统一天下才称帝，现六国都已复立，秦地只剩下原来的领土，空自称帝，名不副实，没有什么意思，因此，本相宣布，秦复为王国，皇帝复称为秦王，而立公子婴为秦王，大家有什么意思？”

“丞相英明！”十几个人一起恭身答应。

“胡亥暴虐无道，不得称帝，他的遗体宜以黔首之礼，葬于杜南宜春苑中，不得归葬祖陵，各位有什么意见？”

“丞相所见圣明，胡亥不够资格以王礼安葬！”众臣一致同意。

就这样，赵高和十多个公子和大臣，台上台下一唱一答，就决定了国体和君王人选。

散会后，赵高立即将“宗室及大臣会议”的决议书和子婴当选秦王的消息连同国玺，派人送给公子婴，并要他斋戒五日后，进行告庙就任典礼。

幼公主来到公子婴府中，公子婴将她迎入密室。

她自始皇驾崩安葬骊山后，即自动请求住在兰池行宫，也就是原来皇后厝棺椁之处。由于皇后与始皇合葬骊山，行宫空了出来，而且地方偏僻，二世没有长住的兴趣，于是他干脆作人情，将该处行宫送给她，改称为幼公主府。

她一下车见到子婴，先致道贺之意，跟着就要行君臣大礼。子婴连忙将她拦住，反而是他行了晚辈之礼。他苦笑着说：

“小姑，别作弄侄儿了！这些天道贺宾客盈门，人都是前来拉关系谋职位的，真想不到侄儿这个庭院仅够旋马的寒舍，一下就堆积了这么多的车水马龙，家中仆人又少，真是忙坏了你那侄媳妇。”

“大王千万别这样说，”幼公主坚持要用君臣的称呼：“天下为二世皇帝和赵高弄乱了，正等着陛下来收拾！”

子婴只叹了口气，没有再说什么。

进入密室，两人分宾主坐下后，子婴屏退了所有妻妾，要两个儿子见过幼公主。原已在室内的宦官韩谈，也起立拜见幼公主。

五人坐定以后，子婴长叹一声说：

“赵高叛逆无道，弑杀了二世皇帝，本意是想篡位，如今忽然又要传位给我，不知道他到底打的什么主意?”

幼公主笑笑，她指指韩谈，要他来说，他正是当天站在赵高身后的那名近侍，从头到尾，整件事情他都看得非常清楚。

韩谈即席向两人行礼，恭敬地说道：

“地震那天的情形，小人已向公子报告过，幼公主恐怕还不清楚，让小人再简要说一遍。”

于是将那天赵高如何佩玺上殿召集群臣，如何只有十几位公子及大臣应召等等事情简要地说了。

当然他未提到赵高在昏迷中见到始皇的事，因为他看不到始皇，而赵高将这件事看成是奇耻大辱，不会跟任何人讲。

幼公主听了韩谈的话，又考虑了一会儿，才缓缓地说：

“情况非常明显，赵高是怕群臣反对，他明目张胆地继位会遭到讨伐，所以只有将陛下请出来。不过，我另外从别处得到一个消息，说是他已经和楚的沛公刘邦约好，将秦的宗室完全清除，由他和刘邦分地而治。”

“小姑从哪里得到的消息?”子婴大惊。

连韩谈也摇头叹气，大骂赵高丧心病狂，为了权位，不惜与外人勾结。

幼公主笑了笑说：

“我虽然生活在偏远的兰池，远离权力中心，却没有一日不担心国事，不管怎样，你想逃离政治，政治绝不会放过你，迟早会找到你的头上。陛下你原来不也是不想过问政治？谁会想到今天陛下竟成了这股政治漩涡的中心，所以我一直不放松对外界情况的了解。”

“我自己也没想到，赵高将这个吞不下去的烫嘴山芋，竟丢给了我！”子婴还是作苦笑状。

“所以依我的判断，赵高可能会采取两种行动。”幼公主又说。

“哦，哪两种？”子婴问。

“一个是让你来当傀儡，暂时稳住群臣，然后等楚兵进关到达咸阳以后，以楚兵之力对付陛下和宗室。”

“那第二种呢？”子婴追问。

“第二种行动，就是趁你告庙祭祖的当天就加害陛下！”

“真的？”子婴震惊失色地说：“依小姑判断，哪种行动的可能性比较大？”

“那要看这几天他对掌兵权的大臣整合得怎么样。”幼公主仍然脸带微笑。

“依小人看，他采取第二种行动的可能性比较大！”韩谈在一旁插嘴说。

“为什么？”公子婴和幼公主同时惊问。

“因为据小人所知，卫尉目前已表态效忠赵高，虎贲军都尉也是如此，赵高答应将他们两人提升为将军。”

“要是这样的话，当然采取第二种行动的可能性较大！”幼公主点头说：“因为赵高以秦王的身份和楚军谈判，对他有利得多。”

“那我要怎么办？”公子婴平日对政治毫无兴趣，只知闭门读书，研究农耕及园艺之学，想用这方面的知识来造福农民，遇到这种情形，难怪他惊惶失措。

“那很简单，”幼公主笑着说：“你不需要去投他的罗网，要他来投你的好了。”

“要怎么做？”子婴问。

“称病，让他来探你的病，他来了，就不让他走出房门！”幼公主轻描淡写地说。

接着他们商量了一些行动细节，连在旁始终未说话的子婴两个儿子也笑了起来。

赵高一点也没有将公子婴放在眼里。

自秦废除封建制度后，公子只是别人对他们的称呼，其余的生活条件与一般黔首无异，他们也必须靠祖业或是自己工作，才能养家活口。

他赵高平白无故地要他当王，他应该感激他，因此，他对他不存一点戒心。

听说他斋戒五天后就病倒，礼貌上他不能不去问一下病，怎么说，他都是他一颗重要的棋子。

正如幼公主所判断，他准备就在告庙祭祀的那天，找个借口将他和集合的秦宗室一网打尽，省得零零碎碎不太好战。

他只带了少数侍从来到子婴府中，看到他家寒酸的样子，他只有轻视而没有猜疑。

他按照礼仪报门而进，将所有的侍从都带进了内院，但到堂上时为子婴的长子子起所挡住。子婴长子向赵高行拜见长辈之礼，赵高开始上来就有三分欢喜，再看这孩子长得身材修长，龙眉凤眼，举止中节，极有气度，神似他的父亲子婴，赵高更增加了七分好感。

他想想告庙那天，这个年轻人就要和那些平日作威作福的宗室大臣一起玉石俱焚，他心中有了点惋惜。

子起行礼后，婉转说道：

“家父病重，经不起这么多人的打扰。”

赵高看了身后的十多名侍卫，不禁心里好笑，这点人要是放在他丞相府中，可说是看不到人，但现在放到子婴家里，的确显得太拥挤嘈杂。

他恍然大悟地笑着说：

“贤侄说得不错，那就叫他们留在这里吧！”

子起恭敬地在前面倒退着带路，赵高只带了一名随从进入堂内。

子婴次子子昂早就在卧房门口迎接。

表面上不得不顾及体制，赵高将唯一的随从也留在卧房门外，他踏进房门，先行了个礼，口中禀奏说：

“闻得陛下龙体欠安，老臣赵高探病来迟，还望恕罪。”

躺在床上的子婴，以微弱的声音回答说：

“丞相不必多礼，请上前谈话。”

早有女仆将一副锦垫放在床前，赵高坐下后又问：

“明日为太卜选定告庙就位大典良辰吉日，不知陛下还能勉强支持否?”

“当然支持得了。”子婴掀开帷帐坐了起来，脸色红润，说话中气十足，哪有一点病样?

赵高看到事情不对，口中大喊来人，手上忙着拔剑，只听到门外惨叫一声，他明白那个剑术高超，能够敌对数十人的亲信随从已经遭到暗算，而他的剑还未拔出，一道冰凉的剑锋已经贴在他的颈子上，韩谈此时从帷帐后出现。

他装作镇静地责问子婴：

“老臣拥立陛下，一片苦心，为什么陛下恩将仇报？”

子婴微笑不语。只见帷帐那头走出一位年轻女子，她神情肃然地问道：

“那你自己又怎样向先帝和蒙毅交代？”

耳听提到始皇的名字，眼见幼公主突然间出现，赵高脸色刹时变得苍白，他明白这下是玩完了，他紧闭嘴唇，不再说话。

“赵高，”幼公主愤怒地说：“为人应该感恩图报，虽然你先父对嬴家有恩，但始皇在世时，对你也报答够了，以一介奴仆之子，位极人臣，尤其是二世皇帝对你信任依赖，有如父师，你也忍心对他如此？”

赵高自知今日必死，他反而变得愤激起来，他尖声怒吼。

“嬴家对我恩重？”他的愤激一转为悲伤：“将我弄得这样不男不女？我早就发誓要将这笔账加十倍、加千百倍的还在嬴家子孙身上！”

秦始皇帝陵文物陈列厅

“那是帝太后一个人的事，于我们这些无辜的嬴家子孙有什么关连？”坐在床边的子婴开始说话：“将他绑起来，交廷尉发落。”

“不，百足之虫死而不僵，打蛇不死，反遭其殃，这是赵高你的名言，”幼公主冷冷地说：“为了避免夜长梦多，韩谈，将他斩了！”

韩谈一挥剑，赵高惨叫一声未完，头已落地。

外院赵高带来的侍从，也早为埋伏的宦者所解决。

子婴第二日按照预择的良辰吉日告庙继位，仍称为秦王。

他在朝殿中宣布诱杀赵高的经过，大赦天下，并不追究众大臣与赵高勾结的经过，以免株连太多，又得兴起大狱，群臣和民众全都称赞秦王子婴仁厚。

赵高及阎乐则灭三族。

他并下诏，二世皇帝以天子之礼改葬。

这件事还未着手办理，武关方面一日数次报警。

原来沛公用张良之计，派出郦生和陆贾，用重利买通武关秦守将，然后再发动奇袭，一举攻占武关，在蓝田和秦军进行了一场决战，将秦军击溃，就此再没有阻拦，兵如破竹似地直指咸阳。

张良见沛公进军顺利，已有骄态，他赶快建议说：

“诸侯骑兵，进展神速，并不是因为兵强马壮，或是将领有超过秦将的才能，全是因为暴秦行苛政日久，失去了民心，所以主公应以代天吊民伐罪的心情收揽民心，才能得到民众的协助，直捣咸阳。”

“安民的工作我不太会办，子房，你就全权处理罢！”

于是张良透过刘邦下令全军——

敢任意残杀无辜民众者，斩！

敢取民间一草一木者，斩！

敢奸淫妇女者，斩！

刘邦的军队本就是以一些流氓无赖为基干，再加上一些散兵游勇和降卒所组成的杂牌军。他们作战并不是为了什么远大理想，有的是为了填饱肚子，有的干脆就是想发财，要他们不奸淫掳掠，真比要叫老虎看到肉不吃更难。

刘邦这道严命下达以后，根本没有人理会，连领军的一些下级军官都认为办不到，因为刘邦本人就是个好财贪色的大酒徒。

但张良组织了执法队，在战场和后方巡逻，遇违犯者立即处决，上级并受到连坐处分。

几次下来，全军都有了戒心，再加上张良斩了几名纵容部属烧杀掳掠的将领，全军上下震惊，明白这道严令不只是说着玩玩的了。

于是，刘邦部队所到之处，全是秋毫不犯，鸡犬不惊，相对地也越来越受民众的欢迎。每到一处，民众都纷纷抢着来劳军。

另外，每新攻占一个地方，张良就用刘邦的名义召集地方父老，订定简单的约法三章：“杀人者死，伤人及盗者抵罪。”其他苛杂秦法一律废除。

这样一来，秦国民众莫不排手相庆，秦国军队更战无斗志。

子婴只当了四十六天秦王，刘邦军就进入了咸阳。

秦王子婴元年，沛公刘邦先诸侯军攻到咸阳，他先不进城，而是约秦王子婴到霸上投降。

秦王子婴事实上不是不想抵抗，而是和当年秦军入侵齐国一样，连御前作战会议都召开不起来，文臣武将全都跑光了。

在毫无选择的情形，他只有按照刘邦规定的时间和地点去请降。

那天一大清早，他就素车白马，颈子上套着象征锁练的白布条，穿着单薄的白袍，跪候在轵道地方的道路旁，等着刘邦的驾临。

他手上捧着沉重的天子玉玺，旁边有一包兵符和派遣使者传令的节。

十月，冬天已经开始，道路旁的草木都蒙上了厚厚的霜，小河也已结冰。他回头看看身后跪着的十几个家人，全是和他一样畏缩着颈子，全身冷得发抖。

是从哪一代开始立下这个规矩，投降的君主必须穿刑衣、戴刑具，跪伏在路旁?

也许他该维持君主的尊严自裁，但一死百了，他会看不到这场戏的落幕。

自祖父始皇征服六国开始，他就是这场悲剧的旁观者，他看到秦国灭亡别个国家时，祖父、朝中大臣以及全国民众的举国狂欢，如今又看到自己国家被别人所亡时的沮丧和悲痛。

秦始皇陵

这场高潮迭起，大片大落的悲剧，胜利狂欢时，他只是个彻头彻尾的旁观者，从来未卷入过。他一直读他的书，研究他的农耕和园艺，整天脑子里想的是如何使麦子更能抗寒抗旱，如何使瓜变得更大一些。

但最后命运的网罗找上了他，不知不觉的，心不甘情不愿的，竟来主演这场时代大悲剧落幕时的主角。

刘邦带着他的人从路那头出现了，说实话，他率领的这批人马真的不怎么样，没有统一的制服，有的穿着掳获自秦军的甲胄，光鲜明亮，在朝阳下闪闪发光；有的仍旧穿着在田里做工的操作服，补了又补，缝了又缝，全身上下都是补丁。

他们大声笑闹，咒骂，几乎并不将各级长官、甚至是刘邦这个统帅看在眼里，一点都没有军队应有的肃穆之气，倒像是一群朝山拜神的游客。

就是这支乌合之众的杂牌军，竟击败了素以军纪严明、骁勇善战闻名的秦军？

为什么历史一再重演？以前六国君主一直纳闷，为什么他们看来军容极盛的军队，老是遇到光头赤脚的秦军，就像如汤泼雪一样，不溶自化？现在倒过来轮到他问这个问题！

刘邦骑着马，带着随从过来，没有按照应有的礼节，下马来向他慰问，只命从人从他手中接过玉玺，自地上收起符节，没有问过他一句话。

他只用鄙视怜悯的眼神看着他，口中却在和别人讨论他的生死，就像主人讨论如何处置一条失去工作能力的老牛。

“杀掉算了。”一名身材魁梧、神情威猛的武将说。

“不错，留下总是个麻烦。”旁边很多人附和。

刘邦看了看旁边一位书生模样的文臣，后者摇了摇头，于是刘邦装模作样地说了：

“怀王所以派遣我先入关，乃是因为我度大能容，现在人家既然已投降，还要杀人家，不是好事！”

刘邦说完话，看他一眼就走了。

他被收进咸阳廷尉大牢。

刘邦率领他那批杂牌军进入咸阳，他和他的部下首次大开眼界，看到了梦寐已久的花花世界，真的像是“叫花子吃死蟹”——只只都是好的。

在举行过入城式，享受过万民跪地迎接的愉悦后，刘邦参观了壮丽宏伟的阿房宫，坐上了朝殿的宝座，就赖着不想走。他对张良说：

“既然已进来了，就在这里安置吧！”

张良还没来得及回话，刘邦的侍卫长樊哙却大声吼着说：

“主公，我不赞成留居此地！”

“为什么？”刘邦不悦地问。

“这里美女如云，各种享受设备全有，只怕主公带头，诸将和众士卒都跟着这样做，你争我夺，说不定为了争财宝、抢女人，先就自相残杀起来，到时候管都管不住。”

“张良，你看如何？”刘邦转脸问张良。

“主公，现在一切都未安定，要享受，来日方长，”张良不急不徐地说：“尤其是据报，项羽正率领着大军往函谷关而来，虽然按怀王约，先入关者为王，但项羽并不是个肯为盟约所约束的人，我们不能不预作应变准备。”

刘邦无语，脸上仍充满了留恋不舍的神情。忽然，他想起什么似的问左右说：

“萧何呢？”

“他忙着去收秦藏的天下户籍资料去了。”左右有人如此答复。

刘邦蓦然惊醒，向张良说：

“我听你们的意见，还军霸上，秦宫和府藏全部加封条，等候项羽来时，再一同处理吧！还军以前，我们还有什么事要做的？”

“召集地方首长及父老，宣布我们的‘约法三章’。”张良高兴地回答。

于是刘邦召集了地方父老及意见领袖至朝殿集合，他宣布说：

“各位乡亲父老，人民受秦苛法严刑的痛苦已经太久了，如今应该全部废去，我只跟各位约法三章：‘杀人者死，伤人及盗者抵罪。’其余官吏、职务工作一切照旧。刘邦此次来，是为秦国百姓谋福利，不会有所侵犯，所以请各位父老转告民众不要害怕，而我的军队立刻还驻霸上，等待诸侯军全部到达后，再商量善后问题。”

接着，他又要诸官吏派人到各县乡传达这项消息。

于是秦人大喜，争着带牛羊酒食来劳军。刘邦又一一推辞说：“粮仓的粮食多，不要各位破费。”

秦人更加高兴，唯恐刘邦当不上秦王离去。

但没过多久，项羽带着他的部队来了，像暴风雨一样，杀子婴，火焚阿房宫，咸阳大火，接连烧了三个月都没有完全扑灭，刘邦也被逼撤离。

咸阳外，泾水旁，两座新坟并排陈列，墓前还残留着祭奠的酒渍和纸钱灰，香还没有灭，细小的蜡烛却已燃尽，变成满地的红泪。